中国近现代稀见史料丛刊【第一辑】

张剑 徐雁平 彭国忠 主编

翁曾翰日记

翁曾翰 著

张方 整理

凤凰出版社

图书在版编目（CIP）数据

翁曾翰日记 / (清) 翁曾翰著 ; 张方整理. -- 南京:
凤凰出版社, 2014.3(2024.11重印)
（中国近现代稀见史料丛刊. 第1辑）
ISBN 978-7-5506-1080-4

Ⅰ. ①翁… Ⅱ. ①翁… ②张… Ⅲ. ①翁曾翰（
1837～1878）—日记 Ⅳ. ①K827=52

中国版本图书馆CIP数据核字(2014)第048346号

书　　名	翁曾翰日记
著　　者	(清)翁曾翰著　张 方　整理
责任编辑	王淳航
出版发行	凤凰出版传媒股份有限公司 凤凰出版社(原江苏古籍出版社) 发行部电话025-83223462
出版社地址	南京市中央路165号,邮编:210009
出版社网址	http://www.fhcbs.com
经　　销	凤凰出版传媒股份有限公司
照　　排	南京凯建图文制作有限公司
印　　刷	唐山楠萍印务有限公司 唐山市芦台经济开发区场部
开　　本	880×1230毫米　1/32
印　　张	14.5
字　　数	377千字
版　　次	2014年3月第1版　2024年11月第3次印刷
标准书号	ISBN 978-7-5506-1080-4
定　　价	89.00元

(本书凡印装错误可向承印厂调换,电话:022-69381996)

袁行霈先生题辞

「音实难知，知实难逢，逢其知音，千载其一乎！」（《文心雕龙·知音》）今读新编稀见史料丛刊，真有治学知音之感矣。

傅璇琮谨书

二〇一二年

傅璇琮先生题辞

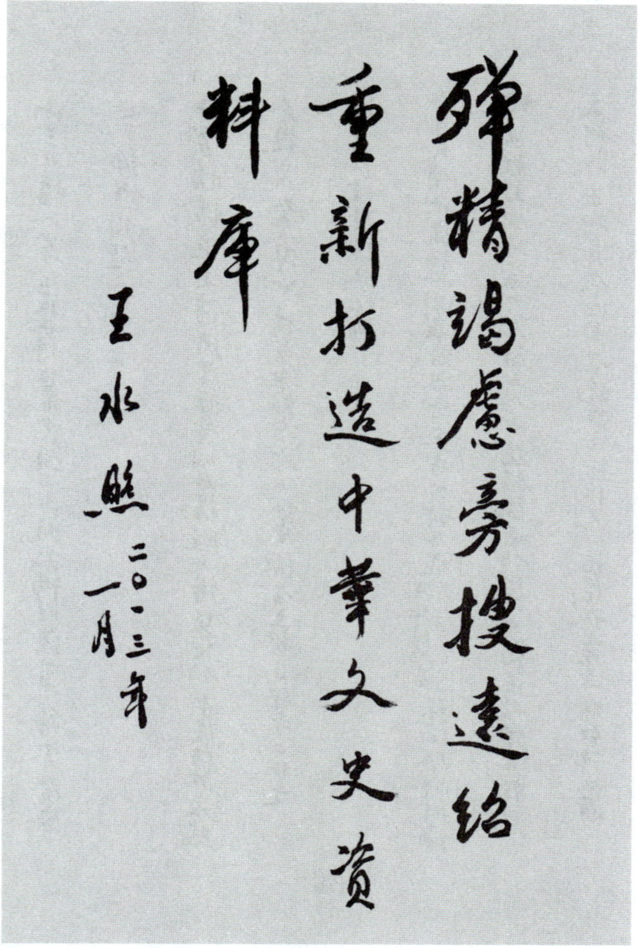

王水照先生题辞

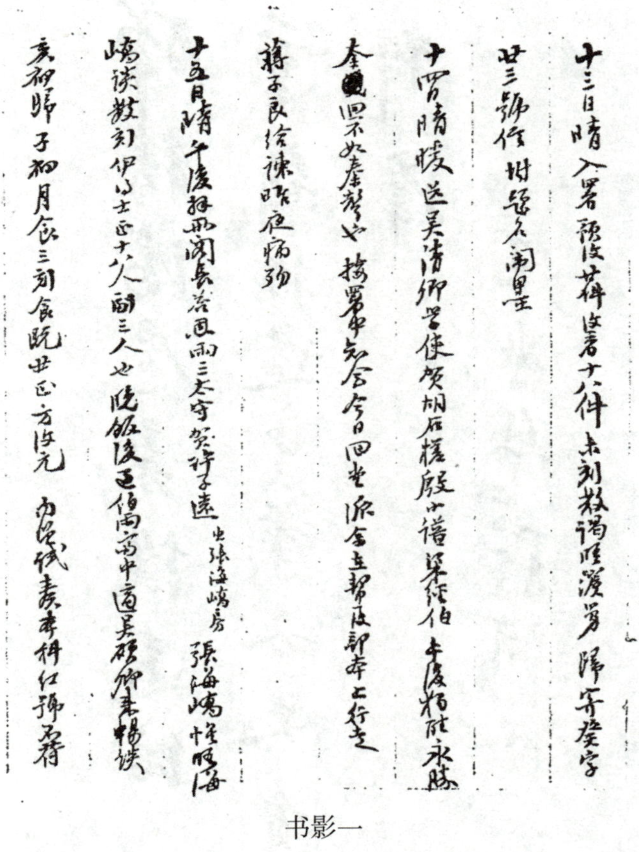

书影一

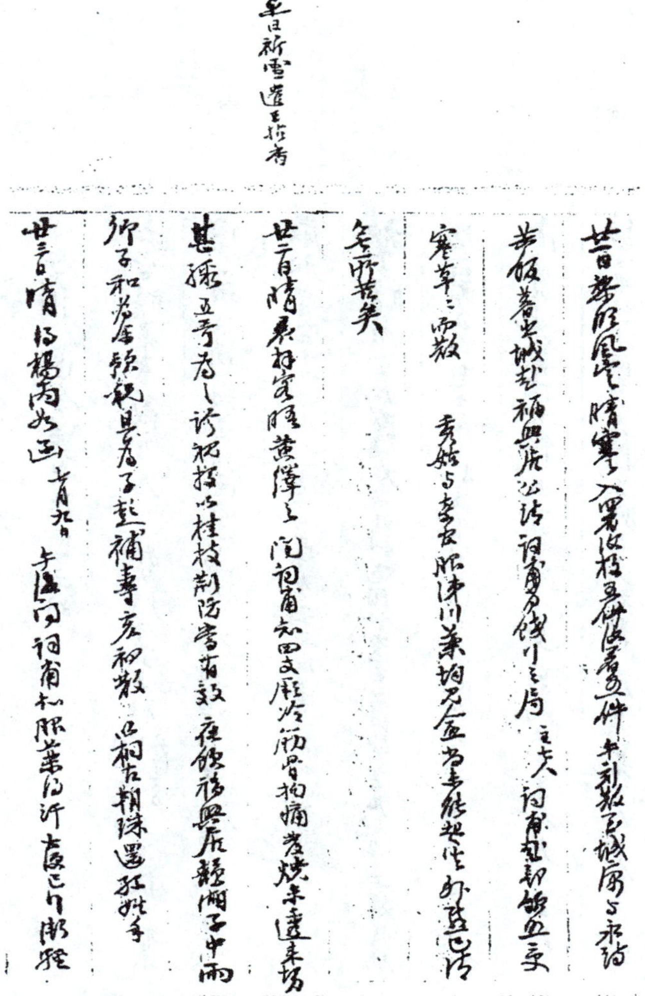

书影二

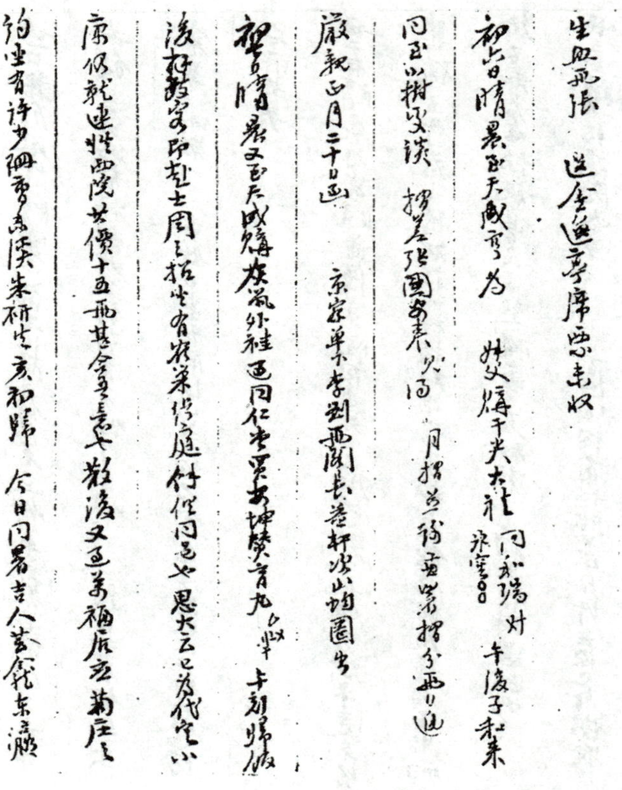

书影三

《中国近现代稀见史料丛刊》总序

在世界所有的文明中，中华文明也许可说是“唯一从古代存留至今的文明”（罗素《中国问题》）。她绵延不绝、永葆生机的秘诀何在？袁行霈先生做过很好的总结：“和平、和谐、包容、开明、革新、开放，就是回顾中华文明史所得到的主要启示。凡是大体上处于这种状况的时候，文明就繁荣发展，而当与之背离的时候，文明就会减慢发展的速度甚至停滞不前。”（《中华文明的历史启示》，《北京大学学报》2007 年第 1 期）

但我们也要清醒看到，数千年的中华文明带给我们的并不全是积极遗产，其长时段积累而成的生活方式与价值观具有强大的稳定性，使她在应对挑战时所做的必要革新与转变，相比他者往往显得迟缓和沉重。即使是面对佛教这种柔性的文化进入，也是历经数百年之久才使之彻底完成中国化，成为中华文明的一部分；更不用说遭逢“数千年来未有之变局”、“数千年未有之强敌”（李鸿章《筹议海防折》），“数千年未有之巨劫奇变”（陈寅恪《王观堂先生挽词序》）的中国近现代。晚清至今虽历一百六十余年，但是，足以应对当今世界全方位挑战的新型中华文明还没能最终形成，变动和融合仍在进行。1998 年 6 月 17 日，美国三位前总统（布什、卡特、福特）和二十四位前国务卿、前财政部长、前国防部长、前国家安全顾问致信国会称：“中国注定要在 21 世纪中成为一个伟大的经济和政治强国。”（徐中约著《中国近代史》上册第六版英文版序，香港中文大学 2002 年版）即便如此，我们也不能盲目乐观，认为中华文明已经转型成功，相反，中华文明今天面对的挑战更为复杂和严峻。新型的中华文明到底会怎样呈现，又怎样具体表现或作用于政治、经济、文化等层面，人们还在不断探索。这个问题，我们这一代恐怕无法给出答案。但我们坚信，在历史上曾经灿烂辉煌的中华文明必将凤凰浴火，涅槃重生。这既是数千年已经存在的中华文明发展史告诉我们的经验事实，也是所有为中国文化所化之人应有的信念和责任。

不过，对于近现代这一涉及当代中国合法性的重要历史阶段，我们了解得还过于粗线条。她所遗存下来的史料范围广阔，内容复杂，且有数量庞大且富有价值的稀见史料未被发掘和利用，这不仅会影响到我们对这段历史的全面了解和规律性认识，也会影响到今天中国新型文明和现代化建设对它的科学借鉴。有一则印度谚语如是说："骑在树枝上锯树枝的时候，千万不要锯自己骑着的那一根。"那么，就让我们用自己的专业知识与能力，为承载和养育我们的中华文明做一点有益的事情——这是我们编纂这套《中国近现代稀见史料丛刊》的初衷。

书名中的"近现代"，主要指 1840—1949 年这一时段，但上限并非以一标志性的事件一刀切割，可以适当向前延展，然与所指较为宽泛的包含整个清朝的"近代中国"、"晚期中华帝国"又有所区分。将近现代连为一体，并有意淡化起始的界限，是想表达一种历史的整体观。我们观看社会发展变革的波澜，当然要回看波澜如何生，风从何处来；也要看波澜如何扩散，或为涟漪，或为浪涛。个人的生活记录，与大历史相比，更多地显现出生活的连续。变局中的个体，经历的可能是渐变。《丛刊》期望通过整合多种稀见史料，以个体陈述的方式，从生活、文化、风习、人情等多个层面，重现具有连续性的近现代中国社会。

书名中的"稀见"，只是相对而言。因为随着时代与科技的进步，越来越多的珍本秘籍经影印或数字化方式处理后，真身虽仍"稀见"，化身却成为"可见"。但是，高昂的定价、难辨的字迹、未经标点的文本，仍使其处于专业研究的小众阅读状态。况且尚有大量未被影印或数字化的文献，或流传较少，或未被整合，也造成阅读和利用的不便。因此，《丛刊》侧重选择未被纳入电子数据库的文献，尤欢迎整理那些辨识困难、断句费力、裒合不易或是其他具有难度和挑战性的文献，也欢迎整理那些确有价值但被人们习见思维与眼光所遮蔽的文献，在我们看来，这些文献都可属于“稀见”。

书名中的“史料”，不局限于严格意义上的历史学范畴，举凡日记、书信、奏牍、笔记、诗文集、诗话、词话乃至序跋汇编等，只要是某方面能够反映时代政治、经济、文化特色以及人物生平、思想、性情的文献，都在考虑之列。我们的目的，是想以切实的工作，促进处于秘藏、边缘、零散等状态的史料转化为新型的文献，通过一辑、二辑、三辑……这样的累积性整理，自然地呈现出一种规模与气象，与其他已经整理出版的文献相互关联，形成一个丰茂的文献群，从而揭示在宏大的中国近现代叙事背后，还有很多未被打量过的局部、日常与细节；在主流周边或更远处，还有富于变化的细小溪流；甚至在主流中，还有漩涡，在边缘，还有静止之水。近现代中国是大变革、大痛苦的时代，身处变局中的个体接物处事的伸屈、所思所想的起落，藉纸墨得以留存，这是一个时代的个人记录。此中有文学、文化、生活；也时有动乱、战争、革命。我们整理史料，是提供一种俯首细看的方式，或者一种贴近近现代社会和文化的文本。当然，对这些个人印记明显的史料，也要客观地看待其价值，需要与其他史料联系和比照阅读，减少因个人视角、立场或叙述体裁带来的偏差。

知识皆有其价值和魅力，知识分子也应具有价值关怀和理想追求。清人舒位诗云“名士十年无赖贼”（《金谷园故址》），我们警惕袖手空谈，傲慢指点江山；鲁迅先生诗云“我以我血荐轩辕”（《自题小像》），我们愿意埋头苦干，逐步趋近理想。我们没有奢望这套《丛刊》产生宏大的效果，只是盼望所做的一切，能融合于前贤时彦所做的贡献之中，共同为中华文明的成功转型，适当“缩短和减轻分娩的痛苦”

(马克思《资本论》第一卷第一版序言)。

《丛刊》的编纂,得到了诸多前辈、时贤和出版社的大力扶植。袁行霈先生、傅璇琮先生、王水照先生题辞勖勉,周勋初先生来信鼓励,凤凰出版社姜小青总编辑赋予信任,刘跃进先生还慷慨同意将其列入"中华文学史史料学会"重大规划项目,学界其他友好也多有不同形式的帮助……这些,都增添了我们做好这套《丛刊》的信心。必须一提的是,《丛刊》原拟主编四人(张剑、张晖、徐雁平、彭国忠),每位主编负责一辑,周而复始,滚动发展,原计划由张晖负责第四辑,但他尚未正式投入工作即于 2013 年 3 月 15 日赍志而殁,令人抱恨终天,我们将以兢兢业业的工作表达对他的怀念。

《丛刊》的基本整理方式为简体横排和标点(鼓励必要的校释),以期更广泛地传播知识、更好地服务社会。希望我们的工作,得到更多朋友的理解和支持。

2013 年 4 月 15 日

目　录

前　言

一

翁曾翰(1837—1878),字海珊,小名筹儿,江苏常熟人,晚清名臣翁同龢之侄,后来过继给翁同龢为子。他生于道光十七年(1837),咸丰六年(1856)与工部尚书松江人张祥河(诗舲)之女结婚。咸丰八年(1858),戊午科顺天乡试中式举人。同治元年(1862),其祖父大学士翁心存去世,他被特旨恩赐为内阁中书,同治二年(1863)选补到阁,后历任委署侍读、玉牒馆校对、内阁典籍、内阁侍读等职。光绪三年(1877),翁曾翰本生父翁同爵病死湖北巡抚任所,他偕妻子回籍奔丧,并料理后事。次年五月在返京途中,在天津不幸感染伤寒,回京后四天就去世了,终年仅四十二岁,可谓英年早逝。他的去世对翁同龢的精神打击很大,翁同龢说:“呜呼肠断,何其酷耶!一缕未绝,百痛交并,距死如此耶!”[①]反映了他内心是何等的痛苦。

翁曾翰生前酷爱抄书、藏书,并写有日记,名“海珊日记”。光绪七年(1881),翁曾翰大儿子安孙病死常州,家族以翁曾翰堂兄翁曾源之孙景官(翁之廉)承嗣安孙。而翁之廉又无后,则以其弟翁之憙之子兴庆(翁万戈)承嗣。因此,包括“海珊日记”手稿在内的翁同龢、翁曾翰所遗留之藏书均归翁万戈继承。上世纪 40 年代末,翁万戈赴

① 陈义杰整理《翁同龢日记》第三册,中华书局,1993 年,1363 页。

美，将其嗣父翁之廉传给他的翁氏藏书精品带去了美国，而留在国内的部分则由其本生父翁之憙保存。1950年，翁之憙将这部分藏书全部捐给了当时的北京图书馆，共2413册，“海珊日记”手稿即在此列。①

二

“海珊日记”手稿现存九册，均藏于国家图书馆善本室。现将其版式及每册起止时间，依次简介如下：

第一册，朱丝栏，白口，四周双边，上双鱼尾，“松竹斋”制笺，半页九行，字不等。封面题“癸亥日记”，扉页题“程庭桂，刻资收到”。时间为同治二年(1863)正月至十二月。

第二册，朱丝栏，白口，四周双边，上双鱼尾，“玉采斋”制笺，半页八行，字不等。封面题有“碧梧馆随笔，岁在甲子，海珊”。时间为同治三年(1864)正月至同治四年(1865)五月。

第三册，朱丝栏，白口，四周双边，上双鱼尾，“松竹斋”制笺，半页八行，字不等。封面题“丁卯日记，七月朔日始”。时间为同治六年(1867)七月至同治七年(1868)正月。

第四册，朱丝栏，白口，四周双边，上双鱼尾，“松竹斋”制笺，半页八行，字不等。封面题“己巳日记”。时间为同治八年(1869)六月至同治九年(1870)八月。

第五册，朱丝栏，白口，四周双边，上双鱼尾，半页八行，字不等。封面题“壬申记事”。时间为同治十一年(1872)正月至九月。

第六册，朱丝栏，白口，四周双边，半页八行，字不等。封面题“壬申冬记事”。时间为同治十一年(1872)十月至同治十二年(1873)闰

① 详见赵万里编《北京图书馆善本书目》，中华书局，1959年。翁之憙所捐献翁氏藏书均缀以“翁捐”字样。

六月。

第七册，朱丝栏，白口，四周双边，上双鱼尾，“松竹斋”制笺，半页八行，字不等。封面题“癸酉秋日记，甲戌年附”。时间为同治十二年(1873)七月至同治十三年(1874)十二月。

第八册，朱丝栏，白口，四周双边，上双鱼尾，“松竹斋”制笺，半页八行，字不等。封面题“乙亥日记，光绪元年”。时间为光绪元年(1875)正月至光绪二年(1876)三月。

第九册，朱丝栏，白口，四周双边，上双鱼尾，“松竹斋”制笺，半页八行，字不等。封面题“丙子四月日记，丁丑年附”。时间为光绪二年(1876)四月至光绪三年(1877)二月。

三

翁曾翰久居京城，同治二年(1863)开始在内阁任职，于时清廷内忧外患，政治动荡不安。作为晚清动荡时局的亲历者，翁曾翰曾自叹道：“自问庸才，仰愧清德，外度时势，国报为难，中夜为之耿耿。”因此，其日记对晚清时事有一定记载，可作为研究之参考。如光绪三年发生在天津的士兵哗变事件。据《清实录》记载，光绪三年正月，御史王昕奏报朝廷，屯扎在天津的兵勇纷纷哗溃，有数营之多，一路抢掠，窜入山东省。于是，清廷令李鸿章查明事件。李鸿章报奏：“哥老会匪潜煽驻防天津营勇，哗扰溃逃，经总兵周盛传督队跟追，已将会匪溃勇尽数歼除。”清廷回复：“据奏中军前营、前军右营，勇丁各散去百余名，恐尚不止此数，该勇丁究竟窜往何处，著李鸿章派员迅速查明。”李鸿章又奏“查访明确并无窜往他省，自不必再加咨行”，从而了结此事。[①] 而翁曾翰对此事却有不同记载：“初三日天津有兵变之事，因索饷而起，职营官而哗溃，向西南而逸，一走正定，一走山东”；

---

① 《清实录》第五二册，中华书局，1987年，646—647页。

“津勇之实由于统领扣饷刻待所致，本月初三日夜哗变者约二千余人，掠买卖街而逸，窜山东沾化、蒲台等处，以八卦旗为前导。”从日记来看，此事的性质和程度比李鸿章奏报的要严重得多。在处理此件事上，李鸿章极有可能为了袒护自己的亲信部将周盛传，从而避重就轻，瞒报了此事的起因及严重性。还有同治九年(1870)震惊中外的天津教案事件。事件起因于谣传教堂拐卖儿童、剖心挖眼，从而导致群众焚烧教堂，并殴毙传教士十余名的惨剧。此事经曾国藩查实后，奏报朝廷将天津地方官交刑部严议，并与洋人订定了抵命人数。这使得曾国藩背上“卖国贼”的骂名，声誉扫地，最终被调离京城，郁郁而终。翁曾翰记载了此事在群臣中论辩的情景：“今日未刻，曾相奏报，遵查津事大概情形，谓教堂并无迷拐实据，确系津人怀疑启衅，请明降谕旨宣示，并将天津府县革职，交刑部治罪。于是召见诸亲王、军机御前、弘德殿师傅，博询集议。醇、惇抗论，师傅亦有公论，而总理诸臣力持不得已之说，良久无定议，终从曾相之请。此诚夷务之一大关键，及今不能挽回，恐自强无日矣！”翁曾翰显然是反对这种处理结果，认为自强恐无日矣。但是清廷群臣在面对民族情绪与外部压力情况下也显得无奈与彷徨。

翁曾翰作为翁同龢的嗣子，他几乎每天都要去看望这位叔父。因此，他对翁同龢的日常生活记载尤详。《翁同龢日记》被誉为“晚清四大日记”之一，业已出版多个版本，是研究翁同龢的重要资料。但是，翁曾翰从旁观者的角度对翁同龢的记述，还是具有一定价值。如日记记载：“英、法、日本六国皆于十七日过年，总督行文知照各部院堂处前往各外馆贺年，今日吏、户、礼三部堂处均往，叔父亦随众一行，殊怏怏也。”“殊怏怏也”是对翁同龢情绪的描写，反映了翁同龢对向外国公使贺年行为的排斥与厌恶之情。还如日记记载“叔父怒掷秀姑，伤额失血甚多，五哥驰视，余归迟不及往，为之悬悬”，翁同龢发怒而怒掷其妾，展现了一代帝师所不为人知的一面。

另外，翁曾翰与其本生父翁同爵感情极深。一次，其得知父亲生病后，在日记中写道“颇动归思，阅之焦灼，恨不即刻飞至膝下，以遂定省，道远殊可恨”。他们父子间通信极繁，几乎每月都有几封。翁曾翰把父亲来信的主要内容都写到了日记中，内容多为翁同爵的日常生活以及为官政事。翁同爵是晚清封疆大吏，但史载无多，所写“翁同爵日记”有残篇留存于世。[①] 因此，“海珊日记”是了解其生平以及其在任职政事的重要史料。

四

翁曾翰在内阁仅为五品官衔，不像其叔父能够参与朝政的决策。因此，“海珊日记”对清廷时局的记载并不占有重要篇幅，其内容多为个人日常生活及见闻。因此，有研究者评价其日记为“内容多为个人任职琐事，家中杂事，史料价值不高”[②]。但是，换一个角度来看，我们也可以透过这些晚清官绅人情世故、琐事杂事，来剖析晚清官场及社会的微观层面，从而更深层次理解历史的幽微之处。

阅读日记，我们发现世俗的交往应酬活动耗费了翁曾翰大量的时间和精力。他对每天的应酬活动都做有详细记录，为我们了解晚清官场风气提供了很好的素材。这些应酬活动主要就是饮酒、听戏、下棋等娱乐活动。招饮、作陪、接场、预祝、补祝、公请、团拜等名目繁多，应接不暇，有时一晚要应酬多个饭局。翁曾翰健康欠佳，喝完酒经常头痛不已，认为宜戒饮矣，然而社会风气使然，又岂能由已。另外，据日记记载，翁曾翰还经常接受来自地方官吏的馈赠。在清代，如果是地方官来京，大多用“冰敬”、“炭敬”、“别敬”等名目给有关京

① 详见张剑整理《翁心存日记》附录，中华书局，2011 年。“翁同爵日记”残篇夹于其父翁心存“知止斋日记”手稿之中。

② 谢俊美著《常熟翁氏·状元门第·帝师世家》，中国人民大学出版社，1999 年，381 页。

官送礼，馈赠的礼物主要是银两或贵重物品。清朝官员俸入微薄，尤其是京官，平日生活清苦。按照清朝不成文的规矩，官员接受了馈赠，只要与公事无关，就不算受贿，更不算贪污。因为有了这个规矩，所以大多数官员都接受馈赠，翁曾翰也未能免俗。他经常接受同乡以及同年的地方官所送"炭金"、"炭敬"、"别敬"、"留别"等，数目大多十两到二十两不等。按日记统计，光绪二年(1876)，翁曾翰共接受此类馈赠十余次，达二百九十七两，而此年翁曾翰的秋俸仅为二十二两。有进亦有出，翁曾翰在官场上的礼俗开支同样有不少的数目。逢年过节要送门包、祝敬，到任新衙门报道也要有所花费。下面截取几段翁曾翰官场礼俗开支，供大家参详："晨坐刑部小朝房，给苏拉刘姓四千，后至军机茶房，给堂苏拉杨姓等十二人廿四千，又茶房汪姓等四人十二千，以此后常坐往来也。""巳初，入署到任，至满票签、满汉本堂典籍厅拜同事，给科房笔墨费十六千，另酬递折车资十千，赏茶役十六千，满票签茶役四千，堂皂四千。""给军机堂苏拉四十千，又刘、翁两家十千，茶房九千又十千，以上六十九千皆开公帐。余又给刘苏拉四千，节下不能无所费也。""开发如前节，大堂四十千，又两家十千，茶房八千，又两家十千，犹哓哓也。"礼是中国传统文化的核心观念之一，历代都把礼仪视作安邦治国的大事。然而清代衙门的礼俗规则已僵化蜕变到了必须改革的地步，官僚们互相动用公帑请客、送礼、娱乐，此类费用都是合乎"礼"的大开支。人们醉心于这种礼制中，耗费国家的养分与自己的生命，这些是晚清官场的真实写照，也应为当今社会借鉴与警惕。

清代常熟翁氏一门数科甲，两代两状元，海内荣之，为近时所罕觏者，翁氏家族在清代的荣耀主要倚重于科举之路。因此，翁曾翰在日记中很注重对科举相关事宜的记载。虽然已经入仕，但翁曾翰对进士仍旧有着很大的渴求，无奈屡试不中，令其耿耿于怀。他在日记中写道："又落孙山，嗟嗟命也，如何！不胜悲愤，夜不成寐。五更题名唤卖矣，黯然欲绝！"后来又落榜，其叹曰："自顾不能登甲科，以先人余荫得此中书，十四年来，方进一秩，功名自有定数耶，何臆不如人也！”在日常生活中，翁曾翰对于与科举相关的各种信息都有着浓厚的兴趣。如各省乡试考官，新举人复试、会试、新贡士复试、殿试、朝考等，无论是耳闻还是目睹，翁曾翰都会记述在日记中。如光绪二年(1876)殿试，他虽然未能中榜，但作为内阁官员，还是看到了殿试过程。于是他便记录下来：“内阁印题纸毕，开门请阁学长叙代中堂捧题，诣保和殿，读卷大臣、礼部堂司处、内阁执事人员随入殿，置题纸于黄案，面西，读卷大臣捧至玉檐下授礼部堂官，捧置丹陛黄案上。读卷大臣率新贡士行三跪九叩礼，部司员散题，贡士跪接归号。”此外，翁曾翰还有记录考题的习惯，除在京城举行的会试、殿试、朝考之外，一些外地的乡试试题，还有庶吉士散馆、考御史等朝廷的考差题目，其日记中也有所记录。晚清时期，科举制度已经僵化，加之竞争激烈，很多士子不再认真地专研儒家经典，而是一味揣摩试题，模拟仿作。文人专研考题蔚然成风，记录考题已成为当时应试之人的日常习惯。

清朝内阁的职掌之一即为筹办典礼，翁曾翰作为内阁官员经常参与筹办清廷的各种典礼，他常把参与的各种典礼仪式详细记录。出于职业习惯，他对本家的各种礼俗仪式的记载也比较细致。这些礼制礼俗的记载，有一定史料价值。如其祖父翁心存入祀贤良祠仪式，日记中载：“卯正，执事齐集，请义臣、伯孟来，同入城，至工部，请神牌于大堂，设黄案，本家子孙叩迎出。步行至礼部，义臣、伯孟两君至祠，祭司请祭文入黄亭，叩迎出，仪仗前导，义臣、伯孟补褂乘马在黄亭前，仲渊、子馨补褂乘马在神牌前。巳正到祠，祠官先请祭文入殿，随叩请神牌出，本家子孙奉牌入后殿，先将神牌面内，本家子孙行一跪三叩礼。神牌升黄案，太常寺堂官行二跪六叩礼，本家子孙亦行二跪六叩礼，送入祠之亲友行一跪四叩礼。读祝焚燎毕，请神牌在东次间升龛，本家子孙于本案前行二跪六叩礼。本家子孙在二门下三跪九叩谢恩，复至后殿中龛前行代谒礼，二跪六叩礼毕。一切均祠官包办。太常寺司官无人，故请孙莱山读祝。”关于这一礼制的记载并不多见，翁曾翰用近乎白描的手法把整个仪式的过程记述得非常清楚。另外，日记中对祭祖、婚丧嫁娶等日常民间礼俗亦有详细记录，为研究晚清北京的风俗礼仪提供了材料。

翁曾翰对于自己的日常活动，事无巨细，都记录在日记中，看似流水账，但是对于不同研究领域来说，却蕴含着不同的价值。如日记对天气记载非常详细，尤重天象、星变以及气候阴晴冷暖的变化，有时几乎是按时辰做的气象记录，可以为气象学研究提供有力的佐证；翁曾翰对于每天购买之物都记载价格，还记录其租房、买房、雇工、借贷等经济活动的账目往来，可为研究清代物价以及经济提供素材；翁曾翰酷爱藏书，经常记录所经眼的图书与绘画，对于当今古籍书画研究有所裨益；翁曾翰身体欠佳，经常生病，所谓久病成医，他对自己以及亲人病情的记录非常专业，内容包括症状、过程、所请之医、所用之方、康复效果等等，宛如一个个记载完整的医案，可供中医爱好者参详。

总之，海珊日记蕴含着丰富的历史文化价值，只要认真阅读，细心体味，不同需要的读者定会从中得到不同的启发。

五

这次整理以国家图书馆藏日记手稿为底本，对原稿加以辨认、校订及标点。原稿中除涉及辨义处和其他特殊情况，所有文字包括人名、地名等尽量改用简化字；原稿确定误字者，以圆括号“()”括出误字，后继以方括号“[]”括出改字，但明显的形近误字径改；原稿有脱字者，所补字亦用方括号“[]”括出；原稿有衍字者，用“【】”括出；原稿空缺待补字处，用三角符号“△”；原稿天头地脚文字皆移入正文相应位置；原稿中夹注原为双行小字，今改用小五字体单行排印；稿中所记人名字号多用同音或音近之字，凡此均仍其旧。此次整理在原稿年、月、日后均增加公元纪年,以圆括号括注其后。

日记原系手稿,作者多以行草体书写,兼多异体,个别字迹难以确识,需凭上下文意揣测。加之整理者才疏学浅,错讹在所难免,谨希读者批评指正。

张　方

2013 年元旦于陕西省社会科学院

同治二年(1863)　岁在癸亥

元日(2月18日)　风日晴和,晨起诣文端公主前叩头,以在百日内不贺年。午读制艺。

二日(2月19日)　晴,风。巳刻,至观音院,即归。胡月樵丈来。

三日(2月20日)　晴,午后风霾,闻陆叔文到京。

四日(2月21日)　晴,风。

五日(2月22日)　晴,午刻赵价人来,谈数语。

六日(2月23日)　晴,巳刻,至庙叩头。礼,期服两月不薙发,穿缟素,今已届六十日,予等应释缟素、薙发矣。叔文来晤语,未初归。

人日(2月24日)　晴暖,午后谒程楞香师,中鲁舅,诣各同乡,惟晤价人,时甫申刻,归。价人将议移居,以程覃叔回京供职,须还伊旧屋也。

八日(2月25日)　阴,午晴,游厂肆,遇良哉、时甫、伯孟,薄暮归。

九日(2月26日)　晴暖,巳刻,良哉、季和来,未刻游厂肆,访价人,不值。

十日(2月27日)　晴,午后游厂,访价人,座上晤叔文、印若、君标、聘臣、幼诜、梦陶、伯升。薄暮,滨舅亦来,谈片刻散。

十一日(2月28日)　晴,未刻芝斋来晤。

十二日(3月1日)　晴,微风,谒何受山师、杨滨舅、何白英、黄孝侯、黄寿臣,均不见。谒程楞香师,晤谈良久,午刻归。夜,月朗,旋有晕。

十三日(3月2日) 晴,大风。申刻,月樵丈、滨舅来谈,薄暮去。

十四日(3月3日) 晴,风日暄妍。今日为外舅张温和公周年,辰刻令内子归祭。午刻,予赴龙泉寺,待程仲立至,同行礼。予与仲立合设供筵。即散。未初,偕五兄过伯孟斋中饮,同坐滨舅、汪玉森年丈、赵价人、程仲立。饮罢手谈,薄暮乃已。

上元日(3月4日) 阴,吾家屋西北隅有室数楹,今将缮治为祠,兼藏遗书,择今日巳刻开门。昨陆叔文来辞行,索予书,今晨书一扇赠之。叔文将往津谋馆也。午后偕五兄游厂,夜,在价人斋中饭,同坐印若、君标、伯深、 堂、劬庵。酒半,俞默庵来作不速之客。初更方散,月色朦胧,灯火寥落。

十六日(3月5日) 阴,风,春寒殊甚。午后拜客入城,谒朱桐轩、皂荫舫两师,均不值。答英卓、福锟两同年,出城送叔文,又不值,即归,已薄暮矣。今日厂甸已散。

十七日(3月6日) 晨阴,午晴,仍寒。午后约韩花农来商种花事。申刻,偕五兄赴月樵丈之招,同坐钱庵丈、伯孟、刘蓉伯、良哉,戌刻散。

十八日(3月7日) 晴,申刻宝生世叔约便饭,今日伊家开馆,同坐西席程静轩及经笙之弟,陪客赵价人、季士周、五兄与予也,上灯后即散。

十九日(3月8日) 晴,夜半微雨。

二十日(3月9日) 晴。

廿一日(3月10日) 晴,早晨访良哉昆仲,午后伯升、君标来晤,托何子英世叔办投供事。笔墨费四两。

廿二日(3月11日) 晴,连日凌晨均有浓雾。慈甫约午饭,辞未往。

廿三日(3月12日) 阴,入夜雨数点。

廿四日(3月13日) 阴,大风,由广泰信局递到三兄信,系上年十二月初九从扬营发,伊见邸抄,方悉凶耗,尚未得家书也。

廿五日(3月14日) 晴,风。午前访何少英,知明日投供,不必亲往,紫英丈令书吏写一互结样来。具互结杜家乐。即书一纸,仍交少英。连同乡京官印结一纸,三代履历,内外存没详细注明。

廿六日(3月15日) 晴,微寒,申刻价人同往访滨舅,谈少顷,即归。滨舅复邀饮广和居,未往。每年开印后照例廿六投供,予已托紫英世叔办妥,故未亲往。

廿七日(3月16日) 晴,价人来晤,得陆芋町表弟书。

廿八日(3月17日) 乙亥。晴,较暖。辰刻,韩花农来种花,惟安儿一人。夜,宝生来。

廿九日(3月18日) 晴,大风,薄暮止,午后伯孟来谈数语,偕访良哉,约予明日书喜帖。内子小恙。

二月朔(3月19日) 晴暖。午刻,良哉约予写喜帖,即在彼饭,伊家今日与赵宅过礼,冰人则程容伯、吴蓉轩也。坐上晤仲立及西席张佩芝年丈,锡基。张,壬子举人,丙辰进士,吴郡人。遣张升持互结赴吏部投供。不用同乡京官印结到吏部听点,点到递互结单。

初二日(3月20日) 晴暖。

初三日(3月21日) 午后诣观音院。先文端公灵柩漆饰已两次矣。访价人,不值。与曾印若谈数语。新月如眉。

初四日(3月22日) 晴,宝生丈、价人来秉烛谈。

初五日(3月23日) 晴,风,黄尘漠漠。午初,颂阁来晤,午后月樵丈来剧谈。今日祠宇工蒇,安置一切。安儿种花七日矣,未见发热。

初六日(3月24日) 晴风,暖甚。价人来。

初七日(3月25日) 阴,微雨。安儿微觉身热。何少英来晤。午后得庶卿兄书,系上年十二月十七日所发,知其由邸报得悉祖父大故,尚未见家信。家乡克复后四哥曾到南岸一看,数日仍渡江而北,里中各乡益遭蹂躏,城中居民激于义愤,为战守计,然未足恃也。今日巳刻奉先文端公主安于西室,左图右史,庶稍慰先灵也。入夜风不定，月色濛濛。

初八日（3 月 26 日）　晴，大风，乍寒。安儿花已见点，夜尚能睡。午后作书寄两兄，由广泰局递去。五更，风少定。

初九日（3 月 27 日）　晴朗。价人来少衙。夜，何少英来云，予可先到内阁，并咨会吏部查核办理。

初十日（3 月 28 日）　晴，略暖。薄暮诣庙，夜饭后随严亲归。严亲伤风不适，予日来亦小有感冒。闻邵汴生将到，伊从文登县来，轻车简从，未携眷属也。

十一日（3 月 29 日）　晴，风。安儿花已齐苗。

十二日（3 月 30 日）　晴，日光淡薄。晨，邵汴生先生来晤，一别六年矣。巳刻诣庙，饭后归。严亲感冒尚未大愈。与价人匆匆一晤。薄暮得三兄客岁小除夕信，知其已得京信，将往通州与四哥商北行事，惟措资为难，欲望此间会寄，不知此地久处窘乡矣。入夜，风从西北来。安儿卧甚安。

十三日（3 月 31 日）　竟日大风，黄埃蔽空，不见日影。今日乂臣之弟汉三与张惕翁四女联姻，仲兄执柯。乂臣邀予辈往饭，不果。

十四日（4 月 1 日）　晴，风。申刻，往祝月樵丈太夫人寿，七十六。伊处有清音，在彼吃面，至亥正，予先归。诸客方酣饮也。坐中见宝楚桥、希虞臣、宋翰章、王莲塘、谭云史诸执友。余若余黻臣、李伯孟、李子皆、胡□林、贾铣卿、子文、丁价藩咸集。

十五日（4 月 2 日）　晴。午刻到庙，今日百日设祭，祭毕即归。午后答邵汴生，复过铁匠胡同价人新居，适价人在彼，谈少顷。薄暮，程容伯来晤。今日严亲、伯、叔释缟素、薙发。阅邸钞：僧王奏巨捻张洛刑就擒、其余捻首多名。阅邸钞：见呼位东观察震署山左臬司，□观察厚病物。①

---

① 此处有夹页："具互结，杜家乐今于与互结事，依奉结得同候选官翁曾翰，江苏举人，特用内阁中书，今赴大部验到，所结是实。"

十六日(4月3日) 晴暖,微风。何少英来字,云注册尚须印结,乃向价人处取一纸送去。惟思予已投供两次,何以至今尚未注册,复询少英,据云投供注册本系两事,若投供而不注册,则查选无凭,确乎否乎,予甚疑之。严亲回横街寓,不住庙矣。

十七日(4月4日) 晴和,午刻祀先,以明日清明节也。傍晚谒滨舅晤谈良久。夜,宝生世叔来,云见吏部投供册中将余名扣除,乃知前托何子英办注册事竟未办妥,徒然两次赴部投供,并不开选,现虽见有一缺,不能积算也。月色晴朗。

十八日(4月5日) 清明,晴暖。午刻,诣观音院文端公灵前设供,供毕即归。更许风作,夜半尤大。数日来牙龈肿胀甚痛。

十九日(4月6日) 晴,风。伯父穿孝已届百日,于今日呈明赴刑部狱,闻安徽司办稿,赶明日入奏也。

二十日(4月7日) 晴,午后价人来晤。良哉来,今日刑部奏翁某到部,奉旨:知道了,钦此。夜,德儿发热。

二十一日(4月8日) 晨,晴,午后风霾,不见日影。饭后拜客,至刑部视伯父,申刻出城,至报国寺行礼,以前日清明未暇展拜也。寺中花发,阒寂无人,暮钟一声,萧然增感。

二十二日(4月9日) 晴,风。今日先慈杨淑人忌辰,午刻上供。访何少英,知予前办投供尚未注册,今须再补履历,而所谓五缺得一者,自奉旨日积算。德儿发热未退,乃是出花,今晨已见数点。夜,微雨,风定。

二十三日(4月10日) 晴,风,暖甚。祝官发热,亦见花数点。彻夜未得安卧。

二十四日(4月11日) 晴和。德儿花已齐。开履历连印结送谢琴石启照。年丈处,托纳会试卷。今日王蓉洲太世叔六十生辰,余家送画一幅、烛一对。入夜小雨。

二十五日(4月12日) 阴,辰刻雨止,尘容一洗,庭花灿然,未刻晴霁。得陆叔文书,知其因粤友转荐,将泛海至燕台投潘伟如观察。旋闻已馆潘处，束修百二。

二十六日(4月13日) 晴。遣人定考寓鲤鱼胡同内三间，直五十三千。先付十千。

二十七日(4月14日) 晴暖。程容伯先生约夜饭，未往。德儿面有信痘一颗，花农以指甲抉去。

二十八日(4月15日) 晴。复送何子英处注册费四两。填写卷面。得陆铁云表叔书。

二十九日(4月16日) 晴。巳刻，慈甫来。试卷仍送琴石先生处，投纳卷价京蚨十二千。午后，颂阁、芝翁、鲁瑶仙来晤。薄暮，汴生、宝生、滨舅、价人、君标不期而至。

三十日(4月17日) 晴，晚阴。薄暮过厂肆，访价人，不值。遇问月于坐。

三月朔(4月18日) 晴暖。晨，祝研培外叔祖母寿，过观音寺，未刻过价人新居少坐，遣张升赴吏部投供。闻常熟降将骆国忠守甚坚，近日福山得胜仗。

初二日(4月19日) 晴暖，捡点考具。

重三日(4月20日) 晴，未刻风暖。季和来一晤。申刻随六叔访滨舅，途遇宝生、汴生，偕过价人新居少坐，乃过滨舅处，汴生亦来畅谈。

初四日(4月21日) 晴暖，微风。巳刻祀痘神，诸儿次第出痘，均安适，可喜也。老妪三人，犒以钱物。

初五日(4月22日) 晴暖，初试夹衣，傍晚谒滨舅，过价人新居，遇植三丈、伯升、印若昆季于坐。今日本拟入城，适朱寿来持伯父书云，场前不必往省，竟不往。

初六日(4月23日) 晴，风。辰刻良哉来谈。见邸报，李棠阶、沈桂芬、单懋谦、载龄为会试总裁，杨秉璋、杨泗孙、蒋彬蔚、吕朝阳、高延祜、刘秉厚、延煦、绍祺、铭安、王维珍、孙家鼐、董文焕、杜联、华祝三、麟书、范鸣龢、蒋启勋、曹贻诚为同考官。闻赵宝斋同年到京数日矣。祖母昨夜感冒,寒热,会已小愈。先遣张升将行李入城。

初七日(4月24日) 阴,微风,午后入城,到小寓,寓在鲤鱼胡同西口路北,外院内为常州同乡所居。入砖门看牌名,在东左廿一之首。今年应试者共三千六百余人,江苏一百六十余人。申刻五哥亦来送考。夜卧甚适。

初八日(4月25日) 晴,黎明严亲偕二兄同来,巳初点名入场,早起凉甚,重棉犹怯,坐西雨四十七号,同号遇谢星海同年、祖源,刑部主事。张莱山,观淮,山西人,乃兄皆京官。畅谈。暮,略睡。子刻题纸来,即起。题为"大畏民志"二句、"其养民也惠"二句、"于是始兴发补不足"三句,赋得"譬海出明珠"。得"材"字,曹子建诗"大国多良材"。星海告余诗题出处。廖仲山亦同号。

初九日(4月26日) 晴热,子初起,即属文,午前首艺毕,入夜诗文皆全,补草稿竣,方少卧。

初十日(4月27日) 晴,黎明起,将首艺重加删改,即誊真,巳初毕。放头排即出场,身体安善,惟略烦躁耳。午初严亲来,午后叔父、五兄先后来,阅予文,尚妥适无疵。

十一日(4月28日) 晴,辰正入场,以头场少受夜寒,乃带皮袍而入,坐西宿廿四号,遇同小寓之常州吴晋壬、唐林。冯朗仙,承恩。朗仙者,述甫之弟,晋壬则在江北与菉卿熟识,谈江北事颇悉。夜卧不寒矣。同号湖州沈君鋐,人极谨厚,似曾相识。官户部。

十二日(4月29日) 晴,子初题纸来,"刚上而尚贤","咸则三壤"二句,"梧桐生矣"二句,"晋侯使士匄来聘襄公八年","右徵角左宫羽"。寅刻即起,至未申间五艺皆竣。补草誊真,彻夜未睡,黎明少憩。

十三日(4月30日) 晴,辰初开号,头排即出,叔父、五兄来,松哥仍留小寓。

十四日(5月1日) 晴。二兄来送,辰初入场,坐东露卅四号。遇苏州刘叔涛年丈,廷枚,壬子南榜举人。亥刻题纸来,策题:一经,二杂史，三考察，四劝农，五兵书。

十五日(5月2日)　晴暖，右足胀痛。午刻远，至更许真草皆全，倦卧甚适，邻号李廉石，延恩。云南人，己酉副贡，己未举人，谈颇畅。

十六日(5月3日)　黎明出场，辰刻回家，家中均安适。此次头场、三场尚惬意，惟二场不满，中否听命而已。此数日中屡得两兄书，知四哥行至清江，闻途中多梗，业已折回，牢骚抑郁，溢于楮墨。午后宝生、白英、月樵诸丈，价人先后来，适予倦卧，未得见。暮醒，月色深红，暖而燥烈，恐有旱象。

十七日(5月4日)　晴，辰刻良哉、价人来晤，午后拜客入城，至西曹视伯父，归途访价人，在坐晤华星桐，伊前日从奉天回，此行甚不得意，形神索莫。

十八日(5月5日)　晴热，风不定，黄埃蔽空。严亲黎明即起，往香山一带看地，彭处约同行也。午后访伯孟，晤谈良久，过公源托查捐事，少坐即归。作寄两兄书，托富帅差弁携去，并附地图一部、《舆地韵编》二部、京顶二枚、小刀一柄、大镰一个、如意丹、紫金定等物。

十九日(5月6日)　晴，风。午前过良哉处，为书喜帖，即在彼处饭，坐上见曹兰樵侍御，年七十八矣。午后严亲自香山回，所看之地均不合用。夜饮月樵丈斋中，洪苏仲、丁价藩、张吉人、李伯孟、徐小云用仪。同坐。是日立夏。

二十日(5月7日)　晴，风。薄暮止。晨晤价人，申刻访陈馨山、吴晋壬，未晤。即过容伯姻丈处夜饭，同坐何伯元庆涵。同年、黄济川、张莲生、良哉、何子白、钱惇卿、赞。方勉甫、洪苏仲诸君。余俱杭郡人，未及深谈也。夜，薄寒。

二十一日(5月8日)　晴，午后入城，答崧镇青同年，骏。访伯蘅，归途拜客，夜，过价人斋中饮。狂风未已。闻福山口收复，常昭解围。降将骆国忠以副将用，记名总兵，余加恩奖有差。

二十二日(5月9日) 晴暖,渐风。巳刻,仲立来晤,午后价人来,予出门拜客,申刻归。王锡光号印生。来晤,面交一信,系子祥兄之姨甥孙姓托带者。王君系山东候补县令,湖南人也。信面署名孙小鹤,从未闻其名。

二十三日(5月10日) 晴,微风。巳刻到良哉处,午刻看过妆,即在彼饭,归,适黄济川在此,畅谈而去。庞宝翁约宴宾小饮,未正到彼,坐中程君、静轩。惠人、辛芝,少坐即散。前日遣人以白金二十两、京蚨四十千酬韩花农,未满其意,今日又以京蚨二十千补去,为舆人茶资,伊受之而仍未惬意也。

二十四日(5月11日) 晴暖。辰刻,即往良哉处,贺今日玉妹于归赵氏也。巳正奠雁礼成,季和、芸皋、伯孟、藜阁、莲生偕予六人送亲到赵宅,见蓉舫先生,至午正视其行合卺礼后,予等少坐即行,仍至良哉处饭,饭后归。新郎名廷琛,号云生,年二十一岁,人颇短小,系咸丰元年荫生,今及岁,尚未考试。

二十五日(5月12日) 晴。竟日弄笔墨,傍晚过良哉处,杂书各件,上灯后到宴宾斋,印若、君标约夜饭,同坐王蓉翁、秦复亭、赵价人、庞伯升、蔡植三、龚辛甫。

二十六日(5月13日) 晴暖。早晨过良翁处,少坐即归,午后谒楞香师,呈试作,晤谈移时,访黄济川、吴晋壬,均不值,入城谒朱师,未见。访谢星海同年,祖源。又不值。出海岱门拜客归。价人来,略谈数语。辰刻崧镇青同年来晤。

二十七日(5月14日) 晨晴,旋阴。良哉来邀予过彼陪新郎今日回门也,巳刻往,杜芸皋已先至,季和、莲生先后来,申刻散,新郎议论颇多。微雨竟日,入夜凉甚。内子自廿三日归宁,今日乃回。

二十八日(5月15日) 阴雨,薄暮晴。答宋惠人、访价人,将前托会寄菉卿兄处纹银五十两还之,在坐晤植三、冯赓亭。述甫之弟。日来笔墨均应手,而腕弱指僵,尚无进境。前阅邸报,知云南省城被回匪所据,督抚以下各官被害,今闻抚台徐之铭有报来,乃督及府县被害，而抚台无恙，奇哉。徐抚形迹诡秘，诸有可疑，奉旨革职，来京议罪。潘铎照总督阵亡优恤。

二十九日(5月16日) 阴晴不定，薄暮阵云自西北起，雷乃发声，雨点颇急，时许乃过。午后，入城视伯父，归途拜杜芸皋、陈惠卿同年，毓秀。申正回。伯孟邀宴宾，夜饭，同坐价人、良哉、时甫，雨后散。

三十日(5月17日) 早阴，渐雨，午后晴朗。申刻，过观音院，连日二哥在彼习静作字，俟其写毕，偕还。远眺西山，云气未净。价人来，闻太仓收复，伊归计已决，拟于月初偕良哉同行。良哉送妹往通州于归徐氏，树人先生之子，名毓海。由轮船达上海，再赴江北也。

四月朔(5月18日) 晴，遣张升赴吏部投供，午刻过义臣处，今日义臣与伯蘅公请之局。同坐张怿斋、义臣之叔岳。张吉人、楼子通、惕斋先生之令郎、芝斋昆仲，申初散，往同兴居，价人、印若、君标、良哉、慈甫、伯孟先后来，予作东道，为价人、良哉饯行。饮至上灯时散。日来日色殷红，今晚尤热，密云不雨。

初二日(5月19日) 晴。午刻价人来，申刻往宴宾斋，蓉洲太世叔、宝、汴两世丈为价人、良哉饯行，邀予作陪，亥正散。南风热甚。

初三日(5月20日) 晴热。午后送良哉、价人行，答赵云生，均未晤。

初四日(5月21日) 晴热。价人来辞行，晤之，作寄两兄书，以京报寄三兄。得俞调卿表弟钟夔。书，知其始居西乡，今春方移沪上也。阅邸抄：苗沛霖叛。

初五日(5月22日) 晴热。早晨与良哉话别，午正归祀，先曾祖潜虚公诞辰也。杜芸皋世丈来晤。访价人话别五钟归。夜，五哥治酒肴小饮，以昨日五嫂三旬寿辰也。闻初三日初昏时有大星自东南流至西北。初见一星，忽化为三，旋合为一而灭。夜热甚，不能卧。

初六日(5月23日) 晴，风。黎明往送价人，少坐，至良哉处，辰初俟其登车，乃归。薄日衔山，其赤如血。夜，月如钩，亦作赤色。

是日扫舍。

初七日(5月24日) 晴。日月均作淡赭色。

初八日(5月25日) 晴。午后看红录,申正江苏已拜十人,无望矣。张之洞中矣,闻仍在范鹤生(鸣龢)房中,真翰墨缘也。

初九日(5月26日) 晴。榜发不第,阅题名,无熟识者。午后,访伯孟谈良久,偕过丁价藩处,与胡铁庵、李子皆两年丈谈,适月樵丈至,酉刻归。

初十日(5月27日) 晴。午后答慈甫,过琉璃厂。夜,宝生、汴生、莱山诸丈来。

十一日(5月28日) 晴。午刻,慈甫约午饭,惟与伯孟小酌而已,未正归,少卧。遣人领落卷,卷出王莲西世叔房,为单懋谦摈斥也。夜,过滨舅处谈。

十二日(5月29日) 晴。午后过价人处,与印若昆季谈,知价人于初七日薄暮抵津,大约十五前后即可开船,良哉之仆未甚得力,伊须自携一仆。良哉亦有家信。

十三日(5月30日) 晴,热。布置外书房一小间。余黼臣奉讳归陕,今日行矣。

十四日(5月31日) 晴。辰刻入城谒孔绣山表姨丈,宪彝。晤之。据云欲到衙门,须以吏部咨文为凭,须托选君赶紧行文,便可到阁,否则听选可耳。又谒许星叔年丈,庚身。不值,即归。今日先曾祖潜虚公忌辰,午刻上供,闻钱馨伯到京。

十五日(6月1日) 晴。申刻阴雨,稍凉。早晨得三兄书,三月三日由扬州发,从天成局递来,内附四哥二月廿七日仙女庙舟中书,知均安善。申刻,谒宝生、汴生世丈,归途遇雨,过慈甫处少坐,更许雨止。新贡士覆试,第一张之洞。

十六日(6月2日) 晴,风,天朗气清。午后,入城视伯父,申刻出城拜陆吾山,不晤,归,适滨石舅在此,畅谈,留夜饭而去。夜凉,月色皎洁。

十七日(6月3日) 晴。午后访伯孟,未值,过前门,归至德宝斋少坐。不甚热。

十八日(6月4日) 晴,大风。今日庶吉士散馆。"蒙以养正"赋,以"蒙以养正圣功也"为韵。"幽庭凝碧亦涟漪",得"霖"字。

十九日(6月5日) 晴。午后伯孟来晤,作寄三兄书,托折弁带去。附三月分京报一函。午后印若、君标、慈甫先后来谈。仲兄应殿试,于今日入城寓东华门,六叔偕往。闻颂阁得馆元,莘甫第十,莱山丈、味秋均二等矣。

二十日(6月6日) 晴,风。良哉书来,云轮船已属定,为地极窄,苦甚,今明日可开行矣。

二十一日(6月7日) 晴,大风,尘埃蔽天。午后过慈甫处少坐,即至东华门庙内与六叔谈,至七下钟,仲兄尚未归,予赶城先行,少顷,严亲回,知仲兄方出场,精神尚好。帝学、求贤、节俭、察吏。仲兄系散体,而仍到底如式。

廿二日(6月8日) 晴热。早辰钱馨伯、徐季和来,午后访芥帆,晤伯孟、铁庵、子皆两年丈,谈良久归。傍晚芥帆、伯孟又过我,约往宴宾斋夜饮,亥正散。

廿三日(6月9日) 晴。莘甫、陆吾山先后来晤。午后访伯孟、慈甫、印若昆季,均晤,谒滨舅,谈良久,知其定于明日递折请假省亲也。

廿四日(6月10日) 阴凉。五哥入内送引见,巳刻刘升归,知仲兄以第一人及第,欣喜无似,第二为龚丞钧、第三为张之洞,传胪为周兰,张原列第四,上特拔之。午初仲兄归,亲友陆续来贺。八年中两见大魁,洵属佳话。仲兄以叠次恩赏掇巍科,尤为罕有。

廿五日(6月11日) 黎明渐雨,辰初晴朗,午后风。今日胪唱,上不升殿,仲兄寅刻入内,卯正行礼,不作乐,仅随榜出长安门上马,不赴顺天府宴,不簪花披红,至前门关帝庙拈香,行三跪九叩首礼,出城,榜探送归第。前导鼓乐。至常昭会馆,即在彼设宴。亲戚、苏府同乡均出单知会,陆续来,至酉正散,归寓,寓中照常请顺天府兼尹、府尹、府丞,具大柬,系殷兆镛出名。万蔼舲、林颖叔均辞,惟府丞卞颂臣来。

廿六日(6月12日) 晴。为菱舫、印若、君标书扇。

廿七日(6月13日) 晴热。叔父寿辰,以在制不叩祝。早辰芝斋来晤,仲兄授职,入内谢恩毕,至东华门小寓住,明日朝考。同年出知单,以楞香师须刻书三种,集资,余写四金。

廿八日(6月14日) 阴,午刻雨。晨起入城,至伯父处,适义臣在坐,略谭数语而去。五哥亦在彼同饭,未初出城。仲兄傍晚归。朝考题"三不息论","考言询事疏",赋得"四时花竞巧",得"花"字"。查系唐明皇午后宴群臣诗"九子粽争新",场中无人知出处。向滨舅取安刻《书谱》来,看零星片段,盖经劫火矣。

廿九日(6月15日) 晴。申刻知朝考等第,仲兄一等廿二名。晚凉,过慈甫少谈。开窗纳凉。

五月初一日(6月16日) 晴。借得惠批《说文解字》临之,今日动笔。遣人赴吏部投供。仲兄释褐,曾在监肄业者,故拜司成时,跪于彝伦堂之门内,行四叩礼。寻常二叩礼。

初二日(6月17日) 晴。午刻访月樵丈,晤之。星桐来谈。

初三日(6月18日) 晴热。申刻阴,雷声殷殷,雨过,大风,西南电光闪闪。料理节事。夜过印若昆季处谈。归,适宝生世叔在坐。崑、新收复见报。

初四日(6月19日) 晴。谒程、何两师、滨舅,贺边同年,宝泉。晤何师,谈少顷。在滨舅坐中见季士周、曾印若昆弟。

端午(6月20日) 晨晴,午阴,颇有雨意。过慈甫、月樵丈、宝生、汴生两世叔、伯孟,均不晤。俗事纷纭,心神烦乱。今日午刻祀先,以仲兄得第告祭,非专为午节也。

初六日(6月21日) 阴,薄暮雷雨即过。午后,月樵丈处遣人来请,云今日得家信,知其太夫人于去年八月下世,顷到讣音,邀过彼商酌一切。饭罢随严亲往,申刻归。得三兄四月初八日书。

初七日(6月22日) 长至,阴,午刻晴,申刻雷雨,入夜,微雨旋止,星月灿然。晨,汴翁来晤,过月樵丈处行礼,在彼竟日,散,过介帆处,约济川来谈,雨后归,夜饭,又过滨舅处畅谈,亥刻回。

初八日(6月23日) 晴。晨作寄祥兄信,由天成信局去。附京报一函,四月分。午后过中街,申刻雷雨旋止。偕芥帆同访伯孟,即在彼夜饭,亥正归。考试南书房一赋一诗,"舜歌南薰"赋。

初九日(6月24日) 晴。午后过月丈处写讣签,酉刻饭,饭罢同伯孟、吉人过铁庵丈、芥帆处畅谈。今日新进士引见单下,除鼎甲外,江苏入馆选者六人,廖仲山与焉,黄济川之侄用阁中,徐郙、欧阳保极俱在南书房行走,孙莱山竟不得。

初十日(6月25日) 晴,热。午后问印若疾,偕君标同访陈菱舫。申刻过月丈处,芥帆、伯深均在彼,为之料理笔墨,上灯时散。前日得礼部知会云:钦天监择定五月十七日巳时,先文端公神牌入祀贤良祠。先是,神牌修竣,本家具呈礼部,请礼监择吉。

十一日(6月26日) 晴,热。竟日未能出门。晚,严亲约滨舅饭,话别也。

十二日(6月27日) 晴,热。午后过月丈处,遇芝陔、莘甫,归途访慈甫。

十三日(6月28日) 阴。今日三坛祈雨,午后雷雨交作,移时乃过,晚,晴。晨送滨舅行,谈少顷。又送龚莘甫,未晤。午后,入城视伯父,申刻冒雨归。

十四日(6月29日) 晴。今日文端公诞辰,午刻诣庙设供。作寄四哥信,交滨舅带去。傍晚,过月丈处,晤伯孟。雷雨将至,少坐即归。夜,大雷雨。

十五日(6月30日) 晴。晨送滨舅,行将登车矣。临惠批《说文》竟。午后过厂肆。

十六日(7月1日) 黎明阴,微雨,霹雳一声,辰初晴。午后,复过厂肆,将昨见之石谷《渔村晚渡卷》携归,俟严亲审览。至月丈处少坐。孙心农放湖北学政。陆绅夫表弟来,予尚未归也。

十七日(7月2日) 黎明即起,时雷而不雨。今日巳刻,文端公神牌入祀贤良祠,昨日未刻,仲兄奉神牌至工部司务厅安设。卯正,执事齐集,请乂臣、伯孟来,同入城,至工部,请神牌于大堂,设黄案,本家子孙叩迎。工部司官亦行礼。出步行至礼部,乂臣、伯孟两君至祠,祭司请祭文入黄亭,叩迎出,礼部司员无一人照料,仅见皂役而已。仪仗前导,乂臣、伯孟补褂乘马在黄亭前,仲渊、子馨补褂乘马在神牌前。一切礼节与单开有异。行将至祠,雷雨大作,移时即止。巳正到祠,祠官先请祭文入殿,随叩请神牌出,本家子孙奉牌入后殿,先将神牌面内,本家子孙行一跪三叩礼。神牌升黄案,太常寺堂官朱梦元。行二跪六叩礼,本家子孙陪于阶上。太常寺主祭堂官先期由本家请定。本家子孙亦行二跪六叩礼,送入祠之亲友行一跪四叩礼。向来亦应二跪六叩,亲友到者五十人。读祝焚燎毕,请神牌在东吹间升龛,本家子孙于本案前行二跪六叩礼。本家子孙在二门下三跪九叩谢恩,复至后殿中龛前行代谒礼,二跪六叩礼毕。各龛亦未遍谒。一切均祠官包办。京钱五百吊,羊豕仅一案。太常寺司官无人,故请孙莱山读祝。亲友在彼者留吃面,共八桌。即令家庖备办。午刻放晴,挥汗如雨。未刻归。今日初浴。傍晚,复雷雨。

十八日(7月3日) 晴,热极。陆绅夫来长谈,饭而去。傍晚随六叔至月丈处。

十九日(7月4日) 晨阴。烦躁异常,触暑不适。午后大雨,凉风乍至,顿觉爽健,惟肝胃作痛,不解耳。夜凉有星。

二十日(7月5日) 晴,早凉。访绅孚不遇。今日严亲约恭铁臣、张吉人、李芝陔、胡铁庵、李伯孟、李仲远、丁芥帆来读画、围棋,自晨至夕,尽兴而散。

二十一日(7月6日) 阴雨连绵。傍晚至公源访陈滋轩,托陆铁云加三班事。

二十二日(7月7日) 晴。仲兄三十初度。午后过厂肆,至月丈，与芥帆谈良久。申刻雷雨。

二十三日(7月8日) 晴。晨访绅夫，不值。午后访慈甫，知良哉信来，已于四月廿七安抵上海，将乘艇船过江矣。夜，雷电，不雨。

二十四日(7月9日) 晴。申刻，过月丈处，与伯荪、苏仲谈，即归。

二十五日(7月10日) 晴。巳刻，过月丈处，申正散。伯孟约宴宾夜饭，吉人、芥帆同坐。余先行，归已亥正。

二十六日(7月11日) 阴。四下钟起，即往月丈处襄事。辰巳间，大雨如注，雷雨竟日，酉正少止。吊客颇多，夜饭而散。

二十七日(7月12日) 阴。午后过月丈处，遇铁庵、莱山、子皆诸丈，归途访绅甫。夜，吉人约宴宾饮，未往。阅邸报：苏松太粮额太重，命该督抚议减。

二十八日(7月13日) 阴，竟日雨。今日庞宝翁夫人四十寿，辰刻往祝，阍人力却。入夜，雨不止，凉透重衾。楼汝达、黄谋熙、张登瀛、杜瑞麟均记名学正。

二十九日(7月14日) 阴云往来，时露日影。晨，绅甫来，偕往观音院行礼即归。作致铁云表叔书。午后访伯孟，甫坐，而芥帆适至，畅谈至申正散。过价人处，知其连得四月廿八、五月初二家信，伊尚在上海，将欲回常矣。夜约绅甫来饭，话别也。庞宝翁来。

三十日(7月15日) 晴，仍凉。申正，阵云如墨，自西北来，狂风急雨，逾时方过。入夜，复雷电交作，大雨如注，三更后乃止。有雷一声，刻许不绝。

六月初一日(7月16日) 晴。辰初，遣人赴吏部投供。午后，慈甫来晤。过月丈处，遇秋帆、礼南两年丈，适六叔来，同归。五哥触暑，寒热。

初二日(7月17日) 晴，热。晨，汴生来。夜，热极，不能睡。

初三日(7月18日) 晴，极热。第二浴。访吉人，未晤。

初四日(7月19日) 晴，热。辰刻入城，至伯父处，未正归，归途谒莱山丈,不值。

初五日(7月20日) 晴,热。午后访芥帆,适伯孟在彼联句。又觐莱山、芝陔两年丈矣,傍晚回。今日临惠批《说文》竟。夜,大雷电,急雨一阵。

初六日(7月21日) 晴,早凉。祝何受山师,未见。送祝敬二两。贺楼子通取学正记名。归途访慈甫,与王少卿松江人。谈良久,午初归。六叔、五哥均触暑不适。

初七日(7月22日) 晴,热。傍晚,过月丈处少坐。仲兄旧疾屡作。五哥热不止。

初八日(7月23日) 晴,热。连日胸次停饮,烦躁不适,恐有暑气。

初九日(7月24日) 晴,热极。午后芥帆、慈甫来,申刻铁庵丈、伯孟、吉人先后来,余约夜饭,兼为伯孟寿,伯孟盖于十二生日也。山谷先生同日生。酒酣,挥汗如雨,夜不能卧,数数起坐。微雨即过。

初十日(7月25日) 阴,竟日雨。今日蔡乂臣夫人三十生辰,予携安儿往祝。未刻余先归,在坐晤伯衡、周佩芝、吴子荇。薇客世丈之子。申刻大雨如注,终宵淅沥不止。延树南年丈来,带见。阻雨,留宿于此,明日巳刻去。

十一日(7月26日) 阴,辰雨,午刻开霁,凉风适人。

十二日(7月27日) 晴,凉爽。巳刻谒芥帆,知已往伯孟处,即回车往伯孟家,祝伯孟寿,并与芥帆、伯孟订昆季交,芥帆居长,予次之,伯孟最少,登堂见其太夫人。未刻,慈甫、铁庵、吉人、仲立及其戚刘君先后来同饮,饮罢畅谈至酉刻散。

十三日(7月28日) 晴。午刻祀先曾祖妣张太夫人亡忌也。午刻入城,省伯父,遇田汉川。大年,昔在幕府。申正雷雨作,疾驰归寓,城外却无雨。今日寄三兄信,由天成局。附五月分京报。

十四日(7月29日) 晴。午刻偕仲兄同往余庆堂,赴乂臣、伯衡之招,同坐李芍州同年、宪章。吴子荇、子垚。未刻归,伯孟来畅谈。

十五日(7月30日) 阴云,不见日影。介藩来谈,作胡月丈太夫人挽诗。答吴子荇、程仲立,拜李芍洲。到厂肆,遇雨而归。

十六日(7月31日) 阴。午后慈甫来。予触暑不适。

十七日(8月1日) 晴。今日为叔母诞辰,午刻设祭。申刻过慈甫处,偕访伯孟,傍晚归。子馨兄今始大愈。

十八日(8月2日) 阴,微露日影,旋晴。午后访君标,适伊邀予小饮,乃偕印若、君默同往富兴楼,上灯时,菱舫及陶君芑孙名然,吴郡人。方来,亥刻归。孙莱山年丈二十日三旬大庆,今日同人预祝,严亲与焉。

十九日(8月3日) 晴。晨伯孟来。午后星同来。予至滨舅家问起居,知尚无信来。谒王莲西师,盖会试荐卷,今日方执贽往见,不值。过厂肆,归途过月丈少坐。

二十日(8月4日) 晴,热。晨先往祝孙莱山年丈三十正寿,旋过伯孟处,祝其母夫人五十正寿,留彼吃面。午后与芥帆、慈甫游龙树寺。回家小憩,复往,夜畅饮,亥刻散。宾朋集者三十人。

廿一日(8月5日) 晴。夜,大雷雨。稍疏爽,以昨夜卧不适,竟日静坐。薄暮,过公源即归,途遇慈甫、芥帆。

廿二日(8月6日) 晴,热。竟日作字。伯母作寒热,延张小南来。

廿三日(8月7日) 晴,热。申刻过慈甫,为伊书条幅,适伯孟来,谈至天黑时,方同行赴仲立之招,便道到公源,将前挪银款还之。

廿四日(8月8日) 晴。巳刻立秋,食三白瓜,极佳。薄暮,诣胡月丈处,未及行礼。夜饭肴馔颇精。夜卧凉席。祖母胃气作痛。

廿五日(8月9日) 晴,热。为月丈书素册一本。校《文端公年谱》一过。

廿六日(8月10日) 晴,入夜,雨终宵不已。傍晚过公源,归途访慈甫,少坐。

廿七日(8月11日) 黎明雨止。得读滨舅与月樵丈书,知途中安顺,六月初四已抵淮安。

廿八日(8月12日) 晴,热,夜半大雨如注,顷刻即止。闻大教习瑞常、朱凤标,仲兄小教习师分瑞联。

廿九日(8月13日) 晴。午初入城省伯父,申正归。甫至寓,狂风急雨已至,逾刻仍霁朗,夜凉。

七月朔(8月14日) 云阴往来,少觉凉爽。遣人赴礼部投供。夜凉。

初二日(8月15日) 晴朗,风高,颇有秋意。午后过慈甫斋中,伯孟、莲生先后来谭,申正归。孙心农念祖。学使今日起程赴湖北,六叔将同乡华新桐荐其幕中,仆人杨春、王升亦随去。侄女喜官七岁生日。作致滨舅书,交广泰局,适有折弁明日走。

初三日(8月16日) 风高天朗。得三兄六月初八日信,知其曾发吐红,现已渐愈。营中公事甚忙,都兴阿将告病,富明阿旧伤屡发,亦有引退意,此信即从富家来。午后伯孟、印若、君标先后来谭。

初四日(8月17日) 晴朗。晨何少英来,云予中书已到班,拟补明日,须赴内阁验放。午后过月丈处少坐。归答何少英,知原办投供之人,须给费四金,由伊乃翁转付科房,笔墨费云须八金也。访芥帆,不值,归。李伯孟遣人来,云芥帆在彼有要话说,即过之。芥帆亦明日验放,托其照应一切。顷之,吉人来,乃吃面饭而散。夜,电光闪闪,向西南抹过,未雨。

初五日(8月18日) 晨雨过,午晴。黎明起,至芥帆处,同赴内阁。辰正王大臣到齐,即带验放,退,许星叔、庚身。冯鹤岩柏年。两阁长均在彼,即带见,贾、瑞两中堂以今日为到衙门,书履历一纸交供事,年岁、籍贯、某科举人、某年月日奉旨恩赏男三代。以昨恽杏云嘱芥帆约在四直行走,遂向阁长言定。散后,先至东城,谒瑞芝生相国,见朱桐师。出城至同兴楼,约何紫英、李子皆、张吉人、芥帆、伯孟饭。未刻,仍入城,谒倭相。出顺成门,谒何受山师,周、贾两相国。归,少休。今晨将家书一函、内附致孙韵五太守(恩寿)书。六月分邸报一函，送富宅，仍托来差携回扬州，据云日内未必就道。

初六日(8月19日) 阴。晨诣观音院，叩先文端公灵前。归途谒程楞师，访芥帆，谈良久。午后谒阁长，拜诸老前辈，惟晤芝斋。申正冒雨归。

初七日(8月20日) 阴。巳刻，得四哥五月廿五日信，仍在张芝山镇发，知价人携归信件已收到。四哥回里叩先茔，松楸尽去，山儿童矣，石梅祠堂，一片瓦砾，彩衣堂屋尚有人占住。邑绅劝捐办事未甚允协，西北乡贼氛尚近。四哥触暑，屡发吐红，将于五月杪携眷往邑中东乡暂居，以江北教匪有谋乱之意，为预避计也。午后出门拜客。酉刻赴慈甫招，与芥帆、伯孟夜饮，颇畅。良哉夫人于今日寅刻举一女。

初八日(8月21日) 晴。午后拜客，访芥帆，不值。

初九日(8月22日) 晴。晨过芥帆畅谈。访恽杏云同年，祖贻。晤之，拜客。午刻至季和处，祝其太夫人寿，适乂臣在彼，共饭。夜，乂臣、颂阁强余作东，往时丰斋小饮，薄暮归。夜，雷电，微雨。

初十日(8月23日) 晴。寅初起入城，城内夜雨甚大。黎明到阁，今日带见倭、周两中堂，初次该中班。早一人，中二人，夜一人值宿。未刻散，例有定时也。给供事二十千、茶房八千、书茶房二千、阁长跟班车夫每处四千、中堂轿夫等亦每处四千。傍晚过中街，与程藜阁赌棋。先后将十二金部费交何紫英转给科房。少英来晤。

十一日(8月24日) 晴。午后入城拜客，至伯父处少坐。出前门拜客，归访伯孟，伊明日与莱山、味秋同行，上陵行礼，盖十七日文宗二周年忌辰也。凉风西来，颇有秋意。

十二日(8月25日) 晴，凉甚。可试夹衣。晨得滨舅书一纸，知其抵通时，二老已渡江归里，滨舅亦将买舟趁潮南去。四哥尚在芝山镇，家信已送去。又云张良哉到通州，五月十五日伤寒病故！阅之嗟悼涕洟。余与良哉相交十年，谊如昆弟，不罔小别竟作长辞。阅其家信,云伊初八由沪渡海,初九到通州,匆匆数语,倦卧而疾作矣,越日,神识不清,时狂时倦,十五日精神虽略爽,想如平时饮食,而舌照常,惟默无一语,至戌刻竟下世,惨极,惨极!盖其由海舶南去时,辛苦过甚,而心境抑郁,易于感疾,不及诊治,而已入膏肓矣,呜呼!伊一身担荷匪轻,为全家所依赖,死亦安能瞑目乎。现因伊夫人产未弥月,恐闻凶耗,悲伤失调,将讣音暂时延搁,原信交杜云巢先生携去。

十三日(8月26日)　晴。三日来,日月皆赤而无光,早晚凉于秋令。傍晚过月丈处,即在彼夜饭,与施柏舲、朱纯甫、周伯荪、洪苏仲谈,苏仲明日辞馆也。

十四日(8月27日)　晴。以中元节先期祀先。午初入署,今日初次该夜班。刘蔗泉、恽杏云、丁芥帆均晤。未刻领事,仅片二件,随旨一道,缮写校对,颇省力。诸事询之前辈,当不误也。更许即卧,而蚊蚋太多,竟至彻夜不寐。逢寅、午、戌,皆四直。

十五日(8月28日)　晴,早凉。内阁有验放,黎明即起,俟头直早班饶筠圃世贞。来接班。辰正即出城,诣观音院,先文端公灵前设祭。午正归,倦卧片时。

十六日(8月29日)　阴晴不定。午后至东城拜客。归得四哥六月六日家信,伊现在邑中报慈桥局中,眷口尚留江北,意欲移归而未果,吾家房屋仅余其半,城中降众麇集,安插颇难。此信从赵处来,余即过君默处,问其家信,值其进城未回。阅价人致印若函,知其五月初九抵里,现在局中办善后事,贼氛离境三四十里。各乡插莳者,十得其七,惟天气亢旱,恐妨秋收耳。与伯深、君标、印若畅谈,申正归。夜,微雨达旦,凉于九秋。

十七日(8月30日)　阴,凉。巳、午间,雨作。复四哥书,并专函致价人,均交君默由伊家信中附寄。夜卧甚凉。

十八日(8月31日)　黎明即起,入署该早班。辰初到阁,顷之,日出风来,天高气爽。帮昨夜班王益轩允谦。对折。芥帆、芝斋均上班,晤见畅谭。未正夜班,恽杏云来,予乃散。谒皂荅舫师、恭铁臣、希虞臣两叔，均未值。乃往北新桥北拜客。归途复向桥东去，答诸人，酉初方归，适慈甫遣人屡邀，即过之，伊已知良哉事，涕泣而道，余将得信暂押之故及信中大概略述之。薄暮回。今日闻胜光斋赐自尽。

十九日(9月1日) 晴。傍晚步行至厂肆一游，归问慈甫。

二十日(9月2日) 晴朗。午后侍六叔至报国、善果、悯忠三寺，五钟时归。

二十一日(9月3日) 晴。至前门购物，归途访芥帆、济川，均不遇。归而伯荪、济川、芥帆适至，伯荪约宴宾夜饭，三人同行。顷之，吴春海、赵寅臣、刘兰士来，亥正散。是日，价人夫人生日。

廿二日(9月4日) 晴。闻伯孟游盘山归。暮访月丈，知行期尚未定。慈甫邀予过彼，读南信，为之黯然。闻徐颂阁丁嗣母忧。

廿三日(9月5日) 晴。访潘辛芝、刘蔗泉、李伯孟，均晤谈，午正归。向慈甫借读《建文年谱》，书凡四册，东莱赵士喆撰，多采史仲彬《致身录》、程济《从亡随笔》语，宣城李云生刻，伯孟之乃翁。有张温和序，传信传疑之作也。

廿四日(9月6日) 黎明雨，辰刻开霁。严亲微有感冒，夜作寒热。

廿五日(9月7日) 阴云往来，午后雨。慈甫来长谈。夜雨达旦。

廿六日(9月8日) 天明后晴，午刻日出，晴朗。今日本应予该中班，潘辛芝以三十日有事，向予对换，乃不入署。读潜庵先生《洛学编》。

廿七日(9月9日) 晴朗，秋风飒然。唁徐颂阁。访芥帆，谈数语。午后，复至铁庵丈斋中，与莱山丈、伯孟、芥帆畅谈，并晤子皆先生。

廿八日(9月10日) 黎明，霹雳震地，从梦中惊醒，微雨数阵，至巳刻放晴。曾祖妣许太夫人诞辰。伯孟惠我宣城会馆中葡萄，云是施愚山先生手植者。傍晚复雷雨,少顷即过,东南见五色虹。是日寅刻,红光满天。

廿九日(9月11日) 晴朗。巳刻过慈甫处,午归。读潜庵先生诸集。夜卧不成梦。四更雷电,雨雹铮铮有声,霹雳震地。黎明假寐,肝气填膺。

三十日(9月12日) 晨阴,巳刻微露日光,午间大雨如注,旋即日出,申刻复大雷雨。落日衔山,阴晴不定,更许复雨。余巳刻拜张房农,即由东长安门入署,晤蔗泉、辛芝、芥帆畅谈,申初散。仍出长安门,泥淖难行,湿热殊甚,天气殊不和也。今日子馨寿辰,以期服,不备面。

八月朔(9月13日) 晴。蔡滋斋来,谈数语。仲兄与张香涛订昆弟交,香涛为弟。午后芥帆来。入夜雷雨。

初二日(9月14日) 早晨,微见日光。刘哲泉同年来,欲与余换帖,神送兰谱,谈少顷。午后杜芸皋来晤。申刻雨。入夜,雷声隐隐。

初三日(9月15日) 阴,午后雨,入夜仍淅沥不止。印若、君标来,夜往谢公祠饮。赴恽杏耘之招,晤何紫英、姚彦士、内阁前辈。巳兰、复生、芥帆,亥刻归。日来雨途滑滑,泥淖愈深,步步可虞。

初四日(9月16日) 晴。午后至陈滋轩处。归途访慈甫。送月樵丈,乃知其明日方行,少坐即回。连日持螯颇佳。傍晚莱山、汴生、伯孟先后来。顷之芥帆又来,约同往宴宾夜饭,遇杜鹤田太史及其弟石生,石生名瑞麟,予同年生,今为国子先生。

初五日(9月17日) 晴。辰初大雾。午后答刘哲泉,访潘辛芝。

初六日(9月18日) 晴。午后潘辛芝来,亦换帖,伊与蔗泉皆长于余,呼之以兄。傍晚访慈甫,少坐。夜三更时微雨,达旦不休。

初七日(9月19日) 阴,雨止风来。芥帆书来,云伊在署见四直班单,余改明日早班矣。午后访印若,知君默发疹,现服冯赓亭药。晚晴颇凉。

初八日(9月20日) 晴,凉甚。辰刻入署,午正散。予于午初往军机处领事,折片七件,随旨二道。另明发一道。夜班恽杏耘尚未到也。未刻归,少憩。往中街,今日为良哉设位祭奠,情殊伤惨。

初九日(9月21日) 晴,风凉甚。午后仍过中街,今日正值良哉诞辰,延僧唪经,余往行礼,在彼晤伯孟、仲立、赵云生,五钟归。

初十日(9月22日) 晴。午刻祝程楞香师寿。六十八。前日世兄仁甫出知单,知会各同年约往吃面,于是今日集者有十余人,饭即归。未刻送黄济川行,谈良久。申刻慈甫来,邀过彼与莲生商酌一切,傍晚归。夜备肴馔四簋,为严亲预祝。

十一日(9月23日) 晴。晨过慈甫处,知童启山福承。向伊索《温和公年谱行状》,盖现在史馆将办列传,欲考核事迹也。遇赵云生,数语而去。

十二日(9月24日) 晴。料理节务。慈甫又来邀过彼,知童处欲取年谱等稿,而其家尚未撰述,只得缓言复之,仍将温和公历任官阶开去。晤伯孟,知芥帆有微痾,遂往问,已小愈。并晤子皆、铁庵两年丈,谈良久,归。

十三日(9月25日) 晴。过慈甫,为书讣签等件。仲立、莲生、伯孟先后来,申刻散。庞宝生世叔来晤。连日持螯甚佳,木犀已阑珊矣,菊尚无信。夜,月色皎洁。呈严亲袍褂料一副、佩件四种。

十四日(9月26日) 晴。早晨料理节账。程、何两师处送节敬。问君默,知已大愈。入城省伯父。未正出城,送陈菱舫,将之汴。未值。拜张茉岩投刺,未见。过慈甫处,为伊书帖,遇杜芸皋,酉初归。今日领秋俸十三两零。七月二十日以前方够秋俸。遣人入署取回。

中秋日(9月27日) 今日为父亲五十寿辰,以在制不设宴,亲友来者辞未见。夜祀先曾祖潜虚公、先文端公。月色皎洁,一庭如水,微闻爆竹。

十六日(9月28日) 晴,暖。巳刻入署,惟贺春舫在焉。辛芝昨得家信,知其夫人作故,告妻服假二十天,夜班不能到矣。于是亟命茶房去请顾宜眉来,候至申初方来,余乃散,出城答郑汝荣。归途谢伯孟,未值。今日换戴暖帽。傍晚觉遍身筋骨酸痛,背腰尤甚,夜作寒热,时醒时寐。黎明得微汗,热少止。

十七日(9月29日)　阴雨竟日,闷甚。芥帆遣人来,云伊发疹惫甚,邀予过彼,有面商事,余告以病不往。午初方起,酉初至中街。今日程仲立、赵云生与余公祭良哉,不得不往一拜也,送祭筵、呢幛、经忏、楼库、香烛等。坐遇伯孟。夜,陈菱舫来少坐,致乃翁唁函奠敬。七钟即睡,倦惫殊甚。夜半寒热作。

十八日(9月30日)　晴。避风不出门,晚仍寒热,面有红粟,疑将发疹矣。

十九日(10月1日)　晴。疹出,卧床不能起,延张小南来诊脉,却云不是时疹,病在不表不里间,用药不甚发表。夜来狂热,疹出齐矣。

二十日(10月2日)　晴。倦惫,浑身皆痛,仍延张小南来诊,方云这才是疹,方用柴胡、葛根等品。二更服药,已迟失表,周身愈痛不支。黎明略觉清爽,以为疹已出透,可无事矣。

二十一日(10月3日)　神气一疏爽,延小南不至,午后微觉腹痛,入夜痛甚,泄泻终夜七八次。是日,良哉开吊,余病不往,内子亦未归。

廿二日(10月4日)　泄泻不止,延小南仍不来,乃请冯赓亭赓廷名承熙(述甫胞弟),辛亥举人,学正学录。来诊视,云疹出时少用表散之品,余邪入肠胃,转为痢疾。投以温辛暖中之剂,以培元气。药虽对症,而体虚太甚,下痢不止,昼夜三十余次,惫极,神智亦昏。

廿三日(10月5日)　遣人至署,告假十天,自今日至廿八日,每日痢下总是二三十行。胃气不开,冯赓亭日日来,处方始而附子、干姜以固本,继用粟壳等以止痢,日有转机。廿八日得三哥六月中书,近事平顺。

九月初一日(10月13日)　连日竟服温补之品,痢虽未止,而脾胃尚能勉强固住,不至有变,气虚液损,下焦尤甚,似有不能收摄之象。张慈甫来问疾,入卧室。

初二日(10月14日) 又遣人至署,续假十天。赓亭间天来诊,竟服参、术大补之品矣。气虚而痢未清,胃口亦未大开。以后日服补药,偃卧瘦惫而已。初四日内子之生母寿。附记于此。

初六日(10月18日) 晴,少暖。午后强起,兀坐片时,服药后仍卧。慈甫又来问疾,晤之。

初七日(10月19日) 晴。午后起,倚窗坐片时。芥帆来,未晤。夜半微雨。

初八日(10月20日) 晴,风,傍晚风止,少凉。赓亭来诊云,脉气较和,病去八九,仍服参、芪、桂、术等品。向赵云生、张慈甫索桂,均不得佳者。早晚进饭半盂。夜,肝气不舒,四更尤剧。

重阳日(10月21日) 晴,风。肝气未平,筋骨酸软,饮食亦不甚香,疲倦思卧。菊花佳节,不遂登高之兴,卧病西窗,情怀闷损。得四哥七月七日书,由上海发,伊有事与价人同在沪,里中情形尚未定,先茔尚未修葺,庐舍荡然不可居。闻滨舅将奉二老北行,与价人同走。

初十日(10月22日) 晴朗。服参、芪加重,夜痔痛殊剧。明日小愈,入夜仍疼。

十四日(10月26日) 晴。函托恽杏耘续假五天。程楞师、何受师均有字来,约余往,告以疾。

十六日(10月28日) 晴。署中知会,云明日写勾到签,今日须入内住宿,亦托杏耘兼代矣。自初十日至今,卧时多,坐时少,痔疮时痛时止,辗转颇不便,饮食略加。午后内子之生母来。闻徐颂阁得一女。五日而生。夜,四鼓时雨。得二碗,颇惬意。

十七日(10月29日) 黎明阴云滃翳,旋日出风厉,晴朗矣。严亲往永定门外十里庄义园祭范文正公,归途为彭处相地。卧病一月,发如乱丝,饭罢,理一时许,方有头绪,败落过半。

十八日(10月30日) 阴,薄寒逼人,不耐久坐。严亲出城,为朱致堂先生嶟。家相地,在黄村南三四十里。朱师母遣其孙世兄陪往。

十九日(10月31日) 晴。何受山师书来,云现在拟捐历俸,约五百金。属余代筹百金,噫!此时事势,岂能轻集此巨款哉。婉言复之,俟小愈往面陈窘况,然恐不能无累耳。日来稍健饭,亦不多食。酉刻严亲归,知所看之地名大垡,平畴如掌,非风水地。

二十日(11月1日) 晴。日来稍健饭。延赓廷不至,知其偶抱微疴也。

廿一日(11月2日) 阴,夜雨。

廿二日(11月3日) 阴,午后露日影,夜四鼓雨,大风达旦。遣人至署,告假二十天,适芥帆、哲泉在彼,云署中向例告感冒假,只许十天,乃为予改十天。刑部以官犯未便拟字,将讷杨旧案查出,奏请,奉旨翁同书仍著监禁,如此仅免勾到时陪行,而释放之期,杳不可问也。噫!

廿三日(11月4日) 晴朗,大风,始见薄冰。余虽病复,而皮衣两袭,尚嫌寒怯。午后慈甫来,谈至申正去。夜卧颇适。

廿四日(11月5日) 晴。伯孟来问疾,未见。慈甫送粉餈甚佳。予卧室有炉火,寒感少却,门外地冻水冰,殆知冬月天气何其早也。夜寒尤甚。

廿五日(11月6日) 晨阴,午间雪花数点,旋放晴。严亲、六叔同往昌平州相地,延树南家茔地左近,云尚有地可用,姑往一寻。冯赓亭来处一方,服汤剂,以近立冬也。楞香先生送《春秋希通》一本,近作新刻,予名亦附校刊姓氏中。

廿六日(11月7日) 晴朗,仍寒。内子归宁。日来吃面食,较饭为有味。

廿七日(11月8日) 阴,寒甚。今日立冬,午初放晴。阅邸抄:崇文门已进冬笋。

廿八日(11月9日) 晴和。午后慈甫来晤。吃糟饼,味是形非,尚适口耳。是日,钱馨伯全家南行,由运河去。

廿九日(11月10日)　晴,大风。酉正,严亲、六叔方从桥子归,桥子地方在京北,昌平以北。离此九十余里。知廿五出城,至清河时,延树南留人在彼引导,到东郭延家丙舍卸车,即为伊相祖茔,越日,赴昌平,沿途寻觅无佳地。至州城内,住树南盐店中,义昌永。主人颇款洽。廿七归途中,细看山水,似无合式者。昨日由东郭至桥子,为朱致堂家相一地,郭姓人领看,亦殊不佳也。

十月朔(11月11日)　晴和,无风。余气体较健,出卧室问祖母安。午刻祀先,庙中亦设祭,余病弱且衣冠未整,不能行礼,愆焉不安。

初二日(11月12日)　晴,暖。得三兄八月十九日书,知近事平顺,扬营军书稍简,现在专司折奏信件,明春拟入都谒选矣。署中送知会人来,令其带一名片去续假十日。冬季煤炭三吊五百文,亦交茶房。内子答其玉妹,知赵云生患喉痛。

初三日(11月13日)　晴。卧室中窗棂换新高丽纸。各处散步,略觉脚软。夜,胃脘作痛。

初四日(11月14日)　晴。黎明,严亲、叔父同往西便门外八里庄左近相地,以昨彭芍庭来约也。山鸡新尝。赵君默来字,知滨舅以二老意见不合,尚未北行。价人与子惠已至泰州,计程月内可到。夜,五鼓时,肝胃气仍觉不和。杨惺如母舅之子,长曰荫眉,次曰稚宾,昔时同入泮宫,荫眉即价人之婿,今年本定与价人同来完婚,乃以其弟忽殁,遂不能离膝下,或迟日随滨舅来,亦未可知。

初五日(11月15日)　阴,大雾,午刻微见日影,旋阴。夜,四鼓时雨,五更风。

初六日(11月16日)　阴,大风,微雪,寒甚。今日为二嫂三旬寿,晨起拜祝。伯孟馈食品二种。入夜,风力愈大,若波涛之振撼,梦数数醒。

初七日(11月17日)　阴,狂风怒号,吹面如割。

初八日(11月18日)　晴,黎明风定。午后慈甫来罂谭。

初九日(11月19日) 晴。午刻祀先,曾祖妣许太夫人亡忌也。申刻伯孟来晤。

初十日(11月20日) 晴,暖。午后内子归,拟小住数日。卧榻换棕。

十一日(11月21日) 晴,暖。申刻赵云生来晤。

十二日(11月22日) 晴,暖。作寄四兄书,由赵曾处去。傍晚阴寒,月隐雾中。

十三日(11月23日) 阴。今日节逢小雪,辰巳间雪花飘洒,午后放晴。伯孟来剀谭。知其改名曰"之郁",已具呈矣。闻张吉人福祐。亦改名曰"度"。

十四日(11月24日) 晴,申刻阴,南风颇寒。夜雾,终夜月色隐隐。

十五日(11月25日) 黎明大雾,巳刻开霁。午刻始出门,谢冯赓亭,晤之。过君默处少坐,印若、君标均赴成均大课焉。答李伯孟,谈良久,偕之同过慈甫处,申正散,归。今日月食,约八分许。仍彻夜大雾。

十六日(11月26日) 晴,黎明霜白皑皑。午后访丁芥帆,不值。答冯鹤岩、恽杏耘、李芍洲诸君。

十七日(11月27日) 晴。晨访辛芝,不遇。入署该中班,适辛芝、哲泉均在署,晤之。申初夜班,刘厚安来,余即散直。

十八日(11月28日) 晴,大风,未出门。严亲往吕村一带看地,为朱处约也。

十九日(11月29日) 晴。黎明风定。巳刻,进城省伯父,申初归。

二十日(11月30日) 晴。午初严亲归自新店。申刻过慈甫处,途遇芥帆、伯孟。

廿一日(12月1日) 晴,连日晨雾。午后谒程师,不见。答焦雅航,未晤。又过廖谷士处,适伊母病危,匆匆数语。归途访刘哲泉、程仲立、赵云生,不值。

廿二日(12月2日) 晴,雾。午后至东城,拜唐蓉石、宝鉴。邝晓村。汝钟。归往公源略坐,将三哥托查事交伊转询。

廿三日(12月3日) 阴。午初至程容伯处拜寿,六十生辰,送烛酒桃面。少坐即行。谒何师,未见。访芥帆,略谈数语。午后诣观音院,漆工在彼商量文端公柩前和书字。书皇清光禄大夫太保大学士谥文端○○(号)翁公之灵柩。

廿四日(12月4日) 黎明,严亲、叔父同往昌平,复看核桃园地。午刻,余约慈甫过我便饭。仲立来谢寿,晤之。申刻,偕慈甫同过厂肆,匆匆即归。署中知会,明日坐班,于是遣人将职名条吏礼都。三条交茶房,令其明早递。

廿五日(12月5日) 晴。巳刻入署,申初散。唁廖谷士,伊于廿三日丁内艰矣。

廿六日(12月6日) 晴。午初,严亲、叔父归,知核桃园地可用,明年山向不利,须今冬赶办方妥。余过慈甫处午饭,仲立亦来,今日为慈甫二十一生辰也。饮至申正归。

廿七日(12月7日) 阴,大雾。午后微雨,入夜乃霰,着地成冰。叔父过树南处,向伊说定茔地事,地价二百。树南之意极可感。

廿八日(12月8日) 晴。午刻祀先,曾祖妣许太夫人诞辰也。午后伯盂、辛芝来晤。竟夕大风。

廿九日(12月9日) 晴,风。未初入署,申初到彼,知顾宜楣已于午刻领过事矣,谕一、随旨一、折片十四件,抄对俱省力。夜卧甚冷。

三十日(12月10日) 晴。在署晤哲泉。午初陈西林北翰来接班,余即行。今日见李少荃抚军汇保克复常昭等城出力人员:刘郇膏加二品顶带、赵次侯宗建、常博。加五品衔花翎、钱芝门恩棨。知县遇缺花翎、沈仲维同年保清。免补知县以知州用,余数十人不及细查。未刻访印若、君标、君默,在坐晤季士周。

十一月朔(12 月 11 日)　晴,寒,入夜大风。午刻设祭,今日为先妣杨恭人诞辰也。以白金十两酬冯赓亭。

初二日(12 月 12 日)　晴,大风。内子二十七初度。慈甫来,留此共饮。

初三日(12 月 13 日)　晴,微风。辰刻严亲往核桃园,今日请温明叔太年丈保深。到彼定穴定向也。午后随六叔游东市,索书箱不得。

初四日(12 月 14 日)　晴。贺蔡乂臣。伊于月初升邸中。访刘哲泉,谭刻许。送仲立,复过慈甫处,将温和公[①]《福禄鸳鸯集》校一通,还之。新刻十数页耳。闻仲立昨晚得一子。闻李鸿章报:十月廿四日克复苏州,红旗今日寅刻到。又闻僧邸报:十月二十六日苗逆就擒,总兵王万清遇苗沛霖,奋力砍毙。可喜也。

初五日(12 月 15 日)　晴。安孙六岁生日。午初贺仲立。未刻入城省伯父,申正归。

初六日(12 月 16 日)　晴。午后伯孟来,同访芥帆,适慈甫在彼,并晤铁庵丈,申正散。

初七日(12 月 17 日)　晴。今日为文端公周年,到庙祭奠,亲友来奠者十数人,酉刻回。

初八日(12 月 18 日)　阴。午刻伯孟来,同访慈甫,少坐,即过同兴居,为仲立饯行,邀芥帆作陪,薄暮散。

初九日(12 月 19 日)　晴。为严亲整理衣服。午后闻价人到京,即过之,并知滨舅奉其发亲亦到,同行者王赞卿姨丈。申刻谒滨舅,见研培外叔祖,精神虽不如十余年前,而步履尚健,外叔祖母亦甚矍铄。晤赞卿及思赞。即同福弟也。价人此行由济宁登陆,滨舅由清江开车,遇于富庄驿,乃同行。

初十日(12 月 20 日)　阴,似有雪意。午刻过价人处,适冯赓庭

---

① 指张祥河,谥温和。

在彼，乞为处方，冬至前后服汤剂也。与赞卿丈谭，未正归。

十一日（12月21日） 晴，大风。巳刻，入署早班，晤哲泉、春舫、杏耘，未初散。访慈甫少谭，归，适价人在坐，将四哥信函及寄茶叶四包交来，滨舅处亦将莱卿信交来，请温明叔太年丈择定廿五日卯正安葬日时。

十二日（12月22日） 晴，风。叔父往茔地，以明日辰刻开工也。午后偕芥、孟观四喜剧，薄暮归。

十三日（12月23日） 晴。作致莱卿书，明日交价人附寄。申刻赞卿丈来，一晤。是日，核桃园吉地开工。

十四日（12月24日） 晴，寒甚。巳刻滨舅来。滨舅销假，仍命在南书房行走。今日严亲入署呈报起复。午后过价人，不值。拜张巨川、其浚。徐绍圃，炳烈。又不遇。归途答田君。堉增。

十五日（12月25日） 晴。寅刻严亲入内。余巳刻入署中班，晤张巨川、常司直、慕次鹤。申正方散。风寒甚。无锡金匮于初二日克复。

十六日（12月26日） 晴，寒。晨访芥帆，不值。午后思赞来晤。

十七日（12月27日） 晴和。巳刻访价人，与赞卿丈谈。午后答张巨川，未见。过潘星芝处，谈良久，订定廿七日换班。过庆和知同乡在彼，乃往少坐，申正归。

十八日（12月28日） 阴。午后义臣来晤。

十九日（12月29日） 阴，日光微露。午后朱竹君昆仲钤章、咸章。到庙行礼，予往陪。申刻，偕慈甫同过伯孟处，适其将招价人饮，即邀予与慈甫同往时丰斋，芥帆亦来，戌刻归。薄暮，六叔自茔地回，城外风大，寒甚。

二十日（12月30日） 晴和。函托贺春舫代夜班，将改换之故告辛芝。午初至西曹省伯父。夜与两兄公请同乡。滨舅、印若期而未至，赞卿丈、价人、思赞、伯深、君标先后来畅饮。亥刻散。慈甫送予盆梅二株。

廿一日(12月31日) 晴。午后至公源,晤滋轩。

廿二日(1864年1月1日) 晴。访芥帆,不值。过思赞处少坐。明日中班张巨川代。

廿三日(1月2日) 晴和。竟日在庙行祖奠礼,亲友来者数十人,戌刻归。

廿四日(1月3日) 竟日晴和。寅初起,赴庙。卯初奉灵柩行,黎明抵西便门,何白英、孙蕖田、王铭慎。闵祖清。均送出城。绕城走过德胜门,上大道,廿里至清河。仲渊、子馨两兄与余先去一步,午初至清河尖祗候。灵至即随送,五里至黄土,十里至曲里曲,十五里至东郭,二十余里方到茔地,时已戌初矣。祭毕,余与仲兄往萧四家延树南处派定看坟。宿焉。严亲、叔父、五哥均留篷内伴灵,三更许有风,稍冷。坑前搭大篷一座,旁两小篷,均令萧德顺萧四之子。经理,颇妥洽。今日仍用恒裕杠房杠夫,递赏约八百吊,□无执事,只有朱盖引导。十六人三拨,共四十八人,分班轮转,尚稳速。在途纤尘不起,暄暖如春,迥非三冬天气,或者灵爽式凭,得致此耳。

廿五日(1月4日) 寅初偕仲兄到茔地,辰初初刻十分,原择卯正初刻十分,据明叔先生云,人间日规须迟四刻故耳。安位、分金,时风定日出,暄和如昨,俟石板盖毕,然后上祭,祭后释缟素,换吉服行礼。午刻无事,均往萧四家憩力。其村名新庄,离地上里许,清河以北有新庄,此南乡新庄也。申刻,又往坟前细看,山水回抱,龙穴分明,洵属北山难得之地。工程系延树南所荐裕丰木厂李姓承办,砖圹深四尺,下筑土尺许,上用石板平盖,四围筑金刚墙,据云此天罗池做法,坚于法券。

廿六日(1月5日) 晴。卯刻,至坟前叩别。辰初严亲及两兄与余先入城,六叔留彼。巳刻,至东郭延氏丙舍小坐。午初,至清河尖,申初抵家,在神主前设供。夜卧不适,胸次板滞,似有热度。

廿七日(1月6日) 晴和。今日余二十七岁初度。晨起为堂上叩头。午后访芥帆,谈良久。慈甫来,未晤。申刻价人来。胡铁庵丈亦今日生辰。

廿八日(1月7日) 晴。午后访伯孟,谈良久。晤陈君。夜,赞卿丈邀宴宾斋小饮,同坐伯深、思赞、君标、君默。阅邸抄:邵汴生升中允。阅邸抄:寿庄公主府首领太监出言无状,为宝鋆所参,有旨革去首领,交慎刑司严刑审讯拟罪。

廿九日(1月8日) 午后过慈甫处谈。途遇楼子通,云今年所考学正第一尚未补。

十二月初一日(1月9日) 晴。黎明严亲入内,余辰正入署,今日京察过堂,候至午初,人尚未齐,介夫、价帆、辛芝司直,杏云、滋斋偕余同往实录馆吃饭。午正,贾、周、倭、瑞四相国均到,点名过堂,先满后汉,散后,余约芥帆、杏耘、芝斋同出城,听四喜部,归途过汾阳馆一看,价帆将于初八日借彼做寿也。今日在署见谕旨,有寿州绅练仇杀徐立壮、孙家泰,有无冤抑,地方官办理是否谬误,令僧格林沁、曾国藩、唐训方查奏。六叔昨日自茔地归,宝顶工竣,高六尺许,甚巩固也。余连日咳嗽,夜来尤甚,不能安卧。内子及儿辈亦然。

初二日(1月10日) 晴。巳刻,研培外叔祖来晤。午刻,米市胡同中州馆失火,烧毁房屋三间,余等在关帝庙看救灭后方散。未正入署该夜班,到彼已领过事矣,随旨二、上谕一、折片四件,抄校颇省力。夜卧咳呛,殊不安。

初三日(1月11日) 晴。黎明起,巳正早班,徐芷绥来,余即行。闻赵云生引见外用。署中京察一等:徐庚身、冯柏年、袁鸿翥、何承禧、鲍康。

制附片五钱、川芎五钱酒炒、甘枸杞一两炒、桂五钱去皮研末不见火、归身一两酒炒、云茯苓八钱、潞党参一两五钱、大熟地二两炙、陈皮四钱炒、于术五钱土炒、肉苁蓉八钱洗淡、炙草五钱、绵芪一两炙、干姜五钱不见火、砂仁三钱去衣、薏苡仁一两蒸熟晒干勿炒、山萸肉五钱。右药共研细末,用龙眼肉三两熬极浓汁,泛为丸,每服三钱,焦米汤送。

制附片一两、川芎一两酒炒、甘枸杞二两炒、桂一两去皮研末不见火、归身一两酒炒、云茯苓一两、潞党参三两、大熟地四两炙、陈皮八钱炒、于术一两土炒、肉苁蓉一两五钱洗淡、炙草一两、绵芪二两炙、干姜一两不见火、砂仁五钱去衣、薏苡仁二两蒸熟晒干勿炒、山萸肉一两。右药共研细末,用龙眼肉六两熬极浓汁,泛为丸,每服三钱,焦米汤送。癸亥九月定。

癸亥十二月定:

潞党参三两、川桂枝一两五钱不见火、云茯苓二两、真于术二两土炒、干姜一两五钱不见火、薏苡仁二两蒸熟晒干勿炒、炙绵芪二两、甘枸杞一两五钱、陈阿胶一两五钱蛤粉炒、大熟地三两、山萸肉一两五钱、甜陈皮一两、当归身一两五钱酒炒、淡苁蓉三两、砂仁六钱去衣、大白芍八钱酒炒、净枣仁三两炒、炙草一两。右药如法炮制,共研细末,用龙眼肉六两熬汁,和入炼蜜二两,泛为丸,每服三钱,用焦米汤送,空心服。

初四日(1月12日) 阴云往来。午后,答慈甫,贺邵汴生、赵云生、吴子荇。入城拜陈子惠、许星叔、彭潄芳、伯蘅、崧镇卿,均未晤,归,伯孟来。

初五日(1月13日) 阴。巳刻,梁宝笙佐中来,予出晤。终夜咳呛。

初六日(1月14日) 晴。辰正入署,见三直郑春洲。汝棻。午初杏耘来,晤许苑卿。许本有回避签子,甚少。午正余先散,拜汪午桥,访贺春舫,知其移至隶新馆。答钟次山。岫。出城访冯赓庭,乞为处方,归已三钟矣。伯孟馈食品四种,为补祝也。得知会,余派团拜费拾金。

初七日(1月15日) 晴。午刻慈甫来,留伊便饭。访芥帆不值,途遇赞卿丈,同过价人处畅谈。余先将祝敬二金送芥帆处。

初八日(1月16日) 晴。巳刻,即至汾阳馆,祝芥帆尊人田年伯寿,今年八十有四矣。演四喜部,带灯果,楼上有堂客座。余在帐房略为酬应,分赀约百六七十金。丑初,余先行,戏犹未已也。

初九日(1月17日) 申刻,滨舅、思赞、季和先后来晤。闻慈禧皇太后有御笔《兰竹画》,命南书房翰林题咏。接署中知会,新正团拜费派予十两。今年新补缺者约有十七八人,共需二百金,最多二十四两,考班每人六两,均照旧办理也。

初十日(1月18日) 晴。日来咳呛过甚,胁背俱痛。今日两嫂及内子均为价人夫人邀去午饭。为赵云生书小条一纸。闻蔡芝斋初八日生一女,三日而产。

十一日(1月19日) 晴和。午后,芥帆来谢寿,适芝斋在此,共谭刻许。

十二日(1月20日) 晴。晨,访慈甫。午后,拜梁宝琛世丈。入城省伯父。申刻至陈子惠处道喜,聘臣明日完姻也,少坐即行,归途贺冯鹤岩。德儿连日咳呛,前日请花农诊视,今日身热微喘,颇形委顿,恐是冬温。

十三日(1月21日) 半阴半晴。严亲黎明即往长椿寺,彭处约出城看八里庄之甄家坟地亩,将于月之十七日赶办权厝,故今日急须定向也。慈甫来此略谈。德儿尚委顿,发热微喘,延花农未至。

十四日(1月22日) 晴。午刻入署,风甚厉。余与杏耘中班,春舫以早班兼夜班,代巨川也。晤哲泉、苑卿。申正赶城归,咳呛颇委顿。张吉人约时丰夜饮,辞之。今日韩花农来诊,德儿疫盛有火,无他病。

十五日(1月23日) 阴。午后,访赞卿丈,略谈即归。慈甫来,仲兄晤之。夜,子惠邀在莘甫处补喜酒,辞之。莘甫前日到京。

十六日(1月24日) 晴。余咳呛殊甚,委顿之至。夜赴价人斋中,今日余与赞卿丈、伯深、印若、君标、龚凤台、季士周为子惠、价人公祝,邀莘甫作陪。子惠与价人同年同月同日生,子惠为兄,今年四十正寿。夜卧不适。

十七日(1月25日) 晴。惫甚,不往价人处拜寿矣。德儿四岁生辰。午刻,邀冯赓廷来,为予处方,云是久咳伤肺,却无他病。伯母今早臂痛忽发,延山左王君来诊视。彭文敬公今日寅刻权厝,叔父昨送至茔地即归。

十八日(1月26日) 阴,寒。夜来寒热,午初方起,避风不出户。腰痛颇剧。

十九日(1月27日) 四鼓微雪,天明已开霁矣。价人来谢寿,晤之。余咳呛略减而头疼目眩,竟日寒颤,委顿之至。

二十日(1月28日) 阴,午刻晴。伯孟来,一晤。

廿一日(1月29日) 晴。是日封印,老仆李升物故,可怜!可惜!

廿二日(1月30日) 晴。惫甚。午正王君来,倩伊处方,服之不效。

廿三日(1月31日) 晴。今日祖母七十四寿辰,以在制不祝贺。申刻,冯赓廷来定方,用桂枝、干姜等品服之。夜,头痛稍减。

廿四日(2月1日) 晴。头疼少愈,而倦怠颇甚,两颊齿牙及眼俱肿痛。是日刑部奏,尊例查明免勾官犯,开单呈览,奉上谕:翁同书著加恩发往新疆效力赎罪。等因,钦此。

廿五日(2月2日) 巳刻伯父回寓,知今日一早出来到安徽司,旋至兵部车驾司,司官无人,书吏等文票已备齐,及出城,一面遣人至彰义门外三晋财神庙定屋,例须住庙也。余虽小愈,而两颊仍痛。夜,赓廷来为伯母诊视,予亦倩伊处方,伊云久咳肺虚也。

廿六日(2月3日) 晴。严亲日来患痔,今日疼甚,坐卧不便。杜芸皋惠予山东白面馒首,颇佳。夜卧,肝气横恣。

廿七日(2月4日) 晴,戌初立春。叔父往昌平上坟。慈甫来晤。是日五哥纳妾。

廿八日(2月5日) 晴。颊痛略愈,料理年务,心绪烦闷。

小除夕(2月6日) 晴。遣人送程、何两师处年敬,每处二金。函恳张巨川新正四日代换夜班。晚祀先。夜,大风,浓阴顿扫。余四肢不和,气虚殊甚,咳吐而痠不动,且不宜多话。

除夕(2月7日) 晴。诸事次第理毕,惟赀用较缺,颇费经营耳。夜闻爆竹声,日月如驰,浮生若梦,思之惘然。

同治三年(1864)　岁在甲子上元

元旦(2月8日)　风日晴和。晨起敬拜先人。向祖母依次叩头。竟日未出门。

初二日(2月9日)　晴,风。晨往亲友家贺年,午后至文昌馆内阁团拜,余辈去年补缺者为主人。申初归。分饭银四金。

初三日(2月10日)　阴,寒,薄暮微雪。午后至西城贺年。

初四日(2月11日)　晴。午后至东城拜年,申正回,倦甚,今日夜班,托张巨川代直。

初五日(2月12日)　晴。午后游厂肆,今年开庙较早。

初六日(2月13日)　晴。晨访徐季和,为延师沈梅史文荧。事,伊所荐举也。并晤李侯姻丈。午后在价人斋中掷色。

初七日(2月14日)　阴,黎明下雪,竟日不已。未刻拜沈梅史,见其人甚拘谨,系绍兴余姚己未举人,谭刻许归。

初八日(2月15日)　阴,昨夜大雪达旦,巳刻方止,约得半尺许。辰刻入署该早班,未初领事:折片四件、随旨二、上谕二。申初辛芝来谈,少顷散,顺道答数客归。今日较寒。

初九日(2月16日)　晴,风,颇寒。德儿发疹,延韩花农诊视。

初十日(2月17日)　晴,风。王蓉翁、价人、伯孟来晤。宝生世叔与价人处均约陪先生,余赴价人处夜饭。五哥赴庞处晤龚莘甫、凤台、勉斋、蔡植三、王继之。宝史令郎。作寄菉卿兄书,由价人处附递。

十一日(2月18日)　晴。访慈甫不遇。游厂肆,人颇拥挤。

十二日(2月19日)　晴,寒。晨至东城拜客。午后游厂,无所得。

十三日(2月20日) 晨阴,旋晴,风,寒甚。未刻在厂遇慈甫,约过彼谭,在坐晤藜阁。

十四日(2月21日) 晴。午刻辛芝来晤。饭后又游厂。夜,顾宜楣邀饮,坐中晤杏云、哲泉,余不相识,惟简世兄宗杰。于临散时一通款曲。以《孙夏峰集》还慈甫。今日为外舅张温和公二周年,且系八旬冥寿。内子未能归祭,予于巳刻至龙泉寺灵前行礼。

十五日(2月22日) 午刻至滨舅处拜寿,以入直未晤,登堂见研培外叔祖,少谭,出示去年慈禧皇太后赐御笔匾额"仙露明珠"四字,另有福、寿、龙、虎四斗方,仰见笔法遒劲,结体停匀。又有今上手书福寿字小斗方,亦圆润端正,天纵真不测也。午后,与慈甫同游厂肆,以京蚨三十千,为严亲购一攒竹笔,筒虽大而尚玲珑,惜雕镂微有损处。归途忽被人将眼镜攫去,十余年来未有之奇。夜祀先,明日将收列代真容矣。闻芥帆回京,伊于年前封篆后归涿省亲也。

十六日(2月23日) 晴。严亲辰初登车,往昌平茔地。予巳刻入署代春舫早班,并还巨川夜班,适蔗泉在彼领诰轴,晤谈刻许。未刻领事:折片十八件,随旨一道。夜卧闻爆竹声。

十七日(2月24日) 晴。巳刻,何俊卿来接班。余出城过琉璃厂,在万元斋购眼镜。京蚨十三千。归已午正。饭罢往福兴居,慈甫邀饮,同坐杜芸皋与其族兄杜老四、价人,申正散。闻同乡在庆和听戏,至彼则无坐矣,归。坐遇陈君。

十八日(2月25日) 晴。午初芥帆来畅谭。

十九日(2月26日) 晴。扫治书房。申刻价人来,始见《阳明先生集》。

二十日(2月27日) 晨晴,午后阴。沈梅史于未刻来开馆。每月束脩二两,月费十千,每节二两,四节。余与仲兄合致。夜治酒肴款待,邀季和、赞卿丈、价人、印若、君标、伯深作陪。

二十一日(2月28日) 晴,昨夜大风达旦。

二十二日(2月29日) 晴,风。巳刻慈甫来。

二十三日(3月1日) 晴,风。访赞卿丈,伊受业于汴翁矣。大京察旨下,孙葆元以才具平庸休致。

二十四日(3月2日) 晴。今日癸亥团拜,周伯荪约余在帐房。巳正至文昌馆,范次典年丈、鸿谟。刘兰士、丁芥帆均在彼。未正先散,至福兴居,赴价人之约,同坐植三、子惠、莘甫、伯深、印若昆仲。

二十五日(3月3日) 晴,风。午刻,余往谢公祠,请顾宜楣、常司直、张巨川、韦煦斋、恽杏云、潘辛芝、丁芥帆、刘哲泉春酒也。客有先到者,未初来齐,饮至申刻散。席价四十五,菜亦中中。

二十六日(3月4日) 晴。刘慈民世叔来晤。伊报捐阁中,廿八验看后即欲到阁,余约其同直,并函致巨川,嘱其在署照应。伯孟来,滨舅、宝生、汴生两世叔均在此夜饭。京堂引见赵东昕原品休,马寿全勒休。

二十七日(3月5日) 晴。辰刻赴吏部,京察过堂,俟各衙门一等人员点毕后,方点二等,内阁虽在前,时已午初矣。出城拟与辛芝、杏云至同兴楼饭,询之已无坐地,遂径至浙慈馆赴伯孟之招,刘子重、铨福。芥帆皆在坐。夜戏较好,余与五兄先归,时已亥正。馆在东小市,虽大而不轩敞,楼上有女座。

二十八日(3月6日) 晴。巳刻,雪花飘洒,旋过。昨夜咳呛殊甚,颇觉委顿,不能入署,函贺刘慈民世叔。傍晚伯孟来数语。

二十九日(3月7日) 晴。询之杏云,知刘慈民已定四直,而厚安改上三直矣。晚间接阅班单,方悉何俊卿亦定同直,共得九人矣。

二月朔(3月8日) 晴。晨起诣前门两庙拈香,入城贺刘慈翁,未晤,复至东城答同年林笙谷驾部。镛。归。

初二日(3月9日) 阴,寒。刘星岑、湝焴。蔡汉三来晤。未刻过价人,啖糟饼。访芥帆不遇,至慈甫处少谭。得四哥去年十一月朔信,赵处递来。长嫂、四嫂均归。三哥尚住兴化,邑中降众已去,城工修竣,租事约得三成,吾家先茔田庐受损较轻云。陆晴杉以明日赘姻徐氏,今日在湖广馆设喜筵宴客,予送喜分而未往。

初三日(3月10日) 阴,竟日微雨。未刻,往徐李侯姻丈处,贺其三女赘婿喜,酉初合卺。五哥与余携花烛视其礼毕,即归。

初四日(3月11日) 阴,雨花飘洒。申刻,思赞、芥帆、杨礼南先后来晤。闻典籍袁鸿翥一等引见,递误扣去。作答四哥书,并寄之去《先文端公年谱》、《行述》各二分、仲兄殿卷二册,赵处有便人也。

初五日(3月12日) 阴,晨雪,午雨。闷甚。

初六日(3月13日) 晴。午后,访伯孟,伯孟感冒新愈,尚避风,在其内书房坐谭移时。京察引见圈出者六十余人,此第一次也。

初七日(3月14日) 晴。午刻入署,顾宜榻在彼,申刻领事:折片五件、随旨一道,系多隆阿保举,有万一千余字,书至亥正乃毕,手腕欲脱矣,卧亦不安。今晨作寄三哥信,由广泰局去。

初八日(3月15日) 晴。巳刻,惠春农来接班,予即散直,为杏云领出谕旨十七道,即交去。午后何少英来谈。

初九日(3月16日) 晴。得四哥去冬腊八日书,云今年三四月拟北来也。午后访价人,畅谈。申刻慈甫来。何少英、丁芥帆约观灯剧,辞未往。颇和暖。

初十日(3月17日) 晴。饭罢访芥帆,剧谭。傍晚赞卿姨丈来。

十一日(3月18日) 晴。辰初入署早班。午正散,出城答赵芝绶。

十二日(3月19日) 阴,微露日光。午后,程楞香师遣人来,邀即过彼谒见,云伊胞侄之嗣子现办请难荫,有托查兵部事也。袁、何两典籍补引见,均记名。

十三日(3月20日) 晴,微风。见京察复带单记名者五十人,星叔与焉。

十四日(3月21日) 晴,风。晨谒程师未晤,见其侄世兄老五,将前托查事致复。答刘星岑,贺何介夫,访芥帆,同至伯孟处谈,午正偕往衍庆堂，今日潘辛芝为其严五十七。慈六旬称庆，余送分十千，在彼晤温味秋、崧镇青、恽杏云、郑畬香、陈馨山诸同年，余俱苏府同乡。伯寅云今日内廷已换珠毛褂白袖矣。申初归，风尘蔽日。介帆招，宴宾夜饮，同坐吉人、慈甫、伯孟。亥正归，微醺。

十五日(3月22日) 晴，狂风。叔父往文安书院开课。暮，季和来晤。风定，夜月皎。宝翁来。

十六日(3月23日) 晴，微风。午后入城，贺许星叔，归途答春舫、厚安。申刻赞卿丈、印若、思赞来。

十七日(3月24日) 晴。

十八日(3月25日) 晴。巳刻乂臣来晤。薄暮过价人处，遇宝生世叔、植三、小泉，少坐即归。

十九日(3月26日) 过慈甫处，少坐。午刻入署，未正出城，访杏云，不值。将谕旨十一道十五、六二天。交明归。近日领事均不多，十七至今，三日未领。

二十日(3月27日) 晴，暖。巳刻至浙慈馆，今日戊午团拜。同年捐项到阁一两，补缺一两，均交清，另分派十二千。午刻程、朱二师至，朱师薄暮回城，程师观灯剧后散。世兄程老二亦到，同年集者几六十人，此局系畬香、辛芝承办，均称妥善。徐苑卿、恽杏云、纪星灿、康缙陕西榜。四人拈得直年，余与镇青、杏云、苑卿同席，得罄谭。余相识者得半。亥正先归。

廿一日(3月28日) 晴。巳刻送程师，谭刻许。访戒凡，午正回。

廿二日(3月29日) 晴。午刻祀先，慈亲亡忌也。茹素，不出门。

廿三日(3月30日) 晴，大风。夜，同乡诸君移尊来与伯父话别。

廿四日(3月31日) 晴。午后访伯孟，畅谭。申刻至福隆堂，韦煦斋招饮，良久客齐，相识者惟鲍子年、顾宜楣。戌初散。

廿五日(4月1日) 晴,暖甚。今日中书同年团拜,请老师在文昌馆演四喜部。巳初即到彼。午刻皂保、董恂两师到,朱师及各世兄俱辞。壬子团拜亦在彼,孙莱山、何介夫兄招余,略往酬应。子初先归,同人方兴酣也。丁芥帆独办一切,均妥协。戏颇好。同人派分四十六千,尚有搭席,不至赔垫也。

廿六日(4月2日) 晴,暖,风霾蔽日。暮访慈甫。夜过同兴居,与陈莲舫、何介夫饮,辛芝作东道主。

廿七日(4月3日) 晴。辰刻,父亲、叔父同往茔地,以清明祭扫也。午后谒滨舅,畅谭。复过慈甫处,适伯孟来共话,暮归。

廿八日(4月4日) 晴,尘沙蔽天,戌刻清明。申正,严亲、叔父自昌平归,夜祭先。昨闻祥哥之岳侯季方先生到京,今日来,未晤。

廿九日(4月5日) 晴。午后访价人,旋往厂肆一游。君表约同兴居夜饭,同坐戴子辉、毛晓轩、赞卿丈、价人、印若,戌刻先归。

三月朔(4月6日) 阴,寒。晨,祝杨三叔祖母寿,谒侯季方亲翁,晤谭刻许。季方先生在滇二十余年,年六十二矣。

初二日(4月7日) 阴,雪花飘洒,午刻大雪,竟日未已,寒甚。巳正,李峻堂世兄德亨。来晤,伊为前年叔父山西所得士。己酉拔贡。今报捐中书将于本月到阁也。午初入署中班,书签数支,与刘慈民世叔谈刻许。归,适价人来此。得祥哥二月初七信,云去年九十月间屡发家信,伊回兴后大病,十一月方稍愈,岁底力疾赴富营当差,现在移营清江浦,仍随往,富帅拟于秦栏巡防案内酌保,尚未出奏。夜价人字来,云闻有福山不守之说,系昨日所到富明阿报,闻之不胜惊愕。夜不成寐。

重三(4月8日) 阴晴参半,寒似春初,积雪皆冻,庭前皑皑未消也。饭罢访芥帆、伯雨。暮宝生、价人来,云闻李抚报来,嘉兴克复,福山之贼已经击退,吾邑全境肃清余贼,在江阴乡间系溧阳之败残也。

初四日(4月9日) 晴。夜价人邀便饭。严亲、叔父、两兄及余俱往,蓉翁亦同坐,肴桤四簋,皆自制,精美异常。今日查得二月二十日所奉之旨,都兴阿等会保扬防出力各员,三哥之名列在孙恩寿之次,以办理文案不辞劳瘁,请花翎。上谕孙恩寿等二员,均著赏戴花翎。等因,钦此。阅之欣喜。

初五日(4月10日) 晴。作寄贺三哥书,交正大寄去。午刻,赴张巨川余庆堂之约,皆同直诸人。申刻散,至文昌馆,李子皆招饮,晤莱、铁两年丈、吉人、伯雨、芥帆、辛芝、沅青,子初归。

初六日(4月11日) 晴。李芍州来晤。午正入署,代杏云夜班,辛芝在彼,得畅谭。申正领事:折片七件,无谕旨。杏云之子年十二,在江右殇,伊颇抑郁。

初七日(4月12日) 晴。卯正起,子年、西屏、子宜、芥帆先后来晤。巳初徐子寿接班,余遂行。出城答李峻堂,德亨。访辛芝,午刻归。史莲翁来晤。

初八日(4月13日) 晴,暖,可夹衣。未刻贺冯鹤岩、袁春帆,访价人、杏云,未晤。夜,严亲请侯季方饮。初尝黄花鱼。今日方进呈。

初九日(4月14日) 晴。午后伯雨来。伯父生辰。系咸丰初年,避万寿节改为今日,实六月初九也。

初十日(4月15日) 晴。午刻祀先,程夫人诞辰也。未刻过价人处,坐晤植三,啖其榆钱糕后,与君标、价人同游法源、报国两寺,报国寺杂花绚烂,颇有可观。归,余约同往时丰夜饮,邀赞丈不至,复邀慈甫来,亥正散。

十一日(4月16日) 晴。申刻,李峻堂来晤,伊与昨日到阁矣。

十二日(4月17日) 阴雨竟日,连宵达旦乃止。

十三日(4月18日) 阴,微露日光。闻杭城收复确信。阅邸抄:左宗棠加太子少保,并赏黄马褂;蒋益澧亦赏黄马褂。午后恽杏云来。

十四日(4月19日) 晴朗,有风。同年高文煜故,家贫,同人佽助,余送二十千。

十五日(4月20日) 晴。巳刻伯孟来。朱寿之子归,令携扬州信一函。

十六日(4月21日) 晴。晨往土地庙,以十四千文为严亲购得木香二盆。午后过慈甫处,复到琉璃厂看电气机,在怡古斋。命庖人治肴四簋,请伯父夜饮。

十七日(4月22日) 晴。午刻,往祝义臣太夫人寿。傍晚价人、赞卿丈来。叔父约同往龙树院、陶然亭,余亦随往,苇塘清浅,夕阳在山,颇得野趣。

十八日(4月23日) 阴云往来,日露微光。巳初到署,晤芥帆、芝斋、沅青、峻堂,未正散。出城访辛芝,催其夜班早到也。归,少休,访价人,在坐晤邵老年。价人书室新安颇黎,殊有窗明几净之乐。夜祀先,叔母汤宜人亡忌也。作寄四哥书,托价人递去。

十九日(4月24日) 晴。午刻,仲兄偕往福兴居,赴莘甫之招,坐有价人、植三、凤台、勉斋,申初归。

二十日(4月25日) 晴。夜,印若邀饮同兴居,同坐戴子晖、恒。毛晓轩、凤举。季士周、伯深,戌刻归。二更后大风,四更电雷。是日换戴纬帽。

廿一日(4月26日) 阴,黎明微雨,凉甚。夜,滨舅、价人邀往福兴居小饮,与仲兄话别,莘甫与余作陪。亥刻归。潘伯寅升副宪。

廿二日(4月27日) 晴。巳刻伯雨来。午后赴福兴居,辛芝招饮,同坐苑卿、芝斋、伯雨、莱山丈。傍晚方散。夜,严亲令庖人治菜四簋,家宴。

廿三日(4月28日) 晴。午后看芥帆,伊于前日得家信,知其胞兄在湖北,去年十二月底病殁矣。座遇汪玉笙、李伯雨,谈至傍晚,乃偕伯雨访慈甫,知莲生前日闻讣丁外艰,伊开吊后即南行也。夜,仲兄又发病,此半月中已三次,盖由日来整理行装,焦心劳力所致也。今日万寿圣节,在乾清宫受贺,未到弘德殿。

廿四日(4月29日) 晴。巳刻大风作,黄埃蔽日,暮止,旋作。同乡来送三伯行者络绎不绝。

廿五日(4月30日) 晴。午后唁张莲生,与慈甫同往,以《复初文集》还慈甫。

廿六日(5月1日) 晴。今日伯父启程,仲兄随行。未初出城,至三晋庙换轿行,同乡毕集于郊外,贵州世兄亦有十余人,均来远送。予随严亲、叔父送至小井,惘惘而别。五兄送往新店。

廿七日(5月2日) 晴,风。巳初,五兄自新店归。午后过芥帆,少坐即归。戴少梅燮元。于前日回京销假,仍在四直,今晨来晤,余傍晚往答,未晤。贺汴翁移居,坐遇王蓉翁及其幼孙,汴翁与李梦韶太年伯之子同住,分其花园十数间,颇有林石,室亦幽敞。在延旺庙街。

廿八日(5月3日) 晴,暖甚。申刻,约伯雨同过介帆,为伊书帖签,遇莱丈、辛芝。

廿九日(5月4日) 晴。申初谒滨舅,旋过芥兄处,辛芝、伯雨先后来,将讣签写毕,即在彼夜饭。晤子皆、铁庵两年丈。

三十日(5月5日) 晴。午正入署中班,未正归。夜,价人邀时丰饮,有伯雨、慈甫、赞丈、印若、君标。今日申刻三夏。金坛收复,程学启殇亡,已见邸抄。

四月朔(5月6日) 日蚀,早晴,午阴,风埃漠漠。饭罢慈甫约往啖藤花糕,遇仲立,盖昨从山东归也。又遇芥帆,适伯雨在坐,谈数刻,散。入夜,雨达旦,淅沥敲窗,梦数数醒。

初二日(5月7日) 阴,微雨竟日,暮止。巳刻仲立来晤,申刻伯雨、慈甫与余公请仲立,饮于万福居,邀价人作陪,亥初散。夜卧不安。

初三日(5月8日) 晨阴,午间放晴。午初赴松江馆,今日莲生为其尊人开吊,邀余陪宾,在彼皆伊同乡。子惠、价人、莘甫亦晤见。申刻与伯雨同散。莲生处余送分二金。搭棚。

初四日(5月9日)　晴,凉。傍晚与价人、赞丈同谒滨舅,晤之。复访莘甫,坐遇宝生、玉生、君标。今日彭伯衡胞妹于归,蒋氏吴人,号香生,与辛芝换帖,同泰之东家也,名凤藻。

初五日(5月10日)　晴。贺李子皆、潘伯寅。巳刻至龙泉寺,今日介帆为其乃兄唪经设奠,熟人咸集。午正祀先,曾祖潜虚公诞辰。申刻归少憩,又与慈甫访伯雨,同赴同兴居,仲立招饮。坐晤其兄之姻戚江、周二君,余辈三人先行。

初六日(5月11日)　阴,午后晴。答仲立,未晤。得仲兄三月晦日保易书,知途次安善,到彼小住四五日即发。署中知会派本衙门撰文。芥帆生日。

初七日(5月12日)　晴。乂臣来晤。

浴佛日(5月13日)　晴。慈甫来。

初九日(5月14日)　晴。午刻访慈甫,饭罢而归。谒侯季方亲翁,又过铁庵丈处,其弟石槎奉太夫人携眷初来也。在坐晤吉人。暮,价人来,以笺索书《养生论》。得伯父初三日保易书,知过虞卿,锦丰。情意颇厚。他处投赠亦颇生色,车辆雇定,初五日启行。仲兄初二日复发旧疾,尚轻,到获鹿再定进止。

初十日(5月15日)　晴。兵部改早衙,今日始。午后访价人,申初归,芥兄来畅谭。得三哥三月廿一日书,折弁带来,知其在营安善。得四哥二月二十日书,在上海发,三月底本作来都之计,因邑中于二月初七日忽有围城之警,又将眷口暂移沪渎,现尚未归。四哥势难遽离,局务已经交卸,报销尚未竣事,江阴克复案内保五品衔花翎,不知已出奏否。龚勉斋来晤。

十一日(5月16日)　晴。辰刻,至贾、周、倭、瑞四相处,谢派撰文。归已午正。暮访伯雨。白药已唤卖矣。

十二日(5月17日)　晴。辰刻,贺滨舅补侍讲,适谢恩,未归。晤研培外叔祖、思赞,过龙泉寺,今日慈甫弟兄释服,在彼唪经。余至温和公灵前行礼,日月奄忽,不禁怆然!仲立亦来,午初归。饭后至聚兴荷包铺少坐。滨舅、伯雨来晤。缮寄三兄书，并将所要各件包固，交折弁谭姓携寄，云十七日出都。今日中班，托峻堂兼。

十三日(5月18日) 晴。午刻芥帆来，久坐。暮访刘博泉昆仲，将伯雨、吉人所托加照事，交博翁办理。归途拜沈蓉初、李芍洲。

十四日(5月19日) 晴。辰正仲兄归，途次顺平，初八至正定。伯父不许伊前送，恐其入山劳顿也。巳刻慈甫邀过彼书对联，辞去。晤伯雨。伯雨借去《试律大观》。午正祀先曾祖潜虚公忌辰也。午后过价人处，遇子惠、众安、思赞。闻常州收复。

十五日(5月20日) 晴。今日考差。申刻电雷风雨交作，旋止。考差题"子曰：先行其言，而后从之"、"晋：君子以自昭明德"、"江南江北青山多"。山。

十六日(5月21日) 午后慈甫来，商具呈起复事。价人亦来。申刻大风。贺滨舅、蓉翁、莱山、汴生、植三、莘甫考差喜，惟晤滨舅。阅邸抄：李鸿章以克复常州，生擒逆首，赏骑都尉世职，将士奖叙有差。夜来肝气作痛，卧不适。

十七日(5月22日) 晴，竟日大风。午后滨舅来书楹联，薄暮方毕。夜赴慈甫宴宾之招，坐有莱山、玉生两年丈、芥帆、伯雨。阅邸抄：前以副宪王拯奏佥壬滥列，将崇纶、恒祺、董恂、薛焕、乔松年、王维珍稍加裁抑。兹以薛焕复参王拯吸食鸦片，互相攻讦，王拯降三级，调退出军机处；薛焕降五级，调留总理衙门；旋以薛焕为全权大臣赴津，便宜行事。延煦升詹事；朱梦元升常卿；贺寿慈升副宪。

十八日(5月23日) 晴。申刻贺汪玉森、杜鹤田，送李芍洲行，均未晤。过伯雨处，遇胡石槎。访张莲生，知其定于廿日赴津门，乘海舶归里。冯子材、富明阿等奏攻克丹阳，均赏黄马褂。

十九日(5月24日) 晴，午间狂风。晨，价人来。申初刻内子分娩，举一男，甲子、己巳、己丑、壬申。母子俱健，可喜也！入夜，照应一切，未得卧憩。

二十日(5月25日) 晴。辰初卧片时即起。午间内子之母来，谭竟日。

廿一日(5月26日) 晴,暖甚。新生儿洗三。命之曰“琦孙”,呼之曰“鼎儿”。赞卿丈、印若、君标、思载、价人、词甫、李俟丈先后来贺,惟词甫留此午饮。阅邸抄:多隆阿因伤出缺;都兴阿授西安将军,督办甘肃军务,雷正绾帮;富明阿授江宁将军。夜三鼓,得三哥三月十八日书,一切已于后信详悉矣。德儿同睡,极热。

廿二日(5月27日) 阴。黎明,风。辰刻后时雨时止,凉爽。午后答昨来贺者,惟晤印若,阅其家书:邑中被围事甚详,事生不测,幸援兵速集,抚军调度极合机宜。三月初邑中大雨,逾望乃止。避难者尤狼狈。阅邸抄:鲍超攻克金坛。李世忠遣散部众,交出城卡,开缺回籍。

廿三日(5月28日) 晴,午后阴。乂臣来晤,饭罢访芥兄,遇汪玉生。闻严树森为官文所劾降道员。寿州事乔抚查徐无冤抑,孙蒙均请恤。

廿四日(5月29日) 晴。晨至覃叔年伯处,贺其乃郎完姻,遇何青士、介夫、程容伯、赵价人,少坐即归。茔地盖房四间,共需百金。木料等均他处拆改。今日萧德顺来领银去。见严树森《明刊地图》,北至俄罗斯,南极日本,其度数道里均载,中土尤详。此稿系胡文忠所定,新刊成。由朱修伯处假观。申初到署。韦煦斋、潘辛芝均散,事已领过:折片廿二件、旨二、谕二。夜卧楼上,尚称妥适,通商衙门保举司员,蔡乂臣道员遇缺;方子颖加四品衔;翟叔、敏生均优叙,余得升阶、加衔有差。

廿五日(5月30日) 辰正王膺之允善。同年来接班。余出城访辛芝,谈片刻。午后至平介馆,祝袁春翁太夫人寿,在坐者同署友人居半,暮先散。

廿六日(5月31日) 晴。晨贺方子颖、蔡乂臣,顺道谢数客,拜汪泉荪。元庆。午后访价人。得伯父十六日书,已抵晋垣,未能前进。

廿七日(6月1日) 晴。申刻大风。今日叔父寿辰，晨起叩祝。申刻伯雨、慈甫、价人先后来晤。同乡丁梧冈云祥。到京。

廿八日(6月2日) 晴。辰初，到午门前送彭伯蘅验看，旋入署接早班，晤星叔、星垣、哲泉、杏云、俊卿、宜眉诸君，谭。午初散，复至午门前，尚未入座，余即行。出城访辛芝，拜许用和、李峻堂，归。暮过价人处，与赞卿丈谭。闻蒋修舲亦来京。

廿九日(6月3日) 晴，热。申刻程覃叔来晤。

五月朔(6月4日) 晴。

初二日(6月5日) 晴。沈梅史考謄录去。求才贵广，考课贵精论(唐陆宣公奏议语)。水火金木土，谷惟修。策。

初三日(6月6日) 晴。拜丁梧冈、王膺之。至何师处送节敬。入城拜何子永前辈。慎修。杜云皋、彭伯衡、李菱舟，均未晤。傍晚访芥兄，同过伯孟处，夜饭而归。得三兄四月初七日书。

初四日(6月7日) 晴。晨谒朱桐轩师。出城至侯季方姻伯处，均未晤。午后滨舅来畅谭。

初五日(6月8日) 端午，晴。晨叩祖并以次午禧，各同乡亲友处均一到。午祀先。未刻阴。闻福建试官放殷兆镛、许庚身；广东郑锡瀛、惠林；广西黄锡彤、王祺海。暮雨，夜雷电。梅史、印若、思赞均取誊录。二百二十人。

初六日(6月9日) 晴，大风。午后贺许星翁，访价人，不值。夜过芥兄处，适伯孟来，共醵饮。彭伯蘅签分户部。

初七日(6月10日) 晴。巳刻封伯言廷飏。来晤，封，通州人，昨以主事分兵部也。

初八日(6月11日) 晴，热。午初往福兴居，请赞丈、思赞、价人、伯深、印若、君标共饮，申初散。闻庞云槎到京，清江以北途次安静。

初九日(6月12日) 晴，热风。街市有儿童亡失者，大抵被人诱去，售于夷馆，可恨可恨！

初十日(6月13日) 晴。庞云槎、价人、赞丈先后来晤。读《陆宣公集》。伯雨为余作山水横幅,甚佳。

十一日(6月14日) 晴。今日恽杏云代予该中班,故未入署。午后伯雨来晤。傍晚过词甫处,适芥帆到彼换帖,相与剧谈。夜,词甫为仲立饯行,饮于宴宾斋,主宾三人谈至亥刻归。遇哲泉。

十二日(6月15日) 晴。申刻狂风尘晦,雷雨。晨答庞云槎,送程仲立,均晤。今日为伯母寿辰。仲兄昨夜发病蹉跌,发际擦破,避风不出。

十三日(6月16日) 阴,微雨,晚晴。从叔父游于榆树林,在窑台之西,其地有茶肆。席地而坐,夕阳在山,绿苇弥望,眼界为之一旷。归访价人,甫坐即行。

十四日(6月17日) 晴。午祀先文端公诞辰也。蔡植三送字来,知伯父为都兴阿奏请,留营效力,奉寄谕允唯。为曹芗溪侍御书小册十二帧。夜价人来谭至子初去。邑中有痴安二者,为邵辛卿所毙,快事也。

十五日(6月18日) 晴。巳刻往龙泉寺。今日良哉周年,伊家在寺唪经,余往一拜。午刻到署还代,杏云同人已散,惟晤俊卿、少眉,未刻归。署中自本月初一为始,以原片谕旨发抄,唯令供事录出一分,直房该班者校对一过,设薄登记,省却许多干系矣。闻丙辰日干系,上本命日故是日进本有回避字者撤。

十六日(6月19日) 晴。祝杨研培外叔祖寿,在彼吃面,未刻归。暮介帆来。湖南考官正:庞钟璐,付:祁世长。四川正:胡家玉,付:张晋祺。

十七日(6月20日) 晴。晨伯雨来。暮访词甫、伯雨。

十八日(6月21日) 长至、价人来晤。午刻约辛芝、伯雨、慈甫饮于福隆堂,待至申初而介帆不至,乃散。辛芝邀观剧四喜无坐,乃车春台少坐。

十九日(6月22日) 晴,热。鼎儿弥月。得三兄四月廿五日书。亲友来者辞之。

二十日(6月23日) 晴,热。介帆来。

廿一日(6月24日) 阴。为宝生世叔写赏扇对。暮答谢芥帆、伯雨,贺庞世叔。复贺汪玉生年丈得侍御。夜雨即过。

廿二日(6月25日) 晴。晨缮寄伯父禀。今日仲兄生日。上祈雨,午刻雷雨作,兼有雹,二刻乃过,仍晴。

廿三日(6月26日) 晴,凉爽。巳刻入署中班,余到刘慈民即散,候至未刻顾宜楣来,适介帆在馆,遣人邀予过彼少坐,同行出城访辛芝,邕谭,遇彭八叔、蒋香生。芍翁之次耸。暮问伯雨疾,知其昨日寒热腹痛甚剧,数语即行。得山西信。

廿四日(6月27日) 凉爽,晨阴云往来,微雨数阵。拜连襟陈又桥,荫培,又号稼轩。未晤。伊是新补江苏盐城令,来京引见也。申刻访价人,遇思赞与赞丈、君标剧谈。夜词甫请又桥,邀予与赵云生、程藜阁诸人作陪,而又桥以腹疾不至,戌刻散。介帆在时丰招饮,辞之不获,乃偕词甫往,徐苑卿同坐,亥正归。苑卿云同年榜首戈砺侯(泰徵。)在山西抚幕病殇。

廿五日(6月28日) 晴。价人来数语。

廿六日(6月29日) 晴。晨起股栗不能行,觉身热疲倦,仍卧覆被,移时,寒热大作,入夜不已。

廿七日(6月30日) 晴。寒热不止,延冯赓亭诊视,云有暑湿,处方用葛根、茅术等品,服之不效,汗出如洗,热势不解。

廿八日(7月1日) 晴。延温明叔太年丈来诊视,处方尽用凉药,予欲食西瓜,而以为不可。热势仍不止,连夜谵语不休。

廿九日(7月2日) 晴。延浙人徐雅涛诊视,出马。方用参须等,亦不效。

三十日(7月3日) 病势愈增,神思不清,日夜谵语,烦渴殊甚。雅涛来处方,用参麦散。复请赵朗甫来诊,云汗多伤阴,略加牡蛎等敛阴之品,彻夜谵语不休。

六月朔(7月4日) 服朗甫药,据云脉见动象,入夜恐有变症,预拟参附回阳一方备用。昏睡朦朦,神智益觉不清,亥刻忽尔寒战,数刻方止,不省人事矣。汗出如浴,头面如油如珠。

初二日(7月5日)　子刻汗不止,脉亦随将虚脱矣,项直,手足俱冷,奄奄一息,而神识忽清,声音忽响,自问亦万无生理。一面以参附灌治,一面延朗甫来诊,黎明复灌以参附重剂,复服西席沈梅史所处阴阳并补方。姚介生、万满舲、吴竹如两先生陆续来,商酌一方,仍以参附为君,直至申刻,方有转机,手足渐渐回和,入暮睡去,从此生机徐转矣。方子丑间,余自恐不起,处分后事,语不休,家人环而哭,余妇刲臂煎汤,饮余下咽,而神一清,或天鉴其诚乎。痛定思痛,相庆更生矣。

初三至初七日(7月6日至10日)　均服赵朗甫、姚介生两君所处姜附方。严亲、叔父均彻夜照应,不得卧,溽暑中如此焦劳,余心安乎。

初八日(7月11日)　暮忽热忽止。

初九日(7月12日)　过午仍热,询之姚君,据云服阳药后微有虚热,无妨也。

初十日(7月13日)　姚、赵两君来处方,仍姜附。酉刻忽又寒战,战定大汗如洗,湿透床衾,竟夕不已,情形殆如初二,颇自危。

十一日(7月14日)　汗出,头面尤多,姚君来视,无把握,却于前方加鹿角霜,断不敢服。沈梅史定一方,熟地等益阴之品,服少许,吴竹如先生来定一方,人参、地黄、阿胶等服之,子刻后得睡。

十二日(7月15日)　仍发热,服原方,饮西瓜汁数盏,酉刻颇不适。

十三日(7月16日)　吴竹如来定人参白虎汤方,满翁意见相同,服之安适,得睡。曾祖妣张太夫人亡忌。

十四日(7月17日)　卯刻大解下,倦极。辰刻,四哥到京一见,悲喜交集,盼望已久,病中尤切也。严亲寒热,且患脚气,满翁来处方。

十五、六日(7月18日、19日) 均服原方,倦惫之至。

十七日(7月20日) 大便复下,午刻方饮糜粥半盂,水浆不入口者二十日矣。连日食西瓜,觉烦热渐除。是日叔母汤宜人生忌。词甫、价人来视疾,在卧室一见,数语。

十八日(7月21日) 以后日有起色,服党参、黄芪等药,胃口渐开。仲兄病发似益剧,延增寿寺僧圣来施针。

廿八日(7月31日) 进饭半盂,侑一神仙串,颇有味。

廿九日(8月1日) 闻金陵克复捷音,为之狂喜。

七月朔(8月2日) 见邸抄:六月十六日三更攻克金陵,洪秀泉五月中前死,其子洪福瑱袭伪号,城破自焚,伪忠王李秀成受伤被擒,并擒伪王之兄洪仁达,均命监送京师,洪逆剉尸枭示,传首东南。嗣闻左宗棠报,洪逆之子窜往湖州。又云李逆供,内有亲送出城之语,恐自焚未确也。曾国藩封侯,世袭罔替,太子太保衔,双眼花翎;曾国荃封伯,世袭,太子少保衔,双眼花翎;提督李臣典子爵黄马褂花翎;萧孚泗伯爵双眼花翎,馀赏世职加衔勇号有差,告祭天地祖宗。父亲六月一日未入署,今日销假入内。

初二日(8月3日) 阴。命查三省教匪平定回疆成案。命查从前死事功臣。

初三日(8月4日) 闻伯雨昨夕忽发狂,六叔、五哥往视,却已愈,伊感冒本轻,误服药故狂,今大解一下,即无事,亦不药。僧王赏一贝勒,令其子伯彦诺穆呼受封;官文一伯爵,世袭,并抬入正白旗,双眼花翎;李鸿章,伯爵双眼花翎;杨岳斌、原名载福。彭玉麟均一等轻车都尉,太子少保衔;骆秉章轻车都尉,双眼翎;鲍超轻车都尉;都兴阿、富明阿、冯子材骑都尉;魁玉云骑尉;吴棠头品顶;左宗棠、国瑞、沈葆桢俟江、皖、浙平定,再行加恩。奏事处、捷报处司员花翎加衔有差。弘德殿师傅纪录两次,加八旗兵一月钱粮;中外大小臣工加一级;内务府大臣纪录二次;诸王贝勒晋封及纪录有差;御前大臣晋封纪录有差;军机处议政王赏加三级加赏一贝勒,并封其子为辅国公、镇国公;文祥太子太保衔,赏其侄员外;宝鋆太子少保衔,花翎;李棠阶太子少保,赏伊子举人;曹毓瑛头品顶花翎;军机章京,从优保奏。

初四日(8月5日) 晴,热。命犒阵前军士。户、兵二部堂官议叙并准择尤保奖出力司员。以甲子四周,本年停止勾决。得伯父书,将于初旬赴宁夏。

初五日(8月6日) 阴。得三兄书,差弁携来。满汉军机章京俱升叙,内惟胡家玉、郑锡瀛、方鼎锐、许庚身、朱智得花翎,丁优之朱学勤亦赏花翎。福建差正仍放殷兆镛,副改放阿克丹;河南崑冈正、王之翰付;山东朱梦元正、童华付;山西铭安正、张兴留付。

初六日(8月7日) 晴,热。申正一刻立秋.以前方应否加减问满舲先生,云补药只可常服,毋须加减。

初七日(8月8日) 热极。畅吃西瓜。今日为止,议政王辞发俸,不允。曾国藩、乔松年会复奏寿州事,孙家泰、蒙时中赐恤;徐立壮勾捻有罪,毋庸议;博崇武发新疆,永远不准援免;尹善廷、庆瑞发新疆;张学醇发军台;袁甲三撤临淮专祠。

初八日(8月9日) 阴,巳刻大雨,凉。

初九日(8月10日) 晴,热。闻吴伟卿先生子孙名兰颐,字景行。来京秋试。

初十日(8月11日) 晴。内子归宁,携鼎儿往。

十一日(8月12日) 阴。午后起,倚窗小坐。

十二日(8月13日) 晨阴,午晴。今日慈安皇太后万寿圣节。腰脚稍健。

十三日(8月14日) 内子患乳疖,痛甚,心烦舌赤。凉甚,夹衣两袭。

十四日(8月15日) 晴。内子小愈,贴围脓长肉膏,痛渐减。

十五日(8月16日) 晴。严亲入内,午刻以中元节祀先,余初愈,尚未能行礼也。阅邸抄:户部保举司员九十九人,奉旨允准。曾国藩奏洪逆已经戮尸焚毁,李、洪二贼即命在金陵城内凌迟处死,传首被扰地方。李伯雨来，数语。夜覆棉被，犹怯怯也。同乡管高福、少溪到。

十六日(8月17日) 晴。叔父诣昌平茔地。函询芥帆，知此次工部保举司员，火药局亦然，共数十人。实录馆保举大约不及详校，殊有牢骚之意。旋知伊与辛芝均保以主事前选。词甫来，薄暮去。月色皎洁，凉气袭人。

十七日(8月18日) 晴。读李义山诗。夜覆棉被，殊热。

十八日(8月19日) 晴。芥帆来谈。价人来。闻陆绅夫、萧瓒葵生到京。叔父自昌平归，酉刻抵寓。阅邸抄：吴廷栋陈持盈保泰一折，有旨褒嘉，并将原折交弘德殿用资观览。

十九日(8月20日) 晨晴，午间阴云往来。午后在严亲房中小坐。宋翰章生日。

二十日(8月21日) 阴。今日兵部保举司员，驾司专司驿传大约合司俱得奖叙，其余曾任马馆监督者亦得奖。恭铁臣、崧镇青均得保举。奉上谕：记名道府员外郎翁同爵著专以道员用等因，钦此。

廿一日(8月22日) 晨阴午晴。今日价人夫人生日，四哥往祝。五兄成均录科，题为"圣人百世之师也"、"五字擢英才"、"两汉儒林策"。

廿二日(8月23日) 晴。内子归宁。闻赵云生颇不务正。

廿三日(8月24日) 晴，秋风西来，殊快人意。闻冯述甫到都，庚申秋，予移家西山，述甫居隔四五里，日数访，颇称莫逆。

廿四日(8月25日) 晴朗。尝鲜枣数枚，唤卖多日矣。江苏学政放宜振。孙如仅丁母忧缺。潘伯寅署工侍。

廿五日(8月26日) 晴，热。午初伯雨来晤。祁中堂开礼部尚书缺，仍以大学士衔在弘德殿行走，俟调理就痊，自行酌量进内，毋庸拘定日期。王宪成奏江南新复地方，亟宜抚恤。拟广捐输并请裁户捐铺捐。李鸿章奏攻克晟舍，进规湖州。又奏副将骆国忠请开缺回凤阳籍葬亲，事毕仍赴营。连夜疲乏。

廿六日(8月27日)　凌晨微雨,旋晴。李棠阶调礼尚;单懋谦升工尚;齐承彦升总宪;王发桂升刑侍;汪元方调礼侍,未到任以前温葆深署。郑亲王、怡贤亲王赏还王爵,仍不准端华、载垣之子孙承袭。以燕窝二匣、线绳袍褂料二端送万藕翁,即乞其定膏方,伊云即以常服汤药十倍煎之。夜雷,小雨。

廿七日(8月28日)　阴,微露日影,申刻雷雨。价人、慈甫来畅谭。阅邸抄:加恩从前死事功臣,胡林翌赏一等轻车都尉世职;向荣、塔齐布入祀昭忠祠;李续宾二等轻车都尉世职;张国梁、塔齐布、江忠源、程学启赏三等轻车都尉世职,江忠济、罗泽南、多隆阿、曾国华赏云骑尉世职;李续宜、曾贞干赏给伊子直隶州知州。

廿八日(8月29日)　晴,凉甚。午刻祀先曾祖妣张太夫人诞辰也。未刻雷而不雨,西风大作。伯雨送余食品二种,陆叔文送芽茶、虾子。

廿九日(8月30日)　晴,凉。余试薄棉衣。祖母往祝何白英太夫人寿。

三十日(8月31日)　晴。子馨兄寿辰。释奠先师孔子,以告成功,遣官行礼,从礼部请也。右腿筋骨未舒。夜卧惫甚。叔父以《青照堂丛书》送吴竹翁。

八月朔　己巳(9月1日)　晴。午刻诣祖母处问安,始出卧室。阅邸抄:本年更换学政之期,江苏宜振甫经简放,奉天王映斗,安徽朱兰,江西何廷谦,浙江吴存义,福建章鋆,湖北孙家鼐,湖南吕朝瑞,山西黄钰毋庸更换外,顺天放庞钟璐,河南放欧阳保极,山东放赵佑宸,陕西放钟宝华,四川放杨秉璋,广东放刘熙载,广西放孙钦昂,贵州放黎培敬。八月十六日换戴暖帽。服膏子药自今晨始。

初二日(9月2日)　阴晴不定。询之杏云,知同乡陈菽生文彬。到阁。现上四直。陈,壬戌举人,与四哥同年也。乃见研香,名文田。亦前辈。

初三日(9月3日)　晨阴雨,午晴,申刻复大雷雨,彻夜不已,凉甚。

初四日(9月4日) 辰刻雨止放晴。申刻词甫来。夜卧殊不适。

初五日(9月5日) 晴,凉。右臂右腿均酸疼。兵部改晚衙。

初六日(9月6日) 晴。顺天乡试正考官瑞常,副朱凤标、罗惇衍、李棠阶;同考官毛鸿图、孙毓汶、崔穆之、李祉、郭从矩、黄槐森、宜绶、谭钧培、徐桐、马元瑞、张瀛、范运鹏、霍穆欢、杨泗孙、林天龄、刘瑞祺、龚聘英、徐荣轼;内监试奎英、王宪成。以万丝冠九件荷包酬赵朗甫。

初七日(9月7日) 晴朗。午后,五哥移小寓,寓在观音寺胡同。四哥往送,即宿彼。万青黎奏"乡试人多,号舍不敷"一折:向来号舍止用九千三百余间,本年士子纳卷者一万六百套,拟将誊录等号全给士子,另搭席棚给誊录等。三场试卷先后盖印送进。暮,父亲、叔父归,知五哥名在五十一牌。夜卧筋骨疼痛。

初八日(9月8日) 晴。未初五兄入场。同乡入场者十九人,回避者二人。杨思赞来晤。暮,雷而不雨。

初九日(9月9日) 晴,热。腰脚痛甚。官文恳将伊嗣子之父嫡堂弟一并抬旗,奉旨驳斥。李鸿章奏克复湖州。江西正主考:许彭寿;付:蒋彬蔚。广西学政孙钦昂丁忧,系报房误刻。越日有旨,令该城查案,于是遂无宫门抄。

初十日(9月10日) 凌晨大雾,旋晴。暮,知头场题"上老老而民兴孝","林放问礼之本。子曰:大哉问!""齐人有言曰:虽有智慧"一节,赋得"一洗万古凡马空",得"龙"字。五哥申正出场。夜燥热。

十一日(9月11日) 晨雾,晴。夜,雷雨,四更大霹雳震地。

十二日(9月12日) 阴。价人来,晤之。新尝糖栗。秋风砭人。

十三日(9月13日) 晴,风。料理节逋。五哥午正出场。二场题"圣人南面而听天下,向明而治","厥贡羽毛齿革","怀柔百神,及河乔岳”,“晋侯侵曹,晋侯伐卫”,僖公二十八年。“君子听鼓鼙之声”二句。《宣宗实录》红绫告成,国史馆保举出力人员。旨改于二十二日换季。前日得伯父七月二十四日书,是日由太原发,闻途中积潦成川,计须月余方能到营。

十四日(9月14日)　晴朗。遣人送何受山师节敬。入署领俸,计十三两五钱。扣八钱。

中秋(9月15日)　严亲五十一寿,晨起叩祝。午未间孟坚、价凡先后来,晤之。晚祀先,余病初起,腰脚未健,未能行礼。

十六日(9月16日)　晴。黎明五哥出场,辰刻归寓。策题:经训、史事、察吏、食货、屯田。诗。午正祀先,程夫人忌辰也。晚令庖人治数篚家宴。热甚。

十七日(9月17日)　晴,热。夜,西风大作。思赞来。见词甫首艺。

十八日(9月18日)　晴,风微凉。何白英来,予适在外晤之。伯雨来谈良久,见其首艺极佳,文境颇高,非墨卷手所能及,自言二三场均满,可望夺魁。

十九日(9月19日)　阴,午后雨。印若、叔文来晤。

二十日(9月20日)　晴。见赞丈、梧冈、萧葵生、陆绅甫文,无一惬意者。

廿一日(9月21日)　晴,凉。余约伯雨、词甫、桂甫、价人、叔文、孟坚、琴生饭,未正客陆续至,而孟坚今日赴部领照,待至申正不来乃散,甫散而孟坚来,乃留伊啖面而去。实录馆保举。

廿二日(9月22日)　晴,风。滇抚贾洪诏告病,奉旨革职,以戒规避。福建学政放曹秉浚。今日换季。

廿三日(9月23日)　晴。云槎来晤,阅其文。君标亦送闱艺来,佳。今日寅初三刻秋分。暮,陆绅甫、萧夔生来晤。考南书房题拟潘岳秋兴赋,诗题“膏泽多丰年”,李文田、孙诒经、张家骧。

廿四日(9月24日)　晴。夜卧未甚酣适。

廿五日(9月25日) 晴,寒。滇抚放林鸿年。同乡归者四五人。

廿六日(9月26日) 阴。李文田、孙诒经均在南书房行走。昨夜仲兄发病,一夕三次,极委顿。午后晴,为词甫书扇头。

廿七日(9月27日) 晴。阅邸抄:现在库车等处逆回变乱,已调各城劲旅进剿,只分良莠,持平办理,安分良回,概不株累,被逼胁从,免其究治。今新疆各该大臣实贴謄黄,再行晓谕。等因,钦此。

廿八日(9月28日) 晴。黄昏微雨一阵。价人、芝斋来谭。

廿九日(9月29日) 晴,热。申刻价人来。

三十日(9月30日) 晴,西风大作。

九月朔(10月1日) 晴,风。晨起诣前门关帝、观音庙、琉璃厂、吕祖阁下鹤、城隍庙拈香酬愿。西席沈梅史为伊同乡所诬,排挤出京,今日辞馆去。午后卸凉棚。暮,顺祥胡同贾相宅中失火,将上房连棚尽行焚毁,西风甚紧,幸即救灭,不至延烧,更许方熄。

初二日(10月2日) 晴,午后风定。巳刻,汴生、伯雨来谭,未正出门至王孟坚、琴生寓中,同过即升店叶虚如祖咸处坐片时,乃往同兴楼,五哥邀便饭,孟坚转邀蓝陆坪,子清先生之孙。至酉初方来,饮至戌初,余先归。久不坐车,觉前门甚远矣。

初三日(10月3日) 晴,价人来晤。暮方子颖来,知今日奉上谕:湖南盐法长宝道员缺,著翁同爵补授,钦此。闻信之余,欢忭无似,湖南现为完善省份,尤为难得。

初四日(10月4日) 晴暖。贺客络绎。晨起向重闱叩喜。巳刻至张词甫处。今日为内子生母寿辰,入见拜祝,小坐即归。午间缮谢恩折一件、查片履历一件,询之王耕娱观察,知递折可以自办。严亲拟明早亲往也。今日起仍有宫门抄。

初五日(10月5日) 晴暖。子正严亲入内递折谢恩,未召见。今日至各同乡处谢步,晤赞丈、价人、星同、思赞,又访伯雨、介帆畅谈,又过孟坚、芹生少坐,拜叶煦谷、陈又桥,均不值。今日得三兄七月杪书,折弁定星六。携来。兄亦暑病初愈。营中无事将告假回兴化。阅邸抄:曾国荃告病准其回籍,赏人参六两。浙抚放马新贻;安徽藩司放英翰,臬司放何璟。张之万请将张学醇留营不准,令速起解。

初六日(10月6日) 晴。晨至吴竹如少农、万蕅舲大司马、赵朗甫太史处叩谢,均未晤。亲友中前曾来视疾者答之。冯述甫于今夏送其乃郎入都,今日往访,未值。外间谣言南元诗句似其乃郎所作,不知确否。午刻祀先,耕梅公忌辰也。午后为伯深书扇,金不佳,字极劣。

初七日(10月7日) 晴暖。午刻往福兴居,予偕四哥同请陈又桥、王孟坚、叶虚谷、蓝六屏、钱芹生便饭,五兄亦在坐。酉初归。

初八日(10月8日) 晴,午后阴,申正狂风,雷声隐隐,微雨,入夜风益大。蓝六屏约夜饮,未往。晨,李子皆来晤,伊捐分发指省河南,定于明早引见,问谢恩递折事。得朱宪卿师书。三更风雨骤疾,霹雳震地。

重阳日(10月9日) 凉风细雨,薄暮乃已,微露日影。午饭后至琉璃厂,南皿已报十余人,官卷亦见一本,待片时乃归。闻蔡汉三报八十七名。夜,叔父为叶虚谷、王孟坚饯行,命四哥与余作主,往宴宾斋小饮,芹生、石子元同坐。入夜寒甚。

初十日(10月10日) 晴,风,甚冷。黎明买《题名录》阅之,常熟竟无中者,南官一章鏊、采南弟。一丁立瀛。莲甫子。余若汪柳门、冯伯深、光旭述甫之子。何俊卿辈,俱入彀。午刻滨舅来晤。午后访伯雨、赞丈、印若昆季,坐遇士周。又过芹生处,遇六屏、虚谷。诸君失意,索然兴尽,将于十五左右南归。昨贺寿慈授副宪。闱墨甚不佳。

十一日(10月11日) 晴。内子眼胞红肿数日矣,今晨愈重,延外科屈姓来看,永光寺西街。云贴白玉膏加白丁香末即破。如法治之,申正熟极而溃。暮访慈甫兄弟,少坐。过孟坚处,不值,归途遇君标,邀来共话,适价人来,邀往宴宾夜饮,戌初归。

十二日(10月12日) 晴。午后拜同直诸人,无一得晤。谒滨舅、蓉翁、莱山丈，贺蔡汉三，送叶虚谷、王孟坚。又过价人处少坐。李鸿章汇保各州县出力官绅。清单所开有“以上各员，系苏州办团绅董，随同克复苏州等城，均系久历戎行，亲冒矢石，斩关夺隘，杀贼无数，实属异常出力”字样。四哥得五品衔花翎，曾伯伟、潘介繁、康保亦然。庞崑圃、季念诒亦得花翎。

十三日(10月13日) 晨访琴生。暮伯深、君标来晤。今日严亲赴鸿胪寺谢恩，外官照例应到，寺中堂司官无一至者，吏部长班在彼伺候耳。费四金。

十四日(10月14日) 晴。料理笔墨。伯雨来向伊张罗川资，不允。滨舅来长谭，以佩件二种赠芹生行。祖母出门。

十五日(10月15日) 辰刻大雾，巳初放晴。访张莲生，贺春舫，谭片刻。送虚谷、孟坚、芹生行，候至未正方登车。石子元、鳌，吴县人。蓝六屏承瀛，宁波人。俱同走。

十六日(10月16日) 晴，晚阴，微雨。午后访芥帆，遇铁庵丈畅谭，申正归，持螯小饮。沈梅史来晤。延煦升阁学。

十七日(10月17日) 阴晴参半，微风而凉。午后过介帆处，同往福兴，沅青、辛芝先后来，饮至申正，将散而杏云到，复小坐。酉刻散，归。李鸿藻补授内阁学士。市肆敬财神。

十八日(10月18日) 晴。申刻送同乡南行者。访已兰、梅史，不值。晤复生，遇紫英。过价人处，又遇硕卿。

十九　观音诞日(10月19日) 晴。午后价人来，云江南定于十一月开科。同乡在京者即日南归矣。承志袭封郑亲王，载敦袭封怡亲王，所有雍正元年手敕载敦祇领尊藏。夜饮于滨舅斋中，同坐王氏、竹林、赞卿丈、价人、王济之，四哥同往，戌刻散。背脊酸疼，五更屡醒。

二十日(10月20日) 晴。伯深、价人、伯雨先后来。访词甫不值。

廿一日(10月21日) 晴。晨送同乡南行。访介帆，谈。午刻慈甫来,饭后观四喜剧。伯雨字来,云在署递呈请送考,已批准,礼部回文有“并无不准跨考”字样,伊即拟南去。

廿二日(10月22日) 阴,薄寒。午后过伯雨处,知其定计南行,坐遇价人,图谭。归访词甫,不值。梅史来晤。阅邸抄:江西巡抚沈葆桢奏,署南安府黎兆棠之母冯氏于城围时,力拒出城之请,脱簪珥犒士,城赖以全,洵属申明大义,教子有方,冯氏赏给二品封典,并著南书房翰林书匾一方颁赐,以彰奇节。今日贾筠堂相国寿。延树南阁学之母亦今寿。

廿三日(10月23日) 晴。闻江南正考官放刘崐;副:平步青。

廿四日(10月24日) 晴。价人、滨舅来晤。伯雨南行忽中止矣。

廿五日(10月25日) 阴,暮微雨,入夜不止,寒。晨侍严亲、叔父至福兴居吃早面,四哥同往。申刻价人约小饮,至彼则有人满之患,主人以肴榼无多,颇有难色,乃与两兄至宴宾斋夜饭,戌刻归。

廿六日(10月26日) 阴雨竟日。申刻访介凡,将求书禀件携归。

廿七日(10月27日) 阴,寒,晚晴。书练勇局保举折一件、单一件、片一件。

廿八日(10月28日) 晴。内子归宁。国鼎臣昨放口北道,今日来。

廿九日(10月29日) 晴。严亲、叔父、四哥均于黎明往昌平茔地,以明日孟冬祭扫也。访词甫不值。过芥凡处谭。夜四更许,对门杂货店后房失火,为街兵所见,方将店伙叫起扑救,逾时乃灭,余从梦中惊醒,即起与五哥同往门前照应。寒气凛冽,不觉股栗。归卧即觉伤风不适,竟夕未曾成寐。

十月朔(10月30日) 晴。得仲立书。价人来晤。申正严亲、叔父、四哥归自昌平。今日辰刻在彼上祭,祭毕同至萧四家少憩。尖于清河,计四时许即抵家,车行尚速。李林昨日来,同去。

初二日(10月31日)　晴。午正祀先，孟冬时祭也。申初偕四哥出门，拟观四喜剧，在彼则知被贺云甫之子封座。遇辛芝于途，乃往三庆少坐。沈云初来。散后辛芝邀往福隆堂夜饭，戌初归。今日外城办事处保举折上，奉旨依议。严亲得加运使衔，同人俱优保。

初三日(11月1日)　晴。午初访芥凡，小坐即入署该中班，晤戴少梅、贺春舫。司直巨川、哲泉诸人。署中知会送通商衙门，余注不愿，询之供事，知本月月折轮应余办。申初散。答刘慈民，谒吴卓如少寇，拜西席唐君，太仓人，泰。均不值。暮归，词甫邀宴宾小酌，同坐芥凡、吉人、莲生，戌刻余先归。昨日得三兄九月望书，折弁携来。今日又得朱显卿八月廿九书，知家中安好。

初四日(11月2日)　晴。

初五日(11月3日)　晴。午前，为严亲整理衣服。未刻遣车迎西席唐顺卿来开馆，夜备肴馔小饮，邀徐李侯姻丈、价人来作陪。日来仆人段成到宅当差。万满翁荐。

初六日(11月4日)　晴寒。午后访慈甫，答韩六一、傅君。炳坤。访辛芝不值。至公源中兴一行。鲍超赏双眼翎。

初七日(11月5日)　晴。昨日富明阿保奏折到，三哥加知府衔。

初八日(11月6日)　晴。午后访辛芝，托伊觅人代书月折，许以润笔六金。归访词甫，商借银事。夜饮于伯雨斋中，莱丈、吉人、芥帆、词甫均在坐，戌刻归。

初九日(11月7日)　午初三刻立冬。午正祀先，曾祖妣许太夫人忌辰也。浓阴不雨。

初十日(11月8日)　晴。今日为慈禧皇太后万寿节。严亲午刻到吏科画凭，亦到吏部。所有部费十六两，前托何子英。夜饮于价人斋中，伊请诸研卿开馆，邀植三、李侯两丈、星桐及余兄弟作陪，肴馔颇美。

十一日(11月9日)　晴。午后过厂肆。夜饮宴宾，韩六一书招,同坐王蓉洲、朱玉圃两侍御、莲生、词甫,戌初散。昨闻曾侯赴楚办军务,李少荃署江督,吴棠苏抚,富明阿署漕督。何子英送凭来,文云限十二月十一日到任。阅邸抄:迪化州失守。即乌鲁木齐。

十二日(11 月 10 日) 晴暖。检点行箧。夜慈甫邀往福兴小饮,同坐六一、醇甫、莲生,醇甫新从陕中来。昨夜仲兄发病三次,今午又发,精神困顿,延李若农来诊,云体益虚矣。遇滨舅、杏云、吴晋壬于福兴,内阁送考总理衙门者八人。钱贽、丁士彬、蔡世保、张其浚、于光甲、徐延祺、潘观保、恽祖贻、方子俨、何介夫俱补侍读。许星叔升刑部郎中,袁春帆告养。史莲生、汪午桥俱拣发陕西知州;林善卿故,冯杏林丁缺,甚疏通也。

十三日(11 月 11 日) 阴,晚来微雨。午正偕四哥往福兴居,邀韩六一、王蓉翁、莲生、醇甫、词甫饮,候醇甫久不至,乃先饮,至酉正散归。适滨舅在此书联,夜饭复鬯谭。阅邸抄:沈葆桢报洪逆之子洪福瑱就擒,沈葆桢赏一等轻车都尉世职,鲍超锡封一等子爵。现在全浙肃清,左宗棠锡封一等伯爵,布政使蒋益澧赏轻车都尉世职并黄马褂。

十四日(11 月 12 日) 晴。检点行箧。夜六一邀便饭,辞未往。

十五日(11 月 13 日) 晴。巳正出门,访辛芝不值,遇于东华门外,到署已午正。今日中班兼代辛芝夜班,晤少眉、煦斋、春农、雅航,余到时煦斋已入内领事,折片十七件随旨三道,上谕一道。夜月明如昼,早卧,久不睡板床,醒来腰脊痛甚,辗转竟夕,且寒气逼人,颇不适。今日何介夫年丈验放补侍读。孙予恬源。送付本库,高寯昌、耕轩。贺尔昌、子定。李芳柳香陔。上委署。

十六日(11 月 14 日) 辰初起,晤介夫。司直沅卿、子言。巳正王楚香来接班,遂出城,携昨日谕旨四件访辛芝,不遇,午正归。申刻莲生来辞行,晤之。访芥帆,谭片刻归。地气上蒸,道途泥泞。

十七日(11 月 15 日) 晴。申刻张醇甫来,谈良久。贺介夫,送莲生启行矣,访辛芝,均不值。补缮发郑锡侯都转元璧。信。

十八日(11月16日) 午晴,晚阴。访词甫,将严亲所借三数足色。取归。吉人为介。在坐晤韩花农,伊为得官诊视,云系伏暑误药。未刻同四哥至厂肆购物,又步入前门买双眼翎。廿金。价人来。

十九日(11月17日) 阴。地益潮湿,早晚大雾,寒。严亲托孙莱山转借汪小庵名世之。处数交来。

二十日(11月18日) 阴,微雨,午后雪花数点,晚晴。夜有月。接署中班单,现在四直,顾宜眉校签。

二十一日(11月19日) 晴。日来检点一切,刻无暇晷。蔡乂臣信来,知余松南培轩。转荐故人周维都,字子京,海州人。严亲往拜见,其老成谨慎,即订定。束修膳金一年一百六十金。

二十二日(11月20日) 晴。任昂千之驹,湖南知县,常州人,任道荣之子。来晤,将伊汇项三百足色。交来。家人李万、希虞臣荐。刘源、朱修伯荐。刘升、曹琢如荐。张荣方子颖荐。及庖人赵姓,均来宅当差。

二十三日(11月21日) 晴。午后周子京来晤。寿伯帆处借二百两,足色。严亲面收。薛觐唐处借二百两,松江。朱修伯交来。夜伯母、六叔备菜数簋,小饮。

二十四日(11月22日) 竟日检点行李,刻无暇晷。辰刻敬神,夜祀先。邀周子京来夜饮,而价人、芥凡、词甫均不至。

二十五日(11月23日) 晨检行李。午刻入署,今日该秋审签班,同班者辛芝、陈蕉生。阁长作东,有饭吃。申初散,拜张房农年丈。出城至聚兴购物。

廿六日(11月24日) 行李俱齐,编号登帐,奔走竟日。夜同诸兄备肴小饮,为严亲饯行。雇车三套,车一辆、假装太平车正价廿三两,外加银七两。行李轿车十一辆,每辆十八两。又为周子京另雇轿车一辆,李慎经手,在骡马市"同茂车行"。夜至四鼓方卧。今日张词甫生日。

廿七日(11月25日) 微风。晨起装车,午刻齐集。严亲未刻登车,送行者王蓉洲、赵价人、邵霱庭、承慈。任昂千、彭芍庭、丁芥帆,叔父、五哥送出彰义门。任昂千亦出城,送四哥与余,送至长新店,掌灯时到齐,店宇宽敞,严亲夜卧甚安,余亦假寐片刻,黎明即起。是日早班托戴少梅代。

廿八日(11月26日)　晴。辰初叩送严亲,余自幼未离膝下,一旦远行,未能随侍,难以为别。严亲亦爱余甚,握手对泣,不禁惘然。辰正四哥与余回车,过卢沟时,旭日初升,晴色暄暖,则南行可免晓寒矣。巳正抵寓。午正祀先,曾祖妣许太夫人诞辰。午后倦卧。夜价人来谈,伊家昨夕有宵小入室,《前汉书》失去。

廿九日(11月27日)　晴暖。陈蕉生、沈韵初公请,在松药庵午饭,至未申间方入席,有许星叔、何介夫、方子俨、鲍子年,馀俱同直友人,惟刘慈民不至,暮归。闻鲍小山年丈令郎新到阁,已定上四直。名步垣,号紫亭。闻同乡缪少初昨日到京。

三十日(11月28日)　晴暖。巳刻,访慈甫补祝,少坐即行。答任昂千,不值,复向顺治门西拜客,谒见万藕翁,未初归。

十一月朔(11月29日)　晴暖。晨诣前门两庙拈香,归途答数客。午正上供,先妣杨淑人诞辰也。申刻芥帆来谭。

初二日(11月30日)　晴。义臣来。晨贺伯雨令郎弥月,复答潘佺伯、鲍子年、焦雅航,均未晤。今日内子廿八初度,词甫来祝,留以酒吃。日来感冒咳嗽。

初三日(12月1日)　晴暖。巳刻伯雨来,午后伯雨邀四哥与余往观四喜剧,散过福兴居夜饮,词甫、辛芝先后来,戌初散。仆人崔升试工。

初四日(12月2日)　阴寒。闻任昂千将行,馈以食品四种。范楣生来,致赠别三十韵,伊将赴大顺广道任。今日晨起,见飞雪数花。

初五日(12月3日)　阴,黎明微雪,午未间大雪,入夜乃止,有月色隐云雾中。巳刻答缪少初,未晤。访辛芝。午正入署中班,晤蕉生、杏云,遇沅青、哲泉、巨川、枬轩,初见何子永前辈。申初冒雪出城，仍过辛芝处，将写出之月折携归细对。今日安儿七岁初度。庭前积玉皑皑，约半尺许。是日鲍康、张兴留补典籍。

初六日(12月4日)　晴寒。巳刻，贺蔡汉三完姻，亦张铁斋婿。未坐即行。至周芝台相国处阅月折。午刻归饭。未正入署，将月折交供事，其折面如何填写及接扣等，均供事承办，向给京蚨二千。遇头直诸君，少谈即散。过宋翰章处，未晤，出城暮矣。

初七日(12月5日)　晴，寒。午正祀先，文端公二周年也，日月如流，曷胜感怆。昨日叔父往昌平扫墓，而过清河十余里，狂风舞雪，咫尺不辨路径，马竟不前，乃回车宿于清河，今日巳初抵家。余于午后归舍。夜价人来，一晤。

初八日(12月6日)　晴，寒。国鼎臣英。观察由保定回，遣人来，云月杪在保遇严亲，知身体安好，家信系托宋朗斋大令炳文。寄，尚未到也。未刻答鲍紫庭，访辛芝、芥帆，均不值。左宗棠辞伯爵，不许。福建漳州失守，按察使张运兰、汀漳龙道徐晓峰、知府扎克丹、龙溪县钱世叙俱力战阵亡。刘有铭补通付。壬戌进士朱逌然引见，用庶吉士，朱为叔父门下士也。

初九日(12月7日)　阴，寒。缮禀一函，拟托任昂千携带。夜访芥帆，谈片刻。今晨得严亲保定书，系三十日所寄，托宋朗斋大令由家书中递来，敬悉途次平安，南行尚暖，抵保时治军以下均遣人迎接，首县宋公朗斋系翰章兄。送席，酬应周至。自省以南皆坦途，到顺德后再托任小园太守寄信。沈葆桢请收成命，不允。

初十日(12月8日)　晨阴午晴。缮禀一函，并朔日至今京报十本，均交提塘，适有火牌差在此，闻十四日动身。申刻送昂千，谒滨舅，访价人，均不晤。

十一日(12月9日)　晴，寒。傍晚价人来。

十二日(12月10日)　晴，寒甚，无风而气冽。申刻至陆蔚斋命馆谈命，即归。为宝生缮履命谢恩折。夜价人来。得三哥十月廿二书。夜来滴水皆冰。

十三日(12月11日) 晴,寒。恽杏云之乃翁号畹芗,要做寿。

十四日(12月12日) 晴,寒。伯雨、词甫来晤。仆人崔告假,忽不来。

十五日(12月13日) 晴。巳刻至文昌馆吊赵厚甫之丧,与朗甫谈数语即归。申刻访辛芝,不遇。得伯父十月初四书,由花马池发,仍托王荫堂方伯转寄。

十六日(12月14日) 晴。又得伯父十月十九日书。夜价人邀饮于福兴,四哥先往,主宾三人,肴馔数簋,顷刻即散。

十七日(12月15日) 阴云往来,寒。

十八日(12月16日) 晴。午后得严亲初七日顺德来书,途次遇雪,本月初五日在内邱县歇程一日,初七抵顺德,任筱沅太守邀留至署,情意殷拳,闻前途安稳,现向府中借驿马两匹,可探路也。申刻过厂肆,复至廊房三条胡同之同丰玉器店,小坐即归。

十九日(12月17日) 晴。闻词甫昨日申刻得一女。

二十日(12月18日) 晴,寒。未正过价人处,遇冯赓亭,闻莘甫疾剧,诸医束手。又过文华楼。

廿一日(12月19日) 晴。晨过词甫处贺,兼为桂甫之母拜寿。四十。少坐即归。午刻入署,晤慈民,以后日冬至,今日不票本,无签可书,即散。

廿二日(12月20日) 晴。试拈题作制艺,而枯肠遍索,竟不成篇,殊自愤愧!夜祀先,明日冬至也。

廿三日(12月21日) 晴。价人来,闻莘甫竟下世,可悼可悼!访芥凡略谈,知廿六日考通商衙门。亥刻冬至。

廿四日(12月22日) 晴。巳刻过慈甫处书喜帖,桂甫联姻朱氏,常州朱仪训之女。将于明日文定也。饭后归,殊不适。

廿五日(12月23日) 晴,大风,寒甚。午刻过词甫处贺,即在彼陪冰人饮。陈子惠、费静楼为冰人。晤赵云生。申刻又过价人处写喜帖。暮,狂风作,匆匆归。

廿六日(12月24日) 晴。诃甫来谢步。

廿七日(12月25日) 晴。今日余廿八岁初度,晨起向祖母以次叩头,午间备肴侍饮。未刻与四哥至庆乐园听四喜部,少坐即归,过公源。午诃甫来,留吃面。庞宝生自湖南归,今日抵京,刘升随之来,云本月十二日在高桥地方遇严亲于途次,宝生假旅店晤语移时,知曾在赵州阻雪二日,体中安好,甚慰。惟云前途雪深数尺,寒气凛冽。不知车行若何耳。

廿八日(12月26日) 晴。四哥寿日。今日赵价人之次子联姻于江阴夏氏。夏子龄之孙女。倩子惠与四哥作伐。余未刻往贺,又答芥凡、伯孟、诃甫,谒宝生世叔,晤之。夜复至价人处饮。官文请加两湖会试中额。

廿九日(12月27日) 晴。未初入署该夜班,晤韦煦斋、鲍紫庭。申刻领事:折片五、随旨二、上谕一。夜卧寒,不成寐。今日嗣曾祖耕梅公诞辰。

三十日(12月28日) 晴。晨晤春舫、哲泉,闻考通商衙门者,内阁取七人,张巨川、潘辛芝、丁芥帆、蔡滋斋列前四名,徐芷绶、恽杏云、于申卿均在三十名内,惟钱惇卿未取,初五日引见也。午初惠春农来接班,即散。入夜大雾,价人来。

十二月朔(12月29日) 阴寒,大雾迷空,著树皆成冰花。巳刻诣前门两庙拈香,过廊房胡同,灯彩已齐。

初二日(12月30日) 晴。价人来。

初三日(12月31日) 晴。芥凡来。

初四日(1865年1月1日) 晴。阅邸抄:前锋统领西拉布以收受查牧群银马,革职。

初五日(1月2日) 晴。敬缮明年元旦贺慈禧皇太后表文二道,一正一副。书就交何介夫处。闻通商衙门引见考试人员,阁中七人俱记名。

初六日(1月3日) 晴,风。读《大学衍义》。

初七日(1月4日) 晴,狂风。巳刻入署早班,晤宜眉、紫庭、煦斋、介凡、芝斋,申初散。见曾督保举折内何小宋璟。加布政衔花翎,许道身加二品衔。

初八日(1月5日) 晴,寒。闻江南题:"叶公问政二章","有余不敢尽","汤执中立贤无方"。"赋得桂树冬荣"。

初九日(1月6日) 晴。晨价人来。

初十日(1月7日) 晴。夜鲍紫庭邀饮,在谢公祠,同坐何、方两阁长与同直诸君,子年及其戚阁君作陪,戌刻散。闻江南头场大雪,士子入场者万余人。江西题:"贤者识其大者"至"何常师之有","宜人宜民"四句,"易其田畴"三句。

十一日(1月8日) 晴暄。午后至文昌馆吊龚莘甫,少坐。答李虎峰,如松,新到阁。访词甫不遇,归。缮寄湖南禀。

十二日(1月9日) 晴。将家信一函、京报一月、初十止。《郭氏元经》四本、《七政画》一本交折差万姓带去,酬以单款对联。

十三日(1月10日) 晴。午刻,至平介馆祝杏云两尊人五旬寿,观四喜部演剧,同署同年诸友人皆在坐,亥刻归。阅邸抄:惠亲王薨逝,上闻之震悼,降旨于十七日亲临。

十四日(1月11日) 晴。午后往海岱门东拜客,归已暮矣。黄昏雪积寸许,旋止。

十五日(1月12日) 晴,寒。午正到署中班,同直者煦斋、慈民、辛芝及新到阁之端木子柔。埰。文件填委,手不停书,至申正赶城归。雪后奇寒,笔墨皆冻,犹作细书,难哉!暮,薄云蔽日,雪花飘洒,终宵达旦。

十六日(1月13日) 阴,雪,寒甚,午后雪止。四哥邀辛芝、伯雨、价人、词甫饮于福兴,余偕往,酉正散归。

十七日(1月14日) 晴。午后祝价人,在彼小饮。今日德儿生日。巳刻,得严亲十二月朔由汴梁所发信,知郑州以来雪深三尺,路径不辨,日行数十里或十数里,极为辛苦。廿二至襄城,抄阅邸报方知发捻扰及邓州,僧邸失利。廿三日至叶县,又闻贼之边马已至南阳城外,沿途遇难民从裕州来者,知前途遍地抢劫,万不能行。遂于廿四日回车北行,向汴梁取道。廿九日方抵汴梁,囊中资用将罄,出京后已用五百金,在汴须张罗数百金,拟取道信阳,径达武昌,惟信阳南路不通车,尚费跋涉。随行之仆均不得用,惟刘元尚出力,段成尚谨慎耳。卫辉以南旅店破败不堪,且系冷店,而骡头疲软,泥泞难行,到宿常在子丑间,为从来未经之辛苦。阅信为之焦闷。出都时满拟一路顺平,年内抵楚,不意既阻于雪,复阻于兵,纡道数百里,备尝辛苦,真所谓行路难也!申刻贺滨石舅得常少。访颂阁、介凡,答端木子柔,均不晤。

十八日(1月15日) 晴,风。寄慰宋朗斋大令丧偶书,并分四金。申刻滨舅、价人来。

十九日(1月16日) 晴,暄和。巳刻吊王子仪殿凤。夫人丧于千佛庵。午后观四喜剧,酉刻赴价人招饮,伊今日请新亲夏范卿,邀陈子惠、惠卿、冯赓亭、曹洪斋及余兄弟作陪,滨舅适来,同坐小饮,上灯时散。

二十日(1月17日) 晴。今日封印。午后至广德楼观四喜封台戏,遇王莲塘,匆匆数语。顺道过公源。连日喉舌肿痛。

廿一日(1月18日) 晴。价人来。夜不成寐。沈仲复放云南迤东道。

廿二日(1月19日) 晴,风。仆人李慎有信来,系本月初六发,云前途贼尚未退,拟改信阳,而张罗川资尚未齐,不能定行期也。殊为悬系。惠邸处送饽饽桌三桌,叔父往奠。蒋修舲来晤。

廿三日(1月20日) 晴。今日祖母七十五寿辰,晨起叩祝。亲友来者俱辞之。

廿四日(1月21日) 晴。价人来。缮寄湖南禀,京报十日。交折差带至张星农处转交。申刻彭榴仙处送来家书一件,伊过汴时严亲托带者。知省南贼氛鸱张,万难行走,即信阳一路亦不甚平妥。向王小泉、欧阳用甫处张罗川资,俱已允许,可以不至缺乏,且住几日再定行止。许州已有戒心,必不得已将来,或由东道赴清淮绕走,不过多费程期耳。近体尚安适也。夜备肴数簋,侍祖母饮。四更方卧,仍不成寐。

廿五日(1月22日) 晴,风。叔父黎明赴昌平祭扫。午刻伯雨来。徐沅青同年惠予银鱼、酥鱼,皆天津味,银鱼尤肥美。访词甫,不值;贺滨舅得第三子喜,又不值。过价人处小坐。闻胡铁庵丁内艰,昨日事。南城保奏团防出力绅董,五哥请补缺后以知府优先送用,先换顶戴,奉旨吏部核议。

廿六日(1月23日) 晴。词甫、芥凡先后来,芥凡将于明日回涿。湖北星使梁檀圃归,云樊城一路勉强可通,伊竟冒险闯过。刘庆参郑王承志狎优比匪。

廿七日(1月24日) 晴,连日暄和。晨往胡铁丈处吊唁。唐顺翁放学。夜令庖人治数簋小饮,料理年帐。

廿八日(1月25日) 巳刻,至何受山师处送节敬,未见。即赴词甫处祝岳母八十一寿,在坐晤伯雨、吉人、云生、静楼、袁辰甫、王芝兰、张立夫、韩六一、李宾甫,未正归。逋务猬集,颇难屏当。□器之利二百有七,今日交来。辰刻闻何白英太夫人下世,为之惊愕,数日前旧疾屡发,昨知见愈,起居燕笑如平时,今日黎明忽觉头晕如煤熏然,不及半时而卒,寿已八十四,可谓无疾而终。闻秋航和尚已于十四日圆寂。夜有雾。

除夕(1月26日) 阴,有雾凇。以四十九金归,词甫尚少五十,此系衣料款。余逋勉力敷衍。爆竹声喧,中心感集,与四哥剪烛深谈,为数年未有之境。

同治四年(1865)　岁在乙丑

元旦(1月27日)　瑞雪数花,午后晴。晨敬拜先代真容,贺叩重闱,以次春禧。价人来。巳刻出门,至词甫处,入内少坐,即行各戚友家拜年,未刻归,小憩。复至顺治门西一行,暮回,颇寒。

初二日(1月28日)　早阴,午晴。巳刻出门拜年,午正至文昌馆,今日内阁团拜,演四喜部,带灯果,主人为刘溎焴、六十。王殿凤、三十。韦煐、四十。唐宝鉴、五十。端木埰二十。五人,共集三百金,余辈每人派一两二钱,到者约及百人,戌初归。得严亲十二月十一日书,云身体安好,现已雇定车辆,于十二日起程,至汝宁后再换小车取道信阳,沿途托地方官派兵护送,约年内可达武昌。

初三日(1月29日)　阴,南风,颇凉。午正出门拜年,直至花儿市东,惫矣。吊唁何白英世丈。

初四日(1月30日)　阴。巳正拜年,进城东至勾阑胡同,绕后门,西至石老娘胡同,出顺治门,车殆马烦矣。申正敬神。

初五日(1月31日)　阴,雨霰竟日,著地成冰。未正至东城拜年。

初六日(2月1日)　阴,寒,有风。价人来。

初七日(2月2日)　晴,风日暄妍。午后偕四哥游厂,士女喧阗,无立足处。到庙一巡即归。

初八日(2月3日)　晴,风。纸鸢飐飐,弦索铮铮。

初九日(2月4日)　晴。巳初三刻立春。晨访介夫,晤之。补拜年数处。

初十日(2月5日)　晴。午后,谒吴竹如少农,请伊定丸方。复拜西城诸客,绕出前门,至同丰玉器店看碑帖,暮归。今日唐顺翁开馆,德儿亦入学。余添修金一两。夜备肴请顺翁,邀颂阁、价人、词甫、汉三作陪,徐、李翁期而未至。

十一日(2月6日)　阴,竟日微雨如尘,点地即冰。价人邀夜饭,未往。往宴宾赴伯雨约,坐有莱丈,商团拜办戏事。闻南榜已见《全录》,亟向提塘索观,苏府廿五人,吾邑中四人:曾金章、印若。李明珠、夏廷烈、叶如金;敏斋。副车一人:卢福祺。通榜共二百七十三名,付四十八名,知者吴清卿(弟)[兄]弟、龚凤台、丁筠卿。骧,与四哥换帖。未刻杏耘来,知其胞弟已中。名恽祖翼。

十二日(2月7日)　晴,风。价人来。午刻访芥凡,晤谭,嘱其寄语滨州谋馆事。御史富稼已革。交刑部审讯。

十三日(2月8日)　阴,微有日影,春寒恻恻。暮,滨舅来。

十四日(2月9日)　晴朗。巳刻,至龙泉寺行礼,今日为外舅张温和公三周年忌辰也。未刻进署,该夜班,鲍紫庭于午间领事后先散。折片廿件,随旨三道。夜卧寒甚,丑正即醒,腰背酸痛,黎明复假寐片刻。月色皎洁,达旦而阴。

十五日(2月10日)　阴,辰刻大雪。俟头直李虎峰如松。来接班。巳正冒雪出城,顺道答张房农,寒不能禁。午刻见日,未正乃放晴。过厂肆大神庙一游,阒焉无人,即归。访伯雨不值。六叔衔寒至东北城去,归而受寒不适。凉月澄鲜,爆竹盈耳。

十六日(2月11日)　晴,寒风。午后过词甫处,与颂阁、伯雨畅谭,今日伊西席程藜阁开馆,夜在彼饮,四哥亦在坐,亥正归。

十七日(2月12日)　晴,寒。午后进城,答宝楚桥,顺拜数家归。夜往平介馆,今日五哥同司团拜,邀观夜剧,至舞灯毕,已丑正矣。登车又不能行,抵家三钟矣。

十八日(2月13日)　晴,寒。阅邸抄:都察院参御史奎英任性妄为,撤去巡城,听候查办。寿庄公主之额驸薨逝,以厘降甫十余日,加赏银一千。

十九日(2月14日) 晴。李子皆赴汴。丁芥帆移居筠堂相国家。借词甫《四书类联》八本。肝气颇盛。

二十日(2月15日) 晴。价人来。巳正吊胡铁庵年丈太夫人,未正归。

廿一日(2月16日) 晴。

廿二日(2月17日) 阴。今日早班,托顾宜楣兼代。午细雨,寒甚,入夜雨益密,地冰如镜。张晓莲在平介馆做寿,畏寒不往。

廿三日(2月18日) 晴。滨舅来。

廿四日(2月19日) 晴。

廿五日(2月20日) 晴,风。暮价人来,邀饮于宴宾斋,约伯雨、词甫均不至。遇冯述甫、吴晋壬,饮罢复谈至亥初归。

廿六日(2月21日) 晴。内子往太原馆观剧。闻崧镇青丁外艰。

廿七日(2月22日) 晴。价人来。晚滨舅约往时丰小饮,偕四哥往,同坐莱丈、价蕃、伯雨。日来寒甚。

廿八日(2月23日) 晴。午后唁镇青。出城访价人,谭片刻。

廿九日(2月24日) 阴,午正雪,黄昏止。夜与价人同作东,邀冯述甫、赓庭、陈子惠饮于宴宾斋,四哥偕往,亥初归。得任昂千书。

三十日(2月25日) 晴,寒。祖母昨晚感寒不适,今日微热未止。

二月初一日(2月26日) 阴,午后雪,向夜乃止,积有寸许,寒极。祖母寒热已止,仍倦。

初二日(2月27日) 晴,寒,有风。晨访词甫。夜价人来长谈。祖母小愈,入夜喉哑。今日寄湖南信,缘待折差久不至,故从广泰信局递去。

初三日(2月28日) 晴。午后偕四哥至太原馆观剧,伯雨约也。闻今日有旨,命徐桐在弘德殿行走。

初四日(3月1日)　晴。晨入署代少眉早班,晤紫庭、菽生,申刻散。访辛芝不遇。祖母渐愈。

初五日(3月2日)　阴寒,夜雪。缮寄湖南禀。丁培镒照料钟王。

初六日(3月3日)　阴。今日禫祭释服。午刻奉先文端公神主,于大厅设奠,奠毕请主人入西祠,升神龛,吉服行礼。日月如流,曷胜感怆!亲友来者潘辛芝、蔡汉三、蒋香生、王蓉翁。是日挂官衔牌,换楹联。

初七日(3月4日)　晴。辰刻将湖南信内附京报,又致汤信。送交折弁胡姓,名翰。云明日即发也。琦成额放朔平府。叔父于彭芍亭坐上遇沈君者,新从汴梁来,云严亲系嘉平十四日起启,维时省南安谧。许州、汝宁正好走也。何芝亭丈名元晋,分发湖北道。来。

初八日(3月5日)　晴。午后祝张桂甫,伊今日二十生辰也。访伯雨畅谭。谒滨舅不值。答同直唐木卿。震之。于凌辰补理少,礼部请派搜检王大臣。

初九日(3月6日)　半阴半晴。晨诣何宅,今日白英太夫人开吊。午刻至河东馆,江苏印结局团拜,凡同省京官皆请,余又宾办,带灯果,俱系昆戏。余傍晚先散。闻山东积雪未融,山程不辨路径,吴路尚通。刘韫斋先生到京。顾宜楣上委署,杏云四直校签。

初十日(3月7日)　晴和。谒滨舅,访价人,不值。署中派充国史馆校对者十六人,余与焉。见江南闱墨。迩来已撤炉火。

十一日(3月8日)　阴,晨细雨仍冰,午止。访辛兄,遇理庵于坐。申正赴余庆堂,常司直招饮,同坐鲍二年、徐沅青、顾宜楣、贺子言及其戚袁、李二君,上灯散。过滨舅处长谈。得仲立书。湖南巡抚恽世临前因贾振三侍御劾奏,交胡家玉、张晋祺查办,覆奏后交部严议,至是奏上降四级调用,前任巡抚毛鸿宾降一级调,均不准抵销。巡抚放李翰章,两广督吴棠署,漕督彭玉麟署,广东布政李福泰补,按察使张兆栋调,四川按察使赵长龄补。

十二日(3月9日)　晴，风。复仲立书。午后偕四哥至贡院东，看定小寓，计四间，直七十八千。定钱十千。闻迩来天象变异。湖南巡抚恽奏：从前保举之某某请开缺升用，吏部议驳。今忽有选补是缺之某某到省，保举既另行核奖，而复开缺另选，吏部办理舛错，请饬查明等语。得旨吏部明白回奏。

十三日(3月10日)　阴。斌孙生日，六岁。午初至贾、周两相处，谢充校对也。问哲泉疾，未晤。外症。旋至燕吉堂，苏州团拜集者约五十人，演四喜剧，京官每人派分十二千，戌正归。

十四日(3月11日)　阴，入夜细雨如雪珠，寒甚。遣人至署，领春夏两季俸银计十三两五钱。欠平及扣去者，计一两二钱。彭祖贤服满请安。

十五日(3月12日)　晴。晨诣文端公主前行礼。午后略暖。顺卿试成均自课儿读。沈葆桢母病，给假三个月。江西巡抚孙长绂护理，宝章记名道府。

十六日(3月13日)　晴。傍晚访价人，同往宴宾小饮，坐有伯雨，四哥作东。昨日覆试题："道盛德至善"二句。"青云羡马飞"。

十七日(3月14日)　晴。午后，至燕吉堂少坐，复至天乐园，两处均演万顺和，耳目一新。夜沅青招饮于福隆堂，介夫、辛芝、芝斋、杏云、何子英。戌正散。夜来咳呛。本年九月二十二日辰时，文宗显皇帝、孝德显皇后梓宫永远奉安。吴棠未到以前，广督瑞麟署；李翰章未到，湖南巡抚石赞清护。

十八日(3月15日)　晴。午后，赴何芝亭文昌馆之招，申正归。丁筠卿昨日到京，今日来晤。滨舅来，夜五哥邀观灯戏，未往。价人来。今日午初果子巷内和兴轿铺失火，延烧数家。为滨舅书帖签。丁浩奏雷电愆期，请修省。

十九日(3月16日)　晴略暖。闻邵生昨升侍讲。午后印若到都。走四十日。夜滨舅邀小饮，伯寅、莱山、芥帆均在坐，伯寅在彼写寿屏也。散后过宴宾斋与印若谈，戌正归。夜咳呛，仍不得安卧。叔父前日往昌平书院开课,今日申初回,书院尚可,住地主亦殷殷,惟士子仅六人,未免太少耳。覆试第一李继翔。宾甫,松江人。

二十日(3月17日) 晴。胸胁作痛。旧仆张林从印若来,来见。前因刘庆参郑王狎优比匪,宗人府刑部会讯,据供优人并不认识,坚不吐实,命原参御史刘庆指实。

廿一日(3月18日) 晴暖。同乡陶嘉树、叶如金、季明珠到,均从轮船来。闻赵蓉舫先生卒于位,家中颇有闲气。

廿二日(3月19日) 晴暖。午正祀先,慈亲亡忌也。齐承彦升刑尚,曹毓瑛升总宪,毕道远补兵左。访词甫,略谈。贺裴越岑同年、荫森。印若、筠卿,均未值。咳呛喉哑,几于无声。陶誉之、叶敏斋、季绂卿来晤。闻彭伯蘅到。是日考试汉荫生,闻有七人。恽世临请加湖南房考二员,奉旨著照所请。原九员改十一员。

廿三日(3月20日) 晴。喉哑如昨。徐绍圃同年炳烈。来晤。

廿四日(3月21日) 晴。晨晴,午后黄霾蔽日。丁筠卿、曾印若今日覆试。申正筠卿来,知派倭仁出题:“如或知尔则何以哉。”“日出草木香”。约有四百余人。福建臬司放王德榜,毛鸿宾得降一级调,不抵处分,以前有革留之案,今无任可留,作为革任,候期满后仍照所降之级录用。前日吏部漏叙此节,今日奏明检举。见御史丁浩雷电愆期请修省,并饬臣工戒贪去骄折,语多切直。毛鸿宾等查明福建按察使张运兰阵亡情形,得旨忠节可嘉,照巡抚阵亡例优恤,战绩立传。

廿五日(3月22日) 晴。词甫来谈,知赵云生归宗事。

廿六日(3月23日) 晴。晨过会馆,与誉之、敏斋、绂卿谈。午后访辛芝,不值。过韦煦斋处,倩伊处方。入城至国史馆,将履历交供事,以今日为到馆,供事费八千,算二两。茶房四千。归途答何芝亭丈、徐绍圃,均不值。又过滨舅处,适思赞表弟到都,谈刻许。访价人、印若,小坐归。修伯来,云伊托严亲带去信件,有在湖北者,已得其灯节左右复书,则严亲已于新年到湖北,无疑也,闻之甚慰。覆试一等五十人,吴大衡、第一。大徵、四。何俊卿与焉。杨先泽放陕西榆林府。

廿七日(3月24日) 晴。阅邸抄:李鸿章奏,请将苏州北乡永昌镇绅董二品顶戴道员徐佩瑗殉难照阵亡例恤,从之。

廿八日(3月25日) 晴,寒。辰正至太原馆,今日濒石舅为其双亲称觞,七旬晋七、五。演四喜部,嘱余在账房照料,至戌正先归。莱丈、介帆主其事。楼上有女座,内子定一席,请伊母并答乂臣夫人。

廿九日(3月26日) 晴,风,寒甚。伯雨来晤。辰正得严亲武昌来书。正月十七发,折差带来。去年十二月十二日自汴启程,十八抵汝宁,计六站。雇轿一乘,二靶手,小车十八辆,于廿二日南行,小车每日行五六十里,毛旭翁派弁二人护送。途中极目无人,鸡犬声绝。所住寓舍一二土房,俱无门户。除夕住阳店,地方连日阴雨,不得前。初四方走,初五抵汉口,一路艰险异常。初七雇船,初九登舟,未刻抵武昌。十二见官中堂及拜各当道,制军礼物仅收二事,门包等费八十余金,川资不敷,复向粮道丁星斋守存。借百金,泊舟文昌门外。十四日风雪,雷电交作。十六雪更大,俟晴后即辞制军,开舟到省也。

三月初一日(3月27日) 晴。晨祝研培外叔祖母七旬晋七寿,见滨舅、思赞,少坐即行,至江蓉舫处投帖,答赵小泉、王棣卿,名毓英,同乡,已未补乙卯举人。访恽菘云,名祖翼,杏云胞弟。晤谈,坐遇同年朱拱臣。访陈菱舫不值。午后访价人。恽菘云知医,为处一方,宣通肺气,轻表外感,服之。夜竟夕咳呛,惫倦,微作寒热。

初二日(3月28日) 晴。避风不出户,检点考具。夜滨舅邀饮,辞之。荫生引见,沈云骥、宋文寿、桑安俱外用,沈文炘、薛华坤俱内用,三品荫生左孝威特旨以主事用。伯雨来。

初三日(3月29日) 晴,暖。缮发湖南信,交折弁带去。雷正绾奏克复固原州城。

初四日(3月30日) 晴,微风。夜价人送试卷来晤。今年同乡试卷俱由宝生学使致送,托汴生丈办理也。余系署中送考,不用同乡京官即结。沈植芬请禁种罂粟。

初五日(3月31日) 晴,暄暖。晨起填写卷面,适汴生来,即交去。桃李齐放,满庭春色。词甫来,交清转借之物。闻蔡寿祺有封事。价凡来。太后御阅武楼看箭,故连日有赏黄马褂及挑侍卫者,皆系王公大臣。

初六日(4月1日) 晴,暖。会总放贾桢、宝鋆、桑春荣、谭廷襄。同考:阿克丹、王师曾、王庆祺、王兆兰、许庚身、杨先菉、高廷祜、薛斯来、孙诒经、胡瑞澜、卢士杰、刘淮年、王昕、常恩、周星誉、朱学笃、林庆贻、冯端本。内监试:书麟、何福咸。外监试:赵树吉、刘秉厚、汪朝棨、张观钧。访词甫略谭。

初七日(4月2日) 晴。午后移小寓,到彼知前院即芝斋昆弟所居。晚五兄来送考,亦住下。闻今日召见倭、瑞、周三相、朱桐翁、殷谱翁、吴竹翁等八人。发下朱谕,云蔡寿祺参恭王徇私、揽权、贪墨、外交四款,严旨切责,撤退议政王,革去一切差使。

初八日(4月3日) 晴。价人送考。巳正听点,名在十八牌。午初入场,同号无熟人,惟与张安圃人俊。谈,此人年轻,系丰润人,久游于江浙,为刘叔涛年丈之弟子,去年新中。夜卧极寒,重裘犹股栗也。向来京官在东左门首,今年在末牌。

初九日(4月4日) 晴。子正题纸来,首"孝慈则忠"二句,次"必得其寿",三"不违农时"二句。诗"芦笋生时柳絮飞",得"生"字。安圃告予出处,系苏东坡《和文与可洋川园》诗。入夜三艺毕,作诗,复将首艺改窜,至丑正始倦卧。

初十日(4月5日) 晴。清明。辰初录起,午初毕,出场。伯雨来接考,辛芝昆仲同来。叔父、五兄候于寓次,阅文尚平妥无疵。叔父昨日引见,补右赞善原缺,明日由詹事府代奏谢恩。阅邸抄:内阁奏庶吉士散馆,先期一月,请旨以何者命题,得旨此次用策论。二十日换季。

十一日(4月6日) 阴,黎明雷雨。巳刻点名时微雨,入场后晴,日露云隙。同号遇宜眉、理庵、山西世兄赵捷三。联登。

十二日(4月7日) 晴,暖。子初题纸来:"成性存存"二句,"岁月日"一节,"罄无不宜"两句,齐侯宋人陈人蔡人郑人会于北杏。庄公十三年。“其音角，律中姑洗”。酉正五艺毕。

十三日(4月8日) 阴，风。辰正出场，词甫来。闻朝堂以恭邸事九卿会议，意见纷纭。

十四日(4月9日) 阴，寒。巳初入场，遇同年孙汝为，原名云，字惠之。苏州同乡张朝滢，字研香。知周老六亦在本号。夜寒甚。

十五日(4月10日) 晴，风。子正策题来：帝学、经、史、考察、农书，约孙惠之同对，日暮乃毕。十事对九。

十六日(4月11日) 晴。黎明交卷。出场至小寓略坐，出城。辰正抵家。得父亲二月初十、十三两信，知正月二十日放舟，溯江而上，过洞庭湖，波涛汹涌。二月二日抵长沙，到任札迟迟未下，适因臬司兆琛入京陛见，抚军即札饬署理臬篆，定于十七日接印视事矣。本任缺分尚好，臬司则清苦之至，抚军之更易，尚无确信。天气阴晦，到彼十日未见晴朗也。滨舅、价人来晤。阅邸抄：大学士九卿会议折上恭王咎由自取，宽其既往，以观后效，请旨加恩等语。恭王加恩在内廷行走，仍总理各国事务衙门。另旨云蔡寿祺参薛焕、刘蓉营私纳贿，急应查办，均著明白回奏，倘有一字欺隐，即当从严治罪。

十七日(4月12日) 晴。缮寄湖南禀，内附京报及端中堂信，又陶曼生一信。将余闱墨首篇及诗附去。伯雨来谈。午后过价人处，遇冯中之于坐。申刻价人邀往福兴居饮，坐有伯雨、印若，余兄弟先后往，直至戌正方散。今晨小军机送信来，抄录上谕：都兴阿、穆图善奏已革大员奖励等语，已革安徽巡抚翁在都兴阿军营统带直晋官兵，筹办营务，半年以来，实属奋勉，著加恩赏给五品顶戴，钦此。阅之合家欢忭。叔父黎明赴昌平扫墓，以前日清明未往也。

十八日(4月13日) 晴。午正祀先，嗣母汤宜人亡忌也。敏斋、誉之来谈。申刻出门拜客。申正叔父归。今日将信件交湖南折弁，并给扇对。薛焕明白回奏，请派大臣查办，旨派肃王会同刑部都察院审讯，薛焕、蔡寿祺听候传质。

十九日(4月14日) 晴，暖。午刻出门答客，访词甫略谈。至燕喜堂,今日苏府接场也。五哥在楼上同司有局,邀四哥与余至彼作不速客,主人为李竹芗,菱洲之兄。素未谋面。德小峰、崔子万、蒋香生、赵梅卿均在坐,肴馔甚佳。散后过福兴,赴伯雨招,坐有芥凡、价人、周小田、幼樵,晚间何子英亦来,亥初归。改廿八日换戴凉帽。

二十日(4月15日) 晴。巳刻,诣报国寺嗣母汤宜人墓前行礼,寺中花事正烂熳矣。归途答数客。暮价人来,同往龙树院一游。乞王少鹤书直幅今日付来。初尝榆钱糕。

廿一日(4月16日) 晴,暖。巳刻入城,答宝楚桥、彭伯衡、吴清卿昆仲、汪柳门、蒋香生,拜德小峰,归途访丁筠卿,少坐归。午后山西世兄吴子畬、元经。柳星垣、长庚。张海峤登瀛。来晤。内子感寒发热,而手足麻冷,又似痧气,午后气略定,而寒热甚重。

廿二日(4月17日) 晴。内子热未退,延方镜湖来诊视,据云外感尚轻,肝胆之气上升,故作热发麻,不尽是痧气也,处一清理带表之方,午刻服药,热渐减,串气痛,喉亦肿疼。巳刻出门答数客。午后复作一函,交湖南折弁,将周子京家书一函及数日来京报附去,盖折弁尚未走也。

廿三日(4月18日) 晴,午后大风,入夜尤甚。今日皇上十岁万寿圣节。署中中班托杏云兼代。巳刻,方镜湖来处方,清凉之品居多,内子热渐止,肝气亦和,惟喉尚痛。其生母来,作竟日谭。午刻价人来。贡思登盘。

廿四日(4月19日) 晴,风。午刻至文昌馆,同乡接场也,酉初散。搭凉棚。二百。内子小愈,喉尚痛。安儿发热,服苏散之药。

廿五日(4月20日) 晴。午后,偕四哥至庆乐园观四喜,邀铭斋、誉之来,坐地,极挤。余独往三庆园看嵩祝成。酉刻归。连日未得安卧,项背酸痛。闻山东贼踪剽忽。

廿六日(4月21日) 阴雨,午后晴。今日侄儿斌孙聘定蔡乂臣之次女,巳刻过盘,程容伯、方寿甫为冰人。周伯荪来晤。午正至文昌馆,赴芍亭、伯寅两世丈之招,同坐皆苏府同乡。申初先散。内子喉痛转剧，饮水浆亦不便，烦闷之至。会试中额江苏廿二名，满蒙汉共十四名，直廿四名，奉三名，山东廿一名，山西十二名，河十九名，陕甘八名，安十一名，浙十三名，江西廿三名，湖北十二名，湖南十二名，福十名，广西十二名，川十四名，云六名，贵三名。福建河州府放延楷。日来见惇、醇两王及王维珍、孙翌谋、王拯各折及礼王等，倭仁等科道联衔，殷兆镛、潘祖荫联衔，各议覆折。又见薛焕回奏，请质折底。

廿七日(4月22日) 晴，狂风，早寒。闻昨日西山有雪。内子喉舌肿痛未减，复延方镜湖来诊治，云是肝胆虚火，处方以鳖甲、丹皮为君，佐以凉散之品。水浆难以下咽。鼎儿缺乳便溏，啼哭烦躁。午后随叔父、四哥往价人斋中尝河豚鱼，坐有陈子惠、方子颖、滨舅、思赞、研卿、印若，暮归。唇舌焦痛，心火肝气也。

廿八日(4月23日) 晴，大风。晨方镜湖来，内子昨贴偏方膏药，喉肿略愈。安、德两儿出风症，俱服凉散之剂。午后访芥凡略谈，伊正小病初愈。现住兴胜寺。访刘秋农，华禧，湖南人。不值。归途过时丰斋吃点心。词甫邀往谭片时，伊将作归计也。叔父请山西门生，共五桌。

廿九日(4月24日) 晴，风。壬戌科山西世兄团拜，在报国寺设席公请，余偕四哥往，申正散。复往福兴居，赴印若之招，同坐龚凤台、戴子辉、价人。夜卧极倦。

四月朔(4月25日) 晴。巳正方起，诣文端公神主前行礼，少憩，觉惫倦不支。伯雨来，晤之。午后就枕，似有热势，请方镜湖来处方，服清凉化疹之剂。夜，周身筋骨无不酸痛，呻吟达旦。闻十二日放榜。黄昏微雨。

初二日(4月26日) 晴。热未止疹渐齐矣，仍服镜湖药，终日昏卧。内子于午后又觉喉肿作痛，入夜尤剧，终夕不成寐。蔡植三放陕西榆林府。胡家玉差峻，仍在军机章京上行走。蔡寿祺参薛焕一节，据供得自风闻，并无确据，自请治罪，俯首无词等语。旨著肃王等先行拟结。其参刘蓉一节，先行详讯，俟刘蓉覆奏，到日再行核办。庶常散馆，十八日保和殿考试。

初三日(4月27日) 晴。热止疹齐,仍服药,胃脘胀满,不思饮食。内子喉痛转剧,请汪鹤生先生来,名体孚,治喉有名。诊视云,风火甚轻,系本原不足,肝火上炎所致,投以凉解之品,外吹末药。终夜作痛不得卧。

初四日(4月28日) 晴。胃满多腻痰,饮食少进,不辨五味。内子喉肿渐消,痛亦少止,饮食较便,午后得睡。汪公之药甚效。

初五日(4月29日) 晴。仍倦卧,胃口不开,与镜湖商定一姜枣方,服之湿仍未清,胀满如故。内子渐愈,竟不痛,惟倦极思卧耳。凉棚上席。闻捻匪扰入江南,有到泰州之说。王铁桥珊。为伊父母庆双寿。是日先曾祖潜虚公诞辰。

初六日(4月30日) 阴,黎明雨一阵。巳刻临窗试坐,头晕眼花。今日程世兄为楞香师称觞,在汾阳馆演剧。余送寿分二金,不克往。今日丁芥帆三十正寿。程师尚在新德也。

初七日(5月1日) 晴。今日戊午团拜,请朱师及钟、程两世兄,在河东馆,演四喜部,徐沅青、恽杏云办,每分京钱贰拾吊,外省同年十二吊。余未愈,不克到,遣人送分资去。见知单,知潘辛芝丁内艰。阅邸抄:雷正绾奏三月十六日攻克盐荣厅城。张集馨开永不叙用处分。礼部请新贡士覆试日期,旨十六日。大风震撼,达旦不已。

初八日(5月2日) 晴,风。午刻,得严亲三月初七日所发书,系折弁万宏亮带。折差有附折者例给银廿四两,此次即照给,盖有谢恩折附奏也。现署臬篆,公务颇忙,正办秋审册及提讯京控各案耳。刑席王、卢二君皆前任旧友,每人每月修金百两。石襄臣护抚留兆宝岩署藩篆,兆公人颇和平精细。严亲与同官甚融洽。臬司缺分极苦,每月出息仅有二百余金,开用总在三百以外,不得不赔。日用各项均昂贵,米、肉银价不过一千二百文,彼处房屋尤贵,仆辈约廿余人,无一得力者,尚拟外荐。从陆星农处转借许姓银一千,先行汇来,还京中有利三债,余俟张罗再寄。令吾且勿往,四哥榜后亦勿急急途中,不可冒险也。阅邸抄:二月初八日古城失守,全城官兵尽数殉难。闻嘉峪关有警。

初九日(5月3日) 晴,风。未刻,湖南折弁马姓带到家信一件、各处禀函及信件两总封。

初十日(5月4日) 晴。午刻至上房祖母前请安。申刻词甫来。阅邸抄:贾铎奏嗣后翰林编修检讨庶吉士之在军营者,不准保开坊留馆,只准对品保升外任,著吏部严定章程。见胡家玉、张晋祺驳参恽世临常德盐捐事折稿。得胡月樵沪上书,将赴皖访何小宋也。将湖南来信分送一二。

十一日(5月5日) 晴,黄霾障日。听报寄寄,又落孙山,嗟嗟命也,如何!不胜悲愤,夜不成寐。五更《题名》唤卖矣,黯然欲绝!

十二日(5月6日) 晴,申刻大风,黄霾如昨。戌刻立夏。阅《题名》,知陈馨山、李雨岩、杨理庵、朱研生、王子藩、汪柳门、陈惠卿、冯光勋、述甫之子,号伯深。金少伯、张端卿、杨协卿、吴望云、温棣华等俱中,余尚有熟人十余辈,陕西世兄中三人,山西二人。见闱墨殊不佳,江苏之前列者甚谬,文无定评,信然信然!缮湖南六号禀,附京报、题名。并七号,附闱墨及外信。并白折□板一包、油纸等一竹筒,交马姓折弁,每弁酬以小刀楹联。申正芥凡来剀谭,愁颜相对,抑塞不平。晚来祖母微觉不适。

十三日(5月7日) 晴,暖。午后词甫来。将湖南寄来各禀信次第分送。长嫂有信来,知家中安好。玉舫之弟伟人于二月初下世,梅庵丈凋零如此,可伤也。为人书扇条等。

十四日(5月8日) 晴,暖。午刻祀先,曾祖考潜虚公忌辰也。申正词甫来,将其借款毛诗还之,原券收回。定陵工程仍派恭亲王会同宝鋆总司稽查。领落卷,知卷出阿克丹房,批语平常。四哥竟未荐。许星叔房中廿一人,熟人惟冯伯深;杨茹香房中十五人,焦骏枫、傅钟麟、李汝霖、武震、刘恩溥皆在内。

十五日(5月9日) 晴。价人、伯雨、筠卿来晤,书一扇赠筠卿。夜叔父邀诸同乡饮于宴宾斋,余随往。闻兖、沂不靖。阅邸抄:十八日祈雨。昨有旨,命恭亲王仍在军机大臣上行走,毋庸复议政名目,以示裁抑。

十六日(5月10日) 晴,未刻雷雨,黄昏大雨,热甚。未正过价人处,邀伊往同兴居饮,而喉哑不去,乃同筠卿、印若、思赞往,四哥先在彼,顷之,词甫、伯雨来,饮至戌刻散,冒雨归。倭相屡屡续假。

十七日(5月11日) 竟日阴雨,颇凉。辰刻至文昌馆,吊潘辛芝母夫人丧。辛芝兄弟即日由轮船南下。晤硕卿、畬香、云初、少楣,略坐片刻。仲兄明日散馆,今午进城,在东华门内借庙暂住。叔父、五哥宿彼送考。申刻杏耘来谈。刘南卿侍御之友人宋君处湖南同知。有专人在此,托其带去家信一函,无要语。内附朱修伯、汪玉森、潘味琴复信。至明日即发。夜月色皎洁,与四哥谭至丑刻方卧。覆试第一:朱瑄;二:汪鸣銮。

十八日(5月12日) 辰刻印若来谈。上灯后五哥出城,仲兄七下钟出场,身体安好。吕端论。阅武崇文策。帝范。共六十三人。

十九日(5月13日) 晴,凉。鼎儿周晬,词甫、价人来贺。午后送叶敏斋、王棣卿、李芾卿行,适将登车矣。答价人。夜五哥邀饮福兴,坐惟价人、印若、四哥。知散馆等,第一等廿四人,二等三十五人,三等二人。张之洞第一,仲兄列二等十四。得伯父二月十五日书,军事无起色,饷尚可敷衍。

二十日(5月14日) 晴,凉。午正赴宴宾,四哥同往,词甫为之饯行,坐有介凡、伯雨。饮罢过德宝略坐。酉正至福兴,价人邀夜饭,坐有筠卿、晋壬、词甫、印若、五哥,亦饯行之局。以名世之数交莱丈,还汪啸翁。夜大风,凉甚。今日祖母至庞、赵二处闲谭。

廿一日(5月15日) 晴,大风。今日杨思赞赘姻于赵朗甫家。衍圣公完姻,彭文敬公孙婿也。晨至两处贺喜。归帮四哥治装。介凡、伯雨为四哥饯,约予作陪,均辞未往。庶吉士散馆,廿八引见,新贡士廿八朝考。

廿二日(5月16日) 晴,风。终日为四哥捡行箧。夜家宴,为饯行之局。

廿三日(5月17日)　晴,午后风。价人、印若、筠卿来晤,百事丛集,心绪纷如。傍晚过公源小坐。送筠卿,答厉祥官、吉人,谒铁庵丈,访菱舫,均不晤。阅邸抄:都兴阿奏剿匪全胜阵斩首逆一折,内有其红柳沟一路经翁同书督同納依楞阿等于三月廿九日分路冲杀,该逆北遁,将首逆伪西平王孙义保歼毙,步贼悉数被诛,剿办得手。著都兴阿择尤保奏。宝鋆、罗惇衍暂署掌院,以廿八带庶常散馆引见也。吏部奏:恽世临加抽盐厘一节,加抽在先,具禀在后,有心掩饰,仍降四级调,不准抵销。湖南折差游姓来,带到三月廿日书,知近体安适,公事极忙,与绅士尚相得,惟盗风日炽为可虑。要加捐两三级。今年入秋审册者有五十三起,已看过二十起。所住屋窄而破损,器皿合用者甚少,食物极昂贵,花果尚具备。严亲寿辰改定于三月十五日。夜四鼓睡。

廿四日(5月18日)　晴,暖。巳刻装车,午初四哥登车,同乡俱来送。余送至彰义门外,别怀无限,涕泗横流。此行有丁筠卿作伴,可慰寂寞。带刘升、刘玉去,共车三辆,今夜住长新店。午后缮寄湖南八号禀,内附京报及伯寅、义臣履信,又陆怡教致张东墅一信,言汇银事。交折弁游姓,据云明日准走。今日小传胪状元崇绮、蒙古人,赛尚阿之子,兵部主事。榜眼于建章、广西人。探花杨霁、建侯之胞侄,汉军人,戊午同年。传胪牛瑄、吴仁杰直十本内,本朝无旗人占状头者,此其始也。仲兄昨夕今日连发病四次。夜不成寐。

廿五日(5月19日)　晴。竟日位置卧室中器具,夜移榻北屋。阅《题名》:吴望云仁杰。二甲第七,为江南冠;汪柳门、朱念生、陈惠卿、杨协卿、刘博泉、李雨岩、张端卿、武子东震。温棣华、冯伯升、陈馨山、柳星垣俱列二甲。

廿六日(5月20日)　晴,暖。午初至价人谈,即在彼饭,饭罢过滨舅处送喜。今日思赞回门会亲,候至申正,朗甫来。酉初冰人赵坤甫方到,陈德生仍不至。入席匆匆,未上灯而散。内子亦往贺。曾国藩、乔松年奏凤阳各属绅民请复袁甲三临淮专祠,从之。前以刘庆参郑王狎优比匪,经宗人府刑部究出奉恩将军崇芳引荐刘兴义进府并求顶带得受谢礼,崇芳革去奉恩将军,圈禁半年,郑王虽未收受车骡银两,亦无赏给顶带之事,含糊回答,并未拒绝,实属不合,交宗人府议处。

廿七日(5月21日) 晴。今日叔父寿辰,晨起叩祝。巳刻访铁庵丈未晤。晤石槎,谈少顷,归。

廿八日(5月22日) 晴。铁庵、价人、思赞、汴生先后来晤。缮一禀附邵汴生、刘南卿、徐绍圃、刘纶轩复信四件。托新选湖南宝庆同知施仙洲德浚。带去,并附《驳案新编》一部五函,文华堂索卅千。施君曾与五哥同司,故有来往也。申刻过德宝斋少坐,暮往福兴居,邀芥凡、杏云、崧云、沅卿夜饭。遇晋壬,亥刻散。今日散馆引见,留四十一人,改部者九人,改知县者十一人,江苏留四人:曹炜、夏子鍚、陆尔熙、翁[曾源],余若边保泉、许振祎、朱逌然、黄体芳、吴鸿恩、高学瀛、刘曾、李端棻俱留。闻湖南抚李瀚章已到任。今年鼎甲殿卷均字体细小,又不取粗黑者矣。

廿九日(5月23日) 晴。闻国瑞有八百里报来,僧王于廿四日阵亡矣,长城遽坏,奈何奈何!先是二月中曾闻河南驻防△君言,星象有变,主胡将死,今言竟验。

三十日(5月24日) 晴,热。晨间为人书扇。午后过印若处,适思赞、梦陶在坐,强印若作东听春台戏,傍晚散归。阅邸抄:国瑞奏,发捻窜至郓城西北,勾结数万,僧格林沁督军迎剿,猝堕贼伏,层层围裹,僧王于四月二十四日夜间率队冲出,又遇大股猛扑,在曹州城西力竭阵亡。览奏曷胜悲悼!览其死事情形,不禁陨涕!僧格林沁著赏给陀罗经被,照阵亡例,以亲王饰终礼从优议恤。灵柩回旗时,沿途地方官妥为照料,并派侍卫四员迅即驰驿前往迎护。赏银五千两经理丧事,入祀京师昭忠祠。其死事地方及出师省份均建专祠,生前事功宜付史馆,伊子布彦诺谟祜百日孝满,即著承袭亲王,布彦诺谟祜所遗贝勒即给伊孙那尔苏,以示笃念忠荩之至意。国瑞革职,仍督护钦差大臣。阁学恩承革职。山东巡抚阎敬铭、布政使丁宝桢交部严加议处。又奉皇太后懿旨:科尔沁博多罗噶台亲王僧格林沁蒙宣示恩眷之隆，充御前大臣，管理旗营事务，文宗优加委任。咸丰三年特命剿办发逆，十年督师南下，转战数省，于今六载，亲历戎行，靡问寒暑，屡歼巨憝，懋建殊勋，功在生民，志安社稷。顷因督战阵亡，虽已恩恤优加，尚不足崇奖忠荩。国家定制，王大臣中有公忠体国超众宣劳者，向有配飨之例，况僧格林沁为国宣力，忠勇性成，尤宜特沛殊恩，用慰忠魂而昭异数。僧格林沁著加恩配飨太庙，以示轸念勋旧，有加无已至意。又谕：钦差大臣协办大学士两江总督一等毅勇侯曾国藩，着即前赴山东一带督兵剿贼，两江总督著李鸿章督行署理，江苏巡抚著刘郇膏暂行护理。高延祜补阁读学。

五月朔（5月25日） 晴，热，风尘蔽日。阅邸抄，见刘蓉覆折。得四哥保定书，从陆寄庵处来，廿七午间尖于保定城西，闻前途安靖，车中颇嫌暑热矣。丁筠卿有致伊舅何子永书。

初二日（5月26日） 晴，热。料理积逋。价人来，将董字手札托其售去，得廿八金。午后访何介夫、蔡乂臣，不值。至受山师处送节敬。贺刘博泉、陈馨山，看沈韵初，均未晤。闻杜云巢先生病殁，辗转在床将及一年，近以石疽肿溃，竟至不起，可伤也！夜芥凡字来，知其明日将回涿省亲，伊老翁微有恙。

初三日（5月27日） 黎明雷而不雨，巳申间飘洒数点，竟日阴。访伯雨，同作厂游。阅邸抄：礼部奏僧王照亲王饰终典礼例，应辍朝三日，从之。得田黄图章一方，镌“养生真诀”四字。

初四日（5月28日） 阴，细雨，夜较大，四更方止。晨理宿逋。午后过公源，问捐级事，先将履历银票二百十两。交滋轩。申初到署，晤鲍紫庭、沈韵初、厉吉人。戌初领事，至军机处待半时许方回直庐，冒雨往返，已昏黑矣。折片十六件、随旨一道、上谕二道。曾国藩现在山东一带剿贼，所有直隶、山东、河南旗绿各营文武员弁，统归节制调遣，不遵者严参，官文、张之万、毛昶熙救援不力，严加议处。初六日开坛祈雨。山东莱州府书绅补。内阁学士全顺、总兵何建鳌随同僧王阵亡，全顺照尚书阵亡例优恤，何建鳌照提督阵亡例优恤，付都统成保首先溃逃,革拿。

端午日(5月29日) 晴。卯初起,顷之李虎峰来代马植轩接班,余随散。至朱师处贺节。答宋翰章。出城贺汴生丈、庞 堂、张词甫归。午正祀先。未刻至杨、王、赵三处,惟晤价人、印若。适蓉丈、汴生、 堂、誉之均在坐。

初六日(5月30日) 阴。晨得严亲四月初十日书,折弁严姓带来。体中安和,公事冗集。石赞翁将引疾,李抚台即到任矣。仆辈尚相安,高升方到派接帖,附来致伯父书。午后又得三月廿六日托陆星农寄来一函,数语,无要事也。申刻过公源,将足色市银一百卅九两交滋轩,嘱其赶初八日上兑,归。缮寄复湖南禀,内附京报及薛觐唐、方子寿、张畹九、诺捷峰、联柳亭复信并宝楚桥来书一函。此第九号也。暮,阵云西北起,雷声隆隆,雨却不大。

初七日(5月31日) 晴,热。晨晤白英世丈。午后伯雨来,同过价人处,作撇兰之饮,赴福兴居,同坐有印若、凤台,遇谊亭、词甫,戌初归。叔父赴书数语,内有闻宋惠人言湖南案情事。另加一函,交折弁附前信带去。朱学笃奏请严核军营保举废员。闻咏春母舅到京。

初八日(6月1日) 晴,申初雷电,微雨。价人来。富治安将军今日到京,从扬州来,其巡捕李海楼来云伊与三哥换帖,临行时三哥亦在扬,送将军行,三月廿九事。近况平安,却未暇寄书也,其疏懒可知矣。吏部奏遵议山东巡抚、藩司处分,均降三级调用,姑念该抚藩等在东平、东昌分兵驻扎,救援不及,情尚可原。阎敬铭改为革职留任,丁宝桢本有革留处分,改为降为四品顶带,仍留布政使之任。广东大埔县陈庆麟革职,永不叙用。谒咏春舅,知其四月廿三从安庆乘轮船至上海,放洋至三十日,已抵天津,前日进城,此次以俸满来引见也,须发皆半白。周祖培、全庆教习庶吉士。

初九日(6月2日) 晴,申刻大雷雨。未刻词甫来,同往价人处,啖汤飧、蚕豆等品,甚佳。雨过方归。见新进士引见单,江苏入馆选者九人:吴仁杰、朱以增、费延厘、臧谷、顾奎、顾云臣、朱福基、冯光勋、陈本枝也；分部四人：张曾亮、陈敏秀、施人镜、濮文暹也；中书一人：薛尚义。余俱即用知县，刘恩溥、李璠、汪鸣銮、杨泰亨、朱丙寿、杨绍和、李汝霖、温绍棠、柳长庚、屈秋泰、彭泰毓、黄中瓒、张端卿俱入馆选。薛焕赏假三个月，回籍省亲。

初十日(6月3日) 晴。杏云昆仲来谈。新到阁之蔡君上四直，江西人也。夜，叔父为咏春舅洗尘，邀同乡诸人小饮。富明阿管理神机营事务，八旗都统多有调署者。

十一日(6月4日) 晴。侍叔父厂游，以十二千购《刑部说帖类编》一部。午后缮家书并《说帖类编》托交湖南大令唐秉廉字幼如。携去，云十三日出京。薛文华来晤，伊为叔父壬戌荐卷门生，今成进士，以中书用。申刻访价人，晤芝绶于坐，伊适解旗租来京也。贾榛、郑元善、裘德俊均交刘长佑差委，从陈廷经请也。

十二日(6月5日) 晴。晨祝伯母寿。辰初入署，晤西屏、厚斋、雅航。午正中班，吉人、蔡琴舫来，琴舫新到阁，初次该班，江西甲子举人也。未初余先散，归途答薛△△，拜赵芝绶，贺吴望云、杨理庵，夜芝绶邀饮于福兴居，同乡咸在坐。以十七金购《刑案汇览》连续编。

十三日(6月6日) 晴，热。未刻得四哥初一日顺德道中书，托平锦生星使携来，兼程而行，初一已至顺德，大约抵汴后必由周家口而南矣。湖南解饷委员张大令大煦，号旭初。交来三月初二日家书，并地图一部。阅邸抄：十六日亲诣大高殿祈雨，迩来凡三行矣。

十四日(6月7日) 晴。午正祀先文端公诞辰也。酷暑逼人，热不可耐。仲兄散馆后今日到任。

十五日(6月8日) 晴，热。晨访价人，又过咏春舅处，不值。良哉二周年，内子归奠。今日叔父引见讲官，奉御章钤出，同得者徐桐也，叔名列第四。午后代缮谢恩折，后日递。去年九月五哥以南城出力保奏，得旨交部核议，今日吏部奏上，奉旨候补郎中复以知府尽先选用，先换顶戴。入夜雷电，大雨如注，顿觉凉爽。

十六日(6月9日) 晴，仍热。辰刻至研培外叔祖处祝寿，少坐即归。内子以昨触暑不适,今日寒热又作。申刻方镜湖来诊,服香薷饮,半夜热退。

十七日(6月10日) 晴。今日叔父递谢恩折,丑初入内,辰正归。晨镜湖来诊,云余热未清,乃进清凉之品,服药见愈,热渐静矣。词甫、蓉丈来。湖南来之张旭初大令来晤,云闰月初出都。得伯父四月初十、十七两信,予作一函交仲兄寄去,声贺意也。

十八日(6月11日) 晴,热。晨答蔡琴舫、张旭初。午刻赴汴生斋中,同乡公请咏春舅、赵芝绶,薄暮方散。得严亲四月廿六日手谕,知公私顺平,楚省边防甚吃紧,曾节相有嘱襄办局务之书。天气寒暖不时。附来致各部院堂官信及致小军机各函。阅邸抄:汪朝棨请禁京员入五城团防局,从之。又请将朱孙诒发往山东,不许。夜孟妪腹痛昏迷,医人诊云遇祟非病,急治之,逾时方苏。

十九日(6月12日) 晴。辰刻吊杜云皋,访哲泉昆仲,不遇。过沈均初处谈,归适词甫来。寄吉卿信。夜同词甫饮于毓兴。徐宗干代奏,沈葆桢请终制,从之。均初以二十金得宋拓隶韵,伊曩时曾以百番蚨得半部,为阮文达家物,今复得此,洵奇缘也。

二十日(6月13日) 晴,风,燥热。夜价人来。乂臣有字来,云严亲捐级事,已于今日白片知照吏部。

廿一日(6月14日) 阴,凉。缮寄湖南十号禀,附《秋审比较》一册、《题名》、邸抄及友人复信七件,张寄吴一函。以太厚,分作两封。竟日细雨,凉爽之至。左宗棠、李鸿章各奏克复漳州府。

廿二日(6月15日) 晴,凉。晨答晤张旭初。午后同印若听四喜戏。仲兄生日。

廿三日(6月16日) 晴。得四哥五月初八日汴梁书,知途次炎热,初七抵汴,晤杏农丈,嘱其办护照并略助川资,定见走周家口去汴三百余里。放舟南下。刘升极得力。附来筠卿书一纸。申刻谒两舅,过价人处,适伯雨、凤台在彼,夜饭后散,时方雷电,微雨数点即过。是日贾相亡妾在本家开吊,仪如王室。闻芥凡前日回京。阅邸抄:陈国瑞、刘铭传剿贼获胜，嘉祥解围，克复长沟。胡毓筠请整顿吏治。

廿四日(6月17日)　晴。申刻阴凉。今日中班托何俊卿兼代。夜杏云昆仲邀饮于利美楼，同坐何子英、咏、滨两母舅、马焙卿同年及其同乡管君。茳生之侄孙。今日五城有会折办在局绅董事，而汪玉森复有封章劾之。作寄常熟家信。

廿五日(6月18日)　晴。闻龚湘浦回楚，缮一禀，并朱桐师、董醒卿、汪啸庵、洪张伯复信，又董寄宋君一函。托其携去。申刻过伯雨处，候芥凡不至，暮归。知芥凡来访，适左。始见李鸿章一等肃毅伯衔名。

廿六日(6月19日)　晴。得三哥三月十五日书，托文煦斋携来，文君以道阻，迟至今日方到。申刻游厂。福建军务似有起色。

廿七日(6月20日)　晴。晨访杏云、崧云谈。夜咏春舅来。今日朱师母寿，未往祝。何紫瀛今日五十寿。朱师八月廿二生辰，附记于此。赞善布彦拒递封事，命嗣后仍由该堂官代递，奏事处不许收不应递事人员封章，布彦免议。

廿八日(6月21日)　阴，午刻细雨，申初晴。饭后访芥凡，不遇。印若邀往广德楼听四喜，散饮于福兴居，坐有周子冲、之鹏。黄叔梅、世泰。戴子辉、龚凤台、陈梦陶、价人，亥正归。周、王二君通州人，甲子补戊午举人。今日酉初交夏至。

廿九日(6月22日)　晴。暮答戴子辉、傅炳墀、薛尚义，傅、薛二君皆新分到阁者也。①　曾国藩毅勇侯，曾国荃威毅伯，官文果威伯，李鸿章肃毅伯，左宗棠恪靖伯，鲍超。四直同事：恽祖贻、杏云。戴燮元、少梅。韦煐、煦斋。刘痒、慈民。李德亨、峻堂。何其杰、俊卿。沈树镛、均初。陈文霦、菽生。鲍步垣、紫庭。端木埰、子柔。厉祥官、吉人。蔡恽桐、琴舫。薛尚义、吴汝纶、王瓛。

---

①　此处有夹页，内容为："盐官郡许氏沐手焚香于文端公座下：兹际月圆三界，节届中秋。特奉旃檀，兼诚拜斗；尚式惟馨之明德，藉申上达之微忱。同治四年中秋日。"

同治六年(1867)　七月朔日始

七月壬子朔(7月31日)　阴晴参半。答吴景行,兰颐。访胡铁庵畅谭。以第九号禀交周维翰携去。

初二日(8月1日)　晴。见杨廷熙十不可解折稿。

初三日(8月2日)　晴,热,未正雷而不雨。署中有班,托楠轩兼代。辰刻到馆,校《女直》廿五页。同人俱集候至午正官相来,少顷即行。刘星岑邀往太昇楼便饭,小楼颇有风。夜电光闪闪,四更西北风。

初四日(8月3日)　阴,凉。午刻大雨。晨答王益轩、李箴甫同年。访莲生,谭良久,莲生已移寓中街矣。顺天府奏振饥章程,定福庄、黄村、庞各庄、采育、卢沟桥、孙河、清河七处,添设粥厂,派石赞清、彭祖贤、孙长绂、贡璜、王榕吉、张先第、蒋志章稽查弹压。

初五日(8月4日)　晨阴,午晴。请叔父致书卞颂臣方伯,由文茂信局寄去,许以号金二两,以三哥实收寄换部照也。倭中堂昨日已销假侍学矣。

初六日(8月5日)　阴,申刻雨,向晚大雨,入夜不已。晨答石子元,鳌。谒官中堂,入署,票部一、通十。兼刘星岑班。巳正饭,散过菜厂。待至未初,叔父尚未散,乃出城同沅青观三庆剧,值大雨不得归,邀沅青过福兴夜饭,上灯后冒雨归。刘长佑奏枭匪猖獗,现向东北狂窜,与前奏情形不符,有旨切责,交部严议。得词甫六月初书。

初七日(8月6日)　阴,雨。馆中有班,以雨不往。杏云来晤。闻派万青藜送铁牌回邯郸,致祭龙潭。午刻大雨,入暮不已,三更后尤大,迅雷风烈,倾盆而下,黎明乃定。

初八日(8月7日) 阴凉,巳刻开霁,竟日晴朗。上诣大高殿报谢。河南考官放徐郙、解煜;山西夏子鉚、李端棻。山东则停科矣。

初九日(8月8日) 阴,午后晴。巳初二刻立秋。得四哥六月初六日书,语多抑塞。答词甫书并附寄伯雨一函。访云生谭。朱学笃放甘肃宁夏府,又以本省团练保道衔,杨绍和五品顶带。

初十日(8月9日) 阴晴参半。辰刻到馆,午初散归。郁蒸殊甚。闻枭匪窜逼固安,昨神机营兵派去三千余。夜雨。今日叔父未入直,可得三日休沐。

十一日(8月10日) 黎明大雨,顷之晴,既而又雨。今日署中有班,托杏云兼。瑞相到馆,余阻雨不往。价人来。入夜雨仍不止,湿热难堪。

十二日(8月11日) 丑刻雨止,黎明放晴,旋复阴,竟日晴朗。慈安皇太后万寿圣节。寄常熟信。闻贼窜霸州。

十三日(8月12日) 晴。午刻祀先,中元节先期致祭也。暮过鹤舅处,与价人谭。

十四日(8月13日) 晴。戌刻雷电,风雨大作,两刻许方过,枕簟生凉矣。午后至同兴居,应价人招,坐有云生、景行、江月亭,散后同至广德楼观三庆剧,暮归。遇刘叔涛、张人骏。为价人夫人书折箑。款佩蘅,内子之名。

十五日(8月14日) 晴。卯正入署,泥涂岌岌,由长安门入,到彼已将巳初,票部二、通二。牟步南丁忧,胡厚斋上通本。慕次崔具呈言东省军情利在速战,请中堂代奏,已允之矣。未刻诣报国寺汤恭人厝次行礼。三更雷电,风雨交作,而雨较昨尤大。景其浚前奏请将兴义府郑训逵优恤,今查明被掳旋死,景其浚铺张事实,率行入奏,交部议处。

十六日(8月15日) 晴朗。清晨腹泻。午刻,至同兴居邀张莲生、余绂臣、程仲立饮,申初散。戌刻风雷,大雨,半时许过。

十七日(8月16日) 晴。申刻雷雨作,彻夜淅沥不已。腹泻渐愈,筋骨酸痛。

十八日(8月17日) 黎明大雨如注,卯正方止,竟日飘洒。

十九日(8月18日) 晴。辰刻由西长安门入署,票部三、通八。午正出城,访芝斋谭。泥潭极深,步步皆险,未正归。香山樱桃沟一带新修石渠被水冲汕,令魁龄等赔修,仍以草率交部议处。

二十日(8月19日) 晴,热。晨访云生、桂甫。价人来。四更雷雨一阵。

廿一日(8月20日) 晴。辰刻到馆,仍无书,少坐即归,途遇杏云。朱桐师请开缺,得旨赏假一月,安心调理。刘长佑奏永定河漫溢。申初祝价人夫人三十正寿,遇谊亭、汴生、云生、陈氏昆仲,夜饮乃归。

廿二日(8月21日) 云阴往来,燥热殊甚。辰正入署,票部三、通二,散,到馆小坐,归。得三哥五月十九日书,其连襟周叶封景桐。携来。三更雷电,大雨。

廿三日(8月22日) 阴。答周叶封,不值。午刻大雨,入夜廉纤不已。

廿四日(8月23日) 晴。署中有班,托杏云兼代。

廿五日(8月24日) 晴。访云生,不遇。

廿六日(8月25日) 晴。价人来。陆绅甫表弟自保定来,托办录科事,乃为之访诸研卿,将监照交去,即至即升店答绅甫。又拜周叶封,不遇。折差钟甲元来,得严亲六月廿五日信,合署均平安。来差廿九走。对门西永兴钱肆以亏空被累关闭,室宇为之一空,是谁之过欤。

廿七日(8月26日) 晴。辰刻入署,票部七、通五。晤印若。巳正散。问朱师疾,尚未见轻。晚访张老三谭。夜,大雨,四更方止。

廿八日(8月27日) 晴。辰刻到馆,校红档五十页,晤房农、俊卿。午正归祀先,曾祖妣张太夫人诞辰也。以第拾号信交折差钟甲元。内附《京报》、汪玉生信，又致刘信。连日以仲兄经手事心绪纷乱。

廿九日(8月28日)　阴雨。捻匪溃围而出，抢渡潍河，势尤猖獗。李鸿章、潘鼎新交部议处，丁宝桢严议摘顶，窃想事不可为矣。蒋子良侍御来晤，以西永兴钱铺账目有仲兄处未完者，伊西城查办此案也。五哥生日。

八月辛巳朔(8月29日)　晴。辰正入署，票部五、通十一。午初散，归。署中值房书签"该部"误作"核部"，经上挑出后曰请处分，将书签之俞寿祺、覆看之胡我坚交议。罚俸三个月。吴昌寿病故，王凯泰补广东布政使，蒋志章补浙江按察使，郭嵩焘开缺，李元华放两淮运使。今日放学政：直隶贺寿慈，江苏夏同善，安徽殷兆镛，浙江徐树铭，福建邵亨豫，江西徐郙，河南杨庆麟，四川钟骏声，陕甘周兰，广东胡瑞澜，广西杨霁，湖南温忠翰，湖北张之洞，山东张家骧，山西于建章，奉天任兆坚。访云生，遇朱子山同年。

初二日(8月30日)　晴。价人来晤。午后闻父亲简授四川按察使之命，不胜欣忭。沅青来畅谭。

初三日(8月31日)　晴。叩祖母大人喜。以寄四哥信托价人处递去。思赞来晤。送思赞、荫眉元卷各四两，严亲前命致送也。谭廷襄署吏右，郑敦谨署礼右，章鋆署祭酒，刘达善补湖南盐道。子年字来，知昨票签有误，以后宜慎之又慎。

初四日(9月1日)　晴。辰刻入署，票部二、通一，贺汴生、味秋。暮问鹤舅疾。与价人同访云生，途遇继亭。董蕴卿生日。

初五日(9月2日)　晴。访沅青不遇，托其寄杨信一件。过即升店与陆绅甫谈片刻。四更细雨。黄昏何俊卿来畅谭。

初六日(9月3日)　晴。辰正到馆，校红男直五十页，晤少白。顺天考官放贾桢、瑞常、单懋谦、汪元方；同考官：阿克丹、王之翰、游百川、谭钧培、黄体芳、朱逌然、边宝泉、宝瑛、潘斯濂、薛斯来、钱桂森、曹炜、陈彝、黄锡彤、涂觉纲、方熊祥、梁僧宝、范熙溥。午后王峙甫移寓吕公堂。闻何师丁内艰。

初七日(9月4日) 阴,细雨。唐仁卿移小寓。张桂甫来,知莲生之弟来京应试。号梅生。晚晴。蒋子良年丈来晤。

初八日(9月5日) 晴。辰初入署,票部四、通七,巳正散。即赴举场送考,在价人处小寓,候至未正,同乡方陆续入点名,极挤。闻此次入场几及万人,南皿约七百人。官卷五十人。申刻归。请桂甫来权馆。绍诚放开归陈许道。

初九日(9月6日) 晴朗。饭后唁何受山师,顺道答客。到馆校红档六十页。遇雅航、少白。得卞颂臣方伯复信,仍将三哥实收寄回。伊饬局中查明当时部咨翁△△尚未缴足监生四成实银,俟到日再行核办,故照并未发豫也。

初十日(9月7日) 晴,连日早晚皆凉,午后细雨尤凉。头场题:"慈者所以使众也"至"心诚求之"。"文质彬彬,然后君子"。"子产听郑国之政"至"不知为政"。"石上泉声带雨秋",得"秋"字。寄常熟信,由文茂寄。以家信一函,托宝生由官封递至湖南。云一月可达。

十一日(9月8日) 晴。辰正入署,票通六、部回避,散。过馆上小坐,遇益轩,午初归。夜,雨。

十二日(9月9日) 阴,雨,午后较大,暮止。夜,又雨。饭后上馆校书五十页,冒雨往返,极凉。董文焕放甘凉道。

十三日(9月10日) 阴。价人来。访云生不遇。二场题:"水就湿"五句,"筿簜既敷"三句,"中田有庐"二句,"凤凰麒麟皆在郊棷","甲午治兵。庄公八年。"

十四日(9月11日) 凌晨大雾,巳刻晴。节逋累累,支绌万分。

中秋日(9月12日) 晨仍雾,俄顷晴。叩重闱喜。寿星前行礼。出,贺诸同乡。昨领秋俸二十两,扣一两库亏六钱。较上年又加四两矣。午刻治面,家宴。访云生长谈。夜祀先。月色朦胧,三更余西风大作,薄云乃敛。三场策题:帝学、经、史、考课、荒政。

十六日(9月13日) 晴。晨进顺成门拜客。午后遍看应试诸友。晤张梅生。叔父感寒兼发胃气,未入直。暮邀顾肯堂来处一方。

终夜雨。两西席今午均归寓。

十七日(9月14日) 晨阴,雨,午后阴云往来。叔父得汗热止,委顿仍未入直。价人来。夜,为两西席并同乡七人接场。夜雨达旦不已。

十八日(9月15日) 阴。读孙高阳《后督师纪略》。午后马焕卿同年偕云生来,传何师意欲同房八人陆云生、边润民、李伯玙、英卓、马焕卿、焦雅航、廖谷士、翁。集二百金以应目前之急。想同人罗掘,未必能如数也。夕阳映暖。

十九日(9月16日) 晴,西风甚凉,可夹衣矣。午刻邀仲立、梅生、桂甫、陆云生、许鹤巢饮于宴宾,惟赵云生不至,申初归。访陆绅甫不遇。贵州藩司严树森请开缺来京。旨以规避革职,发云南交张凯嵩差委。贵州巡抚张亮基前被景其浚参劾,交严树森逐款查办,徇情滥保均非无因,严加议处,开缺听议。曾璧光赏给二品顶带,署贵州巡抚。黎培敬赏四品顶带,署贵州藩司,黎以学政改藩司,盖由前数日石赞清条陈黔事折中极称其才也。廖坤培放贵州学政。

二十日(9月17日) 晴。今日换戴暖帽。午后赴文昌馆,苏府同乡接场,同郡应试者三十余人。朱师病愈销假。

廿一日(9月18日) 晴。晨谒朱师,贺世兄。巳刻到署,票部一、通三。饭后到馆校红女直六十余页,又校小横格一本四十三页。与三弟五本。申初归,贺绂臣之弟,未晤。闻聂子松丁内艰。

廿二日(9月19日) 晴。价人、沅青来。午后访俊卿,不遇。过绅甫、杏云处谈,问鹤舅,可起坐矣,项强腰酸尚未愈。林庆贻放福州府遗缺知府。朱桐师生日。

廿三日(9月20日) 晴,暮阴。偕五哥至庙市看花。

廿四日(9月21日) 阴,凉。贺程世兄。巳刻入署,票部一、通五。廿六秋分,有回避。到馆校书五十页,未初归。夜在桂甫处饭,伊西席胡鲁青丹徒人,开馆。坐有仲立、赵云生、莲生、梅生。

廿五日(9月22日) 晴。午正赴福隆堂,余与杏云、沅青为朱少桐、汪泉荪接场，兼为芝斋预祝。少桐申初来，五钟方散。童华放江苏学政。夜，陆绅甫来借五金去，明日行矣。

廿六日(9月23日) 晴。巳刻过庞宝翁处，贺其嫁妹。午饭后至吴望云处道喜兼送妆也。祖母今日已过庞家，申刻归。得严亲八月初一日所发第九号信，合署平安，湘中有年藩司事极忙，办科场尤辛苦。来差初一走。祝芝斋，未晤。是日秋分。

廿七日(9月24日) 晴。署中有班，托楠轩兼代。巳刻到庞宅道喜，未时发轿。饭后赴文昌馆，余与沅青、杏云公请味秋、杨子和两学使，云生作主，感冒未到。酉正又至宝生处，同乡寥寥数人夜饮，听清音，亥正归。于建章调山东学政，山西学政以张家骧对调，缘书房需人，俾林天龄早日回京也。闻江南题："修己以敬"至"修己以安百姓"第二句，"省刑罚"三句，"江面山楼月照时"。

廿八日(9月25日) 晨，阴云往来，午晴。巳初到馆，值惇邸来。校书五十页。午正归，答马焕卿同年，不遇。闻浙江题："吾自卫反鲁"一节，"宗庙之礼"四句，"左右皆曰贤"一段，"故乡无此好湖山"。山西题："或问禘之说"一节，"伐柯伐柯"五句，"市廛而不征"二节，"人语中含乐岁声"。河南题："仁者安仁知者利仁"。访云生，知其昨患腹泻，未能出门。奇叙五观察来晤，交送苏府同乡团拜费百金。

廿九日(9月26日) 晴。缮寄湖南第十一号禀，附京报、方子颖、胡铁庵、李仲远信。交折弁刘，云初二日准走。桂甫、价人来。

三十日(9月27日) 晴，云叆叇。得伯雨吴门来书。六月廿四日。寄常熟信并附答伯雨一函，交文茂。饭后过价人处，同至会馆，见潘士安之媳，劝其南归，士安没于蒋和叔馆中，身后萧然，一妾一媳，孤苦可悯也。申刻雷，微雨，入夜雷电、风雨。周叶封托寄一信，加封交折差。

九月辛亥朔(9月28日) 晨阴，午刻晴朗。辰正入署，票部二、通八。午初上馆校小横格与五。四十五页。未正出城，过宝翁处，今日回门请新郎，邀同乡为陪也，申正归。思赞云滨舅有信来，八月初伯雨到常熟来，不知何事。今日大内卸篷，无书房。

初二日（9月29日）　晴。读△△△《世宗圣训》。午后独过三庆观剧，遇肖仙石查。是日辰刻与五哥同至粥厂，监视施放。

初三日（9月30日）　阴，寒。麟儿周晬，叩重闱喜。桂甫来。午后过云生处，遇印梅谈，又为云生看屋。

初四日（10月1日）　晴。辰刻过粥厂看放，见范少泉，国栋。少泉与五哥同司，今约至观中，同为司事也。午后赴刘星岑之招，过龙源楼饮，坐中泉孙司直、杏云、俊卿。散后过沅青处谭，知其将移居兵马司中街陈西林所住屋也。卸凉篷。闻湖北题："子曰君子上达"两章。

初五日（10月2日）　阴。署中有班，托杏云兼看。辰初到馆，直至申初方散，共校二百数十页。惇邸严催书成，每来必阅数百页，礼部已完满，票签亦即日竣事，而汉档房未校书尚有万数千页，于是以十二人通力合作，不分初覆校，尽力阅看，以期速藏耳。归，少憩。夜，过时丰斋，印梅招饮，座俱同乡，亥初散。闻张石卿议处，部议革职。

初六日（10月3日）　阴云四合，昨夜大风，细雨，凌晨方止，午后露日影，极凉，可棉衣。仲兄日来屡发病，精神短少。昨日语言颠倒，至三更后忽似梦魇，醒来亦不了了，乃请周虎文、唐蓉石来诊视，周用犀角、地黄、知母、石膏，唐则龙骨、生地及清络之品，均云脉无大坏处，惟抽搐、谵语不止，殊为焦虑。午正祀先，耕梅公诞辰也。未初至宴宾小坐，张莲生约，不能不一到也。随至何师处作吊，送分廿四金，昨马焕卿来字，欲添至卅金，婉复之。并面达近况、歉意。送方子颖，明日行矣。得词甫八月初五日书，已定腊月初办葬事，余七月初九书已得之矣。夜，周虎文又来，为仲兄处方，服之呓语少减，子刻复得安眠。

初七日（10月4日）　晴，大风竟日。午后过桂甫处数语，到馆校书百余页。暮出城,赴司直龙源楼之招,坐有泉孙、沅青、哲泉、星岑,亥初散。仲兄神识渐清,仍服虎文方。夜,子刻又发病,发过即睡,醒来竟清爽矣。

初八日(10月5日) 晴。凌晨至何师处行礼,不及送殡。辰正入署,票部一、通十一。巳正到馆,校书百页。出城与杏云同过沅青处,往协兴居饭,饭后看红录,熟人中但知程世兄、赵仲古、朗甫之子,官卷。蒋松生、戴子辉诸人。暮饮于宝泉,黄昏归。仲兄病去八九矣。

重阳日(10月6日) 晴。晨至圆通观。阅《题名》:解元刘世骏,其余熟识寥寥。两西席均索然意尽,同邑亦寂然。复词甫书。陈聘臣中副车。午后偕五哥同游天宁、法源两寺。夜,与峙甫、仁卿谈,皆有去志。

初十日(10月7日) 晴。晨至圆通观。午后贺程世兄、鲍年翁、赵朗甫,答王子藩、李菱洲。到馆校书二百余页。

十一日(10月8日) 晴。访王子硕同年,谈良久。唁朱小堂。午后到馆,申正散。访杏云,遇沅青,同饮夜饭后归。

十二日(10月9日) 晴。辰刻入署,票部四、通六,午初散。答马小酉。午后过价人处,看荫眉,尚未愈也。闻吴景行将出京。夜,五哥与余邀峙甫、仁卿、君默昆仲小饮于宴宾斋,亥初归。

十三日(10月10日) 晴。晨过圆通观,遇徐绍圃、戴少眉、朱子山,谈粥捐事。暮,送景行,访莲生。闻汪慕杜病卒。

十四日(10月11日) 晴。辰正到馆,官相来。校书二百页,申正出城。夜,价人来。

十五日(10月12日) 阴雨竟日,愁闷之至。崧镇青放广东高州府。

十六日(10月13日) 晨阴,午晴。晨由西华门入署,票部一、通五。今日又系秋审班票情实河南。二件,未初散,顺道送杨子和,贺戴子辉、陈聘臣、崧镇青,崧镇青移居巡捕厅胡同北头矣。今日新举人覆试题:“见贤思齐焉”、“鸾翔凤翥众仙下”,罗椒生拟。第一李方豫,江苏人。

十七日(10月14日) 早晴,暮阴。辰初到馆,本知惇邸来,故早往,乃又改明日矣。校书二百余页,午正归,泥途颠簸,殊惫。是日文百川赏寿,年才五十,诚异数也。夜,微雨。

十八日(10月15日) 晴。晨至粥厂,晤赵寅臣、萧莲甫、四川人。何俊卿。价人来。君默辞行,二十日走,赠以活计数件,托带家信一函。暮,拜郑季山。庸。郑,泰州人,王子硕之徒,王峙甫为之介绍,拟即请为西宾也,年二十有八,眉宇间有秀气。

十九日(10月16日) 晴,寒。辰刻入署,票部三、通八,午初散,出崇文门,答唐蓉石,泥淖难行。送君默、诸研卿。

二十日(10月17日) 晴。晨送唐仁卿行,伊与君默、研卿同走。过粥厂,又至法源寺,看四川诸君办放粥事。午后到馆校书五十页。送温味秋学使。王峙甫移至淮安馆去。王化堂放山东运河道。

廿一日(10月18日) 晴。辰刻入署,票部二、通六。与陈西林换班。午初到聚丰堂同馆十二人,公请俊峰、载英,提调。慧庭、志元,纂。菊丛、文华,纂。止斋、敬信,帮纂。博泉、嵩溥。允廷。阿克丹。申初客始到齐,饮至薄暮方散,赶城归。今日闻汪玉生以喉症病卒。

廿二日(10月19日) 阴雨。今日贾相国七旬,赐寿。午刻郑季三、谢莲舫两西席来开馆,治具小饮,约俊卿作陪,季和、云生均不至。暮至庞处贺喜,劬庵订姻于沈氏也。送汴生,未值。访张老三。

廿三日(10月20日) 风,晴。李德莪补贵东道,陈鸿翕放贵阳府遗缺。

廿四日(10月21日) 晴,寒。辰刻到馆,惇邸来。校书五十页,同人皆集,余午初先散,答冯鹤岩、赵子受,访余绂臣,谈。升泰放汾州府。

廿五日(10月22日) 晴。晨余季和来,同至圆通观,入署代刘星岑班,票部三、通八。在值房厉吉人同年不见者一年矣。午正饭,到馆无书,访王峙甫,晤谈。

廿六日(10月23日) 晴。晨钱惇卿来长谭,交到沈经笙粥捐廿四两。午间胡铁庵邀往谈张蔡事。暮至鹤舅处,遇云生。

廿七日(10月24日) 凌晨大雾,旋晴。仲兄昨夜神识又昏,丑刻抽搐如狂,按之始卧,病势较前尤重。辰刻周虎文来,投以犀角地黄汤,抽搐谵语仍竟日不止,奈何奈何!得严亲八月廿六信,尚未闻升臬之旨,公私平顺,惟八月间试事极忙,不得卧者三夜,辛苦之至,饭量少减,发信时暑气渐退,公牍渐简,得少休息矣。折弁易焕来,携到会券一竿。湖南应试士子一万六百人,头场题:“曰赐也,可使从政也与,”至“求也艺,于从政乎何有。”“辟如登高必自卑”、“以德服人者”三句,“多稼连云雁鹜肥”。监临廿四出闱。余丑初方睡。

廿八日(10月25日) 晴。杏云、印若来。晨过粥厂,晤寅臣。暮至木厂△△取会款。叔父未入直。源哥病势反复,虎文来二次,又请前任院使李医,又请郑小山侍郎,灌药许多,脉象时伏时见,入夜抽尤甚,目瞪口张,气急狂叫。子刻又邀虎文来,云尚无碍。丑刻后略定,向明得睡,可转机矣。

廿九日(10月26日) 晴。叔父以连夜不得安睡,仍未入直。余于辰正到馆,惇邸来,同人无书可看,余先散。入署,票部三、通六。领饭银四两,真难得之数,汉票签办公向指山海关饭银,此次入款较多,故提三百金分用,部通本每人五两,委署上每四两,值房每三两。未正归,惫甚,写家信。源哥神气略清,抽搐渐止,睡卧得安,惟胡言乱语尚未净耳,病减半矣。邵汴生升正詹,绍祺升少詹。俸票七品。换米三百三十斤,易钱则一百零五千。

十月庚辰朔(10月27日) 寄湖南十二号禀附京报、题名、闱墨。并黄折等一包,包折纸等一卷,交易焕带去,并嘱其如已北上,沿途探投。晨阴雨,过粥厂监视。午正祀先,孟冬时祭也。

初二日(10月28日) 晴。折弁凌先翥来,得严亲九月初一日信,尚未得升擢信息,合署平安,仲兄经手事已知之矣。午后阴,细雨。入夜,风起雨止。

初三日(10月29日) 晴。晨至圆通观。午后访峙甫,未晤。寄湖南十三号信,附去高丽参一斤,交凌先翥。得费静楼书。闻陈馨山同年卒于岩州。

初四日(10月30日) 阴。辰刻入署,票部三、通一,散后到馆一行,功课已毕矣,午正归。饭后云生约往庆和观四喜剧。遇赵子受,邀福兴居夜饮,亥正归,酒涌作呕,颇不适。许季仁借去京蚨二十千。

初五日(10月31日) 晴。价人、沅青、子绶来晤。南榜题名未见全录,闻苏州三县中廿一人,吾邑中十一人,又副一人。管少溪、陶曼云、钱绶卿、庞叔廉昆圃子。与焉。访俊卿,谈片刻。

初六日(11月1日) 大风,晴,寒。申刻过福兴居,余与云生同邀芝绶、价人夜饮,同兰言煊。亦在彼小坐。亥初散。以六十千还馥庵。阅邸抄:桂清补理侍,在弘德殿行走;奕庆调补盛京工侍。闻汪小庵总宪病卒。山西试差回京。换白袖头。

初七日(11月2日) 晴。晨入城贺崧镇青,答廖谷士。暮过价人斋中饮,坐有周虎文、许芸巢、蒋修林、季和、云生、子绶,亥初归。仲兄神识益昏,妄言妄见,坐卧行立一刻不安,进鸡子黄汤,至子刻得睡。

初八日(11月3日) 晴。晨胡铁庵来晤。张老三来,又交粥捐四十千。闻刘韫斋抚军有折来,请将严亲暂留署任。又折参援黔三军日久玩误,得旨切责,兆琛先行开缺,交部议处。周洪印降参将,李元度降为三品顶带,留营观效。湖南布政使放李榕,湖北按察使放王文韶。

初九日(11月4日) 晴。辰正入署,票部二、通一,俄顷即行。访王璞卿,不值。贺李东樵太守,守愚。午初归祀先,曾祖妣许太夫人诞辰也。祖母到庞家赏菊,巳初去,申正归。

初十日(11月5日) 阴,云,日光淡淡。慈禧皇太后万寿,叔父朝贺后由内出德胜门,赴昌平茔次。夜饭后,本家镜湖来晤,伊现馆文安县沈处。大风彻夜。

十一日(11月6日) 晴,大风。祝季和三十寿辰,在彼午饭。汪柳门来京,得四哥中秋日书,知其七月间忽患渗漏之疾,嗣服仙方,得以少愈,然体弱不支,意绪极劣,来函语语抑郁,阅之闷甚。换珠毛褂。

十二日(11月7日) 晴,风大尤甚。英祥放湖北安襄荆郧道。

十三日(11月8日) 晴,仍风。卯刻立冬。晨过粥厂,与俊卿同到馆,同人俱集,午初惇邸来,午正散。余署中有班,托人兼办,俊卿邀往太昇楼饭,申初出城,以表套交聚兴,到会馆晤本家镜湖,暮归,日入时风定,寒甚,见薄冰。傅庆贻放四川盐茶道。

十四日(11月9日) 晴,晨寒,午后暖。吊朱肖堂。午后约本家镜湖同过广德楼,观三庆剧,暮归。得词甫九月廿六日书,知其北行约在明春二月间也。丁芥帆在沪尚无行期,恐乐而忘返矣,奈何奈何。汪小庵递遗折,有旨赠太子少保,照尚书赐恤,赏银二千两,一子举人,一子员外,一子及岁引见。谭廷襄升左都,毛昶熙调户左,胡肇智升吏右。

十五日(11月10日) 晴。午后访沅青,遇杏云畅谈。夜,价人邀镜湖饮于宴宾,约五哥与余作陪。月明如昼。沈经笙服阙。命署礼侍在军机大臣上学习行走。王榕吉补顺天府府尹。

十六日(11月11日) 晴暖。辰正入署,票部三、通七,午正饭,散。前数日闻内阁大库检出横幅,其大寻丈,书"道德"二字,有吴从效等四人题跋,不知何时物也。今日又闻子年丈云大库内有一肉身小人,高不盈尺,亦不知何代所存。

十七日(11月12日) 晴。晨过粥厂,崇地山侍郎处捐项米一百石,已于昨晚送到矣。午后杏云来,同访润斋,遇陈莲卿。晚饭于福隆堂。湖北抚曾国荃告病,准其开缺。郭柏荫调湖北抚,未到以前何璟护。苏凤文补广西巡抚。江忠浚调广西布政使,蒋志章放四川布政使，刘齐衔补浙江按察使。夜，大风，连夕月明如昼。

十八日(11月13日) 晴，大风，寒。见江南题名全录，丁卯补辛酉共中二百八十五名，副四十五名。解元颜驯，泰州人。苏州合府中四十一人，李承衔亦中矣。此两人之弟己酉拔贡，与叔父换帖友人也。二场题："兼三才而两之，故六六者非他也，三才之道也。""瑶琨筱簜齿革羽毛惟木。""制彼裳衣，勿士行枚"。"晋侯使士匄来聘。襄公八年。""乃劝种麦毋或失时。"三场题：经训、考据、史、礼、文选、兵法、漕运。

十九日(11月14日) 晴。与杨定斋换班，巳初入署，票部四、通六，未刻归。镜湖、程世兄来晤。赵新放陕西粮道，何元普被参革职，李翰章、曾国荃会衔谓其举动轻浮，性情卑鄙，卸荆宜施道，即被劾矣。夜，过泉孙斋中，同杏云谈。闻贡荆山先生卒于庞各庄差次。

二十日(11月15日) 晴，暖。晨过泉孙处，约杏云、俊卿、蕉生、星岑同入城，贺文菊丛娶儿妇喜，送分四金，此真无谓之应酬，同人皆然，不得不尔也。贺傅小山年丈，庆贻。未刻归。又过价人处，伊请其亲家夏范卿，四官之丈人。邀谊亭、彦士、子惠、惠卿、孙少卿与余作陪。散后过廉乡处少坐。

廿一日(11月16日) 晴，风。访子年丈，晤谈。贺沈经翁，送镜湖，则行矣。询之蒋椒林，知严亲谢恩折尚未到。杨思赞得一子。

廿二日(11月17日) 晴。巳刻入署，票部五、通六。沈均初昨晚到京，今日在署销假，晤谈良久。未正饭，出城，晤赵馥庵。价人来。今日乂臣夫人出京矣，窃恐黄鹤一去，被债者皆受其诳也。祖母前日伤风咳嗽，昨请肯堂来，定清肺之饮，服之即愈。

廿三日(11月18日) 晴。访云生不值。录宪庙《圣训》毕，今日叔父派写匾字八分，又福寿龙虎一分。得伯雨九月杪书，由均初处来。

廿四日(11月19日) 晴。晨过粥厂，访俊卿，遇少霞。午后与五哥往宝隆，问首饰不得，过云生处饮酒数杯。遇许小泉，能画山水，朱师之婿也。马新贻保举循良五六人。谭钟麟首列。得旨嘉奖,郭从矩奏玉牒馆投效人员欲保无论题选咨留班次过优,请明定限制。命惇亲王等会议具奏。前以英俊峰病,文菊丛署提调,闻廿七俊峰销假。

廿五日(11月20日) 晴。晨拜沈均初。巳刻入署,票部二、通七。后日进冬至礼节有回避。午正饭,至张房农年丈,谈少顷,未正同出城,至龙源楼,今日房丈与泉孙公请合馆友人,饮至日暮方罢,惟刘星岑不至。散后同杏云至金梅翁处,谈良久。贺聘臣选安徽太平府同知。

廿六日(11月21日) 晴。访季和,谈。贺杨思赞。午后过同丰,又访云生。

廿七日(11月22日) 晴。吊陈馨山同年,馨山客死严州,又无子,八旬老母在堂,其孤嫠茕茕无依,同人为书月助,可哀也。午刻诣天宁寺伯父柩前行礼,流光如驶,忽忽两年矣。

廿八日(11月23日) 晴。巳刻狂风作,旋迷日影。巳初到馆,总裁陆续至,玉牒修竣,今日请看装订矣。昨已奏全书告成,奉旨十一月受书。惇邸定初六日进,令馆中赶办一切。午刻祀先,许太夫人诞辰也。午初余入署,票部六、通六。未刻至太昇楼,赴刘星岑之招,同人咸集,商开保事。夜,五哥请周虎文,约价人、云生作陪,饮至亥刻散。

廿九日(11月24日) 晴,风,午后止,寒甚。常司直来晤,知托致树君事已允之矣。桂甫来。载馨、程祖诰均派放粥差使。

三十日(11月25日) 晴,大风。晨过粥厂,访泉孙,不值。季和、杏云来谈。胡铁庵来。未刻过惠丰堂,今日少白、惇卿、雅航公请同人,暮散。闻枭匪窜至安县、易州、固安,均戒严。饬在陵之衍秀、宝珣办防,畿疆如此,刘长佑一筹莫展,不得不谓之贻误矣。闻通商衙门奏有夷酋某者,为伊国钦差将出使各国,要带汉司员二人同行,奉旨批准。司员以无汉大臣出使,不欲为该夷随员,难之。

十一月庚戌朔(11月26日) 晴,风大,极寒。午正祀先,杨淑人诞辰也。钱惇卿来。申刻,庞宝翁来拜媒人定期,明年正月十三过礼,十八合卺。邀程容翁与余作冰人也。国史馆送来《本纪》一卷,卷十六。然烛校勘毕,计下二十二签。今日彭芍翁夫人五十寿。

初二日(11月27日) 晴,风止。内子生日,叩重闱喜。巳初入署,票部五、通五,未初散。答福海田,汇。过馆一问,知今日定捧书等差使。谒许涑文,未见,归。湖南折差朱彰纪来,得严亲十月朔日书,谢恩折已附来,今日递。湘中九月初六方得信,而部文终未接到。严亲左目红肿,发信时已渐愈,能灯下作字矣。

初三日(11月28日) 晴。晨过张老三处,达明年喜期。答庞世叔。祝何俊卿、陈蕉生。何、陈同日生辰。拜刘树君。申刻庞宝翁来。闻枭匪在京南附近游弈,无定所亦无定向也。

初四日(11月29日) 晴。何子英来晤。访杏云未值。未正至龙源楼,余与司直杏云同请馆友,暮散。闻严亲谢折,奉批即赴新任,毋庸来见,钦此。发湖南十四号禀,附京报、瑞睦庵、余绂臣、靳迪臣、程世兄信,又潘寄陆一函。附去珠表套一个、平金三个、翎绳一子、恭棉一包交折弁朱彰纪,云明日走。闻通商衙门派定志刚、孙家谷二人赴外洋,加二品衔花翎,仍为司员,约明年走。国史馆又送△△《本纪》一卷卷二十。来,灯下校勘一过,下三签。

初五日(11月30日) 晴,寒,风大。巳初到馆,同人咸集,待至未正,文菊丛来,知无须演礼矣,乃散归。今日安儿十岁生日、虎侄周晬,叩重闱喜。官文署直隶总督。革刘长佑职,交官文差遣。

初六日(12月1日) 黎明风定,晴和。卯正赴馆。今日恭进玉牒汉档房,俱派执事满票签礼部俱不派。照料书籍,随亭分行。巳初总裁王大臣到齐,提调率供事等先将玉牒分设各亭,计龙亭五座、彩亭七座。候总裁行礼毕,校尉舁亭由大堂启行,出门南向绕,由大清门中门入,余等先由长安门入,至天安门外,候亭至随入金水桥北,王公跪迎,总裁提调各官照例乘马至午门、天安门外分别下马,由太和门入,历太和殿至中和殿,将书分呈各黄案。太和殿下撤亭,誊录供事各官捧书,余等分抬照料。总裁以下行礼,复入供事誊录各官捧书,历保和殿,穿后隔扇,出至乾清门外,内监按抬接书入,分呈乾清宫,午刻请皇上恭览,行礼毕,仍捧出小十四格横档留中。归亭。工部先移亭于乾清门外。仍由保和殿后隔扇出,穿三殿,出太和门、协和门、文武在协和门外跪迎。东华门,由北池子送至景山后寿皇殿东室尊藏。殿九楹,供△△圣容,不启门,东室在其东三楹内设金匮,历届玉牒俱藏于此。礼毕各退。寿皇门外松柏千章,萧森荫日,风景极佳,非遇此典不能到。归已申正,惫甚,早睡。

初七日(12月2日) 晴。恭缮长至令节上贺慈禧皇太后表文二道,正表一卷,付本折叠。长至向系次日行礼不记表中应填何日,仍空之。均系白宣纸。顶格到底廿四字,上下有针孔,字尽孔以内,前后亦有针孔,可勿拘也。进呈时转以付为重,缘便于呈览也。午刻祀先,文端公忌辰也。午后过俊卿处谭,伊募粥捐廿四金。先交十金,余照单自取。访惇卿司直、价人,均不值。

初八日(12月3日) 晴。晨过何俊卿处,访价人、鹤舅,谈少顷。午后访云生,云生约武仲平勷。近从山左来。饮,邀余作陪,散后过廉卿处谈,遇沅青,戌刻归。闻神机营兵遇枭匪于马驹桥小挫,贼旋向南去。

初九日(12月4日) 晴。惇卿、杏云、俊卿来。闻馆中会议已定稿,明日入奏,无论题选咨留,仍照准矣。未初至衍庆堂,今日益轩、俊卿、蕉生作东,约同人聚饮,即在彼定请奖单,拟日内呈回也,暮散,归。闻孙松坪阁学以劳瘵卒,昨日事也。贾中堂续假十五日。

初十日(12月5日) 晴,和暖如小春。晨谒贾相国,拜武仲平。巳刻入署,票部十、通五,午刻散,到馆,泉翁在内,晤文菊丛,知奖叙事,三日内递商定请奖单,于今日赶回两中堂。余出城访少白前辈,谈数语,归。夜过泉孙处谈,知贾相国不肯优保,瑞相又不肯全保,竟将王允谦以下三人抹去。旋邀俊卿来,谈良久乃散。

十一日(12月6日)　晴,暖。惇卿来。夜过杏云处,知今日已将奖叙事呈回,惇邸并无更改,余仅以本衙门应升之缺升用耳。供事张文治又为提调删去,未免向隅。

十二日(12月7日)　晴。夜阴,微雪。价人来,同访云生。午刻进城,谒朱桐师,晤之。过聚兴,答馥庵,至福兴居赴武仲平之招,坐有云生、纡庭、伯衡。申初散,到三庆园少坐,归。又过宴宾斋,芥帆今日到京,杏云约在彼饭,坐有苑卿、芝斋,谈良久,戌正归。

十三日(12月8日)　晨雾,旋晴。巳刻入署,票部五、通四。午初散,归途答贺聘臣,聘臣前日来送留别同人诗七律四首。发常熟信,附去新式褡裢一个,交广泰。夜,过价人处。月色甚佳。

十四日(12月9日)　晴。晨谒米修伯,访芥凡,谈良久。伤风咳嗽。吴棠查办瑞麟参蒋益澧、郭祥瑞各款,覆奏蒋、郭交部严议。得伯雨八月初十书,从芥凡交来。午刻访云生,同听四喜。夜,余邀仲平、云生,饮于福兴,均初、缉庭约而未至,戌正归。月色澄鲜。

十五日(12月10日)　晴。晨过圆通观,晤季和、少泉、俊卿。昨夜仲兄复谵语不止,虎文来,仍用犀、羊等味,又代约闽友王德甫来看,云心经气血俱亏之象,无他议论也。访杏云,谈良久。今日武廷珍放广东惠州府。裁取。玉牒馆请奖折上,奉旨:翁曾翰着以本衙门应升之缺升用。钦此。价人来。同馆金少白以员外分部不论题选即补;张房农到省后,以知府尽先补用加道衔;汪泉孙仍以知府归升班一缺后选先换顶带;钱惇卿选同知后以知府补用;雅航、司直均裁取同知,得缺后以知府补用;杏云员外得缺后,以知府归升班先即选;刘星岑以主事双单月遇缺即选;载英以四品京堂用,加三品顶;志元遇缺开列在前,文华以五品京堂用;敬信、阿克丹免补副理事官,以理事官即补;嵩博以副理事官即补;图坦加按察使衔。投效中五哥与价人、伯雨、姚彦士、恽星农诸君均照准,共计廿六人。

十六日(12月11日)　晴,暖。卯初至东华门,同人约在三座门内王公住班处谢惇邸,至署少坐。辰初,国史馆恭进乾清宫尊藏本

《本纪》,余与泉孙、杏云同往观礼,在馆少坐,候总裁到,提调总纂各官捧书分二亭安稳,计六函,先陈馆中,行一跪三叩礼。亭前行一跪三叩礼典,导迎乐,龙旗御仗,黄盖前导,香亭一在前,龙亭二在后,由三座门入,进景运门中门,至乾清阶下,乐仗均止,行一跪三叩,捧书由乾清门中门入,从中甬路奉入乾清宫,分二案陈设,清文左,汉文右。总裁、提调以下各官退出隔扇,即在丹墀行三跪九叩礼,礼毕各退。观礼唯杏、泉与余三人耳。蟒袍补褂。散至聚丰堂,泉孙邀便饭,饭后至惇、豫两邸、瑞相处道谢。贺文、阿、敬、志诸君。出城贺价人,谢贾相国,未初归。绍祺升少詹。安抚英翰丁忧改署理,不准开缺。

十七日(12月12日) 晴,云阴往来,微寒。贺汪、张、嵩、金。入署,票部五、通四。未初散归。福济放科布多帮办大臣。林天龄仍入尚斋。

十八日(12月13日) 晴。访杏云、沅青,均不值。

十九日(12月14日) 阴,竟日雪,入夜乃止。今日董研秋为其两尊人称觞,祖母于未初到彼观剧,戌初归,微寒,尚不乏也。是日国史馆送《本纪》至皇史宬尊藏。

二十日(12月15日) 晴,寒。巳初入署,票部五,午正归。今日祖母在董家搭席,邀同乡数位听戏,午初去,亥正归。

廿一日(12月16日) 晴。午后访杏云,又过鹤舅处,遇思赞,谈良久。

廿二日(12月17日) 晴。晨惇卿来。

廿三日(12月18日) 晴。晨过圆通观。

廿四日(12月19日) 晴。巳刻入署,票部一、通一。有回避。午正出城,过仲平处,伊偕馥庵坐,邀饮,坐有张俊士、山西。厚斋、镜山、伯衡,肴馔甚精。散后与仲平同访王均卿一谈,戌初归。闻捻匪有抢扑运河之说。枭匪前数日逼近天津,今又南窜,窃恐与捻子一合,则不可收拾矣。余承恩打一仗,解散胁从甚多。陈国瑞到京。

廿五日(12月20日) 晴,暖。晨访杏云谈,知史馆保案以徐、丁二君拟保侍读一节，贾相与桐师大有龃龉，恐沅青未必能如愿矣。午刻访芝斋，不遇。过福兴居，邀芥帆、沅青、杏云同饮。散后又访润斋，谈良久。

廿六日(12月21日)　晴，风，向晚止。午后访云生，遇武仲平，谈。夜祀先，明日冬至，照例前夕致祭也。闻本日未刻，苍震门内奉先殿后不戒于火，烈焰冲天，叔父申刻甫回寓，闻信仍赶顺治门，入时尚不知何所。昨贾相请开缺，赏假二个月调理。钟佩贤请饬崇文门差役毋得索诈，有旨申禁。闻陕西绥德失守。夜饭后过价人处。

廿七日(12月22日)　晴。未正冬至。余三十一岁初度，叩祖母以次禧。复本家镜湖书。访蕉生，不值。暮俊卿来拜寿，晤之。蒋益澧、郭祥瑞均降调；李福泰调广东抚；梅启照升广东臬；卞宝第升福抚；李宗焘升豫藩；胡大任放豫臬，仍署晋藩。王庆祺到京，携来湘莲四十斤、锡器十六件，无家书也。

廿八日(12月23日)　晴。四哥生日。午刻贺缉庭完姻。过价人处，遇子惠、印若、子辉诸人。杜华庵、芥帆来谈。夜，芥帆、杏云、沅青、芝斋为余补祝，饮于福兴居，亥刻散。国史馆以《本纪》告成，保奏出力人员：许其光优叙；刘淮年升侍讲后，遇四品应升提奏加三品衔；王庆祺、赵曾向提奏；徐致祥遇缺开列在前，校对张兴留补知府后以道员用，加运使衔；钱赟补知府后道员用，先换顶带；恽祖贻免选员外，仍以知府照原保加三品顶；常如楷免选同知，以知府升班，先加四品衔；惠庆洊补缺作为侍满以同知分发，尽先补用，加四品衔；张其浚免补同知，以知府升选一人后尽先选加三品衔；徐士銮升补侍读后以知府升班，先选加四品衔；许善长以知府分发，尽先补用加道衔；额外之陈兆翰裁取同知后以知府用，加五品；蔡世保补知府后以道员用，先换顶；江人镜补侍读后以郎中不论班次即选加四品衔；汪元庆选知府后以道员用，加三品顶；刘淮焴免选主事，以员外尽先即选，加五品衔；翁曾翰加五品衔；金曰修补员外后以郎中不论题选即补；戴燮元以郎中不论题选即补，加三品衔；丁士彬服阕后作为侍读，遇缺即补，加四品衔;何慎修加五品衔。其余满服及各部院熟人甚多,所保人数数信于玉牒也。余晚间始知确信。昨有旨嘉奖救火出力之王公大臣,百官均赏加三级,赶到者加一级,未到之弘德殿行走、大学士倭仁等,各部院堂官到者寥寥,朝廷宽大,姑勿深究,问心何以自安。恒庆升长芦运使;周家勋升天津道;李文敏调天津府;范运鹏放安徽凤阳府;郭从矩请将玉牒馆所保无论题选咨留人员,饬吏、户核议,奉旨毋庸议。寄镇江信,由广泰去。

廿九日(12月24日) 阴,雪,申刻渐止。晨谒谢朱师。入署,票部一、通六。腊月朔进元旦礼节有回避。午正归,谒许涑文丈。申刻祀先,耕梅公诞辰也。今日戴星舟荣,镇江人,子辉之堂叔也。开馆,授寿、恩两侄读。暮鹤舅、印若来。余今日见旨后,即换顶戴。杨庆麟升赞善,王家璧以五品京堂用,兵部员外曾营所保来引见。

三十日(12月25日) 阴。晨拜客。申刻得严亲处十月廿八、十一月朔两函,合署平安,惟筹饷极难,甚盼新任早到也。

十二月庚辰朔(12月26日) 阴,微露日影。晨拜客,惟晤沅青。午后作家书。

初二日(12月27日) 晴,大风,寒甚。巳初进署,票部七、通六。申初饭,出城已曛黑矣。在聚兴购一眼镜套,寄湖南十五号禀,附京报宋惠人、龚叔雨、赵价人信,又何寄裴一函。并《秋审比较》一册、人参两枝、眼镜套一个,交折弁李锡圭。今日沅青上部本,楠轩上通本。

初三日(12月28日) 晴,极寒。午后云生邀同刘慎夫往三庆,观演《取南郡》,甚佳。孙莱山、李若农由四川回京。

初四日(12月29日) 晴,寒。发常熟信。访宝生世叔,晤之。夜五更闻宵小假道于东屋,天明时方去,口称借钱,龙、贡各家给钱十千、八千不等。

初五日(12月30日) 晴,寒。晨过粥厂,晤少泉,拜数客归。夜,大雪二寸许。陈国瑞昨日召见,赏头等侍卫,发往山东,交丁宝桢差委。

初六日(12月31日) 晴,雪融泥泞。巳刻入署,票部三、腊八有回避。通八。午初出城,访仲平,数语。拜欧阳用甫,欧阳用甫昨从河南学使任回京也,昨奉命仍兼南斋。闻捻匪窜入山西,吉州、平阳告警。

初七日(1868年1月1日) 晴。叔父昨夕感冒发热,今日未入直。暮过公源,访云生,遇季和。朱智特旨注销御史,开缺以五品京堂候补,王汝讷补御史。

初八日(1月2日) 晴,风,寒甚。五更闻练勇在米市胡同获贼四人,叫嚣达旦。晨诣前门两庙拈香,归途答数客。今日祝官生日。惇卿、杏云来晤。李鸿章奏:剿捻获胜,歼除殆尽,逆首任、赖据讯皆死,军务似有起色。

初九日(1月3日) 晴,寒。晨祝沅青,答绂臣。巳正入署,票部九、通五。王子仪前辈来京,到署销假,未正散,过仲平斋,同赴伯衡之招,借琴石庖人,肴馔亦精,坐有云生、缉庭,上灯时归。山西捻氛甚炽。陈国瑞改交左宗棠差遣。

初十日(1月4日) 晴。午后访云生,数语。今日何俊卿验放补缺。彭祖贤奏:东南谷贱,畿辅宜筹足食,请饬招商贩运。从之。

十一日(1月5日) 阴。祖母连日胃脘作疼,饮食减少,约顾肯堂来诊视,云系感寒,且少有积滞,用和中理气之品。俊卿、惇卿来晤。

十二日(1月6日) 阴,暮雪,入夜益大,达旦积几盈尺矣。晨肯堂来为祖母处方,胃脘痛减,尚须和中。午刻沅青来。午饭赴庞世叔之招,程容伯与余皆冰人也,坐有惠人、鹤舅、望云、价人。亥刻归。黄鸿辉来,得严亲十一月初十日信,料理处卸事件,闻新任约中旬可到,岁杪尚拟成行也。会来千禄之数。

十三日(1月7日) 阴,大雪,向午乃止。晨入署,如行银海中,票部十一、通十六。未正方毕,不及啖饭即行。连日喉舌间作疼,杂服凉散之药,投之不应,昨暮咯血数口,最后吐出红紫而坚凝者如桂圆核大一物,血乃渐止。今晨醒来,所苦顿失,惟筋骨软痛耳。齐承彦卒于位,照尚书例赐恤,伊子齐世名赏员外,孙齐兆麒赏主事。谭廷襄升刑尚,郑敦谨升总宪,沈桂芬补礼右。

十四日(1月8日) 阴。晨至木厂胡同,雪融极难走。缮家书一函并燕菜二匣、靴一双,三两四钱、市平。托傅哲生观察带往川中,傅君回保定度岁,明春赴任也。官文奏枭匪殄剿殆尽,直境甬清,追至山东夏津县,该匪由杜甫掖渡河遁去。已革总兵余承恩开复道员、花翎、运使衔,并饬各州县实力办团。

十五日(1月9日) 晴,大风,寒。晨谒莱山丈,访云生谈。

十六日(1月10日) 晴,寒。送李东樵。守愚。入署,票部十六、通八。申初出城,过中兴少坐。叔父闻广少彭云庶子本上,奉御章钤出翁某。夜,端木子柔来购赏参,以郭太史怀仁。病,亟需此也。

十七日(1月11日) 晴,寒。晨缮谢折一分。午初祝价人寿,拜王子仪前辈,旋过云生处,同访仲平,邀伊过福兴小饮,坐有缉庭,申刻散。晤廉卿。得胡月樵书。今日德儿八岁生日。杏云太夫人生辰,未克往祝。

十八日(1月12日) 晴。晨送傅哲生年丈,访仲平,送兰谱也。午后云生、仲平、莲生、桂甫、程覃叔先后来晤。仲平与余订昆季交,少余六岁,癸卯生。以弟呼之,人颇伉爽,却无习气。暮赴福兴居与杏云、芥帆、芝斋为沅青补祝,亥初散归。叔父今日递折谢恩,未蒙召见。闻骆相疾卒,吴棠调川督,马新贻升闽督,李翰章调浙抚,丁日昌升苏抚。

十九日(1月13日) 晴。又得月樵书,知其练勇局秋间奏保加运使衔矣,而余不知也。郑敦谨驰往山西查办事件。骆秉章赠太子太傅,照大学士赐恤,入贤良祠予谥,一子赏郎中,一子赏举人,孙四人均及岁引见,侄孙由县丞特升知县。补前日。蒋益澧加恩以按察使发往左宗棠营差委。郑锡瀛补常卿。

二十日(1月14日) 晴,午后微阴。晨至木厂胡同取银。宝生来晤。今日封印。桂甫来。钟秀调苏藩，卢定勋升直藩，文彬升直臬。

廿一日(1月15日) 晴，寒。印若来。湖南折弁黄鸿辉将贺折三分送宅，即将回信第十六号禀附京报、伯寅、芍亭、董蕴卿、王子藩、朱至圃、方子仙各信。托伊带至湖北省，交何小宋方伯转寄，叔父另有致小宋一函也。未刻访云生，送仲平，仲平明日回山东省矣。换春联。闻捻首赖汶洸为张之万所擒。

廿二日(1月16日) 晴，寒。寄胡月樵信，附庞宝生信。内有家书一函，托其由鄂递川，交折差带去。闻昨日戌刻有李鸿章红旗报至，山东捻匪悉数荡平矣。

廿三日(1月17日) 晴，暖。上过西厂，不到书斋。叔父不入直。祖母七十八岁寿辰，晨叩祝，同县同乡与极熟友人皆延入吃面，午后散。阅邸抄：张之万奏，捻逆窜在宿迁等境，追过淮安，在湾头地方将逆首伪遵王赖汶洸临阵生擒，即命就地尽法惩治。李鸿章红旗报捷，赏加一骑都尉世职；刘铭传三等轻车都尉世职；郭松林、杨鼎勋骑都尉世职；山东布政使潘鼎新头品顶；黄翌升山西布政；刘秉璋赏白玉翎管等件；候选道吴毓兰尽先记名简放，员外郎李昭庆以盐运使司候补，余升赏有差。又各省疆臣特加异数，曾国藩加赏一云骑尉；英翰三等轻车都尉；张之万头品顶花翎；李鹤年、李翰章头品顶；刘长佑二品顶，丁宝桢开复革留头品顶；曾国荃开复顶带；湖广督郭柏荫署理。

廿四日(1月18日) 晴。扫舍宇。

廿五日(1月19日) 晴。晨答端木子柔，贺朱敏生，过会馆看扁样。拟写宝文二信，先遣人送去，各佐以百均诗。念僧王前劳，赏伯彦诺谟祜黄韁。夜，俊卿邀过宴宾斋小饮，坐有芥帆、杏云、蕉生、厉吉人、秦伯雨。

廿六日(1月20日) 晴。先生放学，午刻便饭小饮。申刻仲兄令庖人具一品锅，邀叔父与弟兄共啖之。夜，过价人处陪先生，而徐挹泉腰痛不能就坐,乃与陈子惠、蒋修林、鹤巢、缉庭、云生、鹤舅、梦陶、荫眉同饮。三更大雪。

廿七日(1月21日) 阴,大雪缤纷,庭除皑皑。申刻得严亲十二月初一日信,已于前月廿五交卸,移处福源巷公馆,专候批回便登程矣。体中甚好,祖饯者多应接不暇,彼都人士,颇有攀留之意。折弁谢玉林来,云伊出省百余里,遇见批回折件,大约腊月初奉到矣,附来会券两纸。竿二。料理节逋。暮,雪止。

廿八日(1月22日) 晴。晨过云生处,旋诣价人处,今日伊嗣祖母百岁冥寿,设位祭奠,同乡均在彼行礼。吉服,主人亦蟒袍补褂。未刻吃面乃散。申刻敬神。赵长龄奏杨宝臣病请开缺。河东道放李庆翱,蒲州府放冯春瀛。

廿九日(1月23日) 晴。料理俗冗,不胜烦琐。夜,祀先。是日遣杨春至新号取二百,他人寄款也。

除夕(1月24日) 晴。晨过圆通观,今日放粥外又施馒头,复有浙人放钱人数极多。午初入城,至朱、董、瑞、皂、全、倭诸宅辞年,出顺成门归,惫甚。爆竹之声,通宵达旦。

同治七年(1868)　岁在戊辰

正月庚戌朔(1月25日)　风日晴和。敬拜天祖，叩祖母以次新禧。出贺诸亲友，约百余处。寄四川龙字元号信交提塘，云明日有折弁回川也。桐师以吏部尚书协办大学士。

初二日(1月26日)　晴，暖。晨祝鹤舅寿。年三十六。内阁团拜，赴文昌馆，今年方子俨办演三庆戏，甚佳。亥正归。

初三日(1月27日)　晴，暖。晨贺朱师。拜东城客。

初四日(1月28日)　晴，暖。进顺治门，至西城拜年。南风，纸鸢甚多。

初五日(1月29日)　晴。晨过桂甫处。午刻敬神。得四哥腊月三日书，里中传言，枭匪扰及京门，人心颇为惶惑。夜，祀先，收真容。

初六日(1月30日)　晴，暖。晨至前门一带拜年。午刻戴星舟、郑继三两西席开馆，邀云生、荫眉来共饭。

初七日(1月31日)　阴。暮微雪。上入学半功课。桂甫来。遣人取新款。闻广寿丁忧。

初八日(2月1日)　阴，大雪竟日。

初九日(2月2日)　阴，雪。

初十日(2月3日)　晴。晨至前门拜年，访本家镜湖谈，午正归。夜，过桂甫、云生处谈。

十一日(2月4日)　晴。戌刻立春。访晤杏云。庞宝翁来晤。闻怀庆捻匪北窜，势甚凶悍，昨发神机营兵数千，赴京南防剿。

十二日(2月5日) 阴,寒。晨过桂甫处,又至公源。午正赴才盛馆,端木子柔、俞松坪、马小西公请,坐俱四直友人。庞宝翁在彼请客。夜过庞处共饮。闻修伯入直,以事忙且须候报不到,犯寇警,必严矣。亥正归。王子坚德固。年丈留别八金。

十三日(2月6日) 晴。晨程容伯来,同至宝翁处,饭后领十个盘至张宅,俟回盘齐,又送至庞处,道喜毕即散,仍过桂甫处,与华庵、韵湖、莲生谈刻许。阅邸抄:捻匪北窜,扰及衡水、定州,官文、左宗棠严议,李鸿章不能派兵绕出贼前援剿,拔双眼翎,褫黄马褂,革骑都尉世职,李鹤年革头品顶,仍饬速派刘铭传等四军迅速北来兜剿。闻今日官文又到六百里加紧报,不知若何,人心颇为惶惧。夜不寐。

十四日(2月7日) 晴。晨见昨日谕旨,官文奏,贼窜清苑境内,现在郭宝昌、刘松山、喜昌等军,星夜赶到,绕出贼前,陈国瑞亦饬宋庆等陆续赶到,命官文乘此声威,迅速兜剿。午后访云生,游厂无所见。夜闻贼踪将至定兴,官军在涿州迎剿,修伯云然,探报亦如此。月明如昼。是日将文勤公灵柩权厝天谷寺后花园僧塔之东。

十五日(2月8日) 晴。价人来,同访云生,又过宝翁处。鲍子年交来林绶卿捐施粥银十两,归五兄。夜,过价人斋中,与挹泉、鹤舅、 堂、印眉同饮。闻贼窜易州,官军集于涿南松林店。旋闻贼踪在满城。

十六日(2月9日) 晴。东风解冻,泥淖不堪。午后过庞处,晤云生,访廉翁不值,过公源。夜,宝翁来,数语。是日撤廷臣宴。

十七日(2月10日) 凌晨大雾,巳刻方散,晴。巳刻到张宅,未刻程容翁来,饭后送妆过庞宅,三十二抬。申正散。闻官相报,贼在保定南祁州、安平等处,张曜暂留北路守御,余将南剿。丁櫰璜在雄县等处合剿。文祥伯王专操大臣派人署理。各族副都统派署者六人。李虎峰来晤,伊老翁七十寿,将于二月称觞,请六叔衔名作序。虎峰沉潜,能专心于经学,可敬也。昨价人派充办事处随员。

十八日(2月11日) 薄阴,旋晴,暖。晨先到张宅道喜,旋同容伯过庞宅，午正发轿，　堂行迎亲礼。未初回庞宅，视其行合卺礼，礼毕余初次赞礼。少坐，先归。惫甚。祖母到庞处道喜，内子亦往两宅照料。

十九日戊辰(2月12日)　晴。巳正赴常昭会馆，今日诹吉，悬挂“大学士”及两“状元”扁，敬谨行礼。午刻庞宝翁、价人、鹤舅、云生、印若、思赞、印眉先后到，设席畅饮，申正散。以湖南友人寄滨舅银信三函交思赞。侯寄舫十两、刘达善六两、张培仁八两，共廿四两。闻贼又向南窜，丁崇均在雄县、固安防剿，李少荃于二十日督队北援，先遣数将先驰北路。

二十日(2月13日)　晴，大风，寒甚。晨祝杏云老翁五十寿，坐晤姚彦士。巳刻过张桂甫处。今日庞炯堂回门，邀余与赵云生、李韵湖、莲生作陪，申刻散，归。

二十一日(2月14日)　晴，寒。以兆宝岩寄周允臣分四十金遣人交去。取一回帖，无收条。

廿二日(2月15日)　晴。晨入署，票部一、通五。开印三日内部通本，均应回避。饭后散，至东城拜客，未正归。晚，访云生，不值，过桂甫处少坐。见练勇局探报，贼南窜至正定属之晋州，刘、郭两军节节追剿。夏家镐升阁读学，李文田补赞善。

廿三日(2月16日)　晴。晨补拜年。访芥凡，不遇。暮过泉生处谈，托其领玉牒馆赏项也。坐晤司直、惇卿、星岑。

廿四日(2月17日)　晴，寒。晨过圆通观，放粥已毕，在俊卿斋中少坐。午后访芥凡，谈良久，闻贾相今日请开缺。湖南折弁某得严亲湘阴舟次十二月十五日发十七号信，腊月初十日登舟，大约到宜昌度岁，抵万县再登陆，而眷口仍舟行也。延吴景行教读，偕之入川，其余友人须到川再请。先有腊八日第十六号一函，托刘抚军加封转寄，而至今未到，内尚附两竿也。王树斋名祖源。亦有信来，伊捐典史，即省湖南。庞宝生派知贡举。四哥如来则回避矣。

廿五日(2月18日)　阴，雪，午刻放晴，云容淡淡，薄寒。晨答王雪炉,过高升店,访湘弁谭姓数语。入署,票部一、通七,晤江蓉舫,午刻散。贾相准以太子太保大学士致仕,赏食全俸。闻昨报贼陷饶阳,边马及于献县,安徽重兵与李宫保前驱,俱至河间矣。桐师得史馆正总裁及掌院学士,毛旭初史馆付总,万藕舲教习庶吉士,罗椒生武英殿总裁。是日祖母仍小有不适,肯堂来。

廿六日(2月19日) 竟日阴,土润如沾细雨。祖母气弱身倦,入暮发烧,服清温第一方,似觉对症。午后访鹤舅谈,作寄四哥书,交价人觅便速寄,以宝生得知贡举,阻其北行也。以叔父出名致书,刘韫翁催其将家信作速寄京,交湘差谭姓携去。

廿七日(2月20日) 阴,大雾,细雨如毛。作寄词甫书。祖母热未退净,肯堂来处方,仍用清解。苏府同乡在湖广馆公请李薇生太守,叔父与余均列名,不克到。晚过松筠庵,赴刘星岑之招,坐有方子俨、许季仁、汪泉荪、常司直、钱惇卿、焦雅航、陈蕉生,戌初散归,大雾漫漫,泥冰尽解矣。夜来祖母热退,头目渐清,惟咳未止,气未调耳。左宗棠已到获鹿,所有现到直隶各军统归调遣。闻左奏请暂借夷人银二百万,议准借一百五十万,一分五利。余拨各关协济。夜雨较大。

廿八日(2月21日) 阴,午间略露日光。由长安门入署,票部五、通九,午初散,泥深尺许,车行岌岌,未正方归。访张房翁,不遇。闻馆赏改今日领。祖母热止,神气略健,惟胃不开,肯堂来,用沙参、栝蒌实等味。见通本林伯恬于去年九月卒于任。潼关厅。答黄济川前辈,贻楫。又吊张吉人祖母之丧。

廿九日(2月22日) 辰正放晴。连日叔父未入直,以祖母尚未愈也。今日　一饼、馄饨数枚、粥饮数盂。肯堂来诊视,仍用和解之剂。寄义臣书,促之也。

同治八年(1869) 岁在己巳

六月辛丑朔(7月9日) 晴,热甚。

初二日(7月10日) 晴,热。午后沅青来,送恽宅庚帖。晚过五云处数语。闻常熟钱姓来,居会馆。是日上感暑,未到书房。祖母过庞宅。

初三日(7月11日) 阴。晨过价人,答沅青,访云生,晤之。见陈锦己酉举人。《御夷十二策》。孙观放广东按察使。作寄词甫信,托同泰转寄。李鸿章奏,山东布政使潘鼎新母病,请给假开缺,得旨准其开缺,赏假两月,假满仍赴左营差委。李元华调山东臬司,应宝时升江苏臬司,文彬升山东藩司,钟谦钧放广东运使。夜雨,稍凉。

初四日(7月12日) 黎明雨止,午刻城外雨城内无雨,晴朗。晨入署,票部三、通三。午初出城,至龙源楼,应刘哲泉招饮,坐有泉孙、星岑、慕韩及其族人桂岩,未正归。今日叔父侍祖母游二闸,托宋雪翁定官船。辰初往,申初回。涂宗瀛升上海道,江宁府遗缺知府放冯柏年,湖北汉阳府,放严昉。礼部主事张元益由盛京差回,特旨无论题选,遇缺尽先补用。

初五日(7月13日) 晴。为许诚甫取印结三张,除识认四成扣送外,子馨出结。针付银京平一百零七两。连平包在内。得陕西信,系五月廿日发,严亲体中安健,公事极忙,现须赶办科场事宜,尤无片刻暇。刘中丞回省,大约不再驻三原矣。答程仲立书已到陕矣。

初六日(7月14日) 晴。赵馥庵来晤。得词甫五月十五日函,云蔡处债事不甚了当,阅之增闷。送思赞行。拜同乡钱佑之。福祐。

寄陕西第八号信,附余答仲立书,又彭、毕、洪三函。交折差。价人、云生约赴福兴居夜饭,坐有伯雨、漱芳、蒋亦榭、铭勋,太仓人。辛芝、沅青,亥正归。喉咙肿胀,筋骨酸疼。

初七日(7月15日) 晴。喉仍痛,先服银花、元参等味,暮虎文来,用白虎汤加减。徐季和升赞善。

初八日(7月16日) 晴,热极。喉痛略减,遍身出痧,密若繁星。又请虎文,仍用昨方加天花粉。

初九日(7月17日) 晴,热,夜尤热不可耐。喉痛渐消,停药,恐寒凉伤胃也。是日,文勤公六十冥寿,午刻设奠。

初十日(7月18日) 阴,午后雨,暮晴。喉痛已止,热极不能卧,尝三白瓜。圣躬欠安。叔父未入直。图麟降同知,绍兴府放海霈,台州府放刘璈。初伏。

十一日(7月19日) 晴热,痧丘略隐,皮膜尚疼。夜雨,热极。李兰翁太夫人生日。是日苏府同乡公请李雨亭中丞宗羲。于长元吴馆。

十二日(7月20日) 阴雨。是日,李伯雨生日。

十三日(7月21日) 晨晴,午后阴,出日。上到书斋,入伏后照例半功也。先曾祖妣张太夫人忌辰,午刻设奠。夜雨达旦。

十四日(7月22日) 晨阴,旋霁。午后方出户,两腿仍酸软,便血,甚乏。

十五日(7月23日) 晴。价人来晤,初次得方略馆知会看书,余不克往。伊精阿步履维艰,毋庸在弘德殿行走,遇有兵部引见,免其带领,以示体恤。曾相奏,永定河漫口三十余丈,交部议处,永定河道徐继镛革留,迅督合龙。酷热不可耐,屡饮瓜汁。大肠热仍未解。暮黄济川来,嘱明日到馆一行,缘提调催书甚急也。戌正月蚀,旋至七分多,子刻方复元。

十六日(7月24日) 阴云不雨。辰刻入西华门到馆,顷之,济川、杏林、星岑、厚庵先后来,各将一卷校毕,暮散。余校《剿平粤匪方略》第十卷,计二十五六页耳。今日在馆吃公饭,以后须费与否,尚未商定。

十七日(7月25日) 阴雨竟日,入夜止,凉爽。叔母汤淑人诞辰,午刻设供。伯雨来。李少兰大令莲生。由川解饷过陕,带来五月十二家书一函,包缎料四个。闻罗椒生大司农丁母忧。连日痔痛,甚惫,坐卧不便。

十八日(7月26日) 晴。汪泉孙来。作家书一纸托思赞。曾伯伟挈其儿妇随布捐来,仆人徐贵同来。永福亦来。得四哥六月初二日函,并刻丝补一付、女袖一付。徐贵孝敬食物四种。

十九日(7月27日) 微阴。朱子山、西山邀余庆堂午饭,辞之。贺徐季和,祝辛芝生日,拜曾伯伟,在坐晤子惠、思赞,思赞即日行矣。午初归,拜大士,今日佛诞也。暮过芥凡处谈。

廿日(7月28日) 晴。晨伯伟、价人来。杜梅舫庭璆。邀福兴居午饭,辞之。今日叔父感冒,未入直,大约胃有积滞,稍受夜凉耳。夜至福隆堂,与沅、杏、芥、芝公祝辛芝,亥初散,归途微雨。中伏。

廿一日(7月29日) 阴凉。缮寄陕西禀,不列号。交逢大令吉。携带,闻廿四走。前日鲈花翁又属吹嘘也。未刻访伯伟丈,不值。过五云处畅谈。昨夜武英殿不戒于火,自子至辰方熄,全殿被焚,惟余西配殿三楹而已。闻郑小山调兵尚,董蕴卿调户尚,毛昶初升工尚,沈经笙升左都,庞宝生调吏右,李兰生补户右,伯寅转左。陈梦兰放荆州府。

廿二日(7月30日) 阴,午后晴。晨入署,票部四、通四,归途拜李少兰大令,于兴胜寺,未晤。饭后祝庞宝生太夫人寿。归缮连衔折。夜又过庞宅,晚间演剧数出,同乡俱在坐,丑初方散。惫甚。祖母、伯母及内子均往。救火出力之王公大臣到者均蒙嘉奖,无加级。司员到者加一级,兵丁等赏每人二两,供事官等补官日加一级。朱桐师派武英殿总裁。

廿三日(7月31日) 晴。晨访辛芝,晤之。午后访济川处,不值。拜益轩,又至伯雨处,伊方约人看牌也,小坐即归。今日叔父与倭相、荫轩递封事以武英殿火请遇灾修省,停一切工程,罢各处传办物件,求直言三事,有旨褒答,刘毓楠开缺听候查参,凤颍六泗道放胡玉坦。

廿四日(8月1日) 晴。夜过伯伟处畅谈。李少兰来晤。

廿五日(8月2日) 晴。晨入署,票部四、通五,午刻归。辛芝来。夜凉。

廿六日(8月3日) 晴。午后访沅青谈。杏云、伯伟、价人来晤。得父亲六月初七日信,一切平安,现为四哥报捐郎中分发,此信交赍贺折,折差带附《秦邮纪程》一册。张桐熙选广西柳州府。

廿七日(8月4日) 晴,早晚皆微雨数点。午刻至福兴居彭漱芳之招,同坐陈剑西、邹峻之、萧△△、任畹香、徐绍圃、顾缉庭。申刻散,过南半节胡同,何子愚家观剧,系济川约往,坐俱同署熟人,亥正散,归。今日痔痛又发,两处应酬,颇觉惫甚。

廿八日(8月5日) 晴,暮大雷雨。价人来。

廿九日(8月6日) 晴爽如秋,夜又雨。寄陕西九号信,附四哥禀,又五哥一函,宋雪翁一函。交折差焦、李二弁携回。以包缎袍料一件、厚朴一卷送修伯。

三十日(8月7日) 晴。暮看伯伟,伊今日接家信,知其母忽于十四日下世,即刻束装,明早便出京矣。作寄四哥信,即托伯伟携去。是日亥刻立秋,末伏。

七月辛未朔(8月8日) 晴。复词甫信,又作寄陆铁云信。是日日食,京师不见。痔痛,甚惫。

初二日(8月9日) 晴。晨勉力入署,票部七、通二,未正散归。顾肯堂来晤。今年腊月十六日月食,食既在署已见,钦天监豫题分秒本章矣。

初三日(8月10日) 晴。午后访伯雨,不遇。夜热。

初四日(8月11日) 晴。晨至印若处行礼。前日设位。靳仙樵、范少泉来晤。夜，伯雨邀福兴居饭，坐有潘椒坡、辛芝、慧生、谢侣松，榛，太仓人。亥正散。

初五日(8月12日)　晴。晨拜杜华庵，答子辉，送何子英，均未晤。家人刘升从常熟回家，今来都销假。

初六日(8月13日)　晴。晨入署，票部二、通十一，午初饭，饭后到方略馆少坐。知昨复有堂谕，以喻穆斋所校上谕四行，未经抬写，不能看出也。申刻过印若处，遇子辉、梦陶。胡肇智请开缺，赏假一个月。山西平阳府放恩霖。

初七日(8月14日)　晴。午后至广德听嵩祝剧，暮归。宋雪翁有字来邀。祖母过伊家听戏，酉刻往，亥正归。余未克陪侍也。

初八日(8月15日)　晴。辰初到馆，校《方略》卷三十，凡卅六页，反复三阅，时已酉初，乃散，卷中讹字极多，改不胜改。出城诣宋雪帆年丈，未晤。闻李相有大保举来。仆人李福来京。

初九日(8月16日)　晴，热。午后访伯雨，数语。过厂肆，旋至云五处，遇彭漱芳同年，适沅青来，畅谈，暮归。今日署中有班，托人兼阅。

初十日(8月17日)　晴。午后祝宝生世叔寿。四十八岁。过云生处，适涑文到京，下车畅谈。得四哥六月十日信，南中极热，久雨苦潦，低区有报淹者。又过沅青处。夜，侍叔父同到庞处小饮，坐惟云生、李干吾耳。陕西主考放卢士杰、周瑞清。

十一日(8月18日)　晴。作寄四哥信，托云生家附递。午后同沅青至永昇看洋缘。

十二日(8月19日)　晴，热如昨。慈安皇太后万寿圣节。暮拜汪少安，不值。过杏云处，畅谈。得词甫六月廿七信，由莲生送来。闻李菱洲传署军机章京，周鉴湖瑞清。星使缺也。

十三日(8月20日)　晨，雨数点，旋晴。午正祀先，中元前期致祭也。暮访陆叔文，又至万福居，小铁招饮，坐有许涑文、汪荃孙、袁子久，亥正散。

十四日(8月21日) 晴。晨入署,票部六通八,未初散。暮,雷电,大雨。叔父腹泻,未入直。

十五日(8月22日) 晴,凉甚。午后访云生,遇慎夫、寅臣。为倬云、行五。受华行七。两母舅书屏条各四幅。夜,微雨。

十六日(8月23日) 阴。内子至东华门郑家视其妹。暮至泉孙处,济川亦在坐,闻馆中刘厚庵所校书,以江"甯"误作"寍",又记大过一次,堂谕严饬,提调颇为难,噫,何其挑剔之甚也!夜,又雨,可盖棉被。今日署中回定,顾宜眉上部本,冯杏林上通本,厉吉人上委署。许道身放高廉道。团防大臣贾等奏裁撤外城练勇,归并五城办理,每月经费一千两,亦由五城支领,并请将各城部员投效及获案保奖等事一并停止,从之。

十七日(8月24日) 晴,凉。晨入署,票部六通五,午初散,至酒肆,知叔父已退直,徐荫轩亦在彼,晤之。出城至聚兴买物。酉刻至福兴居,邀泉孙、济川、杏云、哲泉、小铁、子久饮,亥正散。

十八日(8月25日) 晴,热。午后独至广德听秦声,适遇余绂臣,邀同坐,散后,余邀伊同杜华庵过福兴居小饮,暮归。贾铎放云南遗缺知府。

十九日(8月26日) 晴。

二十日(8月27日) 晴。王璞卿来晤。

廿一日(8月28日) 晴。辰刻入署,兼厉吉人班,票部八、通十。饭后散,贺程覃叔得通副。送潘椒坡。是日价人、吉人生日,暮往祝。谒朱修翁,晤谈馆中事。又过泉孙处。

廿二日(8月29日) 黎明雨,旋止。晨访济川,不值。过辛芝谈。饭后至龙泉寺,今日印若为伊祖母设位唪经,同乡均到彼行礼,其余到者尚有十余人耳。馆中知会,今日奉堂派章京李耀奎、中书汪元庆、黄贻楫、翁曾翰、曹翰书为复校官。

廿三日(8月30日) 晴。晨拜李菱洲,不值。遂上馆,乃知四十一卷起,均须复校呈堂,余校四十四卷,吴超伯纂,王枳移校。差讹尚不少，酉初方毕。出城已曛黑矣。价人来晤。

廿四日(8月31日) 晴，热。辰刻入城，由西长安门入中阙门，绕西华到馆，将昨校之书阅一通，又更数字，复校四十九卷，金少白纂，王益轩校。篇页较少。申正遂散，归。闻鲍子年有字致泉孙，以派复校事颇抱不平，噫，何其过也！以许诚甫照并信托修伯交新泰厚带寄江右，由平观察交去。

廿五日(9月1日) 晴，热。晨入署，票部四、通六，午正归饭。暮访沅青谈，邀往毓兴合夜饭，亥正归。夜雨淅沥。

廿六日(9月2日) 晨阴雨。午刻放晴，辰刻冒雨到馆，复校五十四卷，梁伯乞纂，吴慕韩校。又将前复两卷审阅一通，申正归。夜雨，霹雳震地。

廿七日(9月3日) 黎明雨数点，旋晴。祖母昨发吐红二口，今日微减胃口。

廿八日(9月4日) 晴。作寄陕西信，托子久处附去，明日有人走也。午后复作一函，写廿九。托主考卢艺圃带去，并附四哥孝敬之衣料等一包，伊须撤棘后方能交送，故书中无要语也。午后顾肯堂来，为祖母诊视，肺肝二经受热，触发旧症，方用清润之剂。暮访印若。

廿九日(9月5日) 晴。晨到馆，将前四十卷取阅，欲归画一。余今日阅三卷，未正出城，赴余绂臣约，至同乐轩观西剧，晤华庵。午正祀先，曾祖妣张太夫人诞辰也。夜饭于福兴居，同坐杨子赓、仪成，庆伯之子。周△、余子博，撍珊之弟。亥初归。夜雨潇潇。久不得陕信，夜不成寐。五哥生日。

八月庚子朔(9月6日) 晨微雨，旋止。辰正入署，票部五、通五。晤辛芝，见刘典折，将各省陕捐分局全数归甘饷应用矣。暮侍叔父至价人斋中小饮，肴馔极精，坐有宝翁、云生、涑文、子惠。得四哥七月十一书，从印若家带回，另以靴一双，令徐贵托汪姓带南。傅建堂儒功。来晤，伊近从山左来，伊到署十七年，而奏留无多时也。

初二日(9月7日) 晴。访漱芳、伯雨,不值。过济川处,谈良久,午正归。暮访晤云生。

初三日(9月8日) 晴。晨访晤价人,入城拜许元仲观察,高廉道。即到馆。贡、汪、李先后来。余校四卷至八卷,酉刻出城。李祉补国子监司业,志和补礼侍,绵宜外补盛京侍郎。

初四日(9月9日) 晴。晨漱芳来谈。午刻袁子久处送来陕西家信一件,系七月十六所发,一切平安,展阅之下,快慰无比,盖盼切数日矣。午后折差又送到七月十八家信一函,于近事尤悉,忻忭莫名。三哥亦有信。

初五日(9月10日) 晴。连日秋暑特甚。辰刻入署,票部四、通一。午正饭,散。今日苏府同乡公请英、朴。许道身。两观察,本拟一到,而进城时未带公服,遂不果。外间传言东抚丁宝桢奏,太监安姓私至东省,现在拿办云云,不知确否。又云此间安姓家产已经籍没。

初六日(9月11日) 晴,夜雷电,大雨一阵。晨至天成一行。缮家信,托袁子久处递去。内附许涑文寄周学使一函,又吕锦文一函。暮至福兴居,为漱芳饯行,约云生、涑文、沅青作陪,散后阻雨,亥正方归。夜卧颇躁。

初七日(9月12日) 晴。缮发第十号禀,附漱芳致程信一函。交折弁携回。巳刻到馆,复校五十九卷。胡廷夔纂,刘哲泉校。申正散,出西长安门,拜傅建堂不值,归。

初八日(9月13日) 阴雨廉纤,凉甚。晨至沅青,嘱其送喜帖至恽氏,顷之来云,帖须吾家书就,届日送彼,彼处留一分,以一分粘一"允"字回盘,始是常州风俗耳。是日丁祭瑞芝相行礼。叔父由署归,未入直。

初九日(9月14日) 阴。缮一函并暖靴一双、天目笋一匣,托李少兰大令于过陕时带交。辰刻入署,票部四、通一。午初偕济川上馆,余校第六十四卷。陆憩云纂,刘厚庵校。申正雨止,出城即在福兴居赴沅青约，时主人犹未至，顷之来，叔父、漱芳先后到，饮于亥初散，复赴五云约，归家已子初矣。细雨竟日，甚凉，泥途滑滑，车行颇惫。

初十日(9月15日)　阴，细雨润地。申刻送李少兰，访伯雨，均未晤。吴望云招谢公祠夜饭，辞之。见琉球官学教习潘相所撰《琉球入学见闻录》，潘系乾隆时人，教习期满用知县。四册，载中山事极详，匆匆不及抄录。

十一日(9月16日)　凌晨浓雾，辰正散，晴朗。巳刻拜媒人，晤沅青，旋上馆，申正散归，西城道路较平也。读邸抄，见上谕：本月初三日丁宝桢奏，德州知州赵新禀报，有安姓太监冒称奉差，船插龙凤旗帜，携带男女多人，沿途招摇等情，当谕查拿，就地正法。兹据奏称，初七日在泰安地方拿获，遵旨正法，随从人等，分别严办。我朝家法，宦寺犯法必惩，该太监胆大妄为，罪有应得，嗣后，内务府大臣严饬总管太监，严加约束，勤慎当差，并谕各督抚如遇太监出京，无论已未犯法，立即锁拿，请旨惩办。

十二日(9月17日)　阴，微雨。料理积逋。

十三日(9月18日)　阴。晨祝宋惠人太夫人寿。七十九。午后拜徐小树，毓海。不值。旋祝王雪庵老翁、子坚年丈寿，在彼观剧三庆。数出。暮归。领秋俸二十二两五钱。扣一两库亏七钱。

十四日(9月19日)　晴。晨诣朱师，又答陈西林。入署，票部七。午初出城，拜数客，归。以家书一函、食物蜜饯。二匣、茶叶一篋篓交彭漱芳，知其行期又改十九矣。

十五日(9月20日)　晴。夜月澄清。晨寿星前行礼，叩重闱禧，出贺诸同乡。夜，祀先。饭后过云生、沅青处，步月归来，萧然秋思。

十六日(9月21日)　晴，大风。晨到馆校六十九、张纂，厉校。七十四汪纂，常校。两卷，申正散。仍出西长安门，出城过聚兴。

十七日(9月22日)　晴。整备喜合，合子、人夫俱用轿铺。如意庚帖用红绿绸包庚帖。为一合，红缣两端一合，茶叶百瓶一合，龙凤饼一百个。一合,共四合。

十八日(9月23日) 晴。今日为安儿定姻于恽氏,巳正沅青、辛芝两大媒到,午初行盘,未正回盘,女家回合六个,如意靴帽袍褂、文房四宝、佩件等,扎彩绣果甚鲜明,喜果亦极丰盛。款待大宾,邀价人、云生作陪。女宾来者七八位,女家喜犒六十千,吾家倍之。伊赏家人等银锞四五钱。活计,余给以每人四人。十千。又折红每人四千,捧合人夫六人。廿四千,媒使每人八千,媒舆每人四千。得七月十九日严亲手谕,一切平安,从天成送来附虎贲。

十九日(9月24日) 晴。晨拜杏云,未晤。用金柬谢媒人。送漱芳。明日走。过伯雨处,数语。午正至余庆堂,莲生为徐小树洗尘,邀予与 堂作陪,郑雨卿未至。申初散归。肯堂来,伊移寓出城,将于九月初结芍亭伴回南。沅青来,知鲍年翁放四川夔州府矣。夜赴王子实招饮,于如松馆,坐有璞卿、吉人,亥初散。璞卿家眷甫到也。闻许滇翁夫人疾殁于德州。

二十日(9月25日) 阴,微雨。晨至天成,先取三分之一。夜,大雨。是日换季。

廿一日(9月26日) 黎明雨止,旋晴。缮寄十一号禀,交天成亨带去。徐小树送燕菜一匣、神曲一匣、晶壶一件、印色一缸。午刻贺子年,不值。至福隆堂,赴傅建堂招饮,坐有福少农太守,润。少坐。又过张晓莲寓斋饮,同坐上官兰村、朱子山、宋引之及晓莲之侄介书,兵勋。暮散,过沅青处,知署中今日回堂,沅青署侍读,哲泉上部本,济川上通本,吴慕韩上委署。坐遇哲泉、小铁。今日朱桐师相国七旬,赐寿。

廿二日(9月27日) 晴。晨入城祝朱师寿,旋由东华到馆校七十九卷,江蓉舫纂,冯杏林校。复将六十九卷取来,复阅一过,申正散归。

廿三日(9月28日) 晴。晨贺鲍年翁,坐遇沈春甫,又过杏云处长谈,遇子良。芥帆已于十八日传总理衙门矣。午后过濂翁畅谈,又访沅青，知点定徐拟正，常拟陪。

廿四日(9月29日)　晴。晨到馆校卷八十四，周鉴湖纂，李虎峰校。至申正散。以不列号信付天成亨带去，伊号友有回山西省持此信，以借差名，缘恐沿途扣官车也。得武仲平书。

廿五日(9月30日)　晴。巳刻访云生，谈。暮过沅青，同赴厉吉人斋中夜饭，同坐马莲卿、王子硕、泉孙、杏云、辛芝、璞卿，亥初归。吉人处小有园亭，位置甚雅。石赞清开缺，阎敬铭补工右。

廿六日(10月1日)　晴。晨入署，票部四、通七，午初到馆，校卷八十九，夏芝岑纂，冯寿珊校。申正毕，出城，同人公祝芝斋，饮于同兴居。引之天津委员，赴通商衙门办事者。来作不速之客，亥初散归。于凌辰署工右。胡大任被参休致，何璟调山西布政使，张建基升湖北布政使，刘策先补湖北按察使。

廿七日(10月2日)　晴。晨过价人，又祝徐李翁。五十九。午后过厂肆，购如意，如意少而贵，绝少合意者。今日同乡公祭彭文敬公于西便门外广善寺，余不克到。英观察朴。留别十二金。

廿八日(10月3日)　晴，夜有风。晨访晤杜华庵，答芝斋，送彭芍丈，拜崧镇青，由西华到馆，校卷九十四，靳迪臣纂，刘星岑校。申正散归。今日以严亲寄璇华女叔二百金松江。交芍丈，托其过清江时交送。

廿九日(10月4日)　晴。作寄四哥书，并翠花等一包，祖母分给家中者。托顾肯堂携苏转寄常熟，以先文端公墓志托彭芍丈携去，转托吴清卿太史选工勒石。午后访涑文，同听春台，暮归。顾肯堂来辞行，晤之。郑锡瀛丁母忧，彭久余署副宪。

九月己巳朔(10月5日)　晴。晨送肯堂，未晤。入署，票部五、通六。午初上馆，将前三次所校书审阅一通，又订正数处，申正散。出东华至酒肆少坐。今日弘德殿卸篷。叔父未入直，出安定门，送彭文敬公灵，宅内卸篷。天气燥热。

初二日(10月6日)　晴热。余请徐小树，邀王子硕、价人、莲生、堂作陪,申初客方齐,入坐,饮至暮散。灯下书秋审签,计四千字。

初三日(10月7日) 晴热。入署票秋审本第一单。十件,奉天三、新疆一、广西二、福建四。同班者为王枳移、陈蕖卿。未初饭,散。吊郑雨卿祖母之丧。送英观察,则今早行矣。今日麟官生日。

初四日(10月8日) 晴。晨至圆通观,访曹道人。又过印若处。作复武仲平、焦雅航书,均托天成转寄山东。午后阴,辛芝、芥帆来。夜雨潇潇,甚凉。是日内子生母五旬寿辰。陕西同州府放华福。

初五日(10月9日) 阴,微雨,午后晴。晨入长安门,到署,票部六、通三,又为同人帮忙,是日秋审第二单,四川。未正方毕。是日四位中堂阅会议折同到阁,蓉丈、泉孙亦来。沅青验放补缺。申初同饭,饭后散。出城贺沅青,答温明叔太年伯。新移东间壁。得张常甫函,内有内子生母八月初四信一纸,系托刘玉延至喜。携来,刘,松江人,与张有戚谊也。

初六日(10月10日) 风,晴。晨修伯来晤。访子久不值。贺吴质甫汝纶。直牧。过伯雨,谈片刻,归。午正祀先,耕梅公忌辰也。午后晤漱濂。暮子久交到严亲处八月十一日家信一函,一切平安。

初七日(10月11日) 阴。午后过云生处谈。以四金购《胡文忠集》四函。

初八日(10月12日) 阴,微雨,午刻放晴。沅青来畅谈。刘湝年放惠州府。得严亲八月廿一日函,一切平顺,惟全姑娘病久未愈。丁宝桢昨日覆奏,遵旨将随同安姓太监私自出京太监六人即行绞决,假冒官员及帮同招摇之民人七名讯明正法。又苏拉及安德海家属安马氏等八人发黑龙江,其在京为安姓管家之太监王添福种种不法情罪相同,由慎刑司解交刑部即日处绞,本日谕旨并前旨一并载入宫中现行则例。

重九日(10月13日) 晴,热。晨入署,票部五、通三。午初散,出城赴报国寺,同人公祭亭林先生,集者十四人,鲍年翁主祭,即日将图卷及直年公费等事交董蓉舫接管。未正饭,饭罢登高阁眺望,旋散。贺刘树君太守。丁宝桢奏,青州兵丁误刺太守王汝讷殒命,得旨确查实情具奏。

初十日(10月14日) 晴。缮寄十二号信,内有孙撰墓志稿,又《古文赏音》、《十家诗钞》寄三哥。交折差高发新,明日走。今日辛亥团拜,请祖母至休宁馆听戏,朱修伯夫人邀吾家女眷同往,故内子亦随去,酉初散。

十一日(10月15日) 晴。晨访价人,数语。午初祖母仍至休宁馆听戏。今日延树南、志春圃、铭鼎臣、继述堂、孙燮臣、徐肖坡、史琴孙、陆愢云、朱茗生、李菱洲、黄孝侯、朱修伯十二人集分,为祖母上寿。伯母亦侍往,内子等辞之不获,亦均往。

十二日(10月16日) 阴云往来。晨答周铭五别驾,德新。晤之,新从陕中来引见,带解户部国子监照费,其解监者昨已交纳。来文先送来,是日代交署中,叔父当堂验收将回批钤印给发。访沅青谈,坐遇同署张穆庄、锡申,浙江人。鲍子年处致年撙节饭银数百金,今日分致同人,余得捌金,委署皆然也。连襟徐小树今日引见,赏主事。西席郑季山借籍大兴,今日应县考,昨已移寓城中,与张军门曜。之子同寓,价人之子亦应此试。

十三日(10月17日) 晴。晨恭缮皇上进贺慈禧太后万寿表文,白表。正副各一分。潘霨到京请安。

十四日(10月18日) 阴。晨入署,票部一、通四,未初饭散。过沅青,商勾到签。贺徐小树未晤。前任工部侍郎石赞清病卒,遗折上,加恩照侍郎例赐恤。

十五日(10月19日) 阴,细雨竟日,入夜较大,寒甚,可著重棉,二更雨止。

十六日(10月20日) 晴。狂风大作,仍寒。预票拟勾到本十件,将签正副支书就,交沅青带署,明早余可不往矣。

十七日(10月21日) 晴,风,较昨略小。辛芝、伯雨先后来晤。

十八日(10月22日) 晴,大风。晨入署,票部四、通四。今日署廨糊房,坐政事堂办事,甚寒。未刻饭,散。赵朗甫来晤。

十九日(10月23日) 晴。今日价人继母六十阴寿,午后到彼行礼。又谒薛云阶年丈,不值。贺徐小树,晤之。归途又过云生处谈。杏云来长谈,英夷条约修定,今日钤印画押矣。夜,过价人斋中饭,同坐宝翁、云生、涑文、印若、梦陶,亥初散。在价人处见常昭新进案,常廿九人,昭廿二人,翁曾焕、云亨叔子。杨同鼎书成舅子。均与焉。

二十日(10月24日) 晴。午刻访晤薛小云同年,旋至长元吴馆,同乡公请潘蔚如廉访,申刻散。是日醇邸三旬赐寿。明日生日。

廿一日(10月25日) 晴。拜杨子赓,仪成。答赵朗甫。进顺治门,到馆校卷九十九,李廷箫纂,唐蓉石校。申初二刻毕,出城。吴慕韩委署一月已满。

廿二日(10月26日) 晴。晨入署,票部四、通四,午正饭,散。郑季三应县考,计十天,考五次,均前列也。夜邀季三至广和居小饮,约彭亮臣作陪,而赵老四不至,亥初归。闻《起居注》主事许海秋病故,又将由阁推俸人员升补。今日领俸票。

廿三日(10月27日) 晴。价人来晤。夜赴文昌馆,黄济川招听夜戏,坐有何愚翁、徐小树、季和、寅臣。子初归。

廿四日(10月28日) 晴,暖。巳刻过沅青处谈,即在彼午饭,归。郑季三县试正案第一,可喜可喜。张子颐端本。来拜季三,晤之。张系朗斋总戎曜。之子,吴子健婿也。

廿五日(10月29日) 晴,暖。晨入署,票部三、通四,午初到馆,校卷一百〇四,史琴孙纂,董芸龛校。篇页稍多,又多舛,午至申正甫毕,尚有不放心处。至酒肆少坐,出城。抵家已上灯后矣。得八月廿四日严亲处信,折差带来,一切平安。左公折差。夜,陕西折差又送九月初四日家信一函,一切平顺,惟严亲痔漏因辛苦而发。全姑娘久病尚未愈。

廿六日(10月30日) 晴。晨到馆,申初散。出城见程老五,谈片刻。常恩升阁学,朱智升鸿正。连日军机无题,以慈禧太后欠安也。

廿七日(10月31日) 晴。

廿八日(11月1日) 晴。晨入署,票部五、通二,午初出午门。送徐小树验看,午正散,出长安门归。得词甫九月初十日书,以蔡处逋欠事颇烦闷耳。

廿九日(11月2日) 晴。缮寄十三号信,交折弁王贵,灯下又缮十四号信,交朱、李二弁,大约月初同行也。

三十日(11月3日) 阴,寒。晨入馆校卷一百〇九,方子望纂,杨定斋校。申正散,归。

十月己亥朔(11月4日) 晴,寒。晨至圆通观,今日开厂放粥,才三百余人耳。途遇价人,数语。作寄四哥信,交价人处转递。袁子久来晤。申刻祀先,孟冬时祭也。

初二日(11月5日) 晴,风,甚寒。晨入署,票部五、通二,未初饭,散。至酒肆中侍叔父,谈半时许。出城,过沅青,知其初五考御史。坐遇辛芝,已换顶翎矣。增寿放岳常澧道。

初三日(11月6日) 晴,寒。晨到馆校卷一百十四、肖润章纂,王小铁校。一百十九文秋瀛纂,喻移斋校。两卷,申正校毕。馆中窗户尚未换纱,寒甚。

初四日(11月7日) 晴,立冬。晨至粥厂,将放毕矣。过公源,又至云生、沅青处,遇辛芝,午正归。饭后送周震初刺史,鸾。未值,托带家信一纸。赴才盛馆周铭五别驾德新。之招,坐有子久、叔彦、铁庵、念慈,上灯时归。

初五日(11月8日) 晴。晨送潘蔚如。入署,票部五、通二,午正饭,饭后到馆,复看前日之书,闻又派出总校十人。向暮,又过署小坐。今日沅青、蓉丈考御史,尚未出场也。题系"体仁足以长人论,""发政施仁策"。夜饭后,过朱修伯处,晤之。价人来。

初六日(11月9日) 晴和。晨访泉孙。午初入署,商改昨票本件,即在署饭,饭后到馆,校一百二十四、梅少君纂,王子宣校。二十九吴国杰纂,王益轩校。两卷。馆中窗棂已糊,可避风矣。申正出城。程容翁来晤。今日仲嫂生日。徐少树签分刑部。郑子愚娶亲,送贺分,八竿。未暇到也。鲍子年送《谥法考续编》、《宰辅续录》各一册。潘伯寅四十生辰。

初七日(11月10日) 晴,大风。未出门。沅青、印若、杏云来谈,沅青考御史第四,颇得意。是日已换黑袖头。

初八日(11月11日) 晴,风。晨至粥厂。未刻送周铭五,未晤。托带家言一函、阿胶一包。访小树、绂臣,答程容翁,均不值。至莲生处谈片刻。

初九日(11月12日) 晴。午刻祀先,曾祖妣许太夫人忌辰也。未刻祝鲍年翁大人寿,旋至谢公祠,今日同署友人公局为年翁饯行,到者六十余人。连出衙门前辈,有先请者不与。演四喜部,带灯果,每分京蚨三十千,子初归。今日添派毛旭初、沈经笙为总理衙门大臣,成林在大臣上行走,盖以文百川病假,一时难期痊愈也。军机半月未见面,今日始叫起。

初十日(11月13日) 晴。慈禧皇太后万寿圣节。午后同涑文观剧。夜,沅青请喜酒,坐俱熟人,亥初散,归。得严亲九月廿四日函,一切平安,全姑尚未愈。科场将毕,省中安谧。

十一日(11月14日) 晴,风。军机仍无起。

十二日(11月15日) 晴。晨入署,票部八、通九。未刻到馆,询知无书可校,即行归,已申初。缮发十五号禀,附程容伯信,又眼镜套。交折弁。宝生、云生昆仲来。夜,至毓兴合,辛芝、芥凡与余同饯芝斋,晤程五云,亥正散,归。潘廉访留别十六金。

十三日(11月16日) 晴,微风,寒。未刻至文华楼。归途访伯雨,不值。价人来。夜,步月过沅青谈。

十四日(11月17日) 微阴。辛芝来。以汇还顾竹成思贤。款贰百金,交彭伯蘅。叔父有信致芍翁及顾君也。夜半,雨。

十五日(11月18日) 阴,雨,午正雨止。晨入署,票部七、通三。申初饭,散。答萧葵生不值。归已向暮。遇薛小云,闻陕西试题。“善人教民七年”二句,“远之则有望”二句,“入其疆土地辟”一段,“菊为重阳冒雨开”。萧葵生随刘甲三廉访来京。刘策先湖北臬司,戊午同年。日内将回保定。

十六日(11月19日) 晴,风,寒甚。伯雨来。阎锦堂邀观剧夜饮,辞之。

十七日(11月20日) 晴,寒。晨至圆通观。芝斋来辞行。

十八日(11月21日) 晴。晨入长安门,到署,票部一、通八。二十进冬至令节,礼节部本回避。饭后散,归。前因刘岳昭奏,参川督吴棠贪劣各款,命李鸿章查办,昨日覆奏,查无其事,无庸议。又张沄、龚承钧各参道员钟峻、知府彭汝琮,查有招摇情事,钟休致,永不叙用;彭革职勒回籍,不准投营,希图开复。崇实、吴棠不应将该员留幕,均交部议处。刘岳昭率行陈奏,侍旨严行申饬。起居注主事经倭相点出李芳柳拟正,潘观保拟陪。

十九日(11月22日) 晴。午后送鲍子年,不值。送蔡芝斋、徐小树,均晤之。

二十日(11月23日) 晴。作答袁小午通侯信。访杏云,适坐有客,匆匆归。杏云又过谈。文祥病尚未愈,命御医诊视,赏参八两。

廿一日(11月24日) 晴。晨入长安门,到署,票部七、通三,未初散。拜刘甲三廉访,答萧葵生,晤之。又拜卢午峰方伯、华卓峰太守,福。归。昨日进礼部一本,系冬至礼节,归十九赶票,向系三签,误票双签,经军机处挑出,今日具折请处分,中堂亦同请察议,如检举则中堂不请处分。票拟者为李峻堂,覆看者为汪泉孙、刘哲泉也。

廿二日(11月25日) 晴和。晨至粥厂,复过公源,途遇季和。

廿三日(11月26日) 晴。晨拜鲍年翁晤谈片刻,旋到馆校卷百卅四、胡子韶纂,吴慕韩校。一百卅九汪柳门纂,刘哲泉校。两卷各看一通,未能详细。申正一刻散,出城到家已曛黑矣。

廿四日(11月27日) 阴。巳刻,入西长安门到馆,将昨校之书一一登档,复阅一通,未正毕即行。归得四哥十月初八日函,大慰大慰。盼书已两月矣,家中于本月廿三为祖慈称庆,合宅平安。邑中东南被水,西北较好,有设厂施粥之谋。得平锦孙观察信,知许诚甫仍在太和,其捐照已递去,而诚甫亦有信转前,尚未得照也。

廿五日(11月28日) 晴,寒,大风。晨入署,票部五、通七,未正饭,散。出城过沅青,数语。

廿六日(11月29日) 晴。午后价人来。

廿七日(11月30日) 晴,寒。晨至粥厂,拜王璞卿。沈梅史、陈湘亭,访晤辛芝,又过会馆,晤钱右之,午正归。今日文勤公忌辰,设奠。西宫太后圣体康复,今日叫军机起。工侍放童华,副宪放彭久余,仆少丁绍周,侍讲李文田。胡肇智、桑春恭均赏朝马。

廿八日(12月1日) 晴。晨入署,票部六、通三,午刻到馆校卷一百四十三,江纂,刘厚庵校。申正毕。至前校之一百廿四卷,总裁嫌其篇页太少,将此卷前半匀入一百廿三,而以一百廿五并入,书面仍就翁。以后递改就前。惟今日余校四十三矣,抵家已掌灯。祀先许太夫人诞辰也。卢方伯、刘廉访今日均召见。徐景轼放成都遗缺府,孙濂升成绵龙道。

廿九日(12月2日) 晴,大风。杏云、沅青、价人来,闻公源、乾源两钱铺忽于昨夜关闭,亟令人视之果然,噫!公源所存之项恐又成画饼矣,愤闷竟日。年来运气之乖,一误何堪再误耶。

十一月戊辰朔(12月3日) 晴,寒。午正祀先,杨夫人诞辰也。未刻过云生、印若处,又同至宝翁处,书室初成,窗明几净,暮归。

初二日(12月4日) 晴,风,寒甚。入署,票部六、通三,未正饭,散归。内子生日。

初三日(12月5日) 晴。午后拜李小竹,钧。不值,新延西席也。申刻至价人处,待之良久,秦淡如缃业。观察方来,饮至戌正散,同坐德亭、子惠、伯雨、星锄、云九、士周。今日考御史部属引见，记名者廿一人。

初四日(12月6日) 晴，寒。到馆校一百四十八，靳纂，厉校。申正归。今日李小竹开馆，教寿恩两侄读，夜小饮，邀价人、云生昆仲作陪。得严亲九月十九日家信，托刘筱楼司马宝年。携来。带到草上霜皮袿甬二件。得四哥九月十六日函。

初五日 大雪(12月7日) 晴，寒。入署，票部四、通三，午正出城，答李小楼，贺江蓉舫、徐小云、余绂臣。访子久晤之。

初六日(12月8日) 晴，寒。午后过恒庆、和泰、天成，以十六号陕信托天成附递，云明日有专足行也。暮刘筱楼来，以内阁饭银四百托为代交。文书、印领、回批均交来。夜，过沅青处，商交饭银事，约需费二十八金，似难再省矣。

初七日(12月9日) 晴。晨访杏云。午刻设奠，今日先文端公忌辰也。未刻送萧葵生行，未值。顺道贺张晓莲。访云生。闻王葆史丁母忧。

初八日(12月日10) 晴。晨至圆通观，粥厂新请南通州同乡王子钟葆中。来监视，今日初次到厂也。旋到馆校卷一百五十三。李纂，常校。申初散归。夜过聚亿，晤陈月舫，托致意滋轩事，可期有眉目耳。

初九日(12月11日) 晴。晨入署，票部四、通五，申初饭，散。至酒肆待叔父散直，同出城。今日秋决。

初十日(12月12日) 晴。到馆校一百五十八。徐纂，冯校。晤江蓉翁，申初散，归。访月舫，尚无实信。夜，过沅青，将饭银交去，外费廿六金不能省，取其回批能速耳。得词甫十月十六日书。文祥请开缺，赏假两个月。李汝弼奏，钱铺关闭，请严定章程，以除民害。福济等奏，布伦托海仍归科布多统辖，从之。文硕放科布多帮办大臣，明瑶、锡纶均令来京当差。江苏臬司应宝时到京。

十一日(12月13日) 晴。午后唁王葆史，旋至和泰购物。

十二日(12月14日) 晴。暮微阴。入署,票部四、通二,午正散归。复同五哥听嵩祝成戏,暮归。以蔡植三信托袁子久处附递。夜,陆金门襄,公源铺伙。来晤。

十三日(12月15日) 晴。晨至粥厂,过涑文、印若谈。寄常熟信,由广泰去。复词甫信,托同泰转递。徐沅青得子。

十四日(12月16日) 晴融。到馆校一百六十三。叶纂,李校。申初散。归途拜朱子清、吕庭芷。夜,赴广和居,彭亮臣招饮,坐有少石、伯雨、子硕、郑季山,亥初归。得严亲十月十七日函,并皮袍甬二件,托戴巽泉司马昌泰。带来。

十五日(12月17日) 晴。贺沅青,未值。拜刘筱楼、戴巽泉,均晤之。入署,票部一、通二,午初饭,散归。辛芝来,知已于昨日移居大井胡同,即从前价人旧居也。夜,赴沅青汤饼会,坐惟辛、杏、芥三兄。

十六日(12月18日) 晴,风。拜应敏斋廉访,贺辛芝新居。夜,陈滋轩来晤,有再开消息,而无定期也。

十七日(12月19日) 晴。到馆校一百六十八。吴望云纂,冯寿珊校。申正散归。

十八日(12月20日) 晴。午刻至观音院,吊王宝史母丧,申刻散。夜,至福兴居,与价人、印若、钱右之公祝陆涑文,坐有云生,散后至程老五处一谈,以《易卦传》还之,借读已久矣。月明如昼。

十九日(12月21日) 晴。晨诣前门两庙缴香,巳正入署,与曹换班。票部一、通八。午正到馆校书一卷,卷一百七十三,金少白纂,董代刘星岑校。殀午极多。申初散,归途祝涑文。夜,祀先,冬至前期致祭也。

二十日(12月22日) 晴。丑正冬至节。午后同涑文听戏。

廿一日(12月23日) 晴。点成均课卷数十本。刘升孝敬□□宁绸袍料一件。

廿二日(12月24日) 晴。到馆校一百七十八卷,张纂,唐校。午正散归。未正赴文昌馆，今日江苏公请应敏斋廉访也。戌初归。

廿三日（12月25日）　晴暖。入署，票部五、通五，未初散。谒桐师，晤之。申初归，访辛芝、价人，不值。有旨廿六日祈雪。今日黄济川生日。

廿四日（12月26日）　薄阴。拜王仲莲太史，庆祺。晤之。又同五哥至郑子畬处，为伊嫂看病，午正到馆，西长安门入。校一百八十三卷。江纂，董校。申正归。夜，价人来。陕西解卷委员带来宪书闱墨。无家信。

廿五日（12月27日）　晴。入署，票部七。通四，午正散归。军机处例保章京及修档人员，昨日奏上，叶衍兰、金日修、吴国杰、萧庭滋、渠僧宝、胡延夔均与焉。今日圣训校勘处保举折上闻有百余人。恭锴加二品顶。

廿六日（12月28日）　黎明雪，巳刻止。是日辰初上诣大高殿祈雪。夜，至福兴居，杏、辛、沅、芥四兄为予公祝，亥初归。应敏斋留别十二金。

廿七日（12月29日）　晴，寒。余三十三岁初度。午后独听嵩祝戏。叔父入直自十四至今，半月无书房矣。

廿八日（12月30日）　晴，风。入署，票部十、通二，未初到馆，校卷一百八十八，杜纂，杨校。申初出城，过和泰，暮归。钱鼎铭放直隶臬司。前日曾中堂奏：史念祖人尚明白，可以陶成，得旨令其接引任事，张集声驰赴山西臬司之任。昨日钟佩贤奏，臬司为刑名总汇，未可轻授。又奉谕旨，将史念祖开缺，差委俾其练习，再行陈奏。灯下缮寄陕西禀，交解交试卷冯君处，承差赍回，云明日走。

廿九日（12月31日）　晴。得严亲十一月初四日函，一切平安，全姑娘已渐愈，奎侄延师尚未得人。午正祀先，耕梅公诞辰也。日前闻文百川有荐人材一疏，留中未下。神机营之恩承、荣禄，总理衙门之志刚、夏家镐、陈钦，吏部张景青，在外之傅庆贻、王继庭皆所知也。申刻拜客，访济川不值，归。济川来，晤之。

三十日(1870年1月1日) 晴。晨至圆通观,日来祖母稍觉委顿,胃口不开,肝气作疼。折差来,得严亲十一月十五日信,此次半月即达,较前更速,知袁处有会款。祖母夜来发热咳嗽,服豆豉、荆、防、厚朴、天花粉等品,夜半热止,仍咳。

十二月戊戌朔(1月2日) 晴,狂风,黄霾蔽天。入署,票部八、通六,未初中堂到斋,京察过堂,先满后汉后中书科。未正散归。祖母委顿未起坐,请徐亚陶诊视,云外感尚轻,惟右脉嫌大耳,药用润解之品。昨夜五更,车夫李二忽自持刀抹伤脖子,急为救治不效,午间遂殒命矣。关系欠账不了所致,又似遇祟,殊可悯也。大顺广道放李文敏,天津府放张光藻。

初二日(1月3日) 晴,寒。天成之王明山来,得陕中十一月初四汇银信一件,明山日内将回山右矣。田子诚立慈。刺史来晤,从川中来引见也。祖母热止,咳仍未愈,委顿未起坐,仍延亚陶将昨方加减,今晨得大解,气微喘,吃粥一盂、面饼一枚,夜来仍微热发躁,委顿加甚,周身酸疼。余夜过辛芝处,伊请客兼为消寒首举,坐有王子石、厉吉人、沅青、杏云、伯孟、子久,戌正归。发陕西十七、十八两号信,均交折差,一姓张,一姓△。云明日行。署中京察校封两阁长外,常、顾、汪三人也。刘哲泉虽俸不合例,而备一等,可见事无一定。灯下校国史馆送来之《蒙古王公传》卷五、发刊本一卷。

初三日(1月4日) 晴,风。晨过天成,访明山不值,与常鹤生谈,先取三分之一归。午后子久来晤。缮元旦贺表,正副各一分。祖母热止仍咳,今日未服药,下午委顿,得大解。

初四日(1月5日) 晴,狂风衔寒。到馆校一百九十八。史琴生纂,董校。知昨午接知会,不及赴馆,而堂上催书甚急,余应校之一百九十三卷,昨经黄济川代校,今日已呈堂矣,未正归。入夜风定。祖母黎明咯血数口,精神疲倦,胸次转觉清爽,胃口仍未开,夜卧稍安。夜,余至同兴居,与袁子久公饯王明山,并邀常鹤生作陪,戌刻散。闻陕西两星使到京。

初五日(1月6日) 晴,寒威稍减。入署,票部十,未初赴馆饭,校二百〇三,萧纂,杨校。至申正二刻散,尚未毕也。祖母起坐仍乏,咳略定,仍延亚陶,将昨方加减。刘典请终养,准开缺。陕抚放蒋志章,即赴任。文祥丁母忧,赏银二千两,赐祭一坛,回旗时沿途照料。宝珣放兵右。伊精阿病卒,赏银三百两,照侍郎例议恤。

初六日(1月7日) 晴。午后答田子诚,未晤。访伯孟,同看安徽新馆,地址宽敞,工程甫半。闻兵部石子高、峻。曾椿圃椿寿。得一等,满人有文鲁、廉恩。选总余绂臣未得,方总蔡研农竟以旧一等改三等矣。周鉴湖交来家信一件,并寄呈祖母寿仪各件,文有给安孙等手钏各一。祖母精神稍好,胃口未开,停药一日。王德固放川藩,即赴任。荣禄、恩承管理神机营事务。

初七日(1月8日) 晴和。入署,票部十一、通五,未初到馆,将二百〇三校完,又接校二百〇八,文纂,唐校。申初毕,出城。俊达升江西臬司,贵保调山海关道。祖母今日精神较健,惟饮食尚不多,咳嗽未止耳。亚陶来。卢艺圃侍御送来严亲信一件,女羊皮袄甬一个,《颜家庙》二本,卢系癸丑庶常,有世谊,故送。祖母处代土仪廿四金。

初八日(1月9日) 晴,寒。晨至圆通观,遇汪小庵之世兄二人,旋至云生处,坐晤价人,午正归。得四哥十一月十一日函,一切平安。作字致陈老八,促其先归,若于未有回信。周恒祺放山东粮道。

初九日(1月10日) 晴,风。内阁送来饭银六两。祝沅青,未晤。

初十日(1月11日) 晴,大风。入署,票部二、通三。午刻到馆校二百十三、十八两卷,史纂,冯寿珊校;胡纂,冯杏林校。申正散,出城,至福兴居,同人公祝沅青,亥正归。得焦雅航同年书。周仲建观察从陕西来,得三哥十月廿一书,并孝敬祖母寿仪四种,又寄内子花边一件,浦袖一付。倭相告假五日。库克吉泰到京。闻厉吉人丁外艰。

十一日(1月12日) 晴,风。扫除厅事。子久来。

十二日(1月13日) 晴。唁厉吉人同年。访济川。子久处送来十一月十六日家信并小午书一函。是日上诣大高殿祈雪。胡瑞澜升副宪。王映斗升理卿。

十三日(1月14日) 晴。午后答周鉴湖,贺赵朗甫,谒马雨农学士,旋至常司直处,会商馆中诸同人至文博川处公祭,十九人到,十四人送幛席扣纸□桌。散,归。夜,价人来。武英殿保举折上。

十四日(1月15日) 微阴。得山西沁水令杨蔗民同年恩溥,行一。信,炭金八令。午后薛小云同年来,问寿序节略。暮至厂肆,遇皂荫舫师。夜,至价人斋中,与宝生、望云、右之、云生、涑文、五哥,为价人预祝,亥初归。今日西席郑季山三十生辰,送祝敬四两、佩件二种、笔墨二事。

十五日(1月16日) 晴,风,甚寒。午后同涑文至馥庵商清音事,又同听四喜戏,暮归。

十六日(1月17日) 午后狂风。晨至文昌馆,吊厉吉人,归途访子久。价人来。陈滋轩处先还我京平松银二百两。戌正月蚀初亏,三刻食既,子初复元,风定。连夜睡卧不安。

十七日(1月18日) 晴。德儿十岁生日,叩重闱喜。祝价人,又祝杏云母夫人。五十五岁,其老翁五十七岁,正月二十日寿辰。送恽处糕、桃、烛、麵,午后访馥庵不遇。夜饮杏云斋中。

十八日(1月19日) 晴。巳刻到署校二百廿三、杨纂,李校。廿八靳纂,常校。两卷。申正散归,途访价人不遇。得士吉兄信。

十九日(1月20日) 微阴。上诣大高殿祈雪,布置一切,搭暖棚,一百五十千,零费在外。署中又分饭银六两。

二十日(1月21日) 晴。料理一切。午后至天成、天丰两处,恭王来拜寿,辞之。

廿一日(1月22日) 晴。在帐房张罗一切,刻无暇晷。夜,价人来晤。

廿二日(1月23日) 晴。位置铺陈,并邀价人、云生、 堂诸人来帮忙,即在此午饭。夜,祀灶。缘明日无暇洒扫厨房。

廿三日(1月24日) 晴和。今日祖母八旬正寿,合家欢庆。亲友、门生及同府诸人来者一百五六十人,用面桌廿席,卅整席四桌外。送寿幛者三十五家,祝敬计有百廿金,其余烛、酒、桃、面等物,俱受之,惟如意及银分不收。清音演唱,聊以侑觞,亥正即散。是日所需计二百金。

廿四日(1月25日) 晴。督理一切,借物还之。卸棚。

廿五日(1月26日) 晴。午后吊马焕卿父丧,答区信卿,访伯雨,知其夫人病甚棘手。夜,请两西席放学,招价人、云生、涑文、右之、 堂作陪。送戴巽泉司马菜一席。今日予无暇到馆,托泉孙将应校之书携归,灯下校一卷,二百三十三,周纂,冯校。子正方卧。日来事集心烦,辄不成寐,惫甚。得严亲十二月初五日函,一切平安,寄友人各信亦附来矣。

廿六日(1月27日) 晴。作寄家书一函,并口磨十斤、冬菜等廿斤,托刘筱楼司马携回秦中,另送以桂圆、茶叶。校方略卷二百三十八。史纂,李校。料理积逋。夜,约泉孙、济川、子硕、杏云、辛芝、沅青来饮,消寒之变局也。闻欧阳用甫、温棣华俱丁忧。

廿七日(1月28日) 晴。缮寄陕西十九号禀,附蔡植三信。交折差李、乔二人带回,外附黄折连封二十分、人参三枝。午后至天成,送刘筱楼,晤之。至何受山师送年敬,知其回山西办起复事,明年正、二月方回都也。灯下校方略二百四十三卷,方纂,廖校。子初方毕。遣人至内城送信。

廿八日(1月29日) 晴,午后狂风。得杨子和同年书,炭金十二两。料理杂务,刻无虚暇。未刻敬神。夜,祀先。今日季和来晤。

廿九日(1月30日) 晴。午后至天成。悬挂真容,行礼。接灶。辞岁。

同治九年(1870)　岁次庚午

正月戊寅

元旦(1月31日)丁卯朔　晴,暖。叩贺重闱新喜。巳初出门,进顺治门,至恭邸及各师相处贺年,顺道拜数十家,在署午饭,照例有酒筵一席。日暮方归。

初二日(2月1日)　阴,雪花数点。晨拜年至倭相处,未刻到文昌馆,内阁团拜,演四喜部。每人十二千。申刻过才盛馆,应枢直诸君公请也,少坐即还,至文昌馆,亥正散。今年戏较往年为佳。

初三日(2月2日)　微阴。以信一纸、高丽参一斤交袁处专差带去。午初敬神。饭后拜年至伯雨处,知其夫人病剧,颇难措手,绣圃、朗夫、莱山先后来,俱云尚非险症,惟忌医药杂投耳。又遇程仲立,伊于年前廿六回京也。以武选司团拜五十金交余绂臣。

初四日(2月3日)　阴,微雪飘洒。在顺治门内外拜年,未正归。

初五日(2月4日)　阴。闻李伯雨夫人于丑刻去世,邀同人过彼帮忙,巳刻到伊处,申正方归。夜,祀先,收其容。

初六日(2月5日)　晴。晨拜年入东华门,到馆校二百四十八。萧纂,冯校。杏林、泉生、济川均至,申初散。又拜西城客,出顺治门归。今日郑季三、李小竹两西席开馆,夜,具杯酒小饮,邀右之、劬庵、君修价人次子。作陪。叔父今早入直,上初到书斋也。

初七日(2月6日)　晴。午后拜年,至伯雨行礼,薄暮归。

初八日(2月7日)　晴,寒。晨访涑文、印若、沅青,晤之。午后至东城拜年，归途至火神庙一游。

初九日(2月8日) 晴。遣人取书卷二百五十三，梅纂，吴校。未正校毕。申刻游厂，暮归。

初十日(2月9日) 晴，寒，大风。今日叔父留须。无书房，未入直。午后同涑文听永庆和戏。夜，至价人斋中陪西席，坐俱同乡熟人，亥初归。

十一日(2月10日) 晴。午后补拜年数处，旋至伯雨帮笔墨，遇辛芝。暮归。闻朱师母前日疾卒。

十二日(2月11日) 晴。作寄武仲平、焦雅航书，仍天成递山东省。内子出门赴亲戚家拜年。

十三日(2月12日) 晴，大风。午后吊朱师母，坐遇柳门、望云诸君。

十四日(2月13日) 晴。申刻访云生、沅青。德儿发热，微觉喉疼，以豆根、连翘、石膏、竹叶等饮之。夜，狂风达旦。

十五日(2月14日) 晴，大风，寒甚。周虎文来，为德儿诊，投以凉散之剂，以祛外感。陈惠卿同年来，商朱师母处公祭事。徐季和来晤。

十六日(2月15日) 晴，寒。子久约朝鲜使臣笔谈，邀予同坐，辞之。未刻过伯雨处，为之写帖，少坐即归。叔父至宋雪帆斋中便饭，忽患颤汗脉闭，顷之始定，比还家已轻愈矣。莱山本同坐，旋来诊视，云无他疾，惟气虚为寒所触耳。比来辄肝旺烦恼，昨晨以细故大怒，旋又往顺天府酬应，衣薄感寒，今日赴宴本勉强也。陈芝轩来，适出门未晤。

十七日(2月16日) 晴，暮大风，仍寒。叔父昨夜得睡，今日疲倦，无他恙。午后赵朗甫来诊，进疏肝之品。闻本日丑刻，神武门内木库不戒于火，二十余间。禁内屡灾，以儆以惧。明降谕旨，命停本日廷臣宴。陕西昨有六百里报，定边失守，贼势东移，秦中腹地空虚，调兵防堵，恐复震惊矣，殊切悬悬。

十八日(2月17日) 晴。入署第一次该班,票通本三件,二十、廿一、廿二日各一件。午初饭散,拜陈蕖卿于镇海馆,不值,归。叔父昨服柴胡,夜间肝气转觉刺痛,今日静摄不服药。申刻黄济川、云生、印若、右之来,陈芝轩来商归款事。衍秀疾卒,英元放仓场侍郎。达△升刑部侍郎。刘升来云,明日送鲍子年眷属入川,给以六金。伊曾孝敬衣料一个。

十九日(2月18日) 晴。晨到馆校二百五十八,梁纂,廖校。申初散归。致鲍子年书,交刘升携去。访晤袁子久。今日午时开印。

二十日(2月19日) 晴。晨答李韵湖,知其感冒,未能见。旋祝杏云老翁寿,在彼吃面,未初散归。夜,宝生约陪望云,今日开馆也,坐皆同乡,亥正回。叔父今日勉强入直,尚可支持。

廿一日(2月20日) 晴。肺热痰多,胸次抑塞。午后访伯雨不值。过云生处,数语。托和泰镶帽饰。闻理藩院署中柔远司失火。连日咳嗽,今日尤甚,胸胁作痛,入夜喉胀刺痛。

廿二日(2月21日) 晴。勉强入署,票部二、通十。午刻到馆,知星岑书尚未毕。饭罢即散归。遣人至星岑处,取书来校阅,系二百六十三,张纂,刘校。入夜乃毕。鲍印亭、沅青先后来晤。闻陈云舫以未得送馆函问,沅兄语多怨怒。今日朱子山、西山请福兴居饭,辞之。喉痛未减,颇觉烦闷,乃以石膏、银、翘等品饮之。

廿三日(2月22日) 大风,晴,寒。晨起喉痛微减。价人来。得士吉兄函,知其教职已验到,现派与潘子昭兴修文庙,中丞并欲送七弟忠义局干修,不解何故。是日大京察下,惟枢廷及官曾李左,交部优叙。

廿四日(2月23日) 晴,暖。午后同涑文听祥和泰。

廿五日(2月24日) 晴,大风,黄尘蔽天。得严亲去冬十二月十六日函,一切平安,外有桂花、木耳等一匣,系沈葵轩司马心阳。解饷带来。午后进城,今日戊午同年公祭也。到者十五六人,未正散。过伯雨处少坐,暮归。闻咏春舅丁内艰。彭梅仙于今日丑刻去世。

是日袁子久生日。

廿六日(2月25日)　晴。巳刻过伯雨处。饭后至未末，申初孙莱山方到伊处请点主余绂臣、价人襄题。也。暮归。今日叔父引见，京堂察典，照例入班也。

廿七日(2月26日)　晴，暖。缮寄庚字第一号禀，托子久交专差带去。辰刻吊朱师母，旋入署，票部三。通十。今日吏部京察过堂，余以署中有班行文知照，遂弗往焉。午正散，过镇海馆，访陈蕖卿问屋，现尚无闲空也。沈葵轩司马心阳。来晤。戴巽泉邀明日夜饭，辞之。遣人到馆取书，灯下校讫卷二百六十八。江纂，唐校。得焦雅航同年书。

廿八日(2月27日)　晴暖。闻陕中有警报，渭南一带不靖，中心悬悬。夜，至福兴居，邀云生、涑文、刘慎夫、价人饮，程仲立期而未至。访济川，托其将昨校之书明日携交。夜，不寐。

廿九日(2月28日)　晴。晨祝云生，遇右之。访袁子久，知其得小午本月十七函，由马递来，军事决裂，三原、泾渭一带俱有贼踪，省防尚无虑，以后之事则不可知矣。坐遇杏云。夜，校书一卷，二百七十三，周纂，冯寿珊校，辛酉八月。亥正毕。问朱茗生，云甘回分二股窜陕，一由灵州入陷定边、安定，旋又南移；一由庆阳入三水，以窥省垣，咸阳、泾阳、三原、蒲城及孝义、苍头等镇，均有匪踪，大荔亦蔓及，腹地甚空虚也。左宗棠报贼情，并请严议。

三十日(3月1日)　晴，风。晨祝云生太夫人寿。旋至伯雨处帮忙，伊处今日为伊夫人开吊，申正归。夜，饮云生斋中，肴馔皆自置，尚精美，坐俱同乡。

二月丁酉朔(3月2日)　晴。是日丑刻丁祭，文庙遣倭相行礼。叔父亦往焉。入署，票部一、通一，旋到馆，校二百七十八、杜纂，杨校。八十三李纂，王小铁校。两卷，曛黑乃毕。出城至福兴居，赴慎夫之招，坐有小堂、小泉、涑文，晤濂卿，亥正散归。宋惠人侍御邀饮，辞之。今日各衙门一等引见第一天。分四日，阁长今日引见，典籍中书须明日也。连日闻失火者又数处,风火为灾,实可惧也。

初二日(3月3日) 晴。巳刻到观音院,送伯雨夫人殡,巳正安位行礼,吃面后散。今日郑、李两西席同赴府考,昨日往审音也。贡院聚奎堂考试。亥刻雪约积寸许,旋止。

初三日(3月4日) 晴朗,甚寒。陈月舫来晤,托问文英库项事。午刻陆铁云表叔来,伊昨从保定到京,有提催马馆地租差事也。谈次知其近得委署通州石坝州判缺,尚得意,丰采如昔,留夜饭而去。福建巡抚卞宝第告终养,请开缺,得旨赏假三个月,回籍迎母就闽侍养,毋庸开缺。作寄四哥信,托曾陆附寄。

初四日(3月5日) 晴。晨拜陆铁云,于即升店晤之。送田子诚,立慈。答戴巽泉、沈葵轩心阳。访晤刘哲泉,又过和泰少坐,归。公源今日开市。申刻沅青来,知京察揭晓,伊与蓉舫俱钤出矣,汪、常俱记名,而顾竟不与。夜,寒甚如三冬,微雪。

初五日(3月6日) 阴寒。晨入署,票部四、通四。午初到馆,预校二百九十三卷,徐纂,王子仪校。缘子仪有事不能到,故余代为初校,改窜极多,手腕欲脱。暮散归。又将二百八十八携回,李纂,董校。灯下小憩校讫,惫甚矣。周星誉放广西左江道。

初六日(3月7日) 晴,昨夜大风,黎明乃止。得严亲正月二十日函,知甘回径窜三原、泾阳及渭南、华州所属各镇,省防极空虚,现在催调援军也。左宗棠奏,进攻金积,刘松山战殁,得旨优恤,予谥,入昭忠祠立传。张曜补广东陆路提督,刘缺也。祖母连日肝气作疼,左肋尤甚,胃口不开,委顿早睡。

初七日(3月8日) 晴。晨诣城隍庙拈香,旋至文昌馆,吊贾湛丈之弟妇,遇修伯,云左报贼数无多,河南、山西则张皇其词也。访辛芝,晤之。缮家信。暮至龙源楼,赴刘哲泉之招,坐惟济川、鹿桥生。正定鹿忠节之后,诗泉之弟子也。戌刻散。访濂翁,数语。祖母胸口发板,不思饮食,委顿,亚陶来诊,云木乘土兼有湿热,清解之。得四哥新正二十日书,从曾处来。

初八日(3月9日) 晴。价人来晤。寄陕西第二号信附外信十二件、京察单。交折差带回。作致四哥函，访印若，托其附寄。云生感冒，未晤。又过沅青谈。两西席府考毕，郑第三、李三十一。今日回寓。祖母咳嗽略定，胸次稍舒，仍倦，不思饮食，服昨方。

初九日(3月10日) 晴暖。袁子久来晤。午后同五哥观久和春剧，甚无谓。黄济川为余携书来，卷二百九十八，史纂，王益轩校。灯下校讫。祖母精神较健，惟胃纳不香，仍服昨方。

初十日(3月11日) 阴，寒。晨入署，票部四、通三。午初到馆，将昨书交去，小坐即行。在署闻蔡选廷病卒，董芸龛丁忧，两君皆实缺也。夜饮价人斋中，肴馔精美，坐俱同乡熟人。更许，雪飘洒达旦，积二三寸。

十一日(3月12日) 阴，寒。雪犹未止，竟日如雨如霰。

十二日(3月13日) 微阴，仍寒。价人来。今日吏部覆带京察一等章京钤出人员，七十九员。记名五十一人，庆兰、圃江、蓉舫、张午桥、邵曙堂、李李村、管茌生、姚彦士、石子高、恽伯芳、朱玉圃均与焉，惜沅青向隅耳。倭相之世兄福裕亦在内。是日选秀女。上年记名及各省驻防新到者。领春俸，廿二两五钱，除库币五钱，扣去一两，欠平五钱。实廿两五钱。

十三日(3月14日) 晴。晨访李峻堂、薛小云两世兄，致意办寿屏事。到馆校三百〇三卷。方纂，喻校。申初散，至黄济川处，适汪泉孙来，谈伊奏留事。暮归。朱修伯升宗丞。

十四日(3月15日) 晴。贺修伯、蓉舫，访伯雨，不值。过公源少坐，归。得严亲正月廿八日信，从袁处来，维时军务稍松，贼踪由澄城、白水窜走黄龙山，省中调兵追击，及其尾队耳。泾州又报贼窜镇原，将及陕境，左帅运道几绝，殊可虑也。

十五日(3月16日) 晴。入署，票部二、通七，饭后散。访张海峤，不值。至龙源楼，杏云招饮，坐俱同署熟人，暮散。同辛芝过濂翁处谈，戌正归。是日印若生辰。

十六日(3月17日) 晴。峻堂、小云来。午后至绳匠胡同访伯雨,不值,伊新居甫移也。又至印若、云生处。阅邸抄,知有旨命李鸿章驰赴陕西,督办援剿事宜,俟陕省肃清,仍赴贵州。

十七日(3月18日) 晴,风。晨入署,票部三、通三。午饭后出城,独过广德听秦声,暮归。夜,校方略三百〇八。叶纂,王子仪校。是日周鉴湖招饮文昌馆,辞之。

十八日(3月19日) 晴。晨访伯雨,晤之。未刻至天成问信,归访沅青谈,伊邀往永和轩回回铺在草市。夜饭,坐有云生、涑文,散后同过程五云谈,亥初归。月色甚佳。昨刘典五百里报小捷。

十九日(3月20日) 晴。申刻杏云来。李峻堂招饮余庆堂,辞之。

二十日(3月21日) 微阴,寅刻春分。午后风霾。入署,票部五、通三,午初散。过增盛店送戴巽泉,晤之。托其带不列号信一函,绒花一匣,八朵。皮糖、江摇柱各一匣,又朱中堂托寄粮道赵信一总函。大约廿三、四方成行也。

廿一日(3月22日) 晴。晨祝杏云,访子久谈,吊董芸龛丁父优。午后辛芝来,同听春台戏。暴热异常,躁不可耐,暮归。是日换白袖头。将不列号陕信一函交杏云,由甘捐差带去,大约亦须廿四、五走。

廿二日(3月23日) 晴暖。是日一等记名人员召见三员,自此始。先妣杨夫人亡忌,午刻设奠。未刻沅青来,知泉翁奏留,已回堂应允,惟艮老云汪系优贡,他日能否补侍读,勿留后别生枝节也。获观杨又云所藏王石谷画长卷,配以恽卷,索数百金。

廿三日(3月24日) 晴暖。入署,票部三、通五。午初到馆校卷三百十三,文纂,王益轩校。未正毕,归。在馆晤泉孙,知其又不愿奏留,恐他日侍读不合例而选班扣停,种种而致碍也。海运验米派郑敦谨、津。魁龄。通。

廿四日(3月25日) 晴暖。日色为黄埃所蔽。连日皆然。午后始稍清。今日已换毡冠。张海峤世兄来谈。午后陆铁云表叔及其子仁甫、张哲卿从保阳到来，昨日到，住人和店。暮去。余访朱肯夫同年，晤之。夜，同人为杏兄补寿，饮于福兴居，亥正散，归。

廿五日(3月26日) 晴暖。午后辛芝邀往庆和园听祥和泰。暮杏云约至致美斋小饮，归已上灯矣。夜雨达旦。灯下校三百十八，吴望云纂，冯寿珊校。二更始毕。

廿六日(3月27日) 阴寒。入署，票部五、通三。午正出城，拜陆表叔于人和店，晤之。夜，饮云生斋中。赵佑宸补左赞善。夜，风，微雪。

廿七日(3月28日) 阴寒，雨霰，午后密雪一时许，旋止。申初哲卿、仁甫先来，待上灯时，表叔方从城内到此。饮至亥初散，伊明日即赴通，后日接署印也。

廿八日(3月29日) 晴，寒。遣人取书卷三百廿三，吴超伯纂，杨校。午后校勘，薄暮甫毕。

廿九日(3月30日) 晴。辰刻李韵湖来晤。巳刻由西华门入署，票部四、通七，午初到馆校三百廿八，梁纂，王小铁校。未正散，将书携归，顺道贺周叔云观察，星誉。答韵湖，贺李村。闻刘克庵报北山肃清，有明发谕旨。连日春寒，有逾三九。

三十日(3月31日) 晴，寒气稍减。晨访价人，旋至辛芝，邀至致美斋饭，饭后至同兴轩听万顺和西剧，甚佳。暮散归。得温味秋同年书并炭金八两。

三月丁卯朔(4月1日) 薄阴，仍寒。午后过天成亨，访程濂翁，得铁云表叔书，即复之。入夜，雨达旦。

初二日(4月2日) 阴寒。入署，票部四通六，午正散归，已申初矣，道途泥泞，马足不前。林天龄补右赞善。傅子蕤前辈，钟麟。壬戌中书同年也。是科会试士。叔父房荐而未中，乙丑成进士，官兵主。又出杨茹香房，当为小门生，今日执贽来修弟子之礼，杨将于日内带见矣。

初三日(4月3日) 阴寒。陕西承差解试卷来,得严亲正月廿九日信并寿幛麻姑。八仙八幅、燕菜二匣,即呈祖母。此差二月初由省动身,已称安靖、潼关一带无阻矣。以京蚨五千购谢辅坫《新选时墨》,仅见一部,七本。陈西林家所刊本也。作答杨子和、温味秋书。夜,细雨润地。

初四日(4月4日) 晴。遣人取书未得。午后天成亨、田硕卿来,得正月廿六日严亲手函并会券三千,令收储勿动。旋作庚子第三号,交天成明早即附递去。夜,价人来读画。更许,雷电,微雨,旋风。

初五日(4月5日) 晴,大风。辰初清明节。校三百三十三。张纂,冯寿珊校。辛芝、沅青来。陆铁云以查看剥船之便,进城来晤。申刻祀先。

初六日(4月6日) 晴。晨答傅子莼同年。钟麟。晤陆表叔于人和店。入署,票部四,午初赴馆,校三百卅三,汪纂,王子仪校。余又代初校,益觉费手,携归灯下校讫。暮访孙莱山晤商戏事。乔松年放仓侍,毕道远丁忧缺也。夜,阴,细雨。

初七日(4月7日) 阴。晨至庞宝生处贺喜,今日劬庵过礼也。吴望云、庄衡峰为媒。午正过公源。申刻报录人来,知本日奉旨,严亲办防著绩,蒙恩赏戴花翎,闻之忻忭。赵新同奉恩旨。

初八日(4月8日) 晴。晨至天成,先取阑干之数,饭后访晤杏云、辛芝。夜,有月。闻朱修伯尊人病重。是日恭铁臣以劳瘵卒。

初九日(4月9日) 阴,午后细雨。晨入署,票部三、通五,饭后散,由馆携书归,卷三百四十三。杨纂,王益轩校。过恒远店,问辛芝,未遇。晤廉翁,数语归。尝黄花鱼。夜,有月。朱修伯丁忧。

初十日(4月10日) 晴,寒。辛芝来,托伊购翎枝。答陈云舫、程容伯。万寿折差来,得严亲二月廿四日信,省防尚安谧,渭河以北一片贼氛,军书络绎。夜间须登城巡视,心力交劳,已得李相移师之命,蒋豫庭约三月中旬可到。奎侄延王思庵勷。为师,课读尚严。王戊午同年,叔父门下士也。

十一日(4月11日) 晴暖。入署,票部三、通五,午饭散。吊韩六一于松江馆,唁朱修伯。自馆上携书归,卷三百四十八,夏纂,喻校。灯下校讫。

十二日(4月12日) 晴暖。辛芝来晤,以廿二金购定翎枝。由同泰转议价值西月墙德胜隆店。今日慈仁寺公祭顾亭林,不克往。晨贺本家复生续娶,坐晤沈梅史,尚未出京也。午刻到文昌馆,同人答请军机处诸君,到者十四人,主人二十人,每分廿三千。亥初归。

十三日(4月13日) 晴暖。晨访印若、涑文,晤之。午后过朱修翁处陪客,申正归。今日聚亿陈姓、和泰△姓均请天寿堂观剧,辞之。

十四日(4月14日) 晴暖。作不列号陕信一函交书吏侯凌云带回,并借去银十两,据云回省有领项可抵也。晨过沅青处,谭伊家盐务事。申刻访晤莱山丈,至价人处吃鱼面。夜,赴陈湘亭桂芬,通州人。招饮同兴居,亥刻散。

十五日(4月15日) 晴,大风。缮寄陕西庚字第四号禀,并花翎一枝,连匣一只,交焦、李二弁携回。遣人取书,卷三百五十三,杜纂,刘哲泉校。篇页尚少,午后校讫。内子至长巷三〇〇长吴馆听戏,潘辛芝家搭桌见招也。奏事处口传,改于十九日换季。

十六日(4月16日) 晴。晨访江蓉翁,答沈仲维同年,均未晤。午后辛芝来。申刻访芥凡,谈良久。旋至文昌馆,今日壬子团拜,带请年兄弟子侄,故余往赴招也。戏甚佳,亥正归。直年汤伯温(似瑄)。

十七日(4月17日) 晴。午后访晤沅青。夜,得严亲三月初二日函,附方元仲处专足从何君锡俨。家送来,发信时贼股已由麟游、三水窜回甘境,且闻逆首马五和已击毙,陕境惟北山土匪未靖耳。得雨雪二次,麦秋可望米价略减矣。闻左帅折来,似与小午有龃龉。

十八日(4月18日) 阴,微寒。取书归,午后校讫卷三百五十八。徐纂,刘厚庵校。尹杏农观察到京,从河南来引见也。午正祀先,汤淑人亡忌也。

十九日(4月19日) 阴。缮寄不列号陕信,仍托方处专足带回。巳刻过庞处道喜,劬庵已往亲迎,未正视其合卺。余赞礼。夜,饭后听清音,亥正散。陆铁云、李韵湖来晤。夜大风。

二十日(4月20日) 晴,大风。晨谒尹杏农年伯,晤谈良久。午刻到松筠庵。今日余同泉孙、济川、子久公请同署友人,未到者十七人,到者为江蓉舫、徐沅青、曹宝臣、杏云、王小铁、唐蓉石、吴东竹、李峻堂、端木子柔、李虎峰、马小西、高守吾、其操。彭瑟轩、陈蕖卿、吴慕韩,共坐三桌,酉刻散归,旋派分每人五十六千。

廿一日(4月21日) 晴。得四哥二月廿九日函,即作答之,仍托曾处递去。未刻莲生、诚甫茂善。来晤,诚甫昨从山右来,伊题补河东库大使,吏部尚未议复,来京问信也。暮谒宝生丈,问诚甫事。同沅青、芥凡同至安徽馆,相度地势,台甚明敞,而楼太高,梯子尤不合式。旋至福兴居,请莱山丈叫梅仙来定戏交单子,约点三十出。遇杏农、馨伯、湛田诸先生,子初方散归。

廿二日(4月22日) 晴。晨送沈葵轩司马回陕,附去信一函。致三哥。入城访李菱舟,商馆中事,午正归。伯雨、价人来晤。今日叔父入宁寿宫听戏,辰正入坐,凡二十六刻。

廿三日(4月23日) 晴。申刻狂风,黄沙蔽天。今日万寿圣节。午后访芥凡、沅青,照料一切。夜,细雨。

廿四日(4月24日) 晴。校卷三百六十三。方纂,吴校。午刻答张诚甫,不值。到安徽馆,应江蓉丈之招,申正散。答芝斋,晤之。亲友送寿幛烛酒等,陆续而来。

廿五日(4月25日) 晴。料理一切。午后至安徽馆布置。

廿六日(4月26日) 晨阴,细雨数点,旋放晴。辰初赴馆中。今日演四喜部,为祖母称觞上寿,宾客满座,并请女客七八桌,子刻方散。请孙莱山年丈办戏,甚热闹,酒席用黄厨。祖母巳正到彼,亥初方归,馆新而戏台明敞,借用费十两。两廊可为女座,设寿堂于东院南厅。

廿七日(4月27日) 晴暖。检点什物,午后倦卧。

廿八日(4月28日) 晴。巳刻至文昌馆,吊朱修伯尊人。午饭后到松药庵,中书同年团拜请老师,未正董、皂两师来入坐,饮至酉初散,到者十四人:武子东、震。游汇东、百川。李香陔、芳柳。李雨岩、汝霖。慕次鹤、丁芥蕃、张巨川、王子仪、常司直、蔡芝斋、冯杏林、傅子蒓、李菱舟与余也。期而未至者为刘哲泉、喻穆斋、李伯玙璠。三人。每分派廿四吊,巨川承办,菜甚佳。同兴每席八十四千。沅青来,得严亲三月十四日信,折差十七由陕起身,到得极快。一切平安,蒋中丞已于十二日接印。凤翔尚有贼骑,添派数营往堵矣。蒙赏花翎之旨尚未奉明发也。程覃叔升光卿。

廿九日(4月29日) 晴暖。清理账目,检点寿幛。申刻过天成少坐。

三十日(4月30日) 晴,午后狂风,黄埃蔽空。晨到馆校卷三百六十八,叶纂,常校。未正散。在馆晤菱舟、哲泉、子宜,进呈本缮出者不少,日内即拟校勘印圈,俱照恭阅稿本,稿本系纂修处印圈。印色牙圈由馆中豫备,初校印就后仍须复校一过也。闻李中堂本月廿五由鄂启行赴陕。芝斋送土宜二。杭茶、蛏干。

四月丁酉朔(5月1日) 晴,有风。寄庚子五号信,交折差带回。巳刻至观音院,送朱修伯老翁殡。

初二日(5月2日) 尘霾蔽日。晨谢寿数十家。申刻访沅青、涑文。暮雷,微雨数点,大风旋作,彻夜不休。

初三日(5月3日) 晴,狂风。庆裕放湖北郧阳府。闻李相捻匪肃清二次保举折到。

初四日(5月4日) 晴暖。贺芥凡移居横街。旋至才盛馆,今日沅青为乃叔竹士先生称庆,七十七。演三庆剧,亥正先归。送幛烛,余又送小如意酒一坛。

初五日(5月5日) 黄埃蔽日。午正祀先,潜虚公诞辰也。饭后至东城答客,甚躁。

初六日(5月6日) 晴。丑刻立夏。王嫂生日。闻豫抚有五百里报。上诣大高殿祈雨。入署,票部一、通七,午正饭,散归。在署见李中堂续保肃清捻逆各营出力官绅,四单约千余人,杨思赞以知县分发补用并加同知衔;丁筠卿以直隶州分发补用;朱子清俟补郎中后以道员选用并戴花翎。丁芥帆生日。

初七日(5月7日) 晴。检点衣箱。辛芝来。袁子久处送来严亲二月二十日函,知省北沿渭,贼氛又炽,此股系陕回崔三,约有万余人,官军仅办尾追,不敢迎击,奈何奈何!访云生数语。夜,过福兴居,同人公祝芥凡兼请芝斋,亥刻散。又同辛芝过廉生处小坐。谭竹崖司寇卒。夜大风。

初八日(5月8日) 晴,午后大风,甚凉。晨到馆校三百七十三,文纂,冯杏林校。未正毕,接校七十八。吴望云纂,李校。今日同人俱到馆,商正本印圈事,拟后日即得手,缘总裁催书甚急,有五月中进书之意。芥凡邀饮福兴,辞之。

初九日(5月9日) 晴。午后访云生谈。以寄陕信一函并朱修伯信,交袁子久处附递。

初十日(5月10日) 晨晴,暮大风,雷雨。入署,票部四、通七。午正赴馆校卷三百八十三。吴超纂,陈校。暮冒雨归。庞宝翁来晤,伊昨升总宪也。谭竹崖卒,赠太子少保,赐经被遣贝勒奠辍,伊子宝瑛赏员外,宝琫赏举人。郑敦谨调刑省,沈桂芬升兵尚,庞钟璐升左都,彭久余升吏左,邵子彝放九江府。折差来,得严亲三月二十八日函,知回逆一股窜北山,一股回甘境,省防解严,然时虞奔突也。此信甚速,现需翎枝、翎管、小九二尖靴、扇络等及纱袍褂屯绢料,并缙绅茶叶,命遇便常寄也。

十一日(5月11日) 阴,午后放晴,旋又雷雨一阵。巳正到馆,校进呈本两卷,改补等事尚不甚应手,草草未毕,酉初散。

十二日(5月12日) 晴。缮寄升字六号信,外附一函。并扇络等共九件。一包、靴一双、搢绅一部,交折差带回。暮过价人处谭,遇子辉。

十三日(5月13日) 晴。辰刻到馆,酉刻散归。校正本数卷,又校三百八十八。梁纂,刘星岑校。

十四日(5月14日) 晴。入署,票部八、通七,午刻到馆,酉正散。出城,到福隆堂,应颉仪臣世兄之招,顷之五哥来,遂入席,戌初散。同坐张海峤、宋△、郝念堂,皆同门也。是日潜虚公忌辰,午刻设供,余不及行礼。上诣大高殿报谢。

十五日(5月15日) 晴,风。是日考差。晨至圆通观,午后祝黄济川太夫人寿,坐遇芥凡,数语即行。访伯雨,不值。考差题,彭久余出题。"旧令尹之政"至"忠矣"、"维时亮天功"、"水竹会平分。"分。校三百九十三。陆纂,唐校。

十六日(5月16日) 晴,狂风竟日。到馆校正本二卷,暮散归。张哲卿自通州来,下榻吾家,陆表叔托办捐级事也。

十七日(5月17日) 晴。晨与哲卿谈。辰刻登车回通州去。访云生,又贺考差诸公。过杏云处,托伊办铁云加级事。随带一级,寻常二级。

十八日(5月18日) 晴。入署,票部二、通五。饭后出城,同芥凡、沅青听双顺和,又听三庆两出,暮归。作寄陕信一函并茶叶五斤,托汪明府桂,浙江人。携去,由朱修伯转交。致词甫书,托同泰寄。

十九日(5月19日) 晴热。今日亲友家嫁娶者数处,余皆不往,唯至间壁温明叔太年丈处拜寿。未正到馆,同人商量字体,苛细已甚,殊不耐烦。暮归。

二十日(5月20日) 晴热。搭棚已齐,价仍如旧。卅百,连外书房半价在内。今日苏府同乡在长元吴馆团拜,不克到。陕西臬司英奎到京请安。

廿一日(5月21日) 晴。英伯文廉访处送三月十四日信来,并四哥捐照一纸,又带来海骝色骡一头。百金所购。午刻诣朱修伯,晤谈良久。旋至余庆堂,杏云招饮,坐有邵曙堂、庆兰圃两太守、沈仲维同年,仲维癸亥下第别去,倏已八年,今以湖北候补道来引见也,年四十三,才气开展。汪泉孙捐□□,开缺。邝晓村补。王子宜上部本,刘厚庵上通本。

廿二日(5月22日) 阴,微雨。入署,票部五、通四。午刻到馆,申正散。拜英伯文观察,未晤。

廿三日(5月23日) 晴。晨祝袁子久祖母寿。九十三。未刻访涑文,过厂肆。过价人处谭。英伯文来,叔父晤之。

廿四日(5月24日) 晴热。晨访价人,以四哥寄收托其携至户部换照。巳刻到馆,校进呈本,又校三百九十八。金代周纂,廖校。暮归,试用新骡,足尚健。

廿五日(5月25日) 晨阴,午刻风作,黄埃蔽天。入署,票部四、通五。出城过天成亨取银。

廿六日(5月26日) 阴。暮吊张晓莲之丧。是日上诣大高殿求雨,午刻洒数点,旋止。

廿七日(5月27日) 晴热。叔父四十一寿辰,叩贺重闱。以小骡假与黄济川去,济川送余土宜四种。午后雷雨一阵,而城内不尔也。价人来,晤之。马县丞山钦。来,得陕西三月十五日函、洋绉二匹。

廿八日(5月28日) 晴。午后至文昌馆,武选司团拜,承季膺、禄。恩子余、绪。余绂臣、苏菊生、王子藩诸公见招也,暮归。京堂考差凡十七人,倭相拟题。

廿九日(5月29日) 晴热。入署,票部五、通五,校卷四百〇三。叶纂,杨校。又校进呈本一卷,暮归。

五月丙寅朔(5月30日) 晴热。料理杂务。刘有铭升理卿。今日放考官,云南正:汪叙畴,副:王先谦;贵州正:张端卿,副:刘青照。刘星岑邀饮松筠庵,辞之。曾君表到京,得四哥信,得枇杷二斤,分送杏云、价人、云生。

初二日(5月31日) 晨阴,大风,午后放晴,热。拜英伯文廉访,晤之意与刘克庵甚为参商。巳正到馆校书二卷,暮归,乏甚。今日午刻陆云生得子。

初三日(6月1日)　阴。晨诣朱师拜节。入署,票部四、通五。午刻到馆校两卷。申刻散,出城过聚兴,购扇络二、金顶三,四哥所需也。贺云生,未晤。

初四日(6月2日)　晴。料理节逋。午后子久来,旋访云生、 堂。 堂已定初九南行矣。过会馆拜晤曾君表、丁炳卿、裴卿昆仲。梧冈之子。

午日(6月3日)　晴朗。是日庚午。叩贺重闱。巳刻祀先。午后拜同乡亲友数处,晤价人、伯雨、 堂。作寄四哥信,并扇络二个、金顶三个、耳圈一付、香囊一枚,托 堂带去。折差高发新、张光荣来,得严亲四月廿一日书,体中安适,惟藩库入款寥寥,而支用纷繁,答无以应。北山土匪未靖,韩城回股时思出窜。李相约在节后到省也。

初六日(6月4日)　晴,午后阴。是日上诣大高殿祈雨。晨入署,票部四、通五。午刻到馆,酉正散,至福兴居,余与五哥同请 堂、君表,邀涑文作陪,亥正归。伤风,胃脘作痛。

初七日(6月5日)　晴,暮微雨。缮寄陕西第七号禀,并亮纱料二个交折差。高、张。午后同云生听祥和泰于天乐园,暮归。闻泉孙留方略馆校对,不再向内阁咨取矣。

初八日(6月6日)　晨阴,午晴。巳刻到馆,校四百十六一卷,舛午极多。《剿粤匪方略》共四百二十卷,得十五至二十六卷,系长江水师章程也。至是恭阅本可稍停矣。饭后又校正本一卷。今日添派李方豫、李士彬为复校官,二君皆新侍军机章京。酉初散,归途访辛芝,不值。

初九日(6月7日)　晴,申正雨风交作,顷刻即过。晨送 堂行,过同丰,以翎管还之。入署,票部四、通五。李菱舟约商事件,乃于饭后到馆,缘内读章程未定,日来以此纷呶也。申刻冒雨出东华,在酒肆中小坐，雨过出城。夜，饭后访沅青、泉孙谈。彭芍亭到京销假。

初十日(6月8日)　晴。在家静憩一日。暮泉孙来晤，知今日提调到馆商定句读仍须加密，前校之书，仍须再阅一通。价人处送四哥郎中执照来，户部照。给以笔墨费五十千。

十一日(6月9日)　晴热。辰刻入城，到馆将前书一一重校，惫甚。初晤李伯杰比部，士彬。酉正归。赵朗甫来晤。陈云舫年丈招饮福隆堂，辞之。

十二日(6月10日)　晴，极热。祝伯母六十一寿。入署，票部四、通五。饭后到馆，申刻出城，至广德楼观剧，应天成之招，复邀夜饮，辞之。至辛芝处，祝顺之年丈。今日郑、李二西席赴通州应试。广东放王祖培，付:谢维藩；广西陈振瀛、马相如；福建宝森、刘曾。

十三日(6月11日)　阴，黄埃蔽空。暮狂风，轻雷细雨。入夜，复雨一阵。有旨十六日三坛祈雨，农田盼泽久矣。巳刻到馆，午后茗生来，云六十卷以后折奏及谕旨中仍少加读圈为妙，嘱同人商之。申正冒风出城，对面不相见。夜饭后，济川来谈良久，伊昨日在馆与泉翁语多不合，颇牢骚也。

十四日(6月12日)　晴朗。今日文端公八十冥寿，午刻设奠，怆念音容，不胜瞻慕。午后同沅青至广德，旋至福兴，饮数盏，暮归。

十五日(6月13日)　晴热。午刻到长元吴馆，同乡公请钱调甫廉访，未初客至入坐。申初先散，至文昌馆，祝朱锡臣尊人寿，少坐即归。署中告假数日。求艮峰相国书楹联一副。

十六日(6月14日)　阴。申刻黄尘蔽空，狂风大作。今日三坛祈雨，而风霾昼晦，其示儆欤。巳刻到馆，校卷首一卷，系选辑显庙文二首、诗若干首，以弁方略之首。总纂自辑，冯镜仁校。午后又校正本数本，申刻冒风归。闻山东学政放潘斯濂，于君丁忧也。英伯文夫人在城外△寺讽经，送一幛去。有旨饬问刑衙门清理案件。

十七日(6月15日)　晨阴，细雨，午后晴。叔父感暑发烧，未能入直。午后徐亚陶来诊视，处方用疏解利气之品。入夜热甚，吃梨两枚，稍静，呻吟有声。下半夜略安，热稍减。朱智升通副。

十八日(6月16日) 晴。叔父醒来仍发热，胸次烦躁，频饮梨、蔗等汁。午后许济川来诊，马钱四吊八钱。云是温病初起，昨方未妥，仍以银翘汤主治，亦不须用白虎也。申刻气稍舒，入夜得大解，热渐止。今日程覃叔六十寿辰，吾家送寿幛、烛，酒、腿未受。到彼拜寿，未晤。钱调甫留别十二金。

十九日(6月17日) 晴。叔父热止，仍委顿，又得大解，中气觉弱，起坐片刻，复倦卧。具折请假五日，缮就后送国子监，明早令笔帖式呈送。价人来。午后许济川来诊视，云外邪已解，用增液汤加牡蛎。宝生来问疾，入内谈半时。暮周虎文来，亦为叔父诊视，云病去八九，服济川方甚妥也。余访云生，不值，过沅青处略谈数刻。作寄陕西信附文俊信。并衣服三件，屯绢褂、洋绒△△大衫各一。托袁子久处便人带去。

二十日(6月18日) 晴，大风。祈雨之铁牌到京，仍无雨意，奈何奈何！辰刻到馆，校书数卷，酉初散。晤星叔，云将来平捻方略，先将底本印圈，再行呈总裁阅定，为一劳永逸之计，甚是甚是。叔父今日精神较健，惟胸次尚未大舒，自汗犹未止耳。上感冒，未到书房，想是暑热所触。

廿一日(6月19日) 阴云往来，仍不雨，午后晴。伯雨、辛芝来。叔父大愈，惟饮食尚少耳。海运收米保举。

廿二日(6月20日) 阴，微雨数点，未刻又一阵，即过。晨祝仲渊兄。出门谢赵朗甫步，拜杜梅舫、彭芍丈，均未晤。午初到馆，酉初散。归途贺胡铁庵加道衔，云明日方回京也。四川主考放丁绍周、刘景宸；湖南放王绪曾、杨泰亨。

廿三日(6月21日) 阴。晨知郑季三及赵、钱、陈诸君通州小试均入泮矣。走贺价人，晤之。叔父胃口仍未开，昨日大解仍泄，今日复二次，请朗甫来处方，用培土祛湿之品。暮西席李小竹由通回寓,殊怏怏也。夜,子初三刻夏至。

廿四日(6月22日) 阴。晨贺刘厚庵星使,未值。过仁昌取银。申刻微雨。暮访云生、沅青,知厚庵出差,署中知照方略馆,馆上回堂添传一人,日内便行文内阁也。

廿五日(6月23日) 阴,暮雨一阵,稍凉。昨日上已到书斋,今日叔父具折请安销假,入直虽觉软弱,尚可支持。余清晨入署,票部四、通五。午初到馆校书一卷,饭后拟即出城,而武三感寒腹疼,不能行,待至申初未愈,乃另雇一人御之而归。余武三另车回寓。闻天津以诱拐小儿,正法二人,语涉洋人,与之讲理而桀骜,于是百姓群殴领事官毙命。今日崇地山有报来,想大费唇舌矣。暮子久处送来严亲五月初十日函,体中健适,三嫂小产甫复元,全姊又感冒,寒热不止。戴巽泉携去之信件,今始收到。李节相大约五月中旬入关,藩库支应一切竭蹶不遑,入款无起色,殊焦虑也。入夜,雨,竟夕有声。

廿六日(6月24日) 阴,大雨不已,第一快雨。今日上诣大高殿拈香,分遣王公大臣诣三坛及龙神祠祈祷,酉正雨止,约得半尺余矣。暮,夕阳有影。入夜晴。阅邸抄:曾国藩驰赴天津查办事件。

廿七日(6月25日) 晴朗,天容净洗,尘障一空。晨过沅青,数语。拜徐绍圃,不值。午后访宋惠人,晤之,知梁家园定于月朔开放粥厂,缘前日有旨,命御史会同绅士筹费散放,故有此举。圆通观经费无多,而又不得不开,如得官米津贴,庶稍可省力也。得词甫信,知其六月初北上,内子之生母决意同行,嘱余于到京后照拂也。同年瑛露轩彬。故后,子女伶仃,出单书助,助以二金。

廿八日(6月26日) 晴。晨访杏云,谈数语。入署,票部四、通三。午正饭散。拜牟步南前辈,未晤。暮过云生处,托其寄山东范楣生信,云有吉君日内成行,可托也。

廿九日(6月27日) 阴云往来。价人来。午后同五哥至致美斋吃馄饨。暮雨。入夜,大雨如注,黎明始止,四境必沾足矣。

三十日(6月28日) 辰刻雨止,巳正放晴。入西长安门,到署,票部三、通四,午初饭散。袁子久送方略馆校对,署刘厚庵缺也。申刻子久来,知明日有专差回陕,乃缮第八号禀函,托伊附寄,书中略述津门事。有谕旨,令各督抚保护教民,弹压地方。

六月丙申朔(6月29日) 阴。酉刻仲嫂又举一男子。尝小西瓜。

初二日(6月30日) 阴晴半。郑季三自通州回,知其入泮,名列第四,昨甫发落,即赶回城也。徐绍圃同年来晤,告以圆通观经费不敷,未曾开厂,得雨已透,拟缓缓图之,不愿请领官米也。午后贺云生得子弥月,在彼饭,同乡俱在坐,申正归。

初三日(7月1日) 阴。晨吊张巨川丧偶,入署,票部三、通五。午初到馆校书两卷,知总裁阅过两卷,无他说,近派阅流水板心之江蓉舫、周鉴湖,已看六十卷,而复校皆有积压之意,如何如何!崇厚奉使赴法国议换约事,成林署三口大臣,此总理衙门调停之策,未见明谕旨也。

初四日(7月2日) 阴。晨访杏云谈。午后闻韵湖夫人在通病甚,乃过莲生处询之,知伊代邀唐介鳌明日赴通也。夜,芥凡来谈,伊署中派送邯郸龙神祠铁牌,将于初八日同大京兆一行。

初五日(7月3日) 晴。赵老四来晤。暮访辛芝、伯雨,不值。

初六日(7月4日) 阴。入署,票部一、通五。巳正散,出城拜许鹤巢,归。伯雨来晤。郑季山欲移寓习静用功,代请一山东茂才于銮坡殿中。权馆,申刻,季山与之偕来开馆。夜,治肴便饭。袁子久来,知英伯文廉访今日续娶,乃遣人送羊酒票去贺之。

初七日(7月5日) 阴,微雨一阵,午后晴。辰刻到馆,校书两卷。今日袁子久带见,总裁尚未到馆校阅。申正散归。

初八日(7月6日) 阴雨。今日大京兆送铁牌回邯郸,意者神灵所至,甘雨随之乎。午后至恒庆,遇杜华庵。旋至广德楼观剧。夜,至福兴居与价人、辛芝公祝伯雨,并邀汪柳门、洪文卿、顾缉庭作陪,亥刻散。刘有铭升副宪。

初九日(7月7日) 晴。晨至聚兴,还扇络。入署,票部五、通五。午初到馆,校书一卷,未正散归。昨,折差来,得严亲五月廿一日函,公事极烦,身体安适。全姑娘尚未愈。李相将至西安。金积堡贼有窜意。闻左帅有退志也。今日文勤公诞辰,午刻设供。

初十日(7月8日) 晨雨数阵,旋晴。缮寄第九号禀并靴一双,交朱、张二弁带回。附毕起赴信。申刻拜陈生甫,家震。不值。归,生甫来,晤之,并见内子。生甫为陈又桥之子,从前曾随其母到陕署者也。季和来。龚自闳升理少,仍署顺天府丞。

十一日(7月9日) 晴。晨至天成。暮侍叔父游陶然亭、榆树林。旋至福兴居,今日文卿、柳门、缉庭公祝伯雨,邀余与价人、辛芝作陪,亥正散。上感暑,膳后未到书斋。李兰翁太夫人生日。兰翁日来患腹泻,未入直。

十二日(7月10日) 微阴。祝伯雨三十寿。入署,票部四、通五。巳正散归。午后访杏云、沅青,知天津人情未甚安定,海口已有兵船,欲进泊三岔河。曾相于初九日可到。浙江考官放刘有铭、李文田;江西彭久余、杨书香;湖北曹炜、蔡逢年。而闻蔡君有回扬之说。

十三日(7月11日) 晴热。午正祀先,曾祖妣张太夫人忌辰也。子久来,托交西征粮台预解监照,照费千两。是日英伯文请训。

十四日(7月12日) 阴云往来,日光淡淡,不甚热,申正雷雨一阵。卯正侍祖母、叔父、伯母游二闸,辰初出东便门,雇二船,十二千。顷之到齐,解缆二里许,至河沿财神庙,赏荷轩。登岸少坐,复舟行。半里许到闸口泊。与叔父登岸啜茗,看小儿凫水为嬉,旋回财神庙饭。庖人去备数篮。又荡舟至闸,到龙王堂少坐,乃回舟。阵云如墨,雷声隆隆,遂登车归。叔父往返皆策骑,抵寓适雨,殊快人意,年来奔去风尘,得此清游,胸襟为之一旷。

十五日(7月13日) 晴朗。晨送马君山钦。行,托带家信一函、屯绢料一副;答李伯杰比部,士彬。均未晤。入署,票部四、通七。午初到馆,校书一卷,申正散。拜英伯文,未值,归。张哲卿自通州来,托办捐监事，适余入城，未及见。今日寅卯间月食，食既天色已明，未闻救护。闻昨日宋雪翁有封事。今日中书李如松有条陈，大约以民心不可不固为主。请中堂代奏。留中未下，想均为津事而发。鲍源深署吏右，唐壬森署副宪。惇邸四十岁赐寿。吾家送如意。

十六日(7月14日) 晴。暮访沅青，闻虎峰条陈大略。坐遇区信卿。

十七日(7月15日) 晴，热极。晨至公源，嘱办张哲卿捐监事。入署，票部九、通六。午刻到馆，校书两卷，申刻归。祀先汤淑人诞辰也。

十八日(7月16日) 晴。闻云生新生之子惊搐，乃往问之。冯联棠文蔚。来拜，面交沈仲复银信。同乡缪豫生来晤，系少初之侄，昨由河南来应试。

十九日(7月17日) 阴雨竟日。作致何介甫函，交李元带浙。闻天津道府县均已撤换，现在查拿凶首。

二十日(7月18日) 阴云往来。补祝辛芝。入署，票部五、通五。到馆饭，补印换页两张，即散归。泥泞颠簸，惫甚。暮过云生处，旋至福兴居，与杏、沅、芝公祝辛芝，亥正散。

廿一日(7月19日) 晴。暮词甫从南中到此，昨方抵通，知桂甫奉其母，携眷同来。内子之生母亦随之俱至。夜，雨。

廿二日(7月20日) 晴。遣仆辈费十五千。赴通州接内子生母。午初祝庞老太太寿，在彼吃面。又过云生处少坐，归。沅青谭良久。江苏考官放铭安、林天龄，陕西放陆尔熙、孙诒经。本月二十日雨中，万藕舲、郑小山两尚书坐车入东华门外栅栏，经护军统领参奏，得旨交部议处，该班章京分别议处。

廿三日(7月21日) 晴。午刻拜缪豫生，不值。遂至子久处，今日与子久同请英伯文、奎。夏芝岑、献云，湖南观察。卢艺圃、汪泉孙，申正伯文冒雨来，乃入坐。饮至暮散。雨中迎送，殊为狼狈。叔父两日住城内，今日归寓。知仆卿本上，已蒙恩擢升，徐桐亦拜太常之命。王姨太太自通州来,暂寓吾家,知其家事已分析,彼此各为生理,噫!入夜,雨,达旦不止,檐溜潺潺,令人愁闷。

廿四日(7月22日) 阴,大雨,申刻方止,风号云走,放晴。祀灶。报录人来报,叔父升补仆卿,即缮折一通、腰牌一支,遣人送进城去。暮词甫来,数语。

廿五日(7月23日) 晴。叔父谢恩,未叫起。周虎文炳章。来晤,伊捐通判,将赴江右矣。五哥赴成均录科,题为"吾闻君子不党"、"诸君何以答升平"、"文章源流策"。今日未刻,曾相奏报,遵查津事大概情形,谓教堂并无迷拐实据,确系津人怀疑启衅,请明降谕旨宣示,并将天津府县革职,交刑部治罪。于是召见诸亲王、军机御前、弘德殿师傅,博询集议。醇惇抗论,师傅亦有公论,而总理诸臣力持不得已之说,良久无定议,终从曾相之请。此诚夷务之一大关键,及今不能挽回,恐自强无日矣!价人来。

廿六日(7月24日) 大雾,湿暑不可耐,午初放晴,入夜,雨。由西华入署,票部四、通四,旋到馆,校书一卷。申正归。

廿七日(7月25日) 黎明大雨如注,辰正晴,酷热。暮拜陆光甫星使,不值。访晤云生。今日总理衙门保举司员折上,杏云、芝斋俱以道员分发,加按察使衔。辛芝、芥凡以不及二年不与焉。满六人,汉十一人。

廿八日(7月26日) 黎明大雾,细雨。午刻晴,热不可耐。入署,票部一、通六。巳正散归,泥深尺许,车如转丸,惫甚。缮寄陕西禀,一交英伯文廉访,并附好花翎一支、四十两,德胜隆。高丽参一斤;一交陆光甫星使,亦附茶叶一大包、五斤。《简明目录》一部。见昨日邸抄:慈禧太后之母承恩端恪夫人溘逝,赏银三千两,交照祥祗领。崇厚报,曾相目疾作剧,夷人要挟,命毛昶熙驰往会办。晚间函询杏云,知毛公奉旨后,请带随员四人:吴元炳、刘锡鸿、陈钦、恽祖贻。明日请训,初二起程。

廿九日(7月27日) 晴,热不可耐。午后过子久处,伊叔桐友学博卒于禹州，伊闻信设位，同人往行礼也。过谢公祠，应严心香大令德芬。之招，坐有卢艺圃侍御、张△太史、曹△、高守吾。申初归。闻丁芥帆自邯郸归。暮过杏云谈，知其初二动身，旭翁有斡旋前说之意，先令英公使威妥吗赴津说合。坐遇沅青、辛芝。

七月乙丑朔(7月28日) 晴，热不减。晨访词甫昆仲于会元店，不值。暮与五哥侍叔父游龙树寺，约价人同往，在彼小饮，亥初归。夜不能卧。

初二日(7月29日) 晴，巳刻雷电，大雨，未初仍晴，湿热蕴隆。晨到馆校书一卷，乃到署，票部二、通二，仍赴馆，又校半卷，挥汗不止，遂行。胸次暑气郁结，颇为烦躁。

初三日(7月30日) 晴。桂甫来晤。今日午刻，叔父到太仆寺任，本寺事务极简，常年不必到署，奏事亦寥寥也。竟日挥汗，百事俱废。三更雷电，大雨如注，梦为之醒。入六月来，阴雨殆无虚日，霉湿异常，十余年未曾经此，恐人谷皆受病耳。

初四日(7月31日) 黎明雨止，仍阴，午后晴。伯雨、词甫来晤。得鲍子年书，伊于三月十二履任，此函在四月中旬也。庞宝生署工尚。

初五日(8月1日) 晴热，西风，觉稍爽。价人来。闻郑惕庵疾卒。

初六日(8月2日) 晴热。桂甫来，知其看定包张胡同之屋。陕西贺折，杨、朱二弁到。接严亲六月十八日函，知体中安适，惟库项奇绌，心力俱劳，左右无可语者，殊觉愁闷。全姑娘未愈，三嫂亦未复元，闻之令人增闷！陕西亦多雨，泥深没胫，恐妨秋收。李相将入省城，津事已知大略，抚军以通商衙门文书见示也。周瑞清引见，御史得旨开员外缺，以五品京堂候补。卞宝第告终养，准开缺。何璟放闽抚，张树声升晋藩，范梁升晋臬。

初七日(8月3日) 阴，暮雨。巳刻访沅青，数语，其弟昨从津来，大致尚安堵。午初到湖广馆，顷之，词甫、桂甫、芥凡、严心香大令、沈仲维同年先后来,遂入席。待陈生甫不至。申刻散。黄厨菜甚精洁。黄昏大雨,终夜淅沥有声,枕簟生凉。

初八日(8月4日) 黎明西风,雨止,仍阴。辛芝来。缮寄陕西第十号禀,并靴一双,交朱、杨二弁。河南主考放崇绮、王宪曾;山东朱逌然、徐致祥;山西曹秉浚、黄锡彤。山东运使放郑兰。

初九日(8月5日) 阴。贺季和、益轩、肯夫得差。周鉴湖得京堂。拜何相山年丈,柩。晤之。复鲍子年书。访云生昆仲,皆患腹疾。季和来晤,以仆人班升荐与朱肯夫。

初十日(8月6日) 晴。晨祝宝生世叔。四十九岁。旋至才盛馆,吊子久之叔。午饭归。柳星庵世兄来晤。闻毛旭翁有折来,尚无把握。

十一日(8月7日) 阴,午刻微雨。晨到馆校书一卷,午正归。读《大学衍义》。曾国藩奏,永定河二次漫溢,在工人员降革有差。闻近京水灾甚重,奈何。

十二日(8月8日) 晴朗,西风,凉爽。寅初一刻立秋。慈安太后万寿圣节。今日同署十五人公饯王益轩星使于福隆堂,申初入座,酉刻散。访晤词甫昆仲,并晤玉如。

十三日(8月9日) 阴,风,午后雷,大雨。晨至包章胡同看屋,词甫、桂甫今日移居也。旋至天成亨取银五百。闻李相报至,已定七月七日带兵北行,袁小午请随营,不允。法酋不欲在津与毛公议事,已于今日入都,崇厚亦即日来。

十四日(8月10日) 晴朗,黄昏风,雷,微雨。缮家信一函并茶叶、虾干,托严心香大令携陕,行期尚未定准。午后拜曾君麟、李玉舟,不值。暮归价人,啖茄饼两枚。旋至广德楼,寻沅青听戏三出。夜,汪泉孙邀饮于福兴居,坐有益轩、季和、恽伯芳、李葭门、应华,丙辰。高寿农、黄济川,散归已子初矣。

十五日(8月11日) 晴。午正祀先,中元致祭,向必前期。今日叔父不入直也。午后访词甫,遇莲生、伯雨,同听秦声。暮散归。

十六日(8月12日) 晴。辛芝来,邀夜饭,黄昏至福兴居,坐有仲维、吉人、词甫、伯雨,散后同过玉如,谈片刻。

十七日(8月13日) 晴。暮过云生处谭。仆人李福来当差。

十八日(8月14日) 晴。晨送朱肯甫,拜张吉人、刘韵舲,送严心香,入城吊郑雨卿,巳正归。答鲍年翁书,交印庭。申刻至广德楼,辛芝约,同伯雨听双顺和,散。伯雨邀至福兴夜饭。王榕吉补理卿,车顺轨补祭酒,张沄卿补鸿正,张绪楷补府丞。崇厚到京,成林请训,均与。总署诸公同召见,不知有何高见也。曾国藩、崇厚奏查大概情形,折稿今始发刊,悠谬其词,如醉如梦,可怪也夫!

十九日(8月15日) 晴。晨访钱甘卿、潘辛芝,均晤。午后张哲卿从通州来,托余办录科事。约四十六千。夜访印若、云生,坐遇吴景行,昨甫从湖南来也。今日印若与戴子辉联名具呈,在都察院递条陈夷务,明日入奏。连日秋暑,躁甚。

二十日(8月16日) 晴热。晨答哲卿、词甫、曾君麟、李玉舟,均晤之。暮沅青来,同访芥凡,知其廿四赴泮,为成林奏调随员也。夜,词甫来。

廿一日(8月17日) 晴,风,稍凉。午间祝价人夫人寿,坐遇子辉。暮辛芝来,伊有告假之意。

廿二日(8月18日) 晴。晨入署,票部六、通三。午正归。

廿三日(8月19日) 晴,申刻风,雷,大雨,入夜乃止。何相山年丈来晤,知四哥用文注册事已办妥。何璟调山西抚,李宗羲丁忧缺也。王凯泰升闽抚。

廿四日(8月20日) 晴。芥凡赴天津,以青马假去。见曾印若条陈稿。辛芝来,访词甫兄弟。申刻内子生母移至包章胡同,与桂甫眷属同居。又访沅青谈,知辛芝已具呈,告完姻假矣。邓廷楠调广东藩司,潘霨升闽藩,葆亨调闽臬,林肇元升黔臬,赵崇庆补贵州粮道,方学苏补湖南衡永郴桂道。

廿五日(8月21日) 晴。价人来。闻杏云昨由天津回京。赵朗甫五十岁生辰,送烛酒,未收。

廿六日(8月22日) 晴。晨入署,票部六、通六。午正饭,散。答王玉文、柳惺庵,补祝赵朗甫,均未晤。申初归。

廿七日(8月23日) 晴。巳刻入城,至郑雨卿处作吊,在帐房帮忙,申初归,泥途颠簸,往返殊劳。送一幛二两。闻张吉人昨丁母忧。

廿八日(8月24日) 晴,凉爽。杏云来谈。午正祀先,曾祖母许太夫人诞辰也。入夜益凉,覆棉被数日矣。

廿九日(8月25日) 阴,凉风飒然,入暮稍露日影。入署,票部三、通三。至史馆问抄书手,午正出城归。连得陆铁云书,知补缺无望,意殊牢骚。夜,至广和居,赴济川之招,坐有夏芝岑、张吉人、敬生。周桂午、开铭,开锡之弟。吴春海、泉孙,亥正散归。四川大水陡涨数十丈,被淹者十余州县,命速赈抚之。周开锡报,克复狄道等城。左宗棠奏,安插陕回降众。

三十日(8月26日) 晴。五哥生日。送夏芝岑观察,访哲卿、印若谈。午正至宴宾斋,赴桂甫之招,申刻散,与词甫同至同乐轩听双顺。暮归。酉初雷雨,逾刻乃过。闻王子厚病卒于江西途次。

八月乙未朔(8月27日) 晴。晨入西华门,到馆校书两卷,申正散归。贺柳门、文卿两学使。此次山东学政潘斯濂毋庸更换外,顺天放鲍源深,奉天府丞调张沄卿,江苏彭久余,安徽景其浚,江西李文田,浙江丁绍周,福建黄体芳,湖北洪钧,湖南廖寿恒,河南何金寿,陕甘汪鸣銮,山西龚承钧,四川夏子鐊,广东何廷谦,广西郭怀仁,云南汪叙畴,贵州刘青照。

初二日(8月28日) 晴热。作致周子京信,并分三十两,托钱甘卿转寄保定。以陆铁云加级照交张哲卿携去。入署,票部三、通六,午初出城,至和义当铺取利银,圆通观粥厂有项寄存也。一千五百两。晤店伙任捷三。暮谒朱修伯,未值。访晤辛芝,以家言一函,托印若处转寄。价人来。

初三日(8月29日) 晴热。申初至词甫处,同祝廉艻,又过玉如处少坐,暮归。闻江宁将军魁玉报,总督马新贻被刺,河南人张汶祥。七月二十六日事。获贼而不知主使,噫,奇矣！不得谓非妖异矣！马有循声,惜哉惜哉！曾调两江,李调直隶,李瀚章授两湖总督,杨昌浚升浙抚。马新贻赠太子太保,照总督例赐恤,入贤良祠,伊子马毓桢赏主事分部,灵柩回籍时沿途照料。胡家玉署吏右,温葆深署工右。郑季三来晤。余送季三、于鎏坡两西席元券各二两。

初四日(8月30日) 晴,秋暑,午后尤热。入署,票部三、通七。巳正到馆,校书二卷。申刻出城,至价人处饮,坐有景星、李玉舟、印若昆仲、子惠,暮散。卢定勋调浙藩,钱鼎铭升直藩,范梁调直臬,李庆翱升晋臬。夜卧躁甚。

初五日(8月31日) 晴,仍热。午后至观音院,祭朱老太爷,与修伯长谈,伊明早扶柩出京,由潞河南归也。俞世铨放河东道。

初六日(9月1日) 晴。晨起正欲登车,麟儿忽神昏闷睡,乃遣人延医,而另送字到署,托人兼班。闻大主考放倭中堂、瑞中堂、郑敦谨、唐壬森;房考放黄钰、黄自元、陆懋宗、阿克丹、李端棻、李宏谟、彭世昌、吴仁杰、孙凤翔、顾云臣、庆锡荣、张清华、罗家昭、王之翰、毕保厘、薛斯来、吴潮、贾瑚。暮访涑文,不值。晤劬庵,两君皆回避,不得与试。闻江蓉舫放山西遗缺知府。署中知会,以今日票签只到一人,大加申饬。

初七日(9月2日) 晴。午后阴。申刻送五哥移小寓,水磨。到彼先看牌名,在五十四牌,旋看各同乡及词甫、伯雨。夜,热。四更雨声淅沥,不能成寐。

初八日(9月3日) 阴雨。贡院门前泥深没胫。直至申正二刻,五哥始接签入场,天气骤凉,衔泥而入,甚属狼狈。今年入场人数约在一万一千四百有奇,闻有席号四百座,江苏点毕已日暮矣。余出崇文门,抵家已上灯。

初九日(9月4日) 晴。晨入长安门到署,票部五、通十。午正饭,散,归。

初十日(9月5日) 晴,西风,顿寒,可以夹衣。晨访杏云谈,遇复卿。午后至土地庙恒利花局,以十千买桂花两盆,孝敬祖母,香味尚浓郁。申刻闻试题:"季康子问仲由"两章、"故天之生物必因其材而笃焉"、"禹稷颜子易地则皆然"、"人语中含乐岁声"。闻前日总督衙门获一人于大栅栏,名金占鳌,云是杀丰大业之正身,遂解津郡。先是法酋有照会,云访得此人居址也。

十一日(9月6日) 晴,凉。黎明即起,入署,票部三、通十五。巳刻先散,遂至小寓看五哥,知昨申正二刻出场,身体甚好,文尚得意。今年应试人数太多,号舍不敷,极为拥挤。同乡中坐篷号者,半夜不得睡,甚苦。有今日黎明始出场者。又看伯雨、词甫昆仲,桂甫亦在席号。申正五哥接签入场,余少待,遂出城归。比前早二刻许。折差来,得严亲七月廿六日书,一切平安,全姑娘已愈,甚慰甚慰。李相启节后,诸事少闲,文闱已办妥,试官尚无入省准信。库款可勉强支持,秋收可期丰稔,所悬悬者津事耳。曾相请收回调任两江成命,不允。派张之万驰赴江宁,查讯马制军被刺案犯,从御史王书瑞之请也。以刑部郎中陈钦署天津府,从曾请也。有旨本月二十二日换季。是日汪泉孙生日。

十二日(9月7日) 晴。得四哥七月廿二日信,从广泰局来。申刻谒何受山师,谈良久,师回籍办文,六月杪到都,现在候简,一面投供也。夜,访沅青,不值。过涑文、印若谈。

十三日(9月8日) 晴。晨至前门两庙拈香。归途贺江蓉舫,访沅青。午刻到谢公祠,祝宋惠人太夫人寿,八旬。不演剧。少坐即归,坐遇同年谈问渠,起清。丹徒人,四川籍。写家信。二场题:"圣人以顺动,则刑罚清而民服"、"戛击鸣球,搏拊琴瑟以咏"、"诞降嘉种,维秬维秠,维穈维芑"、"取邾由自漷水、襄公十有九年。""山出器车,河出马图"。

十四日(9月9日) 晴热。寄陕西十一号禀,附搢绅一函。交折差。卯正入署,票部一、通七。巳初散,至小寓送考,知五哥昨日未刻出场,一切妥适。刘子方来,未正接签人,余遂行,诣朱师贺节。出城到沅青处,商具呈事。坐遇杏云,暮归,惫甚。以张哲卿实收交公源,托其换照。灯下校国史馆列传四篇,恒祺、李清凤、曹保、王梦龄。共十一签。

十五日(9月10日) 晴。叩重闱节禧,遥祝父亲大人寿。贺同乡亲友。恽送寿礼四,受之。今日在署具呈,请将同治六年十一月所得奖叙移查吏部,应否归劳绩叙补。寄常熟信,交广泰。

十六日(9月11日) 晴。晨拜何相山吏部,晤之。进顺治门拜客,欲进西华门不果,乃绕至长安门,入署,票部四、通五。午正散,到馆校书一卷。闻菱舟前数日派总校。归途看考数处,均未晤。今日慈禧太后之母出殡,观者如堵,车马纷阗,西华门一带竟无容足之地矣。五哥黎明出场,辰正回寓。三场题:经义、吏、官制、马政、说文。

十七日(9月12日) 晴热。晨拜诸考友,惟晤词甫。午后伯雨邀至广德听秦声,又在太和楼吃蟹一枚,遂归。夜邀郑季三、李小竹、于銮坡、王佐四、于公之弟子,日来在此权馆。吴景行、张哲卿、赵君诜饭。闻沅青之叔来京。昨有旨,令毛昶熙回京供职。

十八日(9月13日) 晴热。晨吊张吉人母丧。申刻约伯雨、词甫至广德听戏,柳星庵与五哥亦在彼,邀余同坐。散,至福兴夜饭,余为五哥、伯雨、词甫、桂甫、陈生甫、潘鹤庭辛芝之子。接场也。遇同乡诸人。晤廉艿。

十九日(9月14日) 晴,仍热。晨送芝斋,则已行矣。拜客。入署,票部五、通六,未初饭,散。出城至广德听秦声,少坐即归,已向晚矣。今日午刻苏府接场,在长元吴馆,主人列名者四十八人。余未克往。每分十千。闻李峻堂云山西试题:"愿闻子之志"至"朋友信之"、"舟车所至"三句。"兰叶露光秋月上"。

二十日(9月15日) 阴雨,午后止。价人来。闻河南试题:"子曰:古者言之不出"三章、"中立而不倚"、"有大人者正己而物正者也”。“犹有黄花晚节香”。山东题:“有朋自远方来”二节,“安得广厦千万间,欢”。

廿一日(9月16日) 晴,西风甚大。晨到馆校书二卷,申初散。归途送钱佑之,知今早已行。张哲卿亦回通去。程仲立来晤,昨甫从陕西回京,仍欲到津寻李相谋生活也。黄莴轩世兄沅。来晤。

廿二日(9月17日) 晴。晨谒徐竹士,不值。晤沅青、翰臣。到长吴会馆祝朱研生太夫人寿。访涑出门到赵寓。

廿三日(9月18日) 晴热。晨答仲立,晤之。入署,票部五、通五,未初饭,散归。张丙炎放广东廉州府。夜,余绂臣招饮福兴居,坐有诃甫、沈益甫、陈小田、王君,亥刻散。以蔡券一纸交价人,嘱其寄南索逋。

廿四日(9月19日) 晴热。午后到文昌馆,同邑接场兼赴汪慧生之招,暮归。闻浙江试题:“不以其道得之”至“恶乎成名”。

廿五日(9月20日) 晴。送君麟、玉舟、炳卿、裴卿行,遇劬庵。访杏云谈。午后同伯雨、诃甫、生甫至庆和,听祥和泰,沈益甫强作东道,暮归。闻常司直丁母忧。胡肇智请开缺,不允,仍赏假三个月。

廿六日(9月21日) 晨阴,细雨,西风大作,午后晴,凉。诃甫约饮福兴,辞之。杨定斋上部本,余上通本,王璞卿上委署。

廿七日(9月22日) 晴。拜沅青、济川、星岑,访涑文,祝李翁六十寿。送幛、烛、桃、麺。午初归。朱肖堂约浙绍乡祠祭圣人,不克往,观礼送分资两千。朝审有呼冤者,吴大派大学士会同刑部覆讯。

廿八日(9月23日) 秋分。晴。入署初次直通本班,看预覆二十件,午初散。拜诸前辈,唁常司直,晤董瑞峰世叔。兆奎,辛亥举人,太史。闻陕西题:“子曰不得中行而与之”一章、“仲尼祖述尧舜”、“劳心者治人”,赋得“秦地山川似镜中”。“中”。

廿九日(9月24日) 晴。晨访杏云,托问延师事。午初到湖广馆,予与价人公请柳门、文卿两学使,邀绍圃、慧生、伯雨、涑文作陪,廖仲山、吴硕卿约而未至,申初散。与伯雨至前门听戏,不果。过微药处谈。夜，至福兴居，适硕卿在彼，遂邀同坐，坐有潘绂翁、莱山、黄小琴、词甫，亥刻归。宋惠人邀余庆堂饭，辞之。今日杜梅舫约福兴居饮，而主人竟未出城，不识何故。丁芥帆前日回京。闻湖南题："子谓公冶长"两章。江西题："与命与仁"。[1]

① 此处有夹页云："翁曾翰年三十二岁，江苏苏州府常熟县人，咸丰八年戊午科顺天乡试中式举人，同治元年十一月特旨以内阁中书用，二年七月选补到阁，六年十一月十五日玉牒告成，奉旨以本衙门应升之缺升用，是月二十八日国史馆本纪告成，奉旨赏加五品衔，七年五月俸满记名内用，九年九月月选，十月验放补典籍。"

同治十一年(1872)　岁次壬申

正月丙戌朔(2月9日)　晴。家遭大故,不知度岁为何事,惟增哀痛而已!

初二日(2月10日)　晴,微风。恩诏省刑遵列圣纪元十一年成宪也。除重犯及常赦所不原外,大学士会同刑部查办减等。

初三日(2月11日)　晴,风。济川、印若、望云来帮笔墨事,写讣共十分。余受风寒,入夜作烧,竟夕不能成寐,遍身酸痛。是日发常熟信,嘱四哥暂缓开吊。

初四日(2月12日)　晴。微得汗,鼻多涕。晚间热渐淡。

初五日(2月13日)　晴。热止,展侧即汗。午后起坐,头晕恶寒。伯王遣其子来吊。

初六日(2月14日)　晴,丑刻大风作,竟日不已。余仍恶寒,腰脚软痛,疑是汗多表虚。得陆吾山同年函,并炭金八两。吾山在太原省,为豫军转运局总办也。

初七日(2月15日)　晴。昨睡身痛舌干,今仍倦不支,虽得大解而腹中气涩不平,肝亦怦怦。惠郡王来吊。

初八日(2月16日)　晴。刻讣已竣,陆续送来。叔父、五哥将名单清出,连日有友人在此写签,约一千分。

初九日(2月17日)　晴。午后余出卧室,犹觉头晕脚软。

初十日(2月18日)　晴。缮寄陕西信交提塘带去,初六日叔父寄一函。计日内严亲将闻信矣,不知如何摧痛也。驰念秦云,不能成寐。客来络绎,无片刻暇。恭王遣人送幛分。

十一日(2月19日)　晴。巳刻恭王来奠，行礼，未奠酒。适余绂臣在此，坚却不得，遂行礼，入幕次，语良久。

十二日(2月20日)　晴。署南汇令候补同知。罗少耕，嘉杰。忽致函于余，赠叔父炭金贰佰两。少耕曩以科中书在京曾一见耳，非深交也。亟作书并原银寄还，另有寄仲渊与余各二十金，少耕与蔡老五为郎舅。并却之，仍从谦吉昇会南。取有回条。

十三日(2月21日)　晴。芥凡来，携麟儿同至观音寺街真武庙中，请贺竹泉延龄，湖南人。诊治，云是脾虚肝旺，胸次积有虚痞，并非食滞，处方用温补疏通之药，姑试一剂。午后录哀启付刊。乙丑小教习杨协卿等五人公奠。

十四日(2月22日)　晴。夜月模糊，三更后雨。游艺斋送神主来，尺寸均照旧式。

十五日(2月23日)　寅卯间大雪，四寸余，午后方止。请陆云生书主，外函书："皇清诰封一品夫人晋封一品太夫人显曾祖妣许太夫人神主"承重曾孙△、孝子△△奉祀；内函书"清故大学士二铭府君之配封一品夫人许夫人神主"，旁书生卒年月日时。未正写毕，送云生菜一席。

十六日(2月24日)　晴。备办明日谕祭成主各事宜。贵州小门生谭叙初等六人公奠。

十七日(2月25日)　晴。辰刻约余绂臣、潘辛芝、王树堂、建本。范少泉国栋。来。巳刻备鼓乐、黄执事、黄亭赴礼部迎祭文，余、潘、王、范四位公服，不用花衣。乘马前导。午正至圆通观，部札在此，本家原定地藏庵。候万藕舲尚书至。本家请为天使。礼部司员十人、鸿胪寺官六人先集焉。未初同至宅，孝子跪迎于门外道右。入至灵前，读文立奠，三爵毕，焚燎谢恩，礼成而退，延天使庞宝生、宋雪帆陪天使。及礼部、鸿胪寺官入席，辞让而去。孝子送于门外。送天使礼十二色菜一席。收佩带一匣、席一桌。礼部司员十人。褂料各一端，鸿胪寺官六人银各二两。灵前设盛席一筵，全羊全豕各一，前设黄案，案设香炉一、奠池一、奠爵三、壶一,执壶斟酒皆礼部笔政事。案东又设黄案一,为暂安祭文之用。未正请庞宝生不用仪仗。至,为题主官,陆云生、曾印若为襄题官。入就月台,题主礼成,送宝生酒一席,邀云生、印若入席少饮。是日余绂臣在此照料竟日,亲友来者八九人。一切开发均照旧账及他处账,略增数十千。

十八日(2月26日) 微阴。照料帐房各事。今有旨邵亨豫未到以前,谭钟麟替护陕抚。

十九日(2月27日) 晴,风。开吊第一日,吊客来者二百余人。

二十日(2月28日) 阴,寒。开吊第二日,客来如昨。连日帐房约缉庭、默庵、绂臣、辛芝、桂甫、哲卿,料理极为周妥,价人之子君修十八日毕姻,故不能来帮忙。

二十一日(2月29日) 阴,寒。仍在帐房照料。暮回简南平世兄,至观音院看屋向,又至庙南探路,冰冻泥坚,槓行可以无阻。贺竹泉来诊麟儿,云微有外感。

廿二日(3月1日) 晴和。卯刻起,备齐一切,辰正二刻起灵,用三十二抬小请出粉房琉璃街北口上大杠,六十四抬大红寸蟒罩两拨人夫。由教子胡同出南下鹤,午正一刻到庙安灵,亲友集者五十余人。沿街路祭五处,辛亥、辛酉及贵州、山西、陕西小门生。午前泥冻未化,甚为平稳。庙中备素供一桌、素面十桌,未正客散。是日荣仲华亲来送殡,预派弓箭官二人来照应,各酬二金,又车资廿千。街道为之肃静。起灵之前,先请神主,奉安于上房之东次间,以便晨夕供养。叔父留庙伴灵,伯母率余等傍晚均归。得杏云、思赞函。

廿三日(3月2日) 晴。检点什物,午后到庙,彭芍庭在坐。

廿四日(3月3日) 晨到庙,午刻归。贺竹泉来为麟儿诊视,云胸痞须徐徐磨消,定汤方、丸方各一。粹儿奠分一千三百金有零钱三千五百七十有零,幛一百零八个,分赏家人辈约百余金。

廿五日(3月4日) 阴。综核帐目,检收挽幛。宋惠人放长沙遗缺府,成孚访长芦运司。

廿六日(3月5日) 晨阴,午后晴,大风。到庙,宝生世叔来。得杨丙如函,并楮敬二两。付清黄府菜帐计二千四百余千。崇厚由外洋回京,今日请安。

廿七日(3月6日) 晴。约宋伯欣来为麟儿诊治,云是内热食积,未可遽投补药,仍用理脾消导之品。崇厚在总理衙门行走,夏家镐在该衙门大臣上行走。

廿八日(3月7日) 晴。五七讽经,巳正到庙苦奠。寺僧讽经连焰口共百十千,又衬钱廿二千,又铺排六千。

廿九日(3月8日) 晴暖。午后宋伯欣来,将昨方加减。暮到庙,宝生在坐。

二月乙卯朔(3月9日) 晨阴。巳刻到庙,未正归。过天成亨,知常鹤生于前月因病回山西,现在伊号中马子谦料理笔墨。得傅哲生年丈函,并炭金廿四两。御史彝昌受贿奏参苏州知州宋彭寿,经刑部讯出,得旨革彝昌职,所参原案仍交直督确查。夜,张老三来辞行,云明日将出都,拟寻陈又桥作张罗计。伊早有此意,余曾阻之,今彼意成行,惟嘱途次加慎,及早回京耳。伊闻魏季莼家亦有人明日回淮,可结伴也。

初二日(3月10日) 薄阴。未到庙。今日上漆。午后宋伯欣来,云以酒曲炒煎服之,可化食积,外贴二龙膏,亦当有效。沈淮、袁承业、边宝泉补御史。

初三日(3月11日) 晨阴,午晴。到庙饭后归。复傅哲生信,又答彭漱芳函,均交天成亨寄去。本日奉皇太后懿旨,皇帝大婚典礼,着钦天监诹吉于本年九月举行,派恭亲王、宝鋆会同各衙门敬谨办理。又奉懿旨,皇帝冲龄践祚,于今十有一年,允宜择贤作配正位中宫,以辅君德而襄内治,前选得翰林院侍讲崇绮之女鲁忒氏,端华之外孙女,乙卯七月初一日辰时生。淑慎端庄,著立为皇后,特谕。又奉懿旨,员外郎凤秀之女富察氏,著封为慧妃;知府崇龄之女赫舍哩氏,著封为瑜嫔;前任副都统赛尚阿之女鲁忒氏著封为珣嫔。此外另送一礼部司员某之女为贵人,未见明发。是日百官皆花衣。

初四日(3月12日) 晴,地润。作致词甫信,交文茂寄。延颖超和尚为麟儿按摩。

初五日(3月13日) 连朝大雾,今日尤甚,巳正始露日影。到庙检先世手泽。未正归。答思赞函,托赵朗甫寄皖。颖超和尚来。

初六日(3月14日) 晴。晨录文端公神道碑稿一通,即杨彝珍所撰。叔父与庞宝翁润色之定为定本矣。午刻到庙设奠。六七。张海峤从山右来,到庙行礼。从袁子久处得悉,谭文卿尚未抵任,伊家接正月十八信也。济川来,夜谈。是日礼部进册立皇后贺表,又请饬内阁撰拟颁发各督抚贺表式。

初七日(3月15日) 晴。检东厢房箱笼等件。

初八日(3月16日) 晴。到庙检遗书箱,未正归。潘辛芝来谈。申刻得严亲正月廿二日函,云初十见邸抄,十一接家信,即日成服,一面援案发报,请委员护印,令祥哥挈眷携粗重行李回常熟,已于廿二日启行,俟谭文卿一到,交卸后,廿六七日便可登程,全姑娘随侍北行。去冬至今,父亲感冒咳呛,总未痊愈,悲痛之中,尤形头眩气喘,发信时渐见调理轻痊矣。折弁云谭藩台廿二已到西安。盼信四十余日,至此方可少慰。

初九日(3月17日) 晴。竟日检书籍杂件,甚为烦惫。

初十日(3月18日) 晴。寄常熟信。午初行超和尚来。四次。到庙,绂臣来。

十一日(3月19日) 黎明大雪点地即消,巳正放晴。以江西各赴函,由余绂臣转交,托李捷峰廉访带交平景荪观察,并以严亲寄许诚夫五十金附去。以不列号家信,交陕弁焦姓带回,嘱其沿途探投,若走河南,则恐不相遇矣。书中无要语,听之可也。朱桐师请开缺,不允,赏假二个月。豫抚钱鼎铭到京。

十二日(3月20日) 阴,寒。裱糊东厢房。六十千。暮到庙。是日春分。以汪柳门所领敕书,托徐沅青转饬供事代缴,给赏二两。

行和尚来。五次。

十三日(3月21日) 阴,寒。终七讽经,合家到庙哭奠。曾孙辈俱释缟素、薙发。合宅家人亦然。在庙排先公神道碑字,杨彝珍所撰。拟求赵撝叔书也。曾国藩卒于任,奉旨褒恤,赠太傅,特谥文正,入祀京师贤良昭忠祠,赏银三千两,由江宁藩库给发,命穆腾阿致祭。伊子曾纪泽承袭侯爵,毋庸引见。其余子孙查明具奏。何璟署江督,恩锡署苏抚,文彬署漕督。夜雨潇潇,愁肠百结。

十四日(3月22日) 晨间雪花飘洒,午后大雪,入夜微露月。作家信寄至保定,托范眉生于严亲过省时送交,以便布置一切。复陆吾山、恽杏云昆仲书。行超和尚云麟儿病势不定,伊无把握,宜请医师斟酌。于是延贺竹泉来诊视,云内热肝燥,宜先润之,兼用磨积之品。王坤从山左来,伊在周少鹤大令处派来京接亲戚,兼送奠分也。

十五日(3月23日) 晴。领春俸廿一两九钱。仍由芥凡处分封也。巳刻到庙,未正归。奉皇太后懿旨,钦天监奏选择大婚纳采大徵吉期各折,皇帝大婚典礼著于本年九月十五日举行;七月二十六日辰时纳采,巳时纳采宴;八月十七日辰时大徵。所有应行事宜著各该衙门敬谨办理。奉上谕:恭亲王等奏,大婚礼成应率行加上皇太后徽号典礼一折。恭亲王等奏秋会典内开。顺治八年、十一年世祖大婚礼成,康熙四年圣祖大婚礼成,均加上皇太后徽号。慈怀谦抑,未荷允行,朕以典礼攸关恪遵成宪,因复竭诚吁恳至再至三,始蒙俯如所请,所有应行事宜,著各该衙门敬谨办理。

十六日(3月24日) 大雪。午后细雨,申正乃止。答萧葵生函,由义顺永寄。西月墙贯市李家。

十七日(3月25日) 晨晴。巳刻到庙,数语即归。戌初初刻内子举一女,产母失血甚多,精神极虚,夜分乃定。是日得严亲二月朔日函,知正月廿三发,行李一拨令家人押回,廿八日三哥嫂带堂侄起身,初一日交印,初二便登程矣。

十八日(3月26日) 晴,大风。得常熟信,知正月二十日已闻讣矣。

十九日(3月27日) 晴,仍风。新生女洗三,内子生母来。

二十日(3月28日) 晴,风。暮贺竹泉来。

廿一日(3月29日) 晴暖。价人、云生来。钱馨伯奏请增扬州选拔贡额下礼部议。

廿二日(3月30日) 阴。先慈杨夫人亡忌,焚香百叩,不设奠,以缟素未释故也。礼部奏大婚礼节。

廿三日(3月31日) 薄阴。以白金四十两还价人,偿曩时所取珊瑚纪念也。得四哥正月十四日函,时凶问尚未达。辛芝来晤。细雨数点,旋大风。

廿四日(4月1日) 晴,大风。今日庙中讽经,余兄弟六十日期释缟素剃发。日月如流,惨痛何极!

廿五日(4月2日) 晴。寄常熟信。

廿六日(4月3日) 晴。拜沅青、芥凡、济川,不值。访朱修伯、价人、云生,晤之。到庙省视。暮子久来谈。

廿七日(4月4日) 晴,清明节。到庙设奠。头晕不适,未正归。

廿八日(4月5日) 晴。晨到庙,赵扐叔书就《文端公神道碑文》,细读一遍,书法纯用六朝,却无俗气,酬以六十金。午后吊程世兄夫人,亦殡于庙中也。又过报国寺,吊端木子柔母夫人,适伊送主回寓,未得晤,行礼而归。济川来,昨从乐映川索安坤赞育丸,今日来面致二十万,受之。此妇科药,兼治积聚者也。毛鸿图放江西广饶九南道。

廿九日(4月6日) 晴暖。拜钱调甫中丞,访赵朗甫,恳其为麟儿诊治。又谢余绂臣。

三十日(4月7日) 阴,细雨。晨到庙,未刻归。赵朗甫来为麟儿诊视,云是痰饮,宜温通。得严亲函,知廿八抵保定,先遣戈什、李兴入城,将车辆箱只数目开来,计初二必到矣。即刻令张升至宝大司农处知会,恳其上务时照料。

三月乙酉朔(4月8日) 阴,细雨。辰正同五哥出城,彰义门外,石道嵚崎,车行甚迟。午初抵新店,饭罢遣李戈什、班升迎赴良乡。酉初大人到店,相见痛哭。违侍八年,须发尽白,齿牙欲落,老态日增矣。夜语絮絮,至子正方睡。全姑娘随侍北来,人极婉静。

初二日(4月9日) 阴。卯初起,卯正即行。至彰义门外,大人换坐车入城,巳正抵庙,入门号恸,悲不自胜,哭良久,奠毕乃与家人相见,八九年中亦多故矣。遣行李车上务去,申正回。此次报税计衣箱十二只、书箱十只、家人衣箱十只、外建板一付,零件不计。共用正项银一百两,工部木税板归工部上税。十六两,均库平足色。给务上科房四两,杂役及门上桥上共京钱一百廿千,又给宝宅验货家人十六两,又有到桥招呼二人给银八两,所费殊平允也。

初三日(4月10日) 晴。遣人赴吏部递呈报到京见柩日期。巳刻到庙,修伯在坐。午正上供,归。辛芝来。丁宝桢奏侯家林决口合龙,在工人员均有优奖。晚间严亲回横街寓,入门大恸,诣祠堂及许太夫人神主前叩谒。问仲兄疾,少坐仍回庙。

初四日(4月11日) 晴。到庙,午正归。检点箱笼及零件。寄常熟信。

初五日(4月12日) 晴,暮阴。辰正到庙,夜饭后归。送全姑娘衣料二、翠货二。

初六日(4月13日) 阴雨。未刻到庙,夜归。题红叶诗百韵。

初七日(4月14日) 晴。午后沅青来。过天成,到庙。夜侍严亲回寓,少坐。

初八日(4月15日) 晴。晨写寄常熟信,交刘元托朱宅家人带苏。午后携祝官到庙,是日崇文门进黄花鱼。

初九日(4月16日) 晨至厂肆,购墨晶镜,廿四两。遇价人、云生。午刻到庙,黄鱼荐新,实增依慕。延徐姓为麟儿诊治,亦云肝病,不识所以然也。得四哥二月十八日函。

初十日(4月17日) 晴。始上衙门,复看二十件。饭罢归,到庙。夜侍大人回寓。钱调甫中丞留别十二金。

十一日(4月18日) 晴。到庙,暮归。得四哥正月廿六日函,伊得信后几无措手处,欲余为之代谋也。夜,访价人,遇云生、缉庭、安圃、清卿。

十二日(4月19日) 晴暖。入署预复二件,饭后至馆中小坐,晤印若。午后出城,访江月亭,数语。拜秦子衡,毓祺。不值,归。

十三日(4月20日) 阴,午后晴。到庙缮寄陕西各函,明日折弁将行也。夜饭后归。是日午门、太和门、太和殿、东西华门、神武门鸱吻中同时生烟,黑气上冲,自巳至申,众目共睹,岂非大妖异乎。闻之震栗。明崇祯十五六年,皇极殿等处鸱吻生烟,数日乃息。见《二申野录》。

十四日(4月21日) 晴暖。晨至天成,又过全泰店、王永义号,晤江月亭,托伊会足色漕平银五百两,每百会费四两。并将寄四哥信一函由苏转递。苏州钮家巷鸿翥栈内王仙根先生处取银。此款寄南,托四哥为置产计也。申初到庙,宝生、价人来。是日前门门楼亦出黑烟,异哉!送秦子衡酒席一桌。

十五日(4月22日) 阴。入署复看十二件,午正饭散。到庙,遣刘元至存义公取银。

十六日(4月23日) 晴。竟日在庙。令庖人备来一桌,饷陕来三家人。

十七日(4月24日) 晴。入署复看廿四件,午正饭,散。至甜水井,入门惘然,约刘姓议租房事,比到彼则已行矣。出城以剪鬃马一头送宋惠人太守,明日将出京矣。暮携安儿到庙,秦子衡送余画扇一、古镜二、端砚一、碑数种、银耳、芽茶各一匣。瑞相国常谥文端。卒于位,赠太保,祀贤良祠,赏经被,遣王奠醊,伊子文晖以郎中即补。是日新生女弥月。

十八日(4月25日) 晴。检点箱笼。午后到庙,夜侍大人回寓。分送各件。是日汤夫人亡忌,不设奠,执香焚楮而已。

十九日(4月26日) 阴。到庙。夜雨达旦。

二十日(4月27日) 阴雨。入署预复六件,午正饭,散。

廿一日(4月28日) 晴。检点衣服。暮到庙,夜侍大人回寓,给予金珀朝珠一挂、青狐膝袍褂甬一付、宁绸摹本缎袍褂料各一付。给媳妇珠毛褂甬一件、线绉四件。给安孙兄弟姊妹洋绳三匹、袍褂料二付、川绒二匹。

廿二日(4月29日) 晴。入署预复五件,明日不进本,无复看。巳正散,归。午后同五哥购洋泰翎留,不果。过张谋卿谈,暮到庙。严亲命庖人备烧鸭,因久不尝此味也。日前托陈小舫廷经。给谏选择葬期,伊荐一湖南人廖鸿举酬以六十金。代之。今选得本年九月二十二日卯时吉是月十三日卯时开穴。以太阳及诸吉星到山到向也。左宗棠请以何元普署安肃道。

廿三日(4月30日) 晴。万寿圣节。廿二、廿三均推班,王大臣进宁寿宫听戏。到庙。午后访子久,以钱褂交其平兄。夜复到庙省视,严亲与叔父均觉饱闷,饮以神曲。

廿四日(5月1日) 晴,大风。晨答张海峤、乐映川、潘辛芝,访元浣秋,酬以五十金。一见此医,中心惨割,复与谈龄官所患,约日内来一诊。午刻到庙,知严亲昨夜肝胃气痛,五更后黎明时腹泻二次,胸次渐舒,今日饮食大减,尚不甚倦。绂臣来长谈。

廿五日(5月2日) 晴,风,夜雨,雷始发声。入署复看四件。午正出城,过天成,申刻浣秋来,为麟儿诊,云是心肝郁热,邪结成痞,非痰非食,用黄连生姜汤加减。昨以烧酒一斤盛猪脬中,围于患处一周,时复作恶呕吐,不思饮食,今日委顿烦躁,乃除去,然口鼻均出血矣。拟以绿豆汤清之。暮到庙,夜侍大人回寓,甫濯足而雨至,匆匆即归。祝官来,给以金钏。得恽杏云慰函。

廿六日(5月3日) 晴,大风。申刻到庙。闻李虎峰丁艰,旋知其老翁以自经死异矣。

廿七日(5月4日) 晴,大风。入署复看四十件。午正饭,散。暮到庙。

廿八日(5月5日) 晴,风。午初到庙,暮归。价人、济川来晤。

廿九日(5月6日) 晴,大风。晨到庙,午后访子久,取券归。

四月甲寅朔(5月7日) 晴。寄常熟信,交广泰局递。入署复看廿九件。午后大风。元浣秋来,又为麟儿一诊,方改小陷胸汤,浣秋又借去廿两。暮到庙。

初二日(5月8日) 晴。晨至阜康,先写会票一纸,计曹平二千两,又过天成取一千。归。午后到庙。五哥赴通看船,刘元、李元随往。傍晚回,知船只甚少,明日与船行商量再定。

初三日(5月9日) 晴。入署预覆看四件,午正归。李子孚来晤。溁,壬午世叔。暮到庙,携祝、德两儿去。

初四日(5月10日) 晴。百日孝满,延僧讽经,合家到庙哭奠。余绂臣、秦子衡来行礼。夜归,价人、云生来。叔父薙发。

初五日(5月11日) 晴热。晨到庙。午后访朱修伯,过阜康,立会券两纸。

初六日(5月12日) 晴。未入直,托济川兼代。过前门购物,午后到庙。祝芥凡。

初七日(5月13日) 晨拜李俊三,煊,浙江乙未世叔某之子。约后日来,为麟儿诊治。麟儿连日病状增剧,支离可怜,视之增闷。访朱肯夫不值。午后到庙。厂肆贾人送字画者络绎,严亲择精品数种留之。

初八日(5月14日) 亲戚。入署预覆廿九件,午正归。饭后到庙。叔父始出门谢客。定天成号槓。一千二百吊,又赏钱二百吊,一包在内,有执事单。四更雷雨,霹雳震地。

初九日(5月15日) 晴。晨间李俊三来,为麟儿诊视,云系单腹胀,十难治九,姑以破气之剂投之,外用皮硝、炒盐熨之,且看后效何如耳。申刻携祝官到庙。访朱肯夫,晤之。

初十日(5月16日) 晴。午后携安儿到庙。大风彻夜。黄钰升詹事。全庆充掌院。

十一日(5月17日)　晴,风。入署预覆廿八件,午正归。五哥自初六赴津门今午回,知雇定小太平船一只,一百六十两,到明清八十两,以此号为头船。令班升押坐迟迟放至通州。于明后日方到也。彭祖贤补仆少,杨绍和升洗马。

十二日(5月18日)　晴。晨至聚亿取银,申刻到庙。倪文蔚放荆州府。

十三日(5月19日)　晴,夜大风。入署预覆廿一件,午正散。拜涂朗轩方伯,宗瀛。出城至阜康,写会票计一千两,叔父自寄五百,刻资五百。此票交叔父手收。开画箱乃竟为水所污,闷极!暮过福兴居,同人公祝芥凡,今年新入生日会者,汪泉孙、黄济川、袁子久也。亥刻归,得三哥三月廿日书,汉口发,从胡月樵处递到,阻风多日,定计坐原船从长江南下,计此时不过甫抵里门耳。月樵派炮船送至镇江。

十四日(5月20日)　晴。严亲是日薙发,与叔父同释缟素。午刻回寓,检点字画,暮仍回庙。都察院奏常熟昭文绅士请建忠义总局,下礼部议。

十五日(5月21日)　晴。父亲出门谢客。是日黄济川太夫人生日。

十六日(5月22日)　晴。遣人至署,告假十天。装衣箱。

十七日(5月23日)　晴热。装字画杂件。

十八日(5月24日)　晴热。包行李。午后到庙,又至价人处送行,略送路莱二事。夜装小车,连仆人行李共用十五辆,计费三十金。言明每辆一两五钱,又以加重箱笼添费七两。包送至通州上船。另雇单套轿车七辆。

十九日(5月25日)　晴。卯刻五哥送行李赴通。巳刻仲渊兄嫂及侄儿女辈同全姑娘、安儿一同启行,申刻到船。用小太平船陈姓。为头号,停奉灵輀;以朱姓船为二号,严亲坐船;以邓姓湖广划子为三号,仲渊坐船;以马姓船为四号,给家人辈公用。是日同邑诸君到庙公祭。

二十日(5月26日) 晴,热甚。辰刻到庙,合家哭奠。朱修伯、李兰翁均上祭,辛酉拔贡门生公祭。检点庙中杂件,暮装小车二。上灯后严亲回宅,请神主至庙,将灵幡捧回,焚化于祠堂院中。夜雨潇潇,不能成寐。

廿一日(5月27日) 阴,细雨。寅初起,即赴庙,合家奠送,伏哭不能起。卯初奉灵举升杠,卯正二刻走,微雨飘洒,辛亥门生、壬戌小门生、陕晋小门生、陕西引见友人四人。共有路祭四处。巳初出东便门,送至门者为余绂臣、庞炯堂、张哲卿、秦子衡、孙小云、方△;送至大街者为徐兰士、黄济川、袁子久、程覃叔;到庙者徐季和、汪泉孙昆仲、贾湛田、刘子芳、王树堂、汪△也。离便门数里,雨势垂垂,渐行渐密。余从土道先抵河沿,未正上船,湿透重衣,寒甚。酉刻灵到,幸皆安稳,差人预备码头。州牧王君、堃。李韵湖均来上祭。荣仲华派二弁送至船。入夜雨止,安置一切,亥正就寝,余宿于严亲舟中,万语千言,不能尽意。安儿位头号船上。

廿二日(5月28日) 晴。周福陔、英萼田两观察、郝近垣刺史来奠。午后余进东门谢李韵湖,晤之。位杀猪△△路角。夜仍宿舟次。

廿三日(5月29日) 晴。寅正起,过头号船,叩别先灵,肝肠摧裂。复送父亲、叔父两大人,依恋彷徨,呜咽不能语。卯初解维长行。赵家三舟同时起椗。余同五哥惘惘登车而归。雨后泥潦,纡缭而行。辰正双桥尖。未初抵家,倦极早睡。是日袁子久祖母生日,送烛酒。朱修伯移居,送鸭二、肘二、馒头糕。

廿四日(5月30日) 晴。发常熟信,内有讣式及叔父手书二纸。搭棚。三百六十千。

廿五日(5月31日) 晴。晨谢客,贺朱修翁新居,坐遇钟雨辰同年。暮同五哥过南卿处,遇肖仙、濂芗。夜饭于福兴,邀蒋香生,不至。

廿六日(6月1日) 晴。夜雷电,大雨。奉皇太后懿旨,本月十九日，据通政司副使王维珍奏，请益广孝思，以臻豫顺一折，览奏殊深诧异，皇帝冲龄践祚，于今十有一年，侍奉晨昏，孝养无间，当亦在廷臣工所共知，王维珍折内所称，先意承志，几谏不违，孝思维则，基诸宫庭等语，不知意何所指，似此任意揣测，信口妄言，实属荒谬！王维珍著交部严加议处，原折著即掷还，钦此。旋议降五级，调以光署正候选。慈禧太后欠安，自三月初十至今，未能视事，今日勉强召见臣工，只军机一起耳。徐小树选补户部四川司主事。得词甫三月廿八日函。

廿七日(6月2日) 晴，午后雷，夜细雨。贺程容翁嫁女，贡幼珊续弦。午后蒋香生来，五哥约至福兴夜饭，亥正归。今日仍无军机起。

廿八日(6月3日) 晴。销假。入署覆看二十件，午刻过方略馆，看陈设本十四。一卷。未初散，归。增寿寺圣和尚果。前日来为麟儿施针，挑手指六下。开一单方，牵牛、甘遂、木通、车前各二钱。服之屡见大便，腹胀稍松，浮肿亦减。今日又请伊来，脐上四寸一针、左右足面第三四指缝上。各一针。云渐去水气，再治积痞也。以德儿书房移于穿堂，以便照应。

廿九日(6月4日) 晴。陈聘臣从天津回送来家信一函，知舟行安稳，合眷均吉。午未甚热，而早晚凉，廿五未刻抵津，李节相以次均来奠，廿六即走。得小炮船二只护送，可放心矣。朱修伯、袁子久来晤。

三十日(6月5日) 晴，午后阴。入署兼刘厚庵班，覆看廿件，预复廿件。午初散，拜客归。杨丙如从河西务来晤。圣和尚又来针治。舌底、手足、肚腹。何璟、英翰、李瀚章奏，遵查曾国藩政绩及子孙几人，得旨优褒，有“忠诚克效，功德在民”之语，准于安徽、湖北省城及立功省分建祠，一子一孙赏举人，一孙赏员外，一孙赏主事。原折三件均付史馆。

五月甲申朔(6月6日) 晨阴，轻雷，细雨。巳正日食，午初食甚，午正复元。申刻答杨丙如，访陆云生，均不值。刘升从四川来见，送鲍年翁眷属回京也。

初二日(6月7日) 黎明雷电交作，雨数阵，辰正放晴。料理节务，未出门。闻今日上在书房召见军机，以御史李宏谟有条陈也。闻召对时流涕而道，圣心之焦虑可知矣。御史李宏谟请勤召对，奉上谕：昨日御史李宏谟奏勤召对一折，览奏实堪诧异。自朕御极后，两宫皇太后垂帘训政，励精图治，惟日孜孜召见臣工，访求治理。本年入春以来，慈禧皇太后圣躬时有不适，仍以勤政为心，无间召对，迨三月初旬以后，圣体违和，久未痊愈，始月余未经视朝，然四月二十六日犹力疾召见军机大臣，嗣因圣体尚未大安，是以连日仍未召见。李宏谟近在京师，岂独毫无闻见。竟以逐日召见为请，哓哓渎陈，冒昧已极！朕意本欲从重惩处，乃我皇太后以广开言路之时，特降懿旨加恩，免其褫革，仍传旨严行申饬，钦此。

初三日(6月8日) 黎明细雨，旋止，巳刻晴。入署覆看六件，出长安门，诣朱师起居，午正归。恭养钊泉观察来晤，以振夔眷属在京，欲得甜水井住屋也。御史袁承业奏，请禁太监开设店铺，畜养戏班。命内务府大臣严行查禁，原折未发抄。闻另有二条指害庭事，故传至枢廷询问，又递奏片。

初四日(6月9日) 晴，午后雷，细雨。贺徐小树补缺，晤之。答梅少岩太史不值，归。写江蓉舫谢信，交香岩。作答汪午桥、炳煦，陕西葭州。陈屺瞻书，托秦子衡处代寄。

午日(6月10日) 晴。今年不过节，不祀先。惟于祖母真容前设奠。令节倏逢，凄怆靡已。又念行舟将抵临清，不知如何跋涉，思思不能置。潘辛芝来晤，总理衙门将保举矣。

初六日(6月11日) 阴。午后同五哥至窑台听莲花落，暮归。冯联棠文蔚，沈仲复侄婿。来晤。致沈仲复唁信并分百金。苏抚奏苏州绅士呈请援案，同治八九年四川新宁等县。添设拔贡例额，请于长洲、元和、吴江、震泽、崑山、新阳、常熟、昭文八县各设拔贡一名，以癸酉科为始，下礼部议。四更雷电，大雨。

初七日(6月12日)　黎明雷雨又作，倾盆而下，至午方渐小，淅沥竟日，风来顿凉。作家书一函并京报及奕庆、秦同澄陕西来。信一件，均寄淮安，托何俊卿于舟过时确交。另作一函致俊卿，俊卿住淮安南门内打薄巷，此信交文茂局。麟儿连日似有转机，而昨今又反复，不能眠食，两股又肿。噫，殆矣！视之增我心痛。

初八日(6月13日)　晴。入署复看十二件，午正饭，散。心绪烦乱，罔罔不知所为。圣和尚来，四次。又针腹腿，不过略出黄水而已。胸高胁胀，两便不通，其难过可知！乃以天螺和盐捣烂敷脐下一寸三分，顷之有水流出，似溺非溺，病人不甚了了也。闻昨日似有军机起，奏事处口传，奉旨著于初十日接递引见。

初九日(6月14日)　晴。延一祝由科来住市口及西便门冰局。视麟儿，则云积痞已老，不能施治，为之增闷。夜，捷报处官人送来家信一函，系初六所发，此信附东抚报递来，仍极远天津以南。日日逆风，初六方抵德州，丁中丞、王敬斋均遣人问行李数目，已饬预备人夫车辆，惟八里庙无水，而由鱼山入河，须溯黄六十里，不甚稳，今拟从临清起早直达济宁，再入舟也。父亲服河水腹痛时作，仲兄曾发一次，余均安善。价人日日相晤，惟同行之陈子惠病势加剧，不无受累。

初十日(6月15日)　阴，午晴。晨至东城戛戛胡同，答恭养泉。巳正到署，则刘厚庵已阅毕，适部本有回避。乃共饭而散。寄常熟信，仍由王永义带去，嘱其守取回音。作答李若农谢函，交江西提塘。午后访余绂臣，不值。答冯联棠，过云生处，谈良久。署中派拟崇上皇太后徽号礼成，贺皇上表文，卒拟一稿。

十一日(6月16日)　晴。印若来晤。午后以昨拟稿就云生商定，访沅青不遇。过厂肆一游，无所见。昨今两日俱有引见，闻系上自看并未垂帘也。

十二日(6月17日)　晴。伯母寿辰，不行礼。过聚亿，知月舫在保安寺借坐，乃过之，以三哥捐知府实收交伊办免保举，实收系十年十一月十七日给发甘字第二千九号，报捐银三千八百三十九两二钱，作米一千九百一十九石六斗,由即选同知捐知府,不论双单月分指浙江试用。遇马小西畅谈。午刻归。访云五,未值。夜,邀香生饮于福兴。卧时颇躁热。

十三日(6月18日) 晴。入署预复十件,午正饭散。过天成少坐。闻西瓜唤卖。

十四日(6月19日) 晴。答陆吾山同年函,交宝兴寄回。午正设奠,今日先文端公诞辰也。暮游天桥。

十五日(6月20日) 晴。入署预复三十一件,午正散归。复将表式携回,酌改数句。

十六日(6月21日) 丑寅间雨,旋晴,申刻雷雨一阵。过鉴古十金买小玉扳指一个。饭于福兴,上灯时归。是日午初二刻夏至节。

十七日(6月22日) 晴。暮访宝生世叔,并晤 堂昆仲。彭漱芳寄来川局刻《后汉书》一部。李鸿章补大学士,仍留直隶总督之任。闽督李鹤年到京请安,赏紫禁城骑马。昨请一医生古姓,号醴泉,住土地庙三元斋隔壁耕堂。为麟儿治,视之不肯立方,云病已垂危,无可着手也。不得已以参、附、归尾、红花灌之,而不肯吃,已矣,命也夫!

十八日(6月23日) 晴热。入署预复二十件,午正饭,散。连夕麟儿屡见大便,始而如泥,继而又如脓,胃腹坚硬依然,手足肿势愈甚。

十九日(6月24日) 黎明微雨旋止。缉庭来晤,托文卿领敕书事。午后至天寿堂,祝辛芝老翁寿,六十五岁。送分四两,另有一公幛,暮归。

二十日(6月25日) 晴,暮雷电,小雨。入署预复廿件。午刻归。

廿一日(6月26日) 晴。王明山来晤。得四哥四月十三日函,知三月十四之信已到,家中一切均商量备办,三哥尚未抵家。申刻雷电雨雹,移时乃过。麟儿终日展侧不安,午后项舌强,大便泄不止,完谷不化。以参、附灌两匙不应,申刻连催进食,忽作寒噤,目直神离,呼之能应而不能语，眼有泪痕，奄奄至戌正一刻，竟尔化去，余不禁抚尸长恸！六七年爱惜深情，今日休之一哭。沉疴原不可起，犹冀挽回于万一，呜呼已矣！惨痛可知矣。棺木、十八两。衣服等已先为备办，更许肢体遂寒，小殓。

廿二日(6月27日) 晴。卯刻木厂送棺木来，即于对门空屋中成殓，额色如平时，口目俱不闭。噫，真死于肝病耶。抑亦恋恋于父母耶。辰初掩棺，我心如割，不禁又为之一恸！遂舁送观音院，停北院东房，一间每月六千。略供茶果而已。嗟嗟何药不投而竟无效，终至不起，伤哉！伤哉！此女聪俊异常，频年藉以解忧，一旦失却，能无增痛！暮，雷雨大作，念吾麟儿寂寞，寺中孤雏可闵，延僧放焰口一坛，聊为超荐之意。牟步南约衍庆堂夜饭，辞之。

廿三日(6月28日) 时晴时阴。入署复看十七件，午刻饭，散。暮同五哥至福兴小酌，浇我胸中傀儡。是日叫七宝斋匠人到寺上漆一斤。

廿四日(6月29日) 晴。午后过全胜和，遇绂臣、王如山，山西人，庆丰钱铺打磨厂。同坐。绂臣邀至福兴居吃点心，上灯时归。景其浚以冯志沂案内牵涉开缺，安徽学政放祁世长。李端棻放云南学政，令汪叙畴回京供职。闻系滇督年终密考，今始发觉也。王文韶授湘抚，吴元炳授湘藩，御史张景青参奏内务府堂郎中文锡把持公事，开销厚冒，恃伊父明善为大臣，益无忌惮，请将文锡撤去一切差使，令该管大臣确查，如有浮冒，严参惩办。从之，有明发谕旨一道。

廿五日(6月30日) 晴。入署复看十八件，日前署中送所拟表式来，分写进呈样式，红纸洒金。余请哲泉代书，今日在署已交卷矣。唐嘉德现署湖北盐道。日前查军机档，见李鸿章奏请将前任吏部尚书陈孚恩议恤，折内云陈孚恩元年到伊犁，三年准释，五年正月廿二日逆回陷城时殉难，并其妾及子景和媳某氏孙某，同时俱殁，幼子景蕃被掳，十年五月俄人收复伊城，景蕃遇救，乞得护照，由恰克图、张家口回京，旋随伊母赴津云云。奉旨除陈孚恩毋庸议恤外，余著分别优恤。袁子久升少詹,王祖源选四川龙安府,顾芸选云南宣威州。寄常熟信,附京报并外信十三函,交广泰局。

廿六日(7月1日) 晴热。午后访沅青,并晤其弟励臣,至聚亿,知三哥捐免保举已上兑实用库平银一千二百五十两零。暮同哲卿游窑台。

廿七日(7月2日) 晴热。暮雷雨一阵。午后听全胜,晤云五。

廿八日(7月3日) 晴热。入署预复二件,过天成取利归,途送孙小云观察。傍晚至宝生世叔处,知同人为覃溪先生后人集养赡资,得三百金,商俟收齐时交乐映川设法生息。修伯来晤。

廿九日(7月4日) 黎明雨,顷之,雨势如注,申刻略定。入夜又雨,达旦不止,竟成漏天矣。得涂方伯宗瀛。别金八两。陈蕉生来晤,托问副本库事。

三十日(7月5日) 阴雨。入署预复四件,复看二件,均有回避也。在署见吏部题请推封皇后父母一本,明日见面。崇绮封为三等承恩公,伊妻宗室氏、宗宝氏、瓜尔佳氏,俱封为公妻一品夫人,余依议。本内将派办大婚事宜之恭王宝鋆列名吏部堂官之前。入夜又雨,檐溜潺潺,听之增闷。

六月甲寅朔(7月6日) 阴云往来。辰刻得家信,系五月十三日临清所寄,在德州泊一日,十一抵临清,地主殷殷,车马皆具。拟于十四日奉灵輀,由东昌至渔山渡河,历东阿、东平,以达安山入舟,计程三百里,分五日走,可避戴家庙之险。用篷车一辆、轿车十一辆、小轿两乘,上下均安。十八日可到安山,丁中丞遣勇四十名护送,沿途稍可放心。盘川已用八九百金,只得到清淮再作计较。陈子惠舆疾至安山等候价人,仍随大帮同行,亦用篷车二、轿车四,行李烦重,颇费张罗。初尝西瓜。令漆工到寺上漆一斤,二次。暮同哲卿到碧云斋买蕉叶扇,在煤市街兴隆店。遂过福兴居小酌,匆匆即归。

初二日(7月7日) 阴,午后雨。申刻得五月廿二日济宁舟次书,知十四日登陆,十九抵安山镇,六日中无风雨,榇极平稳,上下皆安。安山泊一日，又两日而达济宁，雇一二号太平、一如意头、一麻阳船。严亲坐麻阳船，嫌其低小郁热，至济易以满江红船。赵舟附行，陈子惠竟于二十日申刻卒于距济一程之袁口，价人为之营护一切，吾家借给伊五十金。沿途皆有人照料，所费千八百金矣，自此而南皆坦途矣。读之稍慰，然神驰愈远，益悬悬不能置。得恽杏云五月十三日函，现在督办海塘工程，伊与仁和令溧阳姚季眉为儿女亲家。恽男宅。入夜又雨。

初三日(7月8日) 辰刻放晴。入署预复二件，复看一件，午正归。暮拜李子和制军，访云生谈。以陈子惠事函告印若，嘱其设法通知本家。

初四日(7月9日) 晴。晨至观音院，看漆工上灰漆，二斤。供茶果焚楮，不禁泫然。申刻过济川处谈，并晤其七弟小云。夜热不得睡。

初五日(7月10日) 晴。入署预复廿五件。午初到馆校陈设本两卷，未正散，归。仆人张成荐与倪豹岑，今日去。夜，四更雨。

初六日(7月11日) 晴。午后至善果寺，人多未能游历。过瑞林，晤之。

初七日(7月12日) 晴热。漆工到庙上布漆。三斤。午后赵寅臣来商伊戚王姓助粥厂经费，可得五百两，秋冬间交款也。初伏顺治门外洗象。

初八日(7月13日) 晴。晨凉爽，午间仍热，与哲卿同游安徽会馆，小园布置尚可，观微有俗气。归途在玉竹斋买蕉叶扇一柄。午后过瑞和成少坐。

初九日(7月14日) 晴，连日西北风，一早甚凉爽，过午仍郁蒸。得四哥五月初十函，三哥已到家，计行八十余日。现在商办一切。叔父津沽所寄信已接得矣。暮至巾帽胡同蔚丰厚，取岐山令洪敬夫。函分。是日文勤公诞辰，午刻设奠。

初十日(7月15日) 寅刻雷雨，黎明即止。入署复看十九件。

前日奉堂谕,申诫委署付读各员,毋得因循玩泄,又以初六日头直误班,撤去张若虚校签,记大过一次,另派陈启焜为校签。今日总理衙门保举折上,芥凡以道员用,得缺后加按察使衔,辛芝以道员分发候补并加按察使衔。午正饭,散。归途贺辛芝,未晤。前任山西藩台刘秉璋到京请安。暮访沅青,同赴云五之约,夜饭于福兴,邀励臣不至,晤燕钦。

十一日(7月16日) 晴。晨祝李兰翁太夫人八十寿。送幛、酒。贺芥凡。麟儿化去已三七矣,仍遣人焚楮。朱中堂请开缺,允之,赏食全俸。文祥授大学士,全庆以刑部尚协办,瑞麟授文华殿,李鸿章授武英殿,宝鋆调吏尚,载龄调户尚,英桂补兵尚,文祥管工部。申刻刘仲良方伯来晤。伊过临清时与严亲相晤也。访牟步南说定换班。

十二日(7月17日) 晴,暮轻雷细雨。晨答已兰,贺顾宜眉,诣朱师起居,答刘仲良。入署复看三十件,午正到馆校书二卷,申刻散,归。令漆工到寺上灰漆。二斤。

十三日(7月18日) 晴。晨拜修伯,不值。谒鲍年翁,晤之。知其月初到京,自夔至京计五十余日。坐遇程容伯、焦桂桥。午正祀先,曾祖妣张太夫人亡忌也。得萧葵生函,即复之,并附致武仲平书。闻词甫生母于五月廿六日去世,年六十六,病才四日耳。夜,李小竹来晤。

十四日(7月19日) 晴,午后极热。检书画。李韵湖从通州来晤。单懋谦以吏部尚书协办大学士;沈桂芬充国史馆正总裁;文祥、李鸿藻充武英殿总裁;文辉来京另候简用;刘秉璋补江西布政使。

十五日(7月20日) 晴热。卯刻出门,答李韵湖,贺文、全两中堂,祝郑雨卿。明日三十生辰。辰刻到署,预复十七件。巳正散,过聚兴。昨有旨,本年秋朝审停止勾决。

十六日(7月21日) 晴。辛芝来晤。得焦雅航东昌来函。郑雨卿约午饭,辞之。遣祝官进城拜寿。寄常熟信,附京报并李小鉴信。交文茂局寄,以八十金买鉴古之三镶带钩,无意给价,不能不留矣。

十七日(7月22日)　晴热。复焦雅航同年书。午正祀先,汤夫人诞辰也。派魁龄、诚明为内务府大臣。云南补用知府,徐承勋呈请采办滇铜以资军饷,下户部议。得傅哲生年丈函。漆工到庙上布漆三斤。

十八日(7月23日)　晴。晨至观音院看布漆是否周到,呜呼,将历月矣。入署复看十九件。午初到馆校两卷,申初散,归。是日单中堂到任。

十九日(7月24日)　晴。晨供观音拈香。徐绍圃同年来,交四川温江令朱心言九兰,与朱酉山本家。函件。余即以严亲上年寄戊午团拜费三十金,交伊收明。午后同沅青过永胜,夜饭于福兴,晤云五、晏钦。夜雨一阵。

二十日(7月25日)　黎明雨,辰巳间渐大,午后止,暮放晴。冒雨入署,预复廿五件,午正散,归。暮,朱修伯来晤。

廿一日(7月26日)　晴,凉。得清江家信,系初四日发,自五月廿三日由济宁动身,沿途极暑热,舟小郁蒸,幸皆安稳。初四到杨庄,起旱十八里,原舟放闸,即日仍入舟。仲兄发病,又折一齿。叔父烦劳过甚,不无肝气,阅信且慰且虑,屈指此日必抵家山,正在冗忙之际也。午后同五哥至前门大街看玉器。在孙南卿处小坐,饭于福兴。是日漆工到寺上灰漆。二斤。

廿二日(7月27日)　晴。晨至聚亿少坐。答绍圃未值。以复朱心言函并林笙谷同年帮项四金交去。午刻祝庞宝翁太夫人寿,即在彼饭。夜,至福兴居,同人公祝辛芝,亥正散。今日文、全两相国到任。署中派吴琦、王玫管付本库。俞松坪、陈云舫上委署。袁子久四直校签。

廿三日(7月28日)　阴。阴云往来,大雨如注。入署,甫到东华,大雨适至,湿透重衣。复看十九件,午初毕,出贺单相国,又至甜水井问租屋事,比出前门,又遇大雨,抵家竟淋透矣。前任仓场侍郎毕道远起复请安。

廿四日(7月29日) 晨阴雨,午刻晴。与五哥同赴朱修伯之招,坐有王小臣、刘△、邵子、常小村。酉初散。

廿五日(7月30日) 黎明雨一阵,阴云往来。托刘厚庵兼班,未入署。今日金妹在观音院为伊生母设供,余送祭席香楮到彼行礼。麟儿五七,视其棺漆饰将竣,不禁泪下。以前年父亲寄毕东河处奠分三十两,补行送去。李菱舟送补典籍,贾湛田选河南彰德府。午后北风,凉爽,入夜,复大雨。

廿六日(7月31日) 晴。漆匠到庙上清漆一斤,可以毕矣。城内之屋租与赵姓,今日写折为定。

廿七日(8月1日) 晴热。午后过沅青处,遇顾宜眉长谈。万里之行,措资极难,凭限尚宽,年底成行不迟也。复同励臣过云五谈。夜,励臣邀饮,亥正归。热甚,不得安睡。

廿八日(8月2日) 阴,微雨。入署覆看十五件,午正归。存诚告病假,请开缺,赏假一个月。云桂署礼尚,英元署步军统领,延熙署仓侍,察杭阿署户左。

廿九日(8月3日) 阴,风,午后雨数阵,入夜雨尤密。复棉被犹嫌轻也。

七月癸未朔(8月4日) 黎明大雨,顷之略定,终日淅沥,极凉。入署覆看十八件。蓉石病初愈。午正归。读《宣宗圣训》毕,摘抄一册,聊以志略。昨从汤宅借得《仁宗圣训》,拟接读,惜缺一函矣。

初二日(8月5日) 微露日光。寄常熟信。附京报并汤老二、汪坤厚、方子颖。邵涟、卞颂臣信。

初三日(8月6日) 阴云往来。答杏云函,托阜康带。闻桂甫昨晚到都。内子今日归视。暮桂甫来晤,伊二月间由海舶到沪,旋至湖北、浙江、盐城,张罗三百余金,而川资费用亦在此数,所得无几矣。季子和制军留别十六金,外送奠分五十,余同五哥送席去,未收。

初四日(8月7日) 晴。未刻立秋。入署覆看五件。午初到馆校书两卷,申初散,归。代洪文卿学使领敕书费十四金。

初五日(8月8日)　晴，午间雷而未雨。余约桂甫、小树与五哥饮于广和居，遇李侯文。刘仲良方伯留别三十金，送菜一席。

初六日(8月9日)　晴。入署覆看二件，巳刻即散，归。仆人高泰到宅当差，此人前在张温和公家三十余年，尚诚实也。是日朱修伯服满请安。

初七日(8月10日)　午刻雨，旋晴。与五哥同过中和，暮归。

初八日(8月11日)　晴热。令漆工到庙题金字于前，和曰"常熟翁氏殇女龄姑之灵柩"，偶思逝者，不怿累日。过天成，以谢傅哲生信托寄。得徐云士函。

初九日(8月12日)　晴热，暮雨。入署复看十八件。午初到馆校书一卷，未刻散，归。秦子衡来晤，伊丁巳年考取誊录，故称张温和公为师，询以何以呼余为世叔，则云伊伯祖系壬辰举人也。麟儿明日终七矣，今夕放焰口，为之恻然。夜雨潇潇，不能成寐。

初十日(8月13日)　黎明雨，顷之西风徐来，放晴。郑季珊从泰州来晤，并赠茶、虾等物。午刻祝庞宝翁寿，即赴安徽馆，应冯寿珊、俞松坪、陈蓉舫之招，未正客齐入坐，酉初散，归。得叔父六月二十日苏州舟次函，一路安稳，晤二姑母于扬州，有里中遣来家人迎于江上，三哥、四哥迎于吴门，家中一切已备，仲氏屋已腾出，惟短装修。索去格外四百千。拟奉先灵安于彩衣堂内寝。父亲住柏古轩，叔父住库楼，安寿随侍左右。仲兄住双桂轩。

十一日(8月14日)　晴热。卯刻入城，至甜水井晤赵姓，名六十七号。房屋装修均交代清楚，仆人即日出城矣。辰刻入署，预复三件，巳刻同沅青、松坪到什刹海，应济川之约，芥凡、子久、小西已在彼。荡舟水心，渔人秦姓，破屋数椽，坐庭阴下，尚凉爽。午刻至烟袋斜街天增楼午饭，楼前一片荷叶田田，惜花不甚多。未正散，归。极热。闻修伯已上班，仍在头班行走。

十二日(8月15日)　晴热。慈安皇太后万寿。午后同哲卿听全胜和，散后独访沅青，夜饭于福兴，坐有云五。以致词甫唁函并呢幛交桂甫汇寄。

十三日(8月16日) 晴,西风气爽。晨访云生、季珊、桂甫,均晤。过观音院,抚视桐棺,黯然欲绝。以四两五钱购吴中《新刊明纪》一部,四函,龙成阁物也。以焦福荐与王莲塘太守,旋以人浮于事不果行。

十四日(8月17日) 晴热。入署覆看三件。到馆校书三卷,申初归。答松坪、云舫。

十五日(8月18日) 晴热如三伏。晨访朱修翁,未值。午祀先,中元例祭也。方升到常,闻伊母病,遂于七月朔告假回京,今日到,携来四哥一函,知严亲于六月二十二日奉灵到家,一切平妥。初六七日开吊,仲氏屋已全腾,足敷位置矣。

十六日(8月19日) 晴热。入署复看一件,到馆校书三卷,申初归。付清七宝斋漆价共银廿两六钱。共用漆十五斤、布一匹半,工在外。崇绮赏给委散秩大臣。曾璧光等奏,剿除茵匪下游肃清案内张观钧免补知府以道员留川,并戴花翎;魏邦庆道员分发筹防筹饷之吕序程赏花翎;四川藩臬等均优叙;彭毓菜无论何项府缺提奏;吴棠、崇实均优叙。

十七日(8月20日) 阴雨。缮寄常熟信,附京报,裴樾岑、许其光、云茂济信,恩诏条款二纸。交信局。午后到文昌馆吊陈子惠,少坐即归。复陆铁云信,昨查印结须四百余金也。作谢陕西岐山令洪直卿敬夫。函交蔚丰厚。

十八日(8月21日) 晴朗。午后访修翁,又不值。归同哲卿过厂肆,又至同乐轩听永胜。夜在福兴邀季山、小竹饭,亥正散,归。存诚卒,赏经被,给广储司银五百两,伊子二品荫生。明厚以员外分部;灵桂调礼尚;皂保补理尚;英元补左都,授步军统领;崇纶佩内务府印钥;桂清补内务府大臣;英桂管理理藩院事务;延熙补仓侍;志和调户左;恩承调刑左;绵宜调礼右;继格补盛京兵侍。

十九日(8月22日) 阴。入署复看二十八件,午正归。唐蓉石来晤。朱修翁来晤，云天津粥捐已由陈子敬处寄到，暂存伊处。又云馆上保奏，拟在月初商办。

二十日(8月23日) 阴雨廉纤，极凉，入夜潺潺未已。程仲立夫人三十生辰，内子亦未克往。

廿一日(8月24日) 晴，晨间极凉。入署复看十九件。午初到馆，校书一卷，未刻散，归。辛芝来畅谈，得叔父六月廿六日函，亦云七月初六七开吊，葬期如廖君所择，诸事稍定，即拟刊刻先集，修葺祠宇。父亲身体大安，此次仍无手书，两兄照理周匝，奎孙烟霞之癖一时难去，如何如何！

廿二日(8月25日) 晴，凉。午后访沅青，并晤其兄号兰卿者，县丞。知沅青次子今早以急惊抽搐化去，殊怏怏也。独过同乐，少坐即归。左近钱铺关闭者四五家，人言汹汹，此皆届限取保之说所误，地方官一言之不善，害及小民，可不慎乎。

廿三日(8月26日) 晴。夜，郑季山来晤。

廿四日(8月27日) 晴，风。入署复看廿件。午初到馆，校书一卷，未刻散，归。黄昏大雨，三更雷电交作，雨尤大。

廿五日(8月28日) 风，晴。陈同叔为伊叔子鹤先生设奠于江右乡祠，吾家送一幛。晨到彼行礼。午后至前门购鞋。崇文门正副监督放奕劻、广寿。

廿六日(8月29日) 晴。黎明起，卯正入内，观纳采礼。蟒袍补褂至太和殿前。昨日礼部送节至内阁，今早豫设节于太和殿中，届辰时，大学士文祥授节于正副使。春佑、灵桂。在丹墀下，行三跪九叩礼，鸿胪寺官前导，红棍前引，正副使捧节由太和中门、协和门、东华门出，所有甲胄银缎布匹等，共盛彩亭十六，又马十匹，鞍辔俱备。是日一二品大员除内廷外，均赴皇后邸，入纳采宴。入署预复十九件，巳正散，归。

廿七日(8月30日) 晴热。午后同沅青赴云五约观剧，散后至庆福居持螯大而不肥。于濂芗坐上又晤云五、晏钦。见浙江道御史边宝泉奏直督呈进瑞麦风尚攸关请旨训饬折稿,有"阳为归美于朝廷,实则自誉其政绩"之语。夹片请撤销永定河工合龙保案。

廿八日(8月31日) 晴。先曾祖妣张太夫人诞辰,午刻设奠。夜,汪泉孙来晤,云本街应办守助,约贾小樵嘱同人设法举行,为缉堵宵小起见,诚亟务也。

廿九日(9月1日) 晴。入署预复十五件,午初到馆校书两卷,申初散,归。桂清参内务府司员于咨部要件率请标画,先行请交部议处,并令崇纶、春佑、魁龄、明善、诚明明白回奏。夜,雷电,微雨。

三十日(9月2日) 晴。五哥生日。晨至天成。午后同五哥至庆乐,遇松坪、亮臣、云生。孙濂老病休致,谢膺禧放四川成绵龙道。

八月癸丑朔(9月3日) 晴。寅刻庞宝生处遣人来,伊太夫人昨夜忽尔眩晕昏迷,似乎中风不语。亟邀五哥到彼商量医药,黎明往问,知仍不减。余亦随往,询知昨晚饭后烧香叩头,起而语言艰涩,扶之入室即眩晕不支卧床,频频欠伸,不作一语,呼之不省,右手足已觉运掉不灵,呕吐痰涎,而神识仍不清。延数医诊视,或云类中,或云肝厥,杂治竟夕,毫无片效,颇为棘手。余至东华门答赵伯远,曾重。前月廿八新到阁也。入署预复二件。巳刻到馆,校书一卷,未初散,归。在署适见礼、工二部送慧妃金册金印来,舁平署鼓乐前导,礼、工司员朝服,捧至内阁大堂,中设黄案、香案具。陈于黄案,大学士、礼工二部堂官率属行三跪九叩,礼毕,工部司员率匠人即在大堂镌金册文字,十开。金印由礼部铸造,文曰"慧妃之印"。申刻又过庞宅问视,疾势依然,群医莫识。夜,大雨。

初二日(9月4日) 阴,雨势垂垂,过午方止。寄常熟信。附京报,王补帆中丞、董蓉初、杜鹤田两道台信各一函。午后望云来,致宝生意,定欲用吾家春间带回之建板,昨已再四支吾,而伊涕泣恳商,情不容却,只得允之。惟此事从未谈及,今忽专擅,实不放心。然事势如此,无可如何矣。余访沅青谈,旋至庞宅,同望云、云生、缉庭同至观音院看板,撤去竹箬棕皮,拂拭细看,尺寸甚大,花纹细而油水足,的足佳品，一盖一帮一前和尤好，盖有裂纹，底则微　；后和花纹极细而实已裂分，有铁钉等勾连者也。暮，仍过庞处。

初三日(9月5日)　晴。晨至庞处问疾，饭后归。

初四日(9月6日)　晴。入署复看三件。巳刻到馆，校书两卷，未刻归。应沅青招，夜过福隆持螯，晤筱兰。

初五日(9月7日)　晴。午后拜朱茗生，晤之，伊疾初愈，气弱足软，明日将销假矣。与谈馆事甚悉。暮过庞宅问省，知微有转机。

初六日(9月8日)　晴，极凉。入署预复十九件。午初到馆，校书两卷，申初散，归。市已有糖栗矣，思其所嗜，不禁泣然。

初七日(9月9日)　晴。午后独过中和少坐，到庞宅问视，仍无转机。慧官感冒发热。

初八日(9月10日)　晴。午后过庞宅，旋至圆通观，本街各宅同人公议守助约事，余家先书捐四十千，如不敷办理，再行续筹，申正散。访修伯、沈叔梅，晤之。方略馆知会，现办奖叙，请于初十午刻到馆面商。缮朱琛伯安国。大令山西汾阳县。谢函，交蔚长厚寄。单懋谦补大学士，管兵部。毛昶熙调吏尚。

初九日(9月11日)　晴。黎明庞宅来报，伊老太太于子正下世，即过彼为之料理一切。巳刻入署，复看四件，午初散，过聚兴买荷包。贺李兰翁归。未刻访沅青，数语。又过庞宅。夜，至宴宾斋，应戚伟卿招饮，坐有子和、文裔生。　，刑部。亥正回。李鸿藻升工尚，桑春荣升左都，钱宝廉调刑右，宜振补工右，邵亨豫补陕抚，毕道远补仓侍。得叔父七月廿三日函，合家平安。新屋须大加修理，祠堂、先集均未动工。六月下旬多雨，伤棉花，暑热尚未退，二嫂有杭州之行，安儿身体甚健，业师尚未定。

初十日(9月12日)　晴。卯刻过庞宅，照料殡殓之事，俟巳正尚未毕，余遂上馆去。今日提调嘱同人各递保举条开单，于后日呈堂酌定。余开请作为候补侍读遇缺即补，补缺后加道衔，能否如愿，未可知也。拟请侍读者五人，李、黄、翁、袁、王。校书半卷，申初散，归。仍至庞处行礼,夜饭后回。桑春荣升刑尚,胡家玉升左都,童华调吏侍,何廷谦升工侍。

十一日(9月13日) 晴。晨到庞处,午后归。访晤芥凡、沅青。暮又过庞处送三,子初方回。今日署中有班,托刘厚庵兼阅。汪泉翁生日。

十二日(9月14日) 晴。诣朱师起居。贺平地山相国。到署检阅奏定补侍读班次奏稿。同治三年十二月。午刻到馆,校书一卷,知保举单尚未呈堂,申刻归。祝泉孙,访晤芥凡。沅青来。夜,函托朱茗生将保举改为作为候补侍读,由本衙门遇缺即行奏补,补缺后加道衔,允于明早进内改写矣。锡缜放江西督粮道,平步青告病缺也。陈滋轩归还二十金。

十三日(9月15日) 晴热。午后赴馆,途遇茗生,知单尚未下,遂入署,今日单中堂申刻到任,同人谒见,三揖而退。

十四日(9月16日) 晴。入署预复、覆看各四件。午初到馆,知单已发下,请侍读者五人,俱照准,惟只给一层,而初校诸君转两层,未免稍失公允。出城至阜康,寄常熟信,并汇苏漕平足银二百两。交李绩廷手。盖叔父来信所需也。访沅青谈。复进顺治门,谒文柏,未见,归。济川、子久来。沈保靖放广饶九南道。

十五日(9月17日) 薄阴。晨拜祠堂,午刻设奠于祖母位前,追念音容,摧痛无已。饭后诣至亲诸友。恩龄补副宪,徐树铭补常少,文格放广西藩台,康国器来京另简。

十六日(9月18日) 晴。入署,预复十五件。午正出城,赴子和招饮福兴居,申初散。复入城访晤许星叔。雷电,未雨。夜,腹痛,四更泄泻,甚惫。

十七日(9月19日) 阴雨,午后渐晴。腹泻发热,竟日倦卧。是日行大徵礼,不得进内观礼,闻采亭多于纳采,文马则百数十四也。

十八日(9月20日) 晴。热止,仍倦。午后刘哲泉、许星叔来晤。寄常熟信附京报并文星岩、刘岘庄二信。交文茂局。徐小树邀饮,辞之。以陈馨山同年家帮分贰金交徐绍圃汇寄。

十九日(9月21日) 晴。作寄杏云函,托阜康带去。黄翌升开缺回籍,李成谋调补长江水师提督。通饬督抚提镇实力巡操。暮邀沅青同郭小兰饮。改二十八日换季。是日托济川兼班。

二十日(9月22日) 晴。晨至庞宅,略写讣签,已将竣矣,午归。复彭漱芳、刘金溪铣。函,托天成带川。复郭梧冈凤鸣。信交任同年。其昌。济川来。

廿一日(9月23日) 丑刻秋分。辰巳间雷雨。晨送王雪庭入川,祝朱师。明日寿辰,送二两。冒雨到署,复看四件,午正归。修伯来,五哥晤之。夜,雷雨达旦。

廿二日(9月24日) 晴。午刻泉孙来晤。饭后过庞宅,遇覃叔梅、少岩、吴子余。夜,大雨。

廿三日(9月25日) 阴,暮雷声隆隆。过沅青处,知有选台州府之信,坐遇董仲默。邓廷楠来京候简。俊达放广东布政使,张瀛升广东按察使。曾印若来,将伊弟竹如带来之信件交来,信系七月十一等日所发。四哥寄来江纱料一端、花边两身绦子四板。全姑娘寄来银首饰等一匣、绦子六板,分送诸人。任道镕放开归道。

廿四日(9月26日) 阴雨。晨拜曾竹如,晤之,意气极似伯伟丈。入署复看三件,午正散。拜董仲默,未值。寄常熟信,交文茂,另一函寄四哥,附蓝头绳三两。寄山西各谢信,鲍花潭、李小湘、庆翱、国鼎臣(英)、张日卿、元鼎。又寄扶风县林望侯之焜。谢信,交泰昌钱店。

廿五日(9月27日) 晴。晨作魏蓉塘邦庆。谢函。沅青来。午后访芥凡,遇子久,见同治十年满票签安至玉祥查核吏部覆片印文内称查定例议叙人员,同日奉旨有俸者论俸之浅深,余次相同者掣定名次序补等语,将来保案下时可照办矣。今日芥凡在内回堂,哲泉署侍读,步南上部本,而额外添济川在部本上行走,益轩、小铁、东竹同上通本。董仲默、彭瑟轩、袁子久、曾印若同上委署,余派总覆通本。入夜又雨,吃糖葫芦,为之不怿,更许,西北风大作,仍雨。

廿六日(9月28日) 大风,晴朗。印若来。午后过庞宅,遇缉庭、云生、冯申之。治贝勒丁本生母忧,送经单讣闻来,今日送一幛去。谢棨照升右江道,王衮放保定遗缺知府。连日吃蟹甚佳,往年所无也。拨米仓米二万石、库银六万两赈济宛平等县。

廿七日(9月29日) 晨阴,细雨,午后晴。入署预复三件,初与王小铁同班。新班看覆看本,旧班看预复,从此为例。午刻散,归。今日方略馆进告成表,保举出力人员折上,奉旨翁曾翰著作为候补侍读,由本衙门遇缺即行奏补,钦此。恭王赏慈禧太后御书"吁谟辰告"匾额。文宝沈李均加二级,自提调以下悉如所请。暮沅青、济川来晤。馆中知会明日有公折代奏谢恩,应赴乾清门行礼。鹿传霖放桂林遗缺府。林天龄补右庶子。

廿八日(9月30日) 黎明即起,入东华门,冒雨进景运门,同人咸坐于九卿朝房,候至巳初,折下,军机、章京、翰林、纂修、内阁、校对均在保和殿北阶下,向北行九跪三叩礼即散。到署适沅青入内候验看,少谈,出东华,诣各总裁私宅投刺,午正归,惫甚。无谓之忙,自此可少息矣。四年博得候补侍读四字,亦幸矣哉!检点留京皮甬箱,有一二受潮脱落者。连日积阴,继之以西风,极凉,早晨可一棉数夹。单懋谦授为文渊阁大学士。

廿九日(10月1日) 晴。晨至庞宅。午后独至同泰少坐,晤濂芗。南书房校阅方略,潘祖荫加二级,余加一级。

九月壬午朔(10月2日) 晴。入署预复三十件,未初散。答客十余处,归。今日署中考送总理衙门人员,汉票签十五人,题为"多识前言往行以畜其德"。一开二行。汪正一第一,次方恭钊,次余烈若、何福堃、恽彦瑄,均在八名以内,孔庆辅、张锡恩居末,全送。张亮基、潘铎与骆秉章合祀一祠,从王文韶之请。

初二日(10月3日) 晴。为沅青写禀帖数十分,巳刻赴十里庄苏太谊园,彭芍丈先在焉,顷之,清卿、味琴、缉庭、绍圃来展祭。先贤毕到义地内看琦孙坟墓,焚纸其地曲尺式中有大树一行,自树以南面南者为阳坟，树北面北者为阴份，其西北为幼号，俱面东，均排号挨葬。看地人李永祥，经费一切向归味琴管，今日为始，交与彭芍翁、吴清卿经理，存项约有千金耳。申刻散，归。写钟遽庵肇立。观察、高紫峰崇基。同知谢信。

初三日(10月4日) 晴。入署预复十九件，午初散，拜客归。今日麟儿百日，又值伊生辰，为之设祭于柩前，追思往事，不禁坠泪。饭后独过中和遣闷。沅青昨日引见，今日述旨，开侍读缺。暮微雨。是日卸棚。

初四日(10月5日) 阴，大风。唐蓉石、冯杏林来。巳刻祝内子生母寿。午后过沅青，又至庞宅。

初五日(10月6日) 晴。晨过庞宅，午后归。内子游天宁寺，桂已阑珊，菊无消息也。彭玉麟到京请安，见其变通长江水师事宜折，甚剀切。命署兵部右侍郎，毋得固辞，赏朝马，以示有异。

初六日(10月7日) 晴。晨谒宝大冢宰。入署预复三件，午正归。今日耕梅公忌辰，设祭。未刻至财盛馆吊余绂臣之兄丧，送一绒幛。顺道拜客。上灯后到申叙卿处与何小亭、泉孙、子久会齐，巡查本街守助约，灯锣勾竿一律办齐矣。广西藩台文格请训，张师劬以知府发河南试用。

初七日(10月8日) 晴。辰刻即赴庞宅，今日开吊，为之照料帐房，先送一幛，又分四两。申正先归时有四百余号矣。户部公例三千、刑部公例一千。程豫放山西雁平道。得八月十三日家信。

初八日(10月9日) 晴，大风。黎明即起，到署。辰刻诣太和殿，观演庆贺礼，鸣赞作乐，惟不宣表耳。回署阅预复四件，午正归。拜陕西大令张国钧，又过庞宅。

重九日(10月10日) 晴。哲卿生日，约福兴小饮，并邀云生同。饮罢，云生约至广和听全胜和。今日起，花衣至廿四日止，署中自今日至十月十九俱不进立决本，花衣期内不进刑名本，十三至十六推班俱不进本。本月十三日告祭奉先殿，遣王行礼。自初九至十二日，内府过妆总在卯刻,不及诣东华一观。

初十日(10月11日) 晴。辰刻入内,观演筵宴礼,作乐演舞。巳刻毕,到署预复一件,复看二件,小铁未到。午初散归。未刻到观音院,适庞宅灵到,行礼即散。抚视麟棺,不禁酸鼻。作答徐云士、彭伯蘅信。作赵海门大令俊溥。谢函,交陈同叔处。得何俊卿函。七月三十日。自重阳至十月十九,弘德殿诸君皆不入直。

十一日(10月12日) 晨阴,细雨数点,旋晴。寄常熟信。附李捷峰、国鼎臣信,京报。作答张云衢尔遴。函。暮至保安寺街看屋,子和意欲赁居也。

十二日(10月13日) 晴。复钟云卿谦钧成子中孚。两都转、陈小铁元禄,壬午世兄。太守谢函。未刻同五哥至广和少坐,归适陆铁云从保定来,即留下榻,伊拟办引见也。

十三日(10月14日) 晨雾,晴。贺方寿甫嫁女、蔡老六完姻。未刻至谢公祠,应瑟轩、子久、印若之招,申正散。闻黄孝侯升阁学,穆缉香阿放太原遗缺府,沈振麟赏三品俸。

十四日(10月15日) 微阴。午初入城,进西长安门,至太和门殿乾清门外观陈设仪驾。是日寅刻行册立礼,申初上诣慈宁宫,旋升太和殿行遣使奉迎礼。申正二刻,皇后凤舆由乾清门、后左门、中左门出太和门中门、午门,一直出大清门。夜,子时进宫,丑时合卺礼,仪从无缺,喜灯百十对,亦如民间所用。大清以内直至乾清门,皆以棕毯铺地,夹道设矗灯,大氐宫内无不悬彩。午刻遇简南屏于刑部小朝房,约至西甬子西御前小他坦便饭,来回甚远。是日伯母及内子等均至灯市口徐宅看热闹赶海岱门方归。闻欧阳用甫到京。

十五日(10月16日) 晨雾。作寄周子京信,并训导执照一张、饬知一件,均托彭处转寄。辛芝处车夫送一信来,知伊已于十三日一早出京回南矣。申刻过云生谈,闻何受山师疾殁于湖北,为之怆然!崇绮以阁学候补。凤秀以四品京堂候补。

十六日(10月17日) 阴,西北风,细雨。读《仁宗圣训》毕,摘抄两册，籍可仰窥万一耳。

十七日(10月18日) 晴，寒。得八月二十七日家信，知父亲以次均平安。先集甫写样本，住屋渐次整理，彩衣堂最后一层作念厅矣。寿、安两孙均不甚服水土，塾师吴君已订定，明春方能开学。庞宅事已得信，建板一事，尚不深责，差可放心。未刻过长元吴会馆，芍庭、清卿、谷士、云生均在坐，约添谊园司事也。是日宫内行朝见礼。暮访云五，数语。

十八日(10月19日) 晴。入署预复四件，散，答徐麟士。并致云士复信。归途贺张桂甫移居。保安寺街东北。是日行庆贺礼，颁诏天下。天安门扎彩台宣诏，满汉文各一遍。宣毕，将诏书从金凤中系下，预设金凤于天安门。礼部官捧出大清门，到部刊刻颁行。是日申刻饮于福兴居，同人为泉孙补祝。

十九日(10月20日) 晴。今日大内行筵宴礼。起迟不克往观。晨间答客，过保安寺街少坐，归。午后赴十里庄验工，地下砖墙已砌就，灰浆尚未干。里口长五尺许，宽约二尺。申正回。

二十日(10月21日) 晴。寄常熟信。作谢屈桂林秋泰。大令函。奉皇太后懿旨，大婚礼成，特沛恩施惇王在禁城坐四人轿，伊子载濂封辅国公；恭王以亲王世袭罔替；醇王晋封亲王，伊子赏头品顶；孚王、惠王均加亲王衔；治贝勒赏郡王俸，奕谟加贝子衔，礼王、睿王、肃王均四团正龙补；郑王、豫王、怡王、克勤王、顺承王均三眼翎；庄王子奕仁赏委散秩大臣；奕劻加郡王衔，授御前大臣；载漪、载澂、载滢赏贝勒俸；载容加贝勒衔；奕湘、奕樑加贝子衔；定王等十余人加二级；伯王之子那尔苏在御前行走；景寿之子志勋赏员外郎；大学士文祥在禁城坐二人肩舆；宝鋆加太子太保；沈桂芬、李鸿藻加太子少保衔。此昨日奉旨。本日又奉懿旨著钦天监于明年正月内择吉举行亲政典礼一切事宜，著军机大臣、大学士、六部九卿议奏。又奉懿旨，坛庙大祀典则崇隆自本年冬至大祀为始，皇帝亲诣行礼。又奉懿旨，大婚礼成，内廷行走及执事诸臣一体加恩。徐桐、桂清、广寿均头品顶；

林天龄升缺列前；翁同龢赏给头品顶；黄倬、童华、章鋆加一级；潘祖荫头品顶；黄钰加二级；孙诒经、徐郙升缺列前；礼工二部堂官均加二级；崇纶之子寿昌四品京堂；春佑之子，一加付都统衔，一给头等侍卫；明善太子少保衔；魁龄加三级；诚明花翎；瑞常之子文晖五品京堂；存诚之子明厚，郎中师曾、毓清、崇礼均加总管内务府大臣衔；英元、荣禄、成林均加二级；修理街道兵丁赏部库银一万两。申刻报录人来，始闻喜信。至前门东拜客。

廿一日(10月22日) 晴。入署预复四件，饭后贺郑雨卿嫁妹，聘与香菊庄。复贺沈、宝、广、桂、徐【徐】，谒李兰翁，未值。晤张伯英，守俊。托问叔父应否具呈谢恩一节。陆铁云赴通州张罗△△走。

廿二日(10月23日) 薄阴。寄常熟信。今日系祖母安葬之期，举家茹素，诣真容前行礼，南望松楸，潸焉出涕。午后贺恭邸。暮李兰翁来晤，云具呈谢恩，可以不办，俟叔父起复到京，再具折谢可耳。

廿三日(10月24日) 晴。晨发常熟信二纸。入署预复五十件，未正出城，过和兴。

廿四日(10月25日) 晴。陆寄庵昨从通州回，宿此，今早赴保定矣。午后同五哥、哲卿听戏。内务府递保举司员。

廿五日(10月26日) 晴。麟儿化去四阅月矣，择于今日未时葬之苏太谊园茔地。幼字八十号，四排。前数日令看坟人筑就圹穴，四面砌双层砖墙，砖底灌石灰浆，工料费京钱三百二十余千。今晨在庙设祭，余巳刻到彼，哭而送之。杠夫八人，尺一人，共四十千。鼓手六人，十二千，又赏七千。令张妪送入土，余不忍视矣。往事如梦，不堪回想，胸次抑塞，无以自解。夜，云生邀饮广和，坐有挹泉、清卿、缉庭。严树森到京请安。彭玉麟请开缺，允之，仍命总巡长江水师事宜。是日哲泉验放补侍读。

廿六日(10月27日) 晴。入署预复四十四件，未刻散。同小云观瑞顺和。暮归。贺哲泉补缺，秦子衡将回陕，送以鼻烟一小瓶、茶叶二瓶、印色一合、藕粉四匣。是日礼部保举司员。

廿七日(10月28日) 晴，午后狂风。恽星耘入都引见，带来杏云信一件、米五斗、金肘二。

廿八日(10月29日) 晴，寒。入署预复三件，午初至贤良寺，谒渭春中丞，晤之。中丞前在川中与父亲订交，称莫逆，此次奉召来都，尚未见面也，归饭。至观音院行礼，庞宅终七，坐遇望云、默庵，送秦子衡，未值。托带李勤伯、慎。李稚和、义钧。华祝三、福。许仙屏振祎。各一信。答季珊，晤之。暮恽星耘、现改湖南同知，来京验放。丁芥凡来晤。

廿九日(10月30日) 晴。答恽星耘、马小西，均晤。得厉吉人同年函，托查补缺事也。

三十日(10月31日) 晴。晨访沅青、子和，均晤之。今日慈仁寺秋禊钱沅青、张念慈两太守，坐有朝鲜朴君，遂弗往焉。

十月壬子朔(11月1日) 晴。晨至圆通观，今日初开粥□□者六百余人。巳刻入署看预覆三十四件，午正散。答杨丙如，晤泉孙。奉皇太后懿旨，明年正月二十六日皇帝亲政，一切典礼所司谨备，今日诸臣集内阁，议亲政事宜。严树森署广西臬司，赏四品顶戴。佛尔国春来京另简。夜，祀先。日月如流，去年如梦，不堪追忆！

初二日(11月2日) 晴。复四川铜梁令杨东之利川。函，交天成。得武仲平信，亦从天成来。午后赴义园收工，灰石深甃，工料坚致，可无憾矣。鼎孙一家亦改砖盘，二十五千。申正归。此次借坐于徽歙义庄，徽歙义庄为明万历许相国文穆公所建，有曹尚书文埴。斫记，地名石榴庄，今转音为十里庄矣。以四十金购扦尖大褂，中兴永物也。

初三日(11月3日) 晴，风。入署预复五十件，午后到馆，申正散，归。夜，赴王子石之招，至余庆堂，坐俱同年熟人也。得武仲平函，在绥远卓胜营，开复事可成就矣。

初四日(11月4日) 晴。晨至粥厂监放。得周子京函，前寄执照已收到矣。今日内阁保奏襄办庆典各员,余以撰文请候补侍读后,在任以知府,不论双单月遇缺选用,奉旨依议,钦此。芥凡得花翎;沅青得运使衔,在任以道员归候补班前补用;哲泉知府遇缺;王子仪同知得缺以知府归候补班;济川补侍读后道衔;曹宝臣补同知后以知府用;子久换侍读顶带。满服得花翎者唯恩雨三一人耳。申刻至谢公祠,余请沅青、恽星耘、司春岩、子硕、定轩、绍圃、璞卿饭,戌正散。夜,微雨。

初五日(11月5日) 晨阴,午后晴。独过庆乐,遇薛小云。夜,哲泉招饮龙源楼,坐有沅青、芥凡、济川,戌初散。庞宝生处交来板价银七百六十两。吴坤修故,裕禄放安藩司。

初六日(11月6日) 大雾,咫尺莫辨,午初方渐散。入署预复通本四件,又贺本八十七件。上徽号万寿。饭后散。诣各堂,出城拜欧阳用甫,欧阳用甫仍在南书房行走。殷谱经仍在上书房行走。孙衣言升安臬。英朴留别八两。承禄放张家口监督。陈席珍放迤西道。奉皇太后懿旨,皇后母家抬入厢黄旗满洲。

初七日(11月7日) 晴。巳刻立冬。晨过粥厂。寄常熟信。附景秋平、孙莱山、赵粹甫、陈兰圃四函,虎骨膏。午后赵璞卿招至三庆,夜饮于伊斋中,坐有沅青、念慈、滋斋、曹芗溪诸君。

初八日(11月8日) 阴,狂风,甚寒。昨日上进奏书于两宫,今日奉册宝上母后皇太后徽号曰慈安端裕皇太后、圣母皇太后徽号曰慈禧端佑皇太后。得常熟九月二十二日信,知严亲痔发甚剧,发信时初愈,未作函。九月二十二日大葬,一切妥洽,用项极费,倍于戊辰。家中工匠事未竟,董之者不得其法。八月十七地震,九月十三天开眼约两刻许,叔父亲见之。肝气未平,左胁作疼,拟与仲渊同访良医也。东华屋听余措置矣。

初九日(11月9日) 晨晴,午刻大风如昨,更寒。徽号礼成,今日上御殿受贺颁诏。午刻设奠,曾祖妣许太夫人忌辰也。得杏云九月十七函。闻濒石母舅到京,夜,过际会堂晤之,伊眷属尚在城外,明日方卸车也。

初十日(11 月 10 日)　晴，风。晨至粥厂，旋过保安寺街，连夜有警，故往问耳。薛小云来晤，借去六金。陆铁云来函，云张罗尚无眉目，月半后当再入都。

十一日(11 月 11 日)　晴，风。入署预复四十五件。高丽表亦来，十三进，贺大婚表，又方物表；贺上徽号表，又方物表；谢恩表，其方物奉旨赏收，另进两宫、中宫方物各一分。未正散。过三庆。夜，赴郭定轩之招，饮于聚风堂，坐有子石、绍圃、璞卿、温味秋、张叔平、王念堂，文在。文在之兄棠南者，文化。戊午同年也，大挑二等在籍。

十二日(11 月 12 日)　晴。午后谒濒舅于常昭馆，长谈，并见表弟三人。长十二，次十一，幼九岁。坐遇彭芍丈。又访晤云生。张伯英来晤。崇实、英元赏朝马。

十三日(11 月 13 日)　晴。入署预复三十四件。午正到馆，申正散，归。是日换白袖头。

十四日(11 月 14 日)　晴。申刻过会馆，濒舅将欲入城，明早递折请安也。晤胡友笙，乃煦。胡与梅里张氏有戚谊，与余辈为表兄弟，送火腿一只、茶叶二瓶。

十五日(11 月 15 日)　晴。是日濒舅请安得旨，仍在南书房行走。夜，风。

十六日(11 月 16 日)　晴。入署预复五件。十九日册封瑜珣两嫔。午初到馆，校两卷，申刻归，适陆寄庵又从保定来，甫下车也。夜，濒舅招便饭，伊今日已谢恩矣。今日王大臣集内阁，议明年亲政上两宫徽号事宜。

十七日(11 月 17 日)　晴。晨过张子和处少坐。得四哥九月廿七日函，知父亲痔发初愈，尚未复元，安孙等不服水土，体中亦不调适，甚为悬念。新居及后仓厅均将竣工。常昭拔贡三人，杨伟堂表弟同武，成舅之次子。与焉。俞金门、钟銮。表弟、张世兄祖仁，宝卿师子。均新进，可喜也。严树森请训。

十八日(11月18日)　晴。入署预复八件，午刻到馆，校书两卷，剿捻陈设本方毕，余校三十三卷，申刻归。作谢城团令周煦生曜东。谢信。送严渭春廉访酒席，未收。是日换黑袖。

十九日(11月19日)　晴。寄常熟信。附京报、小绦子廿余丈。午后过濂翁处谈。

二十日(11月20日)　晴。与益轩换班，入署预复十八件，而小铁不至。又阅覆看八件，午刻散，归。吴东竹传仓差，曹宝臣上通本，吴吉人上委署。红本下，袁小午得詹事。

廿一日(11月21日)　阴，细雨。午刻同五哥至福兴居公请胡友笙、曾竹如，邀缉庭、云生作陪，濒石舅有事未到，申刻散，归。闻昨礼部进冬至礼节本缮写签支中"奉皇太后懿旨"误书"皇后"字样，今早有旨将大学士侍读中书交部严加议处。查昨系杨定斋、黄济川覆本，田厚坤写签，似不应有此非寻常疏忽也，可不慎哉！

廿二日(11月22日)　风，晴。午后谒钱馨伯，晤之。送星耘不值。作寄杏耘函，附以珍珠毛褂甬一件、桂花木耳两匣。又送星耘点心、冬菜。送王莲塘，则已行矣。铁云赴良乡告贷回，未能如愿。豫章放长沙遗缺府。

廿三日(11月23日)　晴，大风。过芥凡数语，即入署预复三十四件，午正饭。前日之三签阁长已将赶票本不及复校回过各堂，拟只送缮签之人交议。已撤去校签。申初出城，送严渭翁未值。暮至福兴，应沅青招，坐有恽星耘、少眉、芥凡。灯下作一函并靴一双托星耘带南，转寄常熟，四哥所需也。

廿四日(11月24日)　晴，寒。午刻缉庭招饮广和居，散后过三庆少坐，夜饭于福兴，芥凡约陪星耘也，坐有孙琴芳、何子云。陆铁云今日验到。袁子久得子。是日署中票秋审第一单。

廿五日(11月25日)　晴。严渭春留别十六金。袁子久来晤。礼部司员优保，经吏部议驳，奉特旨，准加三品衔花翎，以道员即选他处，不准援以为例。邓裕功选江宁盐道。礼亲王暨文武百官合词请上徽号，懿旨俯允，命该衙门敬谨办理。礼部主奏稿。

廿六日(11月26日) 晴，寒。铁云又赴通州张罗去。余入署预复十八件，署中以议处事意见不一，颇棘手。未初散，又过星耘处，不值，归。得陈屺瞻函，高峻生探花携来。张树声署江督，何小宋丁忧缺也，恩锡署苏抚。

廿七日(11月27日) 阴。文勤公忌辰，午刻设祭。午后雪，顷之益大，入夜止，复大雾。濒石舅来晤。吏部奏考汉謄录阅卷，派出温葆深、胡瑞澜、宜振。

廿八日(11月28日) 阴寒。哲卿于卯刻进城考謄录去，五哥出结，因往送焉。入署预复三十件，署中议处事开送杨、田二人而不及阁长，今日已片送吏部矣，未刻归。御史李宏谟奏直隶政务日繁，请添巡抚，交军机大臣会同该部议处。夜祀先，曾祖妣许太夫人忌辰也。三更大风。

廿九日(11月29日) 晴，风。申正哲卿出场归。政在养民论。足食足兵策。

三十日(11月30日) 晴，风。庞炯堂来晤。铁云自通州归。太常寺题本载"钢"物"纲"，承办司员议处，该堂官察议。

十一月壬午朔(12月1日) 晴。吾母杨太夫人六十冥寿，忆念音容，去日苦远。设位龙泉寺，唪金刚经忏一日。伯母以次合家均往，亲友来者张哲卿、张桂甫、庞炯堂、徐小树。俱送香烛。申正经毕乃归。经资送八十千、衬子十一千(九束)、香伙十千、供三十六千、面朵二四十千、零用五千。夜过子久，同查守助约。闻署中议处事，恐系革留处分也。哲卿未取謄录，颇悒悒。

初二日(12月2日) 阴寒。答客。入署预复三十四件，未刻散。出城至广慧寺吊赵仲古夫人，少坐即行。龙镜帆景恬，行四。来晤。致兰簃先生函并分百金，镜帆系兰翁之侄，新分江苏大令也。内子生日。是日宫内及各门彩绣俱撤。

初三日(12月3日) 晴。入署预复三十一件，未初散，到黄酒铺晤濒舅谈刻许,出城归。今日考总理衙门各员引见,内阁记六人:董世延、何福堃、方恭钊、孔庆辅、余烈、张锡申。得十月十一日南信,父亲体中已渐复元,叔父携仲兄往孟河访费医去,安儿学诗,无大思致也。杨定斋、田厚坤均议革留,今日吏部片照。

初四日(12月4日) 晴。寄常熟信。附京报,龙兰簃信,胡婕二身。午后过全泰、天成。

初五日(12月5日) 阴。午后过阜康,以家信两函并会项一函八千、一函七千。交汪月舟,取有收条一纸,俟回信来时对换,嘱其年内须会到也。

初六日(12月6日) 晴。入署预复三十八件。午正到馆,校剿捻陈设本,申刻散,归。军机处司员大保及修档奖励均昨日奏上,陆奭崇、张岳年、邵文煦、李耀奎、李方豫、丁鹤年均与。福伯祥太守兆。来拜,近从川中来也。

初七日(12月7日) 晴。先文端公十周年亡忌,午刻设奠,茹素不出门。

初八日(12月8日) 晴。入署预复十九件,未初饭,散。过前门,适演辇进正阳门,车不得行,良久乃散。

初九日(12月9日) 晴。晨拜客。巳正到署,预覆看秋审本,袁子久同冯寿珊来。今年分三单,今日所看系直隶、热河、山东、山西朝审共十五件,情实者停勾,票这情实人犯,今年著停止勾决,已有旨了服制同不出服制二字。缓决者人数亦少,除减等外所余无几。留养者仅二人。一不准,一行查。票△△著监候缓决,余依议。校核签支尚不费事,惟对前后衔及犯名,已迟至申刻矣。归家稍憩,夜过子久斋中,预祝沅青四十大庆,腊月初九生日。肴馔丰腆,饮至亥正散。

初十日(12月10日) 晴,入夜大风。晨贺王荔生娶儿妇,晤之。午后约宾庵、哲卿、五哥至广德听春台,夜饭于福兴居,戌初归。

十一日(12月11日) 晴,寒。入署预复三十件,午正散。至东四牌楼答福伯祥太守,兆,四川保宁府卓异引见来京。归已申初矣。是日读《明纪》毕。

十二日(12月12日) 晴。入署代益轩覆看二十件,未初散,至广和。夜饮福兴,陆表叔约也。隆汇帽铺做貂帽一顶。七两七钱。今日赏派管理。诰勅房事务,又派管理稽察房事务。发常熟信。

十三日(12月13日) 晴。拟明年上徽号礼成,恩诏一道。

十四日(12月14日) 黎明微雪,旋晴,甚寒。午刻过保安寺街。未初到余庆堂,同乡公请濒舅、胡友笙,主人列名七人,瑶斋未到,士周亦附入焉。

十五日(12月15日) 晴。王明山来晤。

十六日(12月16日) 晴,大风。到馆校书,申初归。

十七日(12月17日) 晴。撰拟明年二月上徽号礼成恩诏一篇,送芥凡阅定。

十八日(12月18日) 晴和。午后吊谈同年、起清。宋引之,雪翁之如夫人,前月卒。过观音院,今日庞处百日期满也。暮至福兴,邀常鹤生、马子谦饭,戌正散归。

十九日(12月19日) 晴。午刻至永和轩,应子和之约,坐有李承斋、杜梅舫、宋伯欣、小树,申刻归。许云生年丈来晤,云文勤公列传年内即入奏也。

二十日(12月20日) 晴。今日两侍读一委署、一值房,赴坛该班本衙门有帐房可坐,上不在斋宫办事军机大臣不到坛,无事可领,一到而已。阁长、子久、少薇、宝臣均到彼。上辰刻阅祝版于太和殿,巳刻出正阳,诣天坛宿斋宫。巳初闻天坛钟声,想车驾已至矣。祝程容伯夫人六十寿。送酒一大坛、烛一对。答高子峻太史,访沅青,坐遇王恭甫同年,恭甫已定沅青之屋矣。设祭于祖母真容前,不禁失声。上灯后赴定斋、益轩之约,过余庆堂,坐有沅青、芥凡、济川、子久、厚庵。

廿一日(12月21日) 晴。戌正初刻交冬至节,晨诣祠堂行礼。入署预复四十二件,到馆,申刻归。上寅刻祭天礼成,卯刻还宫,过前门,亲诣两庙拈香。

廿二日(12月22日) 晴暖。午后同铁云至天乐观剧，暮归。

廿三日(12月23日) 晴。晨祝济川，答许云生年丈。入署预复廿九件，饭后散，夜至福兴居公祝济翁，坐有子云，戌正散，归。

廿四日(12月24日) 晴暖。晨写条件。午后贺子久得子弥月，旋至安徽馆，今日同馆诸人公请枢直诸友，并翰林院三位，满友未请。到者十五人。申初客始齐，坐五桌，寻派分每人廿三吊廿分。上灯时散，归。菜用贡厨由泉孙酌办，甚周到也。石峻放云南遗缺府。钰坤放高州府。

廿五日(12月25日) 晴，风。得价人书。今日秀姑娘生日，忆去年入城时情景如在目前也。楼震放广州遗缺府。

廿六日(12月26日) 阴，微雪。寅刻起，卯初同铁云丈赴东华门，吏部选司下处在文渊阁后上驷院隔壁。坐九卿朝房，巳初方叫引见，巳初一刻下。余即到署预复十六件，午正散。过康家胡同，看濒舅新居，时主人犹未归也。

廿七日(12月27日) 阴。余三十六岁生辰。晨祝沈春甫太夫人八旬正寿。作寄常熟信。附京报、致价人信，又于飞卿来信。夜，同人为余公祝，饮于福兴居，亥初散，归。署中定于十二月初三京察过堂。

廿八日(12月28日) 晴。狂风甚寒，入署预复十五件，午正饭散，贺濒舅迁居，并晤友笙，夜至福惠堂，麻线△△新开。高守吾为沅青饯行，邀余同芥凡、哲泉、万陔平作陪，亥正归。在署见礼部题元旦庆贺礼节本，此件向归赶票，今以各堂要看签支改照，寻常本章前两日送阁矣。

廿九日(12月29日) 晴。晨了笔墨。午后杨丙如来晤。送食物二种。暮过天成，访程汝谟，五峰。未值。晤其侄莘卿。孔斐轩招夜饮，辞之。

十二月辛亥朔(12月30日) 晴。晨答杨丙如不值。入署预复十五件，午刻到馆校一卷，又取剿粤各卷，重勘抬头，有无错误，阅七卷换两页。铁云今日领照，却不拘十一、廿一之限，引见费百金、领照十两、内外长班八两。日内即可到省矣。

初二日(12月31日) 晴。午后过同乐，遇子和、梅舫、程汝谟，常宪，即照峰。恳将伊婿胡国杰冠夫，皖人。荐与沅青太守襄办珠墨杂件，沅青允到杭后酌行。

初三日(1873年1月1日) 晨晴，午阴，微雪。卯正起，黎明进城到署，今日京察过堂先传。辰刻直至午初文相始到，一过而散，预复五件。出城送沅青，数语而归。徐荫翁娶儿妇，送烛百支、酒一大坛，五哥往贺。夜，至福兴同五哥为铁云丈饯行。

初四日(1月2日) 晴。晨间与铁丈话别，巳正登车而行。徐绍圃来晤。午间到观音寺送宋引之母殡，归已未正矣，送幛一。

初五日(1月3日) 晨晴，暮阴。作答厉吉人同年函交陈菽生。午后拜谢莲舫保良。知陆铁云所求陈惠卿信已允许，乃拜慧卿，不值。访余绂臣，未晤。伊新移延寿寺街，途遇哲泉，知察典新封丁、刘两阁长，王子宜、杨定斋、刘星岑均一等，牟步南备一等。李小竹来晤。

初六日(1月4日) 晴，寒。入署预复三十三件。未初到馆，校一卷。申刻出城，过天丰，又贺得一等诸君，暮归。得四哥十月廿六日函，知父亲大人以次均安。叔父患眼痛，仅有谕字一纸。仲兄屡发病，费医云肾亏肝弦，若能去七分便是效验。自孟河回又大发矣。

初七日(1月5日) 晴。

初八日(1月6日) 晴。晨祝黄孝侯太夫人七十寿。送幛。入署预复十八件，午正散，归。

初九日(1月7日) 晴。祝沅青四十寿。访陈慧卿，晤之。寄常熟信。附彭漱芳信，张哲卿禀。

初十日(1月8日) 晴。晨吊郑雨卿之堂叔。午后过庆乐。常恩请开缺，赏假一月。

十一日(1月9日) 晴。入署预复三十八件。是日部本八十件。午正散，过聚兴购洋绉套裤料。

十二日(1月10日) 晴,寒。晨吊朱籽三于文昌馆,晤芍亭丈、清卿,访修伯、芥凡,均不值。午后庞宝翁来。暮过全泰、天成。

十三日(1月11日) 晴,寒。入署预复七十四件,未正散,谒广绍彭,晤之。是日上祈雪。

十四日(1月12日) 晴。芥凡来晤,嘱代缮贾相谢赏福寿字折。午后同颂阁观剧。得十一月十六家信,大小平安,收租上中而谷贱。先祠已上梁,鸽峰丙舍已得地,尚未兴工。《先集》甫抄副本。叔父发愿书《法华经》,每日二千余字。安儿诗稍清通。希凯赏头等侍卫,作为驻藏帮办大臣。文煜到京,赏朝马。

十五日(1月13日) 晴,风,寒甚。午后访修伯、云生,晤之。滇抚岑彦卿毓英。寄赙百金,即作谢函,交来差带去。得河静山同年清。函。

十六日(1月14日) 晴。得武仲平函,其开复事年底可出奏矣。附来口蘑一包。午后访子和,见子云、凤池戏墨。夜饭致美斋,尝年糕。谢莲舫来晤。明年正月廿六日以后引见名单照旧递一分。

十七日(1月15日) 晴。德儿生日。寄常熟信,附哲卿家信。复武仲平函并茶叶两瓶,交李县佐带回。午后赴颂阁万兴居之招,同坐倭心泉、和。刘竹溪、得瑛,皖人。豫桂桥、章,湖南知府。朱曼伯,并晤俊山、德才。醇王请修会典,下礼部议。

十八日(1月16日) 晴。得傅哲生年丈函,炭金三十金。午后访子和。

十九日(1月17日) 晴。贺濒舅补缺。昨日出科。祝颂阁太夫人寿,午正归。饭后过天成,见俊三《新安驿即事诗》。夜,哲卿邀莲舫、季珊、小竹与余,饮于万兴居。

二十日(1月18日) 晴。晨间微雪,旋止。董仲默、吴吉人请午饭,辞之。遣人赴十里庄,访张伯英、吴清卿,均不值。遣仆辈代哲生送文宝李三处信件。定安奏保军营出力人员,武勷开复原官原衔花翎,有明发谕旨。

廿一日(1月19日) 晴。是日吴鸿恩请厘正文件。上又祈雪。颂阁来晤。作答傅哲生、萧葵生函。

廿二日(1月20日) 晴,寒。吴清卿来,以鱼堡施粥银一万两交去,由圆通观项下提助也。午刻赴万兴居,五哥与余公请朱曼伯、刘竹溪,邀倭星泉、徐项阁作陪,坐有俊山,畅饮至暮方散。被酒不适。

廿三日(1月21日) 晴。祖母诞辰,午刻设祭,昨岁情事如在目前,惨痛何已。朱修伯来晤。夜,祀灶。

廿四日(1月22日) 晴。今日祖母周年,借龙泉寺唪经一日,合家到庙哭奠。哲卿在彼竟日,徐老九来行礼,酉初经毕,焚送阴宅乃归。入门惘惘,悲从中来,何日月之速耶。庙中费用略如十一月朔,惟增经资廿千耳。本家已兰之母今日午刻去世。

廿五日(1月23日) 晴。哲卿放学,午间治肴小饮,邀季珊、子和来同坐。作谢柳芷汀大令宗芳。函,附入傅哲生信中交天成递川。景其浚、钟佩贤均到京请安。

廿六日(1月24日) 晴,大风。得铁云函,知前有信在沈子成处,未见送来。

廿七日(1月25日) 晴。到馆看粤匪陈设本数卷,暮归。闻署中封印,前一日吏部处分本复有舛误,日内检举部本有王刘票签,则陈菽生也。刘阁长、陈菽生交议,王子仪、刘星岑记过。

廿八日(1月26日) 晨阴,雪花数点,午晴。敬神。得谭文卿年丈函,并炭金十六两,即作函复之。从济川处索归四十两,上年借款也。夜过沅青畅谈,伊行期在元宵节后。

廿九日(1月27日) 大风,晴。料理节逋。夜,祀先,将各处应复信件,逐一了之。

除夕(1月28日) 晴,大风。季珊来晤。日月如流,百感交集。入夜,风愈大,爆竹甚多,不能成寐。

同治十二年(1873)　岁在癸酉

正月辛巳朔

元旦(1月29日)　晴,大风。晨拜天祖。巳刻出门至东北城贺年,绕顺治门出,未正归。是日极寒。上亲祭堂子。风从艮地起。宗人府呈进星源吉庆。

初二日(1月30日)　晴。晨拜年。午后敬神。未刻到文昌馆,内阁团拜,今年演春台戏,暮归。上灯又往,子初归。是日枢垣诸公公请,辞之。

初三日(1月31日)　大风,晴,寒。竟日未出门。季珊来夜谈。闻汤古如昨日未刻下世。

初四日(2月1日)　晴。晨至顺治门西拜。午后同哲卿、德儿观全胜剧。

初五日(2月2日)　晴。午后至前门东拜年,又过云生处,晤之。吊汤古翁,门庭如水,景物凄凉。四更雪。昨有旨,三月初六启銮谒陵。

初六日(2月3日)　雪积二寸许,薄暮放晴。得秦子衡书。哲卿开馆,午刻备席小饮,邀云生、印若、竹如、友笙、伯英作陪,申初散。拜年数十处。

初七日(2月4日)　立春。晨拜先祠。午刻入城,拜顺治门内诸客,申初归。是日上亲祭△△太庙。李宗羲放江督,张树声补苏抚,文彬补漕督,李元华升东藩,长赓升东臬。

初八日(2月5日)　晴。近处拜年。午初至谢公祠,今日通本五人公请阁长、委署、各馆中同事诸君，请三十人，到二十人。余为承办，随到随坐，未初入席，申正散。

初九日(2月6日) 晨阴，申初大雪。游厂，甫至大神庙，雪已纷纷，匆促而归。寄癸字第一、第二号信。附哲卿家信，周渭臣、李次青、克蒙额、秦子衡、傅哲生、王定甫、周五云各信，京报。成允放兖沂曹济道。夜雪止，微风。

初十日(2月7日) 晴。王莲西邀饮福惠堂，辞之。晨补拜年。得十二月十六日家信。父亲患痔甫愈，形体消瘦，服猪大肠煮莲子，起居如常。此次归葬及建祠修屋，费逾万金，置田颇难。顷与王夔石、盛旭人在嘉定设济平当一所，年可得一分利息，皆托盛公料理。叔父写《法华经》已毕。先集尚须校雠，《家谱》未动手。源哥病益加瘦，服药鲜效。奎侄于十一月廿七订姻于屈氏。亲家名兆鳌，号一峰。安寿无习气，此次寄六韵诗各一首，意致清澈。安儿有禀，文字尚顺，不知有润色者否，甚慰吾念。申刻访晤　堂、沅青，坐遇芝斋，暮归。

十一日(2月8日) 晴。午后过厂，人挤不得游，乃至聚兴购荷包。是日内子之生母及诸姊妹来此竟日。

十二日(2月9日) 晴。晨补拜西城客，到馆，午后散，出东华门，过广少彭丈处，晤彭怡堂，增苓舫之弟。定屋事照原价二千四百，外加修理四百，俱允之。少彭适补刑部侍郎也。谒濒舅问疾无他，惟头晕足软，十七假满，仍拟入直也。暮归。成林升理侍。区信卿、冯寿珊、吴吉人、彭瑟轩公请，辞之。

十三日(2月10日) 阴。访云生不值，补拜客。

十四日(2月11日) 晴，风。听纸鸢声，忽忽不乐。寄癸字三号家信。附何白英信。访沅青谈。夜来爆竹甚喧。

十五日(2月12日) 晴。晨至东北城补拜年。贺广少彭少司寇，祝滨石舅寿，五十一。滨舅头晕足软仍未痊，欲请开缺，乃劝伊且续假调理，午间吃面。出城至安徽馆，应蒋子良年丈、吴清卿、顾缉庭、陈菱舫、吴子实之招，坐俱同乡。子实以感冒未至。申正散。月色皎洁,爆竹多于昨夕。

十六日(2月13日) 晴,大风。钞诏表等件。午刻至安徽馆,应蕖卿、菽生、松坪、子久之招,申正散。倭心泉邀饮燕喜堂,辞之。

十七日(2月14日) 晴,大风。作寄四哥函并杂件一帽合。内高丽参、水烟筒套、潮烟、香皂、马尾藻、皂翠花绒、毯鞋面、槟榔之类。托沅青过苏州时设法寄常。答杏云函附贺表底。交阜康寄杭。郑季珊来晤。闻贵州报全省肃清,提督周达武赏骑都尉世职,巡抚曾璧光赏云骑尉世职、头品顶太子少保,藩臬均加头品顶。奉旨亲政以后,凡遇皇太后万寿及元旦一切庆典,王大臣等照旧于两宫呈递如意。

十八日(2月15日) 晴。

十九日(2月16日) 晴,狂风,甚寒。开印,入署该班,预复四件,午正散。诣滨石母舅,今日假满,奏请开缺,得旨允准,盖眩晕日甚,步履不能自主,时有倾跌之虞,不得不然也。坐遇赵朗甫,未初出城,至广德楼,五哥约徐氏昆仲在彼听双顺和,甚佳。

二十日(2月17日) 晴,风。缉庭来晤。午后过保安寺街,又答李均湖,不值。访徐绍圃同年,晤之。

二十一日(2月18日) 晴。入署预复三十九件,午正毕。饭后到馆,剿粤匪本看流水毕,又校剿捻本一卷,申正散,归。军机大臣面奉谕旨,亲政后文武引见各员口奏履历,均照道光年间、咸丰初年旧章,传知遵照。

二十二日(2月19日) 晴。堂来晤。得陆寄庵信,知宣化汪太守有回信并银三十,在贯市李家信局,嘱往问取。午后同哲卿至同和局询之,仍无回音,令其作速函催,十日后听信。

二十三日(2月20日) 晴。入署预复五件,午正散。至吏部勋司稽俸厅核对俸册,未见其司员,但于结尾画押而已。一供事随往,又过户部陕西司。未正到汤宅陪吊,暮归。送汤八两,一幛。邵伯英来晤。三更许煤市街失火,延烧六七家,毙二人。

廿四日(2月21日) 晴。骤暖。武选司公请,辞之。午正送沅青行,数语,即赴福惠堂请客,曹宝臣、王小铁、李理莼、孔斐轩、颉仪臣、高守吾、何受轩均到。王益轩以咳嗽来辞。夜,过济川斋中,同人为子久预祝兼饯沅青,亥正归。托沅青以四金购一八卦钟,饰观而已,货不佳也。大理府克复,逆首杜汶秀伏诛。刘岳昭开复革留处分,交部优叙,岑毓英赏黄马褂骑都尉世职。

廿五日(2月22日) 晴。入署预复六件。昨日马植轩上通本,张镜堂若虚。上委署。今日同班初晤。得端木子柔函,在皖学幕中。祝子久。户部奏派仓场赴津验收海运,得旨派延熙届时前往。是日皇太后召见亲郡王、军机、弘德殿、两书房、内务府、大学士、六部尚书于养心殿,奉懿旨二道,一训皇上敬天法祖,勤学图治,中外大小臣工,恪共尽职。一训皇上办事后仍诣弘德殿虚衷讨论,李鸿藻等照常入直,尽心启沃,并谕御前大臣等伺候兼习骑射醇亲王,毋庸入直弘德殿。内阁验放以今日为止,此后仍均引见。

廿六日(2月23日) 晴。晨吊本家复生母丧,送汤古翁殡,至大街上杠乃归。郑雨卿来晤。汪月舟来交到收条二纸,知上年阜康会款已于除夕交讫矣。上谕:三月初一日恭诣奉先殿读祝致祭,应行典礼照例预备。又谕:在廷王大臣、各省疆吏及大小臣工精白乃心,精求吏治。召见灵桂、英桂。廿七事。是日上受贺颁诏,京外文武大小官员均加一级。

廿七日(2月24日) 晴。寄癸字第四号家信,由阜康去,附京报。今日吏部京察过堂,余以留署该班弗往。辰初入署,预复四十一件,又票拟朝鲜表四件,随表方物,表三件不票签,今年奉旨卖收年例进贡奏亦不票。另有进△△两宫△△中宫称殿下。方物,录副交直房。未正散,归。闻是日召见外廷大臣二人。召见文单全中堂、醇王、恩承、荣禄。廿八事。

廿八日(2月25日) 晴。午刻过福兴,约雨卿、小树、子和饭,莲生期而未至,申初散。与小树同至萧华珂处谈,晤五云。今日内子为　堂夫人饯行,约诸姊妹同饭。闻今日亦有外廷起,此后当习以为常矣。醇王请将神机营隶各旗营,得旨仍交该王大臣等勤加操练,各旗营兵一体稽阅。

廿九日(2月26日) 晴。晨吊刘厚庵尊人、冯杏林胞兄。午刻至安徽馆,应申之、培之、鹤巢、叔涛、研生、骏叔之招,坐仍同乡诸君,鹤巢未来。申初散。祝云生太夫人寿,云生亦今日生辰。坐晤濒舅,归思甚亟。闻芍庭丈云,连日叫起,均在养心殿西暖阁,每日午初到弘德殿,申初回宫。"御赏"、"同道堂"两玉章尊藏、封固。召见灵桂、万青黎。

二月庚戌朔(2月27日) 晴,风。入署预复四十四件,午正饭,散。至安徽馆,应辛亥各位世叔公请,申正归。今日上御乾清宫,看京察一等人员引见。内阁、翰林院、吏户礼兵四部,以后分四日。工部递会议河工事,请派员察看,再行举办。留中未下。召见英桂、毛昶熙。吴鸿恩递条陈。

初二日(2月28日) 晴。到馆校书两卷半,未正散。过濒舅处,遇子良。出城吊张香涛夫人,送一幛;杜莲舫夫人处送一幛,分四两。召见崇厚、锡祉。

初三日(3月1日) 晴。入署预复五件,午初散,过贯市信局,问宣化事,语多游移,稍费唇舌。归作寄钱云函,适萧葵生有书至,一并寄去。邸报中自今日为始,刻召见人名。是日苏府同乡在长元吴馆团拜,余兄弟俱未克往。

初四日(3月2日) 阴,午后晴。京察单下,圈出汉员三十九人,再交吏部带引见,内阁恩霖、额图珲、丁士彬、刘恩浚均与焉。小一等圈杨定斋、刘星岑。

初五日(3月3日) 晴,风。晨吊赵伯远丈丧母,送一幛。访云生、芥凡,均不值。寄癸字五号家信。附张尔遴信,周炳生参将禀各一函。

初六日(3月4日) 大风,寒如三九。入署预复一件,巳正饭,散,归。

初七日(3月5日) 晴,大风如昨。得陆寄庵函,知汪信已收到矣。午后过圆通观看车厂地基,又过厂肆买银珠定。作答张云衢世兄函。现署四川梁山县。

初八日(3月6日) 晴。入署预复廿四件,又贺本四十二件。午正到馆,校一卷,仍出东华门,答彭颐亭,寿。未晤。今日进上徽号奏书,推班三日。

初九日(3月7日) 晴。将昨日携回之书校勘五卷。夜,过芥凡谈。今日进册宝,上慈安端裕康庆皇太后、慈禧端佑康颐皇太后徽号。是日上亲诣社稷坛行礼。

初十日(3月8日) 晴,午间大风起,又寒。戚伟卿来商公源债款事。未刻至观音院公祭庞老太太。同乡八人。夜,余绂臣邀饮,张老三在伊家授读,今日开馆也。坐有徐古香、张莲生、余撍珊、许、王两君,亥刻散,归。今日上升殿受贺,颁诏。

十一日(3月9日) 晴。入署预复二件。午正出城,访余撍珊,晤之。未刻至余庆堂,应何寿轩之招,坐有文侍御、明。寻冠香、銮炜。胡绶卿、子韶之兄。海如。申初方入席,暮散。夜,同五哥至朱肖堂斋中饮,坐有云生、陈研香、路望严、朝霖。邵小村、顾缉庭、刘慎夫。闻文侍御云,九月间宫内开婚女子育一女,旋以女子为△。位在常站之下。又云:皇后谒陵恐不能往,似有诞圣消息。又云:二月初二日选二嫔入宫,计已有十三人矣。又云本年元旦将二十四处都首领太监苏五斥革,近竟自退矣。

十二日(3月10日) 晴。作寄四哥函,并库缎一匹、珠扣佩带四件,又褡裢一个、衣边两身、银珠二定、食物木匣五只、软包一个,秀姑寄。托庞　堂携南。午刻到长元吴馆,与彭芍庭、潘谱琴、味琴、绍圃、沈乐庭、尔嘉。沈凤池、汪芾村公请苏府同乡,到者十三人,暮散。是日顾缉庭母夫人寿辰。是日京察覆带引见,记满员廿八人、汉员十五人,丁芥凡、徐颂阁、季和、赵朗甫、李李郇均与焉。

十三日(3月11日) 晴。午后至婺源馆,李理臣招饮,待至申初,芥凡不至,余遂行。过安徽馆,应陈云舫、马植轩、钟次山、王璞卿公请之局,薄暮散,归。得安儿正月廿三日禀,知合家平安,来禀文义明顺,又寄一六韵诗来,甚慰悬念。奎孙不驯,殊增闷闷。今日内务府一等人员引见,记十一人,未记者二人。奉旨记名人员十七日为始,每日三员伺候召见。兵部奏书吏舞弊潜逃,得旨严拿,承办司员先行议处。翰林检讨童棫销假,得蒙召对。

十四日(3月12日) 阴。贺京察记名诸君。午后从唐蓉石借钞上年大婚时内务府奏定礼节单。得正月十六日家信,一切平安。父亲调补渐愈,暂住家乡。叔父将有绍兴之行,往返约一月。安寿延师,即日开馆矣。

十五日(3月13日) 晴。午后送　堂,晤之,明日伊送眷先赴通州也。访俞子安于忠义局,问袁耀宗如何呈报请恤。夜桂甫邀饮福兴居,亥正方归。

十六日(3月14日) 晴,午间大风作。入署预复五十二件,未初散。拜雨卿,不值。谒濒舅数语。答彭颐堂,并晤其弟存寿,芝舫,行六。商定屋契式。出城过聚兴,还伊二十两,约略可清帐矣。寄癸字第六号信。附京报,梅花点舌丹百粒、辫连二付。程仲立到京。广东臬司张瀛请安。

十七日(3月15日) 晴,风。慧官周晬。晨至圆通观晤戚伟卿。午后至文昌馆,应鹤巢、慧生之招,坐有芥凡、少眉、小酉,上灯时归。芥凡今日召见于养心殿西暖阁,问官职年岁,上有老亲否。曾出差否。恩霖、徐郙所问略同。

十八日(3月16日) 晴。入署预复五十件,午正散。至保安寺街,适雨卿出城,盖约伊为祝官训蒙,今日开学也。周荇农学士六十生辰,送一幛、一烛。夜,邀雨卿、绂臣、播珊、朱肖堂、莲生饮,亥初散。今日傍晚至观音院庞老太太灵前行礼,兼送宝生丈,伊明日卯刻长行也。

十九日(3月17日) 晴。仲立来晤,伊上年在沪上捐办指省,九月赴广东,今得解饷差来都引见也,已留须矣。送万丝帽胎一、印色一小合、神曲八匣、檀香油四瓶。午后赴文昌馆,壬午团拜,温明叔先生已到，余者十二人。申正归。

二十日(3月18日) 晴，暮阴。巳刻到馆，校书三四卷，应看之陈设本归数毕矣。申正散归。彭祖贤署光正，李祉署光少，均随沪缺也。安徽臬司孙衣言到京请安。署中派黄、翁、王、袁四人发报接报。

廿一日(3月19日) 晴和。入署预复四十六件。午正饭，散。祝单相国七十赐寿。出城答仲立，不值。过保安寺街，与雨卿谈片刻，归。区信卿告假，王膺之允善。上委署。派惇王、单懋谦、毛昶熙、崇纶、英元留京办事，轮班在内值宿，不值宿者申刻散，英元毋庸值宿。步军统领。午刻先散。董文灿补缺，曹翰书、吴福钟俸满截取，均今日引见。履历五句。领春俸廿一两六钱。又去秋米折十六吊。

廿二日(3月20日) 微阴，黄昏大风，小雨。今日杨夫人亡忌，午刻设奠。未刻戚伟卿说话至暮方归，仍不得一痛快语，殊为愤闷。得正月廿六家信，大小平安，灯节后甚寒，旋又奇暖。廿四夜间城南阴兵大乱，噫！沴气未除，殆非吉兆，可忧也。两兄俱有手书，安孙已开学，师弟颇相得。叔父即赴浙中，约一月勾留耳。今日江苏团拜，余弗往。

廿三日(3月21日) 晴，风。入署预复四十五件，午正散。至长吴会馆，祝沈风池七十寿，人多座窄，少憩即行。归得宋惠人太守函，并炭金十六两。寄癸字第七号信，附银朱两定。

廿四日(3月22日) 晴，暮黄埃蔽天，旋大风作。答宋惠人函，又作寄恽老五信。午后到安徽馆，应泉孙、菱舟、星岑、慕韩、东竹、小西、蓉石、芸龛之招，酉初散，归。李中堂到京请安。拜孙琴西廉访于三台馆，未值。

廿五日(3月23日) 晴。午后独过裕兴少坐。是日换珠毛褂白袖头。

廿六日(3月24日) 风，晴。答方元仲，谒李中堂，贺徐颂阁。入署预复廿四件，午正归。阅选单，知姚湘渔得娄县教谕。夜，赴宴宾斋，郑季山招饮，坐有魏季莼、王懋昭、曹章甫、张哲卿，亥初散。闻户部失行在印,堂司各官先行议处。

廿七日(3月25日) 晴。晨至圆通观,申刻至余庆堂,应海峤、海如、惺庵、翼臣之招,皆山西世兄也,坐有王象甫,戌正归。西邻沈氏演剧,内子约其母、妹往观。

廿八日(3月26日) 晴。入署预复三十五件,午刻散。拜方元仲观察,晤之。过雨卿处少坐,归。

廿九日(3月27日) 晴和。陈芝轩来恳缓逋欠约,俟四月杪先归三数,不得已允之。午后吊陈同叔母丧。赴文昌馆戊午团拜,派分十六千,南榜八千。到者不过五六桌,晤少桐。余与云生均拈得值年。更有丁墉、樊拱宸。演三庆带灯,与乙卯会办。夜看十三旦一出乃归,已亥正矣。

三月己卯朔(3月28日) 晴暖。入署预复贰拾件。巳正李中堂到任,三揖而退,即散。诣濒舅谈,即在彼饭而归。今日已换棉袍挂,摘白袖。在署见山东河运保案清单内本家叔祖镜湖心恒。以州吏同保补缺,以府经用。申刻杨丙如来晤,即邀往宴宾夜饭,季珊、哲卿作陪,亥初散。国钧放直隶承德府知府,新京察也。

初二日(3月29日) 微阴。访朱修翁,不值。作答傅哲生函,并乐至令胡粹如谢信附去。

初三日(3月30日) 晨阴,微雨数点,午后晴。答杨丙如,不晤。入署预复五件,午初散,归。饭后哲卿邀同五哥、季珊听秦声。夜,赴莲生招饮如松馆,坐有仲立、雨卿、小树、子和。

初四日(3月31日) 晴。寄癸字第八号信。申刻过小树,同赴仲立之招,饮于福兴居,仍昨同坐诸人也,亥初散。张建基告病开缺,湖北藩司放林之望。得李中堂【堂】别敬二十两。

初五日(4月1日) 晴。黎明入东长安门,到署该听报班,四人俱到。寅刻已发报一次,未刻又发一次。明日应递事件。静候无事。一切均满服办。入文华殿门瞻仰,申初散,归。上于卯初启銮,至东岳庙拈香,宿燕郊行宫。皇太后皇后、内廷主住以次于辰巳间启銮。

初六日(4月2日) 晴。辰刻入署,该听报班,至未正发后始散,归。得严亲二月十六日信,一切平安。叔父赴杭未归也。夜,过财盛馆听灯戏,陕西团拜,晚间皆秦声。今日上驻跸白涧行宫。

初七日(4月3日) 阴,风霾蔽天。午后访修伯、云生,均不值。上驻跸隆福寺行宫。

初八日(4月4日) 晨微阴,午后晴。黎明入署,该听报班,辰正报到,满票签开箱,余等同阁长均诣文华门东间,王大臣均至校阅,顷之,将汉票签公事另包。内折片一件,赴国史馆回各堂,各堂值宿均在馆。乃退。是日留京办事大臣及各部院京堂均到阁拜发安折。政事堂上三跪九叩,昨日亦如此。余预复十件毕,到方略馆取剿捻本看流水一过,未正复到署,已发报矣,遂散。访曹宝臣,晤之,归。是日,上临隆福寺行宫谒陵,行敷土礼。御前大臣参道旁迎驾擅递职名之在籍道员史、朴等(一通判、一教谕),请饬查办,得旨姑免查办,嗣后绅耆人等不准擅递。

初九日(4月5日) 晴,清明节。午刻祀先,遣人赴十里庄焚楮,惙然者久之。南城水火会敬神,在燕喜堂演全胜和,五哥留一桌,邀往听戏,坐有徐小树、季和、张子和、哲卿,子初归。是日上行大飨礼,礼成回銮,驻跸桃花寺行宫。四更雨声淅淅。

初十日(4月6日) 阴,细雨廉纤。辰刻到署,随阁长至文华门问事,过预复三十一件,与益轩换班。午正毕,散。送孙琴西廉使。廉使留别十金。入暮雨势渐紧,四更乃已。

十一日(4月7日) 放晴。黎明西邻沈氏有警,金柝喧阗,即起询之,贼已飏去。暮复阴。

十二日(4月8日) 阴云往来。午后同五哥至天乐少坐。是日听报末班,无甚公事,遂弗往。上于△刻回銮进宫。

十三日(4月9日) 阴。入署预复二十件,午刻归。得张石洲廉访瀛。留别十二金。

十四日(4月10日) 晴。暮至福兴居,赴郑雨卿招,坐惟姻亚诸人耳。

十五日(4月11日) 晴暖。暮访云生,不值。过雨卿处谈文。阅邸抄:向来驻跸处所需用器皿,由地方官备办,此次桃花寺、燕郊行宫门外竟有太监抢夺器皿之事,将太监严责,发黑龙江,约束不严之内务府司员革职,永不叙用。

十六日(4月12日) 阴。入署预复十九件,又贺本六十四件,午正饭,散,归。答黄谓川。兆熊。

十七日(4月13日) 微阴。午刻至宴宾斋,应小树招,遇赵宝斋、云生诸人。散后过桐初处数语。夜,至余庆堂,赴绍圃、朱酉山之招,坐有璞卿、彭冠卿、祖寿。子硕、士周,亥正方散。夜,雨。朱修伯来晤。以二十二千不足二金。购《新刊字典》一部。丁芥凡得子。第二。

十八日(4月14日) 阴,未正开霁。今日汤夫人亡忌,午刻设奠。饭后至汤宅送妆,过胡铁庵家少坐,乃归。新郎系铁翁之侄。榆钱荐新,为之黯然。送汤宅喜分六两。送胡宅酒大坛、烛一对。

十九日(4月15日) 狂风,极寒。辰刻至胡宅贺喜,新郎号毅卿,钱庵之胞侄。旋至汤宅,午初送亲,又过胡宅看合卺坐床毕乃归。饭后同五哥至广德。

二十日(4月16日) 晴,风。午后祝王子硕尊人七十双寿,至扬州老馆少坐即行,复至福寿堂应陈云舫之招,遇泉孙、芥凡、星岑,暮散归。今日奉旨△△定陵迤东普祥峪、菩陀峪择定万年吉地,谨遵△△懿旨蠲吉开工,普祥峪派惇王、全庆、春佑、荣禄;菩陀峪派醇王、英元、魁龄、明善前往敬办。得三月初七日家信,一切平安。严亲吃补药已大健,将赴苏办服阕事。叔父浙中之行,历邓尉、西湖、禹穴、兰亭诸胜,前月廿三回家。奎孙定于四月十三日完姻。祠宇已落成,鸽峰丙舍尚未筑。四哥左腿麻木,针刺未效。是日换季。

廿一日(4月17日) 晴。寄癸字第九号信。附秀姑家信。暮访韵崖,晤之。过福兴请仲立,适容翁有恙,不能来,乃与莲生、子和、雨卿、小树共饮,亥初归。

廿二日(4月18日) 晴,狂风。夜,至余庆堂,同五哥公请简南屏、朱肯夫、柳惺庵、何海如、颉仪臣,皆世兄弟也,惟张海峤移居城内不至。今明两天均推班。

廿三日(4月19日) 晴,风。万寿圣节。入署预复二件,覆看三件。午刻饭,散。诣濒舅,谈片刻,归。

廿四日(4月20日) 晴。午后贺王子仪赘姻。皮条营韩。子久来晤。

廿五日(4月21日) 晴。午正至文昌馆,顷之,少眉、绍圃、雨卿、滋斋来,而方元仲上灯后始到,少坐即去,修伯辞未到,亥正归。竟日皆昆戏,近来所无也。

廿六日(4月22日) 晴。入署预复二件。散,拜彭怡堂于甜水井,晤之,约初二过我付银写契。慧官发热,疑有食滞。夜,饮于子久斋中,伊与泉孙公请方元仲,坐有朱修伯、徐小云、方寿甫、李少石,亥刻归。

廿七日(4月23日) 晴。申刻同五哥至前门大街看估衣,过至宝楼小饮,甫出门,遇廉性山,复入饮数杯散,归。得胡月樵函,袁廉叔带来。陆涑文到津,先将家信寄来,尚有食物等未到。恽菘云亦以海运差来津,约四月初旬可入都也。

廿八日(4月24日) 晴。入署预复五十五件,未初散,归。黄鱼登盘。夜,过宴宾斋,应小竹之招,坐有莲舫、哲卿、季珊、顾之山、陈椒生、毛小轩,余多扬府同乡也,亥刻归。是日署中点派兼管汉本堂事务。

廿九日(4月25日) 晴。作答胡月樵函。午后吊林少民寿熙,岵翁之四子。祖母丧于文昌馆,申刻五哥为性山洗尘,余与云五作陪。

三十日(4月26日) 晴。访泉孙,晤之。拜余松南侍卿,不值。过郑季珊处谈,遇高彝伯。

四月己酉朔(4月27日) 晴。入署预复四十件,午刻散。答杨丙如,不值。昨日来晤。归,张海峤来晤。

初二日(4月28日) 阴。丑正起，送五哥补缺湖广司郎中。引见，寅正到东华门，坐小朝房，微雨一时许。辰正一刻叫引见，时雨适止，巳初下，遂散。未刻到署少坐即出城，归。未刻彭怡堂来，先交屋价一千两，京松，新泰广票。立一倒字，余一千八百，约五六月间银契两交。契上以广绍彭为中人。申初过才盛馆，应璞卿之招，片刻即回。暮，又雨一阵。

初三日(4月29日) 晴。巳初出永定门，赴十里庄，四刻许到彼。今日同人公祭范文正公，此次系吴清卿承办，将尊罍笾豆均载去，祭品牲羞亦具备。请刘叔涛主祭，清卿与云生赞引，余读祝。午刻上祭成礼。此礼不举者数年矣，今日到者十三人，刘叔涛、汪慧生、朱研生、陆云生、潘味琴、吴望云、廖谷士、曾印若、蒋子良三子、吴清卿族叔、陈菱舫之弟、吴清卿与余也，饮福而散。以四簋一饭酹麟儿，寂寂一抔，纸钱风冷，可闵也。微雨初过，车尘不惊，颇平适。

初四日(4月30日) 阴，暮雨数点，闻雷一声。午刻过汤宅，今日回门，邀陪新郎也。申刻访济川，论琉球表签式。请遣官生林世功回国，曹宝臣拟票：览王所奏，著照例办理该部知道，旋得旧样，改览王奏知道了，该部知道。夜，大风，顿凉。

初五日(5月1日) 晴，凉。晨诣广绍彭侍郎，致意交屋事，酬其仆四金。入署预复五件，看琉球表，表三道，有正有付；奏本三件，无付。午初散，归。祀先，潜虚公诞辰也。以栗色骡一头借与钱馨伯少司成。吊高峻生太史岳崧。尊人之丧于兴胜寺。寄癸字第十号家信。

初六日(5月2日) 晴，风。今日五嫂四十寿辰，叩贺伯母以次。入署预复四十件，午初毕，待琉球表换签，例贡非贺表，签内只书览王奏进贡方物，不用贺字。未正方散。访哲泉，不值。晤植轩，数语。祝芥凡。夜，季和昆仲在此吃面。

初七日(5月3日) 晴，午后风。晨至文昌馆，吊李村之弟，少坐即归。桂甫来晤。未刻，至龙爪槐生日会，日暮方散，用子久处庖人，甚丰美。昨日恭邸处册封世袭亲王，府中开贺五日。方元仲送木耳二匣、唐碑数种。

初八日(5月4日) 晴。晨过天成,以屋价一千暂存伊处。读《辽》、《金史》一通毕。

初九日(5月5日) 晴,风。戌刻立夏。郑季山来晤。

初十日(5月6日) 晴热。午后拜常熟同乡邹文沅于会馆,不值。至福隆堂,赴张镜堂若虚。之约,坐俱委署友人。申正至汇源楼,应高守吾之约,坐有泉孙、芥凡、济川、松坪,上灯时散,归。文彬陛见,命刘咸护漕督。

十一日(5月7日) 晨晴,午阴,暮雨,入夜复晴。芍药已唤卖矣。十三日常雩大祀,祭日及前三日斋戒,均不进本,署中自初八至今日四天无事。

十二日(5月8日) 晴。晨访雨卿、小树谈。得三月廿三日家信,一切平安。父亲复赴苏办起复事,三月中出奏并咨吏部。叔父以校《先集》、编《家谱》为日课。吉卿感冒未愈。仲开仍发病。鹿卿腰疼,医云气血不足。安寿诗笔稍进而文未通。族姓无佳子弟,可慨也。钱姑母之子闻以微疾下世,实可闵伤。家中大门茶厅均升高,已落成矣。夜,赴广和居杨丙如之招,坐有汤伯温、蒋迪甫、恽少薇、田玉田、钮伯雅,亥初散。丙如辞恽小山馆,复就固安杨君处矣。城内之屋今日均腾出交清矣,此事系焦福经理,给以五金。

十三日(5月9日) 晴,申刻阴,细雨数点,大风旋起。今日奎孙完姻,想南中喜气盈门,晨起叩谒先祠。入署预复二十件。午正饭,散。谒濒舅,谈良久。申刻出城,过大街石店,看覃溪先生墓石。上镌“清故内阁学士覃溪翁公之墓”,碑阴书“同治十二年四月族孙同龢敬立”。访程老五,数语归。

十四日(5月10日) 晴,风。桂甫来晤。午刻祀先,潜虚公忌辰也。顺天府尹梁肇煌请开缺省亲,允之。

十五日(5月11日) 晴。晨祝济川太夫人六十八寿,烛酒未收。少坐即归。巳正至福兴居,请徐、李翁、濒舅、胡友笙便饭,复同至庆和园听永胜奎，暮散，回。济川邀夜饮，辞之。彭祖贤补府尹。今日遣人班升。随本家太太出左安门十八里店，北店。赴覃溪先生茔地立碑。工价饭食共一百廿千。

十六日(5月12日) 晴，风。入署预复廿二件，午初散。朱伟卿来晤，伊上年赴陕在小午处当差，其功名则县丞也。寄癸字十一号信。附宝乐、贤子函。酉戌间月食既，越一时乃复元。

十七日(5月13日) 晴。暮赴子和招饮聚奎亭，坐晤仲立。

十八日(5月14日) 晴，风。晨答佘松南年丈，晤之。伊现管街道圆通粥厂修盖房屋，索得一告示，以便兴工也。入署预复廿件。午初过方略馆，将进书表两篇，核对一通，未刻出西华门，诣彭芍丈贺喜，未晤，归。

十九日(5月15日) 晴热。祝温明叔太年丈七十四双寿。贺子久之弟完姻，午刻视其合卺，方归。

二十日(5月16日) 晴。午后赴明叔先生招，申正归。暮同小树、五哥、云五、鞠轩小饮。又赴柳惺庵宴宾之招，坐俱伊同乡也。是日内子请莲生夫人及姊妹，借坐温家听戏。一搭棚。价如去年，三百六十千。

廿一日(5月17日) 晴，午阴。入署兼小铁班，预复十八件，覆看十七件，午正散。谒濒舅，晤之。申初到安徽馆，应朱修伯、敏生、许星叔之招，坐有徐小云、汪泉孙、黄济川，暮归。库克吉泰殁于任，瑞联放热河都统。崇实署理。

廿二日(5月18日) 晴。晨吊袁民章世兄丁内艰，廷俊。少坐即归。午后五哥同往观剧王月楼，黄子中、宝芗初同饭于聚奎，亥初回。

廿三日(5月19日) 晴。入署预复二十件，午正归。志和调盛京户侍。申刻祝袁子久祖太夫人寿，拜同乡邹伯熊，文沅。晤之，答杜辰生同年。

廿四日(5月20日) 晴热，暮风尘蔽天，雷电不雨。录进书表一通。荣禄调户左。

廿五日(5月21日) 晴。午后过粥厂,阅视工程,南房地盘初定也。周肖仙邀饮,坐有韩隽生、仲敏、胡小槐,觥筹交错,亥正方散。潘鼎新到京请安。

廿六日(5月22日) 晴。入署预复二十件,午初饭,散。酉刻蒋香生来晤,伊由海运差到京,拟到部销假也。徐用仪补鸿少。邵汴生中丞寄十二金。

廿七日(5月23日) 晴,风。送云五,匆匆话别,明日行矣。叔父寿辰,不行礼。午后访程老五数语,又过天成,吊汪少安于广慧寺。作答邵汴翁书,交伯英。徐绍圃来,交直年帐薄。

廿八日(5月24日) 晴。未申间狂风大作,尘埃蔽空。入署预复廿二件,午初散。答蒋香生,贺徐小云补鸿少、曹宝臣移居,问戴少眉疾,归。闻李虎峰于十八日来京,廿一日病殁,噫,何其厄也!御史文明请禁太监驰行越礼。

廿九日(5月25日) 晴热。午后过粥厂看木料。

五月戊寅朔(5月26日) 入署预复廿五件。闻袁春帆阁长昨已到署销假,午正散,归。得四哥四月十二日函。曾君麟、丁炳卿携来旨,五月十二日考试试差人员。

初二日(5月27日) 晴。寄癸字十二号信。积食委顿,午后倦卧,入夜发烧甚剧,肝胃气胀,停饮泛滥,胸肋作痛,黎明热稍退,子丑间风雨交作,达旦不已。王大经放湖北臬司,刘策先丁忧缺也。

初三日(5月28日) 阴,雨,午后雨止。遣人赴署托植轩兼班。午后热止,稍进糜粥,气弱,四肢疼痛,竟日倦卧。卫荣光放江安粮道。

初四日(5月29日) 晴。勉起,支持料理节事,甚惫,饮食不进,骨节仍痛。

午日(5月30日) 晴。未申间雷电,大雨,继之以雹。晨叩先祠,午正设供。疲倦未出门。入暮阴凉,余竟穿棉衣矣。

初六日(5月31日) 放晴。托王小铁兼班。胡友笙邀早饭福兴,辞之。未申间小雨,旋止。暮至聚奎斋,应小树之约,坐有璞斋、子中、月楼、仲立、子和,亥正方散。山西臬司蒋凝学到京请安。今日极凉,可重棉。

初七日(6月1日) 阴。邹伯熊约午饭,辞之。得四月十七日家信,知父亲起居安适。叔父自浙中归,三月十八九忽患吐血,半杯。医者云是肝胃郁热所致,服清散药已安痊,惟牙痛未止耳。《先集》编次约得十六卷,拟就正于宝翁。家中喜事已毕,新人端庄。米价二千三四百文,插秧正盼雨也。庞宅十九可到家。徐沅青处信件均带到。未申间雨。得徐沅青函。四月十二。

初八日(6月2日) 晴,凉。入署预复廿件。今日移在大堂看本第一天,午初散。归途拜袁春帆,而闻伊仍欲告假回去,尚未画呈也。

初九日(6月3日) 晴。作寄四哥信,并阿胶二斤、貂毫十支,托彭老八携寄南中,云月底方成行耳。朱肯夫丁艰,五哥往吊。复徐沅青函,交正田。小树来晤。

初十日(6月4日) 晴。午刻至万兴居,五哥约香生、小树、子和、子中饭。暮赴香生宝盛楼之招,亥初归。

十一日(6月5日) 晴。入署预复三十二件,又兼小铁班,覆看廿五件,午正饭,散。

十二日(6月6日) 晴,大风。伯母生日。考试试差题系"君子义以为上"、"知人则哲能官人"、"讲易见天心,得心字"。暮赴黄子中福兴居之招。坐有香生、小树、子和,子初方散。

十三日(6月7日) 晴,风。入署预复十二件,覆看三十件,午初散。诣朱师补拜节,归,饭。暮访云生长谈,胡友笙已移榻伊家矣。贺邹伯容未晤。考差阅卷派十人,无满员也。崇绮补阁学。

十四日(6月8日) 晴。寄十三号信。季和、望云来晤。午正祀先,文端公诞辰也。贺考差诸友。夜五哥邀季和、周京士饭于万兴居。访郑雨卿谈;答曾竹如、君麟,晤之。

十五日(6月9日) 晴。吊朱肯夫同年。过会馆,答丁炳卿不值。过公源以旧折付之,所短二百金,约分年底及明年午节归清,另写期票只得含糊了之。访香生,并晤金贡九,鼎,候选知县,浙江人。夜饭于万兴,戌正回。马小酉预备召见。

十六日(6月10日) 晴,未申间微雨数点。王益轩来晤,入署复看十六件,午正散。过天丰镶藤镯,旋至福寿堂应王明山之招听春台,有《新安驿》甚佳,暮归。

十七日(6月11日) 晴。晨到会馆拜季佐耕、丁炳卿,晤之。莲生来,以莲芬书小屏四帧交来。暮过云生斋中,适缉庭、佐耕、哲卿来,遂同往广和居饭,散后友笙邀至春华小饮,散已子刻矣。

十八日(6月12日) 晴。入署预复十四件,午正散归。闻《皇史宬实录》等书向有錾金标题,今以抖晾届期,查出易换铜片,日内将奏参办理,此系满票签职司也。武廷珍补湖南衡州府。

十九日(6月13日) 晴。午后听全胜,遇小树、月楼,散后月楼招饮,又过福兴应君麟、炳卿之约,坐俱同乡。

二十日(6月14日) 薄阴。暮过福兴邀张吉人、余绂臣、徐小树饮,肖仙、少石期而未至,亥正归。上谕总理各国事务衙门奏各国驻京使臣吁请觐见,呈递国书一折,现在赍有国书之驻京各国使臣,著准其觐见,钦此。召见军机、御前大臣、考差人员分四日引见,今日毕。

廿一日(6月15日) 晨阴,雨一阵。辰刻入署,覆看十二件,午正散归。拜客,潘梦松来晤。麟儿化去,倏已期年,遣人至墓所焚楮供果,为之怃然。

廿二日(6月16日) 晴,午后微雨,三更后,又雨数阵。申刻拜潘琴轩方伯,至浙绍乡祠拜吴清卿太夫人寿,同乡俱在坐,上灯时方归。仲渊兄四十生辰。

廿三日(6月17日) 阴雨。托马植轩兼班,回避。遂弗进署,至中州馆,送马小酉不值。访芥凡,谈良久。午后小酉来辞行,晤之。

同小树、月楼、宋璞斋听戏,遇唐蓉石,知其尚未办分发也。夜月楼邀饮聚奎亭。

廿四日(6月18日) 晴,暮阴雨。得五月十一日家信,鸽峰丙舍甫开工,叔父相得兴福寺北吉地一区,拟以腴田十亩、清钱百千得之。《族谱》将辑成矣。安儿食少黄瘦,想是苦夏停饮。

廿五日(6月19日) 晴。申刻访张莲生,谈良久。过天丰问藤镯。

廿六日(6月20日) 晴,午后阴,暮雷雨。明日常雩祭地坛,今日,上宿雍和宫。不进本。今日无覆看本,余未到署。得杏云五月初函,沅青已赴任矣。

廿七日(6月21日) 晴。午初灏舅来,谈至未正,饭而去。申刻至庆和,坐极挤,乃与扶九谈良久,归。酉初一刻夏至。

廿八日(6月22日) 晴。入署预复二十件,午初散。谒广绍彭,送赵子方观察、周肖仙。寄十四号家信,申正至广和园,与云生、炳卿、佐耕、友笙听春台,散后余邀至福兴晚饭,子刻散归,饮烧酒过多,夜热不能卧。

廿九日(6月23日) 晴。暮至福兴居应丁炳卿之招,伊今日生辰,邀同乡聚饮。

三十日(6月24日) 晴。老妪患瘧半月矣,今日给以川资,回三河去。午后同五哥访云生,过孙省三处谈,晚间友笙邀福兴饭,遇孙琴舫。

六月戊申朔(6月25日) 阴雨。入署预复二十件,午正散归。得四哥五月十四日函,知叔父体中不甚健,又稍发吐红,安孙时有寒热,似乎不服水土,余平安也。云南主考崑冈、王文在,贵州许庚身、黄体芳。季佐耕邀广和夜饮,坐惟同乡耳。

初二日(6月26日) 晴。午刻赴谢公祠,简南屏招饮,同坐赵子方、继元。载庵、子方之弟。锡厚庵、缜。文晋三、四川县。朱次民、在勤,四川道。品莲、四川。刘△△,酉刻散。过桂敷,谈良久。遂至福兴，应云生招，坐俱同乡也，亥正散。大考差题。政贵有恒论、青山常对卷帘时。

初三日(6月27日)　晴。入署预复十七件，午正归。为仲立夫人书纨扇。

初四日(6月28日)　晴。晨送邹伯容未晤，答徐绍圃晤之。午后，程老五约往中和观剧，坐有杨子通、张子和，散后饭于福兴，上灯即归。

初五日(6月29日)　晴。贺许星叔，问印若疾，均未晤。拜陆涑文，前日到。谈良久。暮季珊来，遂同至万福居小饮，坐有五哥、哲卿。今日巳午间，传卯刻。上御紫光阁，各国使臣六人、通事三人由总理大臣带入觐见，免冠五鞠躬，伛偻前行，呈国书于御案，口操鬼语，喃喃数十言，不知何所云也。佩剑而入，身穿短衣，膝加战裙两片，礼成而退，幸而无事。西苑巡逻甚严，黄沛川得入见之，如此询之，他人亦云然也。炎热如火，涑文送南米五斗、火腿一只。

初六日(6月30日)　晴热如昨。入署预复二十件，午刻散归。醇王、伯王递封事。发十五号信。文中堂请假三个月，回籍葬亲，允之。

初七日(7月1日)　晴。午刻赴福兴居，余邀涑文、竹如、君麟、友笙、程老五饮，申刻散。竹如复邀琴舫处小叙，坐有赵菊生、椿记。陈介眉，上灯时归。初晤芝英，夜凉有风，微雨。

初八日(7月2日)　晴。早凉。入署预复十九件，归途拜朱次民、在勤。梁次谷。蒲贵。作寄四哥函，附表套六个、《琉球诗录》二册托季佐耕携去，云明日走。午刻在桂敷处谈。暮雷雨，入夜雨声淅沥，达旦未已。

初九日(7月3日)　阴雨，巳午间方止。为郑春海雨卿之叔，辛亥世叔也。书条扇。文勤公诞辰，午刻设供。申刻，访涑文不值。

初十日(7月4日)　阴雨竟日，入夜尤密。谢莲舫、季珊邀宴宾夜饭，同坐王懋昭、江西永康令。王莲湖、祝△△、盛星伯、李小竹、哲卿,亥正散归。潇潇彻旦。

十一日(7月5日) 晨阴雨,午初放晴。冒雨入署,由西长安门入,预复二十二件,午正饭散。李兰翁太夫人生日,送酒、烛,未收,五哥往祝。夜五哥约同梦松、涑文、佐耕、云孙、君麟、友笙饮于福兴。

十二日(7月6日) 晴。晨访雨卿,谈片刻。仲立来晤,暮过桂敷。福建主考放马恩溥、张英麟,广东夏家镐、周冠,广西崔志道、陈毓秀。四更雷电风雨。

十三日(7月7日) 阴,午晴。入署预复廿八件,午正归。祀先,曾祖妣张太夫人亡忌也。申刻过天成,晤鹤生。西瓜颇可吃矣。

十四日(7月8日) 薄阴。午后独听四喜,遇敬止斋、彭瑟轩,暮归。内子之生母来。骆国忠病殁于乾州军营,由李鸿章奏请优恤,得旨照提督立功后病故例恤,并加恩予谥。

十五日(7月9日) 晴。季珊来,午后邀同哲卿、莲舫听瑞胜和,戏尚佳。夜饮万兴居,哲卿作东道也。

十六日(7月10日) 晴。入署复看廿件,又看朝鲜表,午正饭散。谒濒舅,谈良久,出城。五哥邀同六泉饮,坐有芝英、桂敷,暮归。

十七日(7月11日) 晴。午正祀先,汤夫人诞辰也。申刻过云生处谈,暮归。胡瑞澜放浙江学政,丁绍周病故缺也。予原任江宁藩司祁宿藻谥,从李宗羲之请。

十八日(7月12日) 晴。入署预复三十件,午正散归。暮访芝英,坐遇查曜廷同年、王成斋。殷兆镛署兵左,潘祖荫署吏左。得六月初六日家信,知两大人以次均安,唯全姑娘五月杪忽患吐血未愈。兴福寺山上得吉地一段,以腴田十亩、制钱百千易之。七月初三定议。鸽峰丙舍八间将竣工,柏古轩庭中挺生灵芝一本,吉兆可喜。叔父怕招凉,早晚尚袷衣,笔墨极忙,《家谱》将脱稿。安儿已愈,诗能八韵,文则破承尚为难。寿官能作小讲,读书亦有悟性。

十九日(7月13日) 晴,午后雷雨,顷之即过。发十六号家信。观音诞辰,焚香设供。得广东潮州府海阳县监生族人翁钟源信,云文端公视学事，以县属白云山有松谿，翁公卜葬于此，载在族谱，嘱县访寻数十年，始得确据，今绘图寄来。钟源现年七十余，长子兴永、次兴坤在饶平县属黄冈城外开顺源纸店。此信系武职余君带来。英奎来京另简，裕宽放陕臬，湖南盐道白恩佑、贵西道奇克慎、金华府徐宝治均开缺送引见。仲立、涞文来晤，知彭伯衡交卸来都。

二十日(7月14日) 晴。暮雨，入夜大雨。午刻至福兴，应云生昆仲招，伯衡新从定兴来，为之洗尘，坐有君麟、友笙、五哥，饭罢观剧。夜余同五哥复约诸君在福兴饭，亥刻冒雨散归。伯衡改掣山东，不日将到省。卢士杰放福建盐道，惠龄放湖南盐道，赵曾向放金华府，余思枢放贵西道。得恽星耘湘中书。

廿一日(7月15日) 昨夜大雨不已，凌晨放晴，云阴往来。入署预复廿件，小铁不至，又复看廿件，午初散。谒濒舅处少坐，过彭颐堂寓，又收八百两，余一千约俟润月归齐，未刻回。暮雷电作，竟夕潇潇。

廿二日(7月16日) 四川考官放钟宝华、张之洞，湖南陈翼、杨泰亨。

廿三日(7月17日) 阴雨。入署预复廿件，廿五日旧事停勾秋审第一单，今年新旧分两次办。午刻饭散。贺赵朗甫，送崔子万。初伏，极凉，可袷衣。

廿四日(7月18日) 阴雨。始换葛纱袍，入夜有星。

廿五日(7月19日) 晴。午后过天成，托其取银。独至裕兴听双顺和。文彬到京请安。

廿六日(7月20日) 晴。晨至云生处谈，午后赵朗甫太守来晤，小铁还班，未进署。

廿七日(7月21日) 黎明雷雨，霹雳震地，阴凉竟日。以张哲卿录科事托莲生。费四十千，又游幕文十六千，俱余送。

廿八日(7月22日) 晴。托马植轩兼班，未入署。云生邀西域楼午饭，乃与五哥同往，饭罢，应桂敷邀听戏，遇金贡九，暮归。

廿九日(7月23日) 阴雨。杨印眉、赵君修到京。黄昏倾盆而下,移时方定,噫,潦矣!

闰六月丁丑朔(7月24日) 阴雨。入署预复三十一件,巳刻放晴,午正饭散。是日,秋审第二单。泥途颠簸,甚惫。入夜复雨如注,连宵听雨,不能成寐。得四哥六月初五日函。杨、赵携来,外有夏布衣边、茶、笋等。

初二日(7月25日) 辰刻,微露日光。暮拜杨映梅,晤之。又过云生,商发外省同年信。

初三日(7月26日) 湿热郁蒸,大雾,巳刻晴。入署预复三十件,午正饭散。夜极热,四更雷雨。

初四日(7月27日) 晨阴,午后晴。香厂散步,观水颇爽。印眉来晤。夜卧仍热,数数起。

初五日(7月28日) 晴热如昨。赵君修来晤。复陆寄庵书。

初六日(7月29日) 阴,暮雨。入署预复十九件,巳刻散。答赵君修,未晤,归。季和来晤。

初七日(7月30日) 丑刻大雷雨,凌晨雨止,阴晴半。寄癸字十七号信。附广东潮州本家翁钟源信,并其先松溪公墓图。

初八日(7月31日) 晴。入署预复十五件,还植轩班,复看十八件,午初归。申刻,小槐招饮。坐有五哥、贡九、杞南,暮回。昨单地山相国请开缺,得旨赏假二个月。

初九日(8月1日) 晴,暮雨,三更雷电,大雨如注。曾印若闻讣,丁继母忧。

初十日(8月2日) 阴雨,黄昏尤大。过云生谈,问伯寅先生疾,贺芦艺圃、张香涛。申刻杨丙如、丁炳卿来晤,朱师昨日卒,今日遗折上,得旨赠太子太保,遣亲王奠赐经被,伊子朱其煊赏郎中即补,伊孙有基赏举人。云南督抚奏克复腾越,全省肃清,刘岳昭赏黄马褂,岑毓英赏太子少保,改一等轻车都尉世职,蠲免全省同治十一年以前钱粮。

十一日(8月3日) 晨阴雨,旋晴。入署预复廿件,复看三件,午初饭散。吊印若昆仲，酉生来谈。

十二日(8月4日) 晴。湖北考官放吴凤藻，外。解煜，正。浙江宝廷，付。徐致祥，正。江西乌拉喜崇阿、张道渊。午后访雨卿不值，闻李伯雨到都，下榻仲立家。

十三日(8月5日) 屡次大雨，晴光掩映。入署预复十五件，午正散。沈淮参杨鸿吉贪婪不职，得旨解任，交刑部审讯经手事件。彻夜雨。

十四日(8月6日) 晨雨，旋止。

十五日(8月7日) 阴。作寄四哥函，拟托曾处带回也。附伯寅诗一首、京报。戌正二刻立秋。有旨，十八日祈晴。哲卿赴国子监考到。近者悦，远者来；若农夫田力穑，乃亦有秋。

十六日(8月8日) 晨西北风，湿云尽敛，晴。小铁还班，不入署。杨、陆与吾家昆仲公祭印若之继母，五哥往吊。每分八千五百。得六月廿二日家信，合家均吉，盼雨极切，旱灾已成。父亲行期约在九秋，祥哥拟随行也。李伯雨送扇一柄、茶叶两瓶、火腿一提。

十七日(8月9日) 薄阴，旋雨，入夜乃止。答恽星耘书，闻袁笃臣同年疾殁。

十八日(8月10日) 晴。入署复看廿件，预复十四件，午刻归。闻伯雨移居子和斋中，往访不值，遇仲立长谈。吴潮放河北道。

十九日(8月11日) 晴爽。入城吊朱老夫子。暮过芝英处谈。

二十日(8月12日) 晴。午刻过云生处，适伊请朗甫、香生，遂拉同濒舅共饭，申正散。夜访伯雨长谈，得词甫六月十八日函，不通音问者半年矣。访泉孙，晤之。

廿一日(8月13日) 晴。入署预复十八件，又秋审班，看第五单，直隶本十件，情实停勾，旧犯无缓决。饭后散。过天成，明山约听双顺和，申正归。夜饭子和斋中，坐有香生、伯雨诸人。

廿二日(8月14日) 晴热。晨看子久，送季和，见李侯丈，答杨丙如、程仲立，均晤。午刻祝张莲生三十九寿，伊本系闰月生，送佩件，收二事。即在彼吃面。散后至福兴居,应友笙招,暮同伯雨诸人过君麟处谈。江苏主考放刘有铭、黄自元,陕甘吴宝恕、潘衍桐。天成托交甘肃饭银四百两,今交哲泉转交。费二十四两廿四千,给实收一张。原来无批回内阁。

廿三日(8月15日) 晴。植轩还班,未入直。午后小铁邀听四喜,少坐,至三庆听秦声,散后到福兴居,余与五哥公请伯雨、香生,坐有云生、涑文、仲立、子和、君麟、酉生,亥正散。小铁在万兴居来邀,辞之。得士吉函。

廿四日(8月16日) 晴热。巳刻入城,至朱世兄处陪客,申刻归。暮,涑文同伯雨来,邀至广和居夜饭,俱同乡也。三更雷电大作,雨如倾盆,竟夕未止。

廿五日(8月17日) 阴雨。哲卿录科去,被雨未出城。题系举善,河鲤跃龙门;察吏安民策。

廿六日(8月18日) 晨阴,午晴,黄昏雷雨。托小铁兼班。暮君麟来,邀往福兴夜饭,坐有硕卿、伯雨,亥正散归。辛芝在津门,伊子鹤亭昨到都矣。顾缉庭来字,云父亲起复文五月中已到勋司,前数日甫付选司也。

廿七日(8月19日) 晴,申刻暴雨如注,顷之即过。同伯雨听双顺和。朱师谥法予文端。昨日奏。

廿八日(8月20日) 晴。入署复看五件,预复三十件,午正饭散。答哲泉不值,归。腰疼。

廿九日(8月21日) 晴。寄癸字十八号禀。附伯寅第二首诗、张哲卿家信。暮雷雨。

三十日(8月22日) 巳刻雷雨,旋止,日光淡淡。作答词甫函交子和,申刻酉生邀饮子湘斋中,同坐伯雨、仲立、子和、石似梅、吴郡人。许△△,饮罢,似梅又邀夜饭,归已子初矣。派崇绮、彭祖贤监临。

七月丁未朔(8月23日) 晴,未刻细雨,有顷即过。是日,皇后千秋。入署复看三十件,预复十四件,午正饭散。诣朱宅戊午公祭,同人已行礼散去。每分十八千。

初二日(8月24日) 晴。作寄同年公信致海韵楼太守,交阜康。得闰月十一日家信时,得雨三寸。尚未深透,家中均安。

初三日(8月25日) 晴。缮寄叔父禀,汇苏漕平宝银三百两交阜康。过伯雨处,知子和夫人连日肝病甚剧,咳呛失血,医者茫无把握,嘱其先服梨藕芦汁以治标。四更雷雨,潘鹤庭送桂圆两匣、茶叶两瓶,闻徐小云鸿少丁父忧。

初四日(8月26日) 晴。申刻同五哥至阜康拜客。入夜雷雨,顷刻即过。

初五日(8月27日) 晨晴。徐荫翁嫁女,五哥往贺,送烛百支、酒大坛。伯雨邀同五哥、涑文、君麟、酉生,过广和居夜饭。许庚身升光卿,苏抚张树声请停各项人员分发江苏。

初六日(8月28日) 晴。入署预复十九件,又贺本廿七件,午正散归。五哥约同贡九听戏。

初七日(8月29日) 晴。午后听双顺和,又至四喜同酉生听鹊桥。吴景行到京乡试。

初八日(8月30日) 晴。晨过涑文谈,明日行矣。作寄四哥信并寄槟榔、口蘑及线绉女袿、平金女袖裙、花香包,送兰保。寿字褡裢表套,送仲渊。平金四件荷包一匣,送奎保。托涑文带回。申刻过天成,同听全胜和《五花洞》。河南考官放郑嵩龄、王庆祺,山东杨庆麟、陈学棻,山西洪良品、范鸣龢。

初九日(8月31日) 阴雨,午后止。入城赴朱师处陪吊。文质甫漕帅留别八金。

初十日(9月1日) 阴。朱酉山同年来晤,陆涑文今早赴通矣。为吴硕卿写扇。

十一日(9月2日) 晴。入署预复五件,午正饭散。俞松坪邀至龙源楼小饮,坐有薛小云同听三庆,夜余又邀过福兴便饭。以十四金购茶晶镜一付。署中茶房经手。

十二日(9月3日) 晴。慈安太后万寿圣节。余请赵朗甫、杨丙如、潘鹤庭、杨濒舅、印眉、赵君修午饭，申初客方齐，饮至暮散，吴景行辞未到。

十三日(9月4日) 晴。入署复看四件，预复三十件，午正饭散。同黄沛川听双顺和，得闰月廿九信，知严亲九月初北上，三哥侍行，全姑娘大愈，可挈之同行也。

十四日(9月5日) 阴雨。未刻到浙绍祠祝李菱舟太夫人八旬寿，暮归。以班弁荐杨振甫星使处，叫方弁来替工。

十五日(9月6日) 晴。缮寄癸字十九号信。午正祀先，中元例祭也。

十六日(9月7日) 阴，微雨。辰正入城，至东单牌楼北德兴堂，候至午初朱师殡过，同人九人。到棚行礼即散。未初到余庆堂应李侯丈之招，同坐吴述韩观察、潘星翁、宋雪翁、鲍子年、朱锡臣，申正散归。闻郑雨卿得一女。

十七日(9月8日) 晴。晨至文昌馆吊徐小云尊人，又至财神馆吊袁笃臣，与汪黄公送联幛。又贺杨振甫学士。午后访杨定斋，知伊接家信，春间失子，甚牢骚也。申刻贡九邀饮广福居，暮散。

十八日(9月9日) 晴。贺雨卿，答尹子勖，未晤。入署预复十五件，午初散归。

十九日(9月10日) 西北风大作，甚凉。晨至报国寺吊李菊圃同年尊人之丧，午刻至福兴居应杨丙如招，坐多常州同乡，申正散，遇伯衡。

二十日(9月11日) 晴凉。李宗羲奏前刑侍吴廷栋病殁江宁，得旨照侍郎例赐恤。

廿一日(9月12日) 晴凉。入署预复廿三件，午初散归。

廿二日(9月13日) 晴。杨丙如来告贷，却之，甚拂其意。

廿三日(9月14日) 晴。入署预复廿九件，午正散归。得沅青立秋日书，徐季侯丈、曾君麟来晤，丁梧冈来京应试，今日到。

廿四日（9月15日）　晴。作答沅青书并致函杏云，交阜康带去。申刻过云生斋中谈。以嵇镇卿、骏，忻州守。赵菁珊、国华，郓城令。耿笃卿。光祜，夏津令。同年公信交天成寄山东。

廿五日（9月16日）　晴。酉生、伯雨来晤，今年同府应试之卷均系彭芍翁所送，崇文门正副监督放英元、恩承。

廿六日（9月17日）　晴。印眉、君修来，价人嘱汇十四金，有叔父谕一纸，即如数付之，酉生约听全胜和。

廿七日（9月18日）　阴，巳刻雷震，大雨，顷之放晴。以刘升荐与朗甫太守，明日赴通州矣。薛云阶放江西饶州府。

廿八日（9月19日）　晴。托植轩兼班，午刻祀先，曾祖妣许太夫人诞辰也。饭后陈杞南约听戏。坐有伯衡、贡九、张小山，恩龄补兵右，宝珣告病缺也。

廿九日（9月20日）　晴。申刻贺薛云阶，送赵朗甫，拜丁梧冈，均不值。得本家镜湖拜祖信，七月十二即复之，交来人带去。曾椿寿放广西庆远府。

三十日（9月21日）　阴，凌晨雷雨。五哥生日。暮黄子中邀饮，坐有宋璞斋、钱君。

八月丁丑朔（9月22日）　晨答徐云士。入署预复廿件，午正散归。贡九邀同伯衡、徐倬云、五哥饮于庆福居。阜康送来家信一函，系七月十八发。汇款已收明矣。今日奉旨更换学政，顺天钱宝廉，江苏马恩溥，江西许庚身，福建冯誉骥，湖北王文在，湖南顾云臣，河南费延厘，山东黄体芳，山西谢维藩，陕甘吴大澂，四川张之洞，广东章鋆，广西吴华年，奉天张绪楷，祁世长留安徽，胡瑞澜留浙江，李端棻留云南，韦业祥留贵州。

初二日（9月23日）　雾，晴，辰正二刻秋分。发癸字二十号信，贺费芸舫、吴清卿两学使，访曹宝臣前辈，晤之。夏同善署刑右，林天龄署祭酒。西北风起。

初三日(9月24日) 晴,西风甚凉。未刻伯雨约同听戏,暮归。竟可穿薄棉矣。同乡公请王廉访大经、勒观察方锜在文昌馆,不克往。梁僧宝补鸿少。

初四日(9月25日) 晴。酉生来谈良久,暮过杞南处数语。

初五日(9月26日) 晴,风。入署预复三十件,复看十八件,午正饭散。谒濒石,知归计已决,九月初可成行也。

初六日(9月27日) 晴。顺天考官放全庆、胡家玉、童华、潘祖荫,同考官阿克丹三、慕容干十四、高万鹏七、徐会澧九、张登瀛十五、梁耀枢十七、边宝泉四、徐郙十八、陆懋宗十三、谭承祖五、刘廷枚十二、陈宝琛十六、郁崑十、黄晋洺二、邵积诚一、胡毓筠十一、黄元善六、李延箫八,内监试福宽、游百川。过云生晤之,伊于午初草草入闱,寓中事托张安圃、陈梦陶为之照拂。

初七日(9月28日) 晴。哲卿移小寓,单中堂请开缺,仍赏假二个月。宋晋署吏右,徐桐署户左,宝鋆署刑尚,毛昶熙署左都。

初八日(9月29日) 寅卯间雷雨,辰刻雨止,西风大作,晴。入城送同乡考,到考寓招呼,饭于君麟处。南皿千余人,南官四十一人,均在六十牌以外,申初方接签入,余等乃散归。等南中七月廿二日函,父亲行期未准,携眷同行与否亦未定。

初九日(9月30日) 晴。入署预复十五件,复看四件,午初散。问单相国疾,遂归。杨定斋将告假回籍,今日已开班矣。

初十日(10月1日) 晴。检点堆房杂件。暮过阜康,头场题"回也其心三月不违仁","凡为天下国家有九经"两句;"孟子曰人有恒言"一节,"湖色宵涵万象虚","涵"。恩龄放甘肃巩昌府。

十一日(10月2日) 晴。暮过天成少坐,寄癸字廿一号禀,祝汪泉翁。

十二日(10月3日) 晴热。洒扫厅屋。闻福广廷给谏昨日疾卒。

十三日(10月4日) 晴。入署复看十五件,预复十九件,午正饭散。闻王子右同年丁外艰。二场题"先王以作乐崇德","笙镛以间,鸟兽跄跄","左之左之"六句,"郑公子喜帅师侵宋",成公十有六年。"罍尊在阼牺尊在西"。

十四日(10月5日) 阴。入署复看秋审本本年新旧事。十七件,奉天、四川、福建、浙江、陕甘、广西、新疆等处。申初饭散,预贺诸亲友节喜,谒濒舅谈良久,知其定计十八回南矣,领秋俸。

十五日(10月6日) 晴。父亲大人六十寿辰,瞻望南云,延申叩祝,治面家宴。试事未毕,又值中秋,亲友惟李侯、莲生、仲立、小树来。李翁送酒烛桃面票璧,莲生、子和昆仲送幛烛,小树送幛烛桃面,俱受。程送幛烛桃酒,但受一幛。内子生母送糕桃酒面。余过至契诸友贺节,以家信一函、食物杂件两包托滨舅带回里门,送滨舅卫生丸十丸、藕粉两包、桂耳两匣、褡裢一个。行计中止,遂均付回。夜祀先,月色澄鲜。

十六日(10月7日) 晴。辰初哲卿出场归寓,试艺清妥。三场策题:"经字异同"、"水经注"、"仁"、"仓储"、"说文"。夜请哲卿、季珊、莲舫、雨卿、子和、酉生小饮,惟小竹不至。

十七日(10月8日) 晴。入署预复廿件,复看六件,明日荣寿公主下嫁,有回避。午初散。谢寿贺考客,未正归。夜为同乡诸君接场,景行薄暮一来,不及入席而去。以家信及叔父所需缺衿袍等及秀姑娘寄家小扁箱与食物匣件,均托酉生携归。

十八日(10月9日) 晴。辛芝昨从津门来访,晤之。恒远店,办引见。答蓝六屏,承瀛,甲子来京,与四哥甚熟。不值。是日午刻,酉生、君麟、梧冈、炳卿出京赴津,搭轮船回南。午后,徐翰臣士鋆,沅青之弟。来晤,问伯雨病,遇铁庵丈。夜杞南邀饮,坐有伯衡、子钟、刘纶轩,世恩。亥正散归。

十九日(10月10日) 凌晨阴,雷一声,旋放晴。拜彭菊尊,送伯蘅,均不值。访唐景星,送君修、印眉,拜聘臣、赵宝斋,均晤。午后听双顺和,有新戏,暮散。过绂臣斋中夜饮,坐有子和、徐古香、杨古醖、殷小谱、李扬华、吴石洲。得八月初四日家信,父亲大人以次均安,叔父齿痛未已,行期约在九月中旬,全姑娘可同走,附安儿禀二纸,字句清顺。宗室考题:"性犹杞柳也,义犹栝棬也"。

二十日(10月11日) 晴。暮听双顺和,遇莲舫、赵秉之邀夜饭,乃归。

廿一日(10月12日) 晴。答徐翰臣,拜金贡九,入署预复廿件,复看十五件,午正散归。闻何子贞卒于吴门,杨丙如来辞行,晤之。得沅青七月六日函。

廿二日(10月13日) 晴。午后送丙如,拜勒少仲观察,至文昌馆少坐,苏府同乡接场也。访子中,坐遇小云,夜月楼邀饮宴宾斋,坐有小树。延树南之子中举。

廿三日(10月14日) 晴。入署预复二十件,午正散归。赵宝斋来晤,吃蟹甚肥。

廿四日(10月15日) 晴。胡月樵丈从湖北来,晤之。寄癸字廿二号。

廿五日(10月16日) 晴。答沅青书交正田。徐绍圃来晤。申刻过小树,同看伯雨,已大愈矣。胡月樵送茶叶四匣、火腿二、荆缎饭单二、痧药六小瓶、笋二匣、水烟筒一支。

廿六日(10月17日) 凌晨雷电风雨,霹雳震地,未刻雨止,甚寒。吊王子实父丧于文昌馆,闻山东西、河南、江浙等省试题。江南"菲饮食而致孝乎鬼神","武王缵太王,王季文王之绪","以天下养之,至也"。今日考试翰林院保送汉御史人员,《汲黯论》昨日宗室举人覆试。暮,西北风大作。

廿七日(10月18日) 晴,西北风。晨吊汪芾村父丧,祝徐李侯先生。夜饮庆福居,与伯蘅话别。

廿八日(10月19日) 阴寒。入署预复十八件,复看十四件,午正饭,出午门送辛芝、仲立验看,散归。程覃叔先生之子鸿佑改捐知府分发四川,亦今日验看。

廿九日(10月20日) 晴,大风。捡点书帙。昨日同考官李延箫以疯疾出闱。

九月丙午朔(10月21日) 入署预复十五件,复看十五件,午正散归。

初二日(10月22日) 晴。至文昌馆吊何子贞先生,又过徐绍圃处贺其侄完姻。

初三日(10月23日) 晴。拜胡月樵不值,暮访伯雨,晤芝英。忆麟儿,未免怅怅。

初四日(10月24日) 阴。午刻过保安寺街,祝内子生母寿,旋至宴宾斋应黄子中之招,坐有顾象三、曹△△、徐小树、陈伯生、宝。丁让之,夜象三又邀饮。

初五日(10月25日) 晴。

初六日(10月26日) 阴雨。晨至朝邑会馆祝杨定斋同年尊翁八十一寿。入署复看十三件,午正出城,余邀马植轩、俞松坪饮于龙源楼,申刻散归。

初七日(10月27日) 阴,夜开霁。今日十里庄公祭范文正,不克往。洒扫室宇,粗有头绪矣。暮至余庆堂,直年公请薛云阶年丈,允升。顾持青、吴清卿两学使、潘辛芝、彭冠卿、祖寿。顾缉庭,余与徐绍圃、樊春陔、拱宸,户部。丁枚卿墉,吏部。作主人,薛云翁、顾学使均辞未到,戌正散。曹宝臣来晤。

初八日(10月28日) 阴雨。入署预复六件,未初冒雨归。暮饮于李少石斋中,坐有刘、四川鄷都令。汪泉孙、熊东美有筠。昆仲,戌正散。

重九日(10月29日) 晴,风甚寒。午刻赴马植轩同兴楼之约,坐有定斋、宝臣、小铁、松坪、瑟轩、张文谟,申正散。

初十日(10月30日) 晴,大风。

十一日(10月31日) 晴。送费蓉舫,贺朱绂臣升郎中,入署预复廿一件,午刻散。至琉璃厂看红录,南官已见殷葆源、杨奎绶也,日暮方归,南皿有廿四五人。

十二日(11月1日) 晴。晨阅题名,模糊莫辨,乃过云生斋中,看伊全录,知胡义质、江桂高、潘敦杰、何维棣、何其厚、许祐身、严诒炳诸人皆中式,王懿荣、徐桂芬、徐多鉁皆付榜,余无知者。暮过伯雨处,与子和、戚伟卿饭于宴宾斋。过小云,知乃翁昨已赴饶州任矣。

十三日(11月2日) 晴。入署预复廿件,复看十八件,未刻散。谒晤滨舅归,寄癸字廿三号信附题名、闱墨。

十四日(11月3日) 晴暖。送吴清卿学使,贺胡石槎、殷小谱、梁经伯,午后独听永胜奎,回不如秦声也。接署中知会,今日回堂,派余在帮复部本上行走。蒋子良给谏昨夜病殇。

十五日(11月4日) 晴。午后拜两阁长,答恩雨三太守,贺许子远、出张海峤房。张海峤,惟晤海峤,谈数刻,伊得士正十八人,副三人也。午饭后过伯雨斋中,适吴硕卿来畅谈,亥初归。子初月食,三刻食既,丑正方复元。内监试奏本科红号不符,试卷三十一本并有满卷与合卷互编者,命监候查奏并查职名议处。

十六日(11月5日) 晴。庞心田福祥。来晤,伊从沈品莲幕中来解交内府磁器,带来炭金千二两,申刻至三庆园听四喜,夜小树邀庆福居饭,坐有让之、月楼、子和。得八月廿七日家信,合家平安,父亲行期约在九月中旬。叔父曾至吴郡一游,牙痛已平。

十七日(11月6日) 晴。入署复看部本廿五件,又复校廿四件,久不阅此,殊觉生疏,未初方毕,目眩神瘦矣,散谒全中堂,谢点差使,拜部本前辈,过阜康中兴永。

十八日(11月7日) 晴风。申正立冬,午后至大栅栏购闷表一,七两。棉套裤一。十四千

十九日(11月8日) 晴寒。云生来晤,闻磨勘试卷者挑出四本应议,均系梁僧宝挑出。伊房亦有一本也。丁让之邀宴宾斋午饭,坐有挹泉、小云、子中诸人。夜,杞南邀便饭。乔松年奏霜降安澜在工人员奖叙,有赏花翎者。任道镕加布政使衔,刘成忠加按察使衔。

二十日(11月9日) 晴,晨寒。入署复看廿件,复校廿二件,午

正散归。购棉鞋一双,十三千六百,寄安儿。覆试题系"自诚明,谓之性";"清如玉壶冰"。闻秦谊亭卒于津门。

廿一日(11月10日) 晴。访伯雨,观其所画《春明追昔图册》十二幅,诗画俱佳,同听全胜和,坐片刻即归。胡月樵又送桂氏《说文义证》、《地理沿革图》及伊自著《退补斋诗文》等书。见山右题名解元赵履忠。履道之兄,壬戌付榜中二人。

廿二日(11月11日) 晴。寄廿四号家信,附京报。午刻贺顾缉庭之弟完姻。拜刘星岑、牟步南,贺仲立。得杏云八月初八函,作直年公信,至剑州余星楼、文焕。永宁县李星阶、泳平,原名玉衡。候补徐竹溪,绍嵋,重庆盐厘局差。交彭冠卿祖寿。携赴川中。张海峤来晤。

廿三日(11月12日) 晴寒。入署复校廿五件,复看十九件,未初饭散。访星芝不遇。覆试第一刘嘉荫,其四等之李润均、胡仁恬均停一科,文芳文理纰缪,与不列等之许芳栏,未完卷。俱斥革举人。

廿四日(11月13日) 晴寒。午后听永胜奎,暮至福兴居,请胡月樵、李少石、余绂臣、李伯雨、潘辛芝饭,戌正散归。得吴子健方伯复直年信,可得团拜费五十金。是日,朝审决囚。二人。

廿五日(11月14日) 晴寒。作家书并衣服三件、靴鞋各一双、甬带、小刀等托伯雨携赴南中。

廿六日(11月15日) 晴寒。入署复校十六件,复看三件,未初饭散。送伯雨,晤之,明日行矣。

廿七日(11月16日) 晴。午后至财神馆吊袁悝轩,子久之叔。散后过云生斋中,遇子辉、缉庭,云生以伊所取中卷内有犯磨勘者,甚为烦闷。

廿八日(11月17日) 晴。过小树,托其转募粥捐,遇子和于坐。

廿九日(11月18日) 晴,午后狂风,甚寒。署中不票本,余遂弗往,拜胡月樵,又不晤。阅邸抄,见恭王等奏进方略陈设本折稿,知已撤馆矣。应送武英殿开雕之本,现有总理衙门借活字板刷印,即由军机章京到彼,校勘、纂修、校对等官即行裁撤,亦无所谓分次奖励也。

三十日(11月19日) 晴,大风。

十月丙子朔(11月20日) 晴。粥厂初开,到彼照料。午正祀先,孟冬时祭也。暮至日升买棉鞋。

初二日(11月21日) 晴。入署复校四件,复看四十五件,刑未正饭散归。得九月十四日家信,父亲北行缓期,拟明春与叔父同走矣。兴福地已亲自勘度点定两穴,秋冬便兴工,胡西生携去各件均收到。安儿文理不顺,且喜抄袭,可恨也。阅邸抄,御史沈淮奏请暂缓修理圆明园,得旨令总管内务府大臣设法捐修安佑宫及太后驻跸殿宇。上听政住居之处略加修葺,其余概不兴修,以昭节省。命沈淮明日预备召见。

初三日(11月22日) 晴。室中用炉火。晨至粥厂,寄廿五号家信。附京报。濒舅来谈良久,访云生,毫无意兴。闻缉庭处已见题名官卷为彭祖润、晏△△、戴△△,常熟七人,归曦、殷树森、殷李垚、曹庆恩、浦炳勋、张兴祖、周锷濂,张系宝卿师之子,可喜也。

初四日(11月23日) 晴。今日是兰侄于归吉期,向伯母前贺喜。午后大风,是日始换白袖头黑绒领。

初五日(11月24日) 晴。暮陆铁云从保定来查驿站差使,赴通永一带道出此都也。山东试差杨振甫回京。

初六日(11月25日) 晴。郝少珊炳纶。来晤,午刻铁云赴通州去。普祥峪、普陀峪万年吉地于八月二十日开工,堪舆各员给奖。礼主张元益免补员外,以郎中不论题选咨留即补。刑部候补主事高士龙免补主事,以员外不论题选咨留即补。山西太原府江人镜遇有山西道缺优先题奏。王福保放四川成都遗缺府。是日,仲嫂四十寿辰。

初七日(11月26日) 阴。遇郑季珊于粥厂,谈数语。午后云生、辛芝来谈,辛芝前月签掣贵州,亲老,题请改近,今掣河南矣。丁宝桢赏假一年,回籍修墓。文彬署山东巡抚,恩锡署漕运总督。今日换灰鼠袿黑袖头。

初八日(11月27日) 晴。入署复校三件,今日不票本,少坐即散。谒广少彭,未晤。游百川昨递封事,今日预备召见。

初九日(11月28日) 晴风。午正祀先,曾祖妣许太夫人辰也。访朱修翁晤之,一秋多病,今始痊愈也。徐绍圃来谈,得四哥九月廿二日函。

初十日(11月29日) 晴。午后观永胜奎剧。是日,濒舅移居兵马司中街,与沛川同院。慈禧皇太后万寿圣节。自昨日起推班三日。

十一日(11月30日) 晴。入署复校一件,复看三件,午刻先散,过木厂胡同取银。暮谒濒舅,访云生,均得晤。过天成,知王明山昨日回山西去,此间事由常鹤生主持矣。

十二日(12月1日) 晴。赵秉之来晤,暮过保安寺街晤雨卿。叶永元放福建粮道。十三日事。

十三日(12月2日) 晴风。寄廿六号信,附暖脐膏二贴。作答萧葵生函交折差。

十四日(12月3日) 晴。入署复校廿三件,复看十九件,未初饭散。彭怡堂约过彼将屋价交清,申刻归。夜饮黄沛川斋中,坐有濒舅、周伯生、叶恂予、大焯。太史叶静斋、杨处西席,叶仲方前辈之子。言骏声,戌正散。

十五日(12月4日) 晴。庞心田福祥。交来沈品莲同年团拜费五十两,喜资四十两。

十六日(12月5日) 晴。晨过天成与常鹤生、王子敬、张春浦谈,坐遇黄锦江大令,丽中,如皋人,山东知县。即在彼饭。贺辛芝晤之,伊今日谢恩,未召见也。延煦丁母忧,广寿署仓侍。见陕甘学政许振祎请立味经书院折稿。

十七日(12月6日) 晴风。入署复校廿二件,复看十四件,午正饭散。过彭怡堂处将契据交明,出海岱门拜月樵,不值,归。绍祺署刑右。

十八日(12月7日) 晴。暮访云生谈,夜过子久斋中,同人为汪泉孙补祝,兼请辛芝也,亥正散归。

十九日(12月8日) 晴。访绍圃,晤之。拜季士周、丁芥凡均不值。午后,恽少薇来托交饭银二百,费六两又六千。刘坤一奏胡家玉条陈丁漕诸多不实,且讦其欺诞诸事。命明日回奏。

二十日(12月9日) 晴寒。入署复校十三件,复看十二件,午正饭散。拜钟稚泉世兄,濂。定祥放西安遗缺府。

廿一日(12月10日) 晴。腰疼竟日,未出门。班升来销假。

廿二日(12月11日) 晴。午后过天成,又过鉴古将烟壶价廿金付之。夜董仲默来晤。得十月三日家信,严亲料理兰保喜事,未作手谕。叔父旧疾屡发,战汗之证又作,九月廿日。颇形困倦,幸饮食照常,余无所苦。家中喜事,鼓吹四日,甚热闹。厚斋伯大病呕血,危而得安。兴福地十月中旬将动工矣。士吉之子咏春十月初三完姻。吴雅庭甫愈,课程尚不严,安儿等文理仍不顺。叔父有用款,命年底再筹二数寄南。阅邸抄:胡家玉递回奏,历年未完田租,实因灾歉,其来往信函皆因公起见,然究有不合,交部照例议处,仍命刘坤一查明,是否该抚先致信函,据实具奏。

廿三日(12月12日) 晴。入署复校三件,复看十六件,午正饭散。过聚兴买洋绉廿五尺,顺天聚号。祝程容伯七十正寿,送幛烛。访子久不值。张绪楷奏请饬顺天学政国子监,凡遇乡试年分,不得滥取科举。又条奏乡试事宜若干条,交部议奏。

廿四日(12月13日) 晴。寄廿七号信,附复西生函,白玉膏十帖。暮过阜康问汇银事。旋至福兴居,余为辛芝饯行。邀朱西山、徐绍圃、顾缉庭、云生作陪,戌正散归。云生眷属廿一到京。左宗棠、金顺奏克复肃州,首要各逆歼除净尽。九月二十三日逆首马四等出城乞抚,即行正法。得旨褒嘉在事人员,优予奖励。魁龄、殷兆镛赏朝马。是日捷报到后,臣工递如意贺喜。

廿五日(12月14日) 晴。午后至阜康晤严小舫,寄家信一函,汇银贰佰两。苏漕比京平大四两四千。叔父来信所需也。左宗棠以陕甘总督协办大学[士],并将骑都尉世职改为一等轻车都尉,将军金顺开复革职处分。湘抚王文韶奏援黔案内出力各员侯晟赏三品衔。

廿六日(12月15日) 晴。入署复校十二件,复看廿五件,午正饭散,答少薇,不值。

廿七日(12月16日) 晴。祥哥四十生辰,午刻设供,为文勤公忌辰也。李理臣来晤,并送莲子一包、茶叶两瓶。拜黄子梅农部不值,过云生处谈,得伯衡十月十四函,云年内可期得缺。暮,濒舅来,数语。

廿八日(12月17日) 晴寒。曾祖妣许太夫人忌辰,午刻设供。

廿九日(12月18日) 晴。午正至余庆堂,与绍圃、云生、西山公请客钟稚泉世兄,濂。遣人来辞。申刻张伯崧、观岳,同年观准之兄,分发广东知府。王介卿、福保。郑芝岩、嵩龄。潘辛芝先后到,方入席,上灯后散。

三十日(12月19日) 阴寒。晨与柳惺庵同至粥厂监放,作致宋惠人太守函交绍圃寄湘,辛芝来辞行,谈良久,嘱予为移大衍以助行色。肃州克复加恩各统兵大员等,金顺赏还黄马褂、花翎、清字勇号,穆图善赏云骑尉世职,宋庆、张曜赏双眼花翎,豫师、袁保恒均赏头品顶带,谕各军合剿关外窜匪,左宗棠运饷接济,毋任缺乏。换白风毛褂。署中改换班单,乃知牟步南今日请分发矣。黄昏微霰,旋止。焦福赋闲已久,今荐于辛芝处,聊免坐食耳。

十一月丙午朔(12月20日) 阴。午后风,午正祀先,杨夫人诞辰也。黄子梅来晤。

初二日(12月21日) 晴。内子生日。午后送辛芝,不值,过天成少坐。夜祀先,冬至前期例祭也。是日,上宿坛,明日寅刻行礼。

初三日(12月22日) 晴寒。入署复校十件,复看十七件,午正饭散,答李理臣,不值,归。是日丑刻交冬至节。

初四日(12月23日) 晴。答子梅,访云生,遇寅臣于坐,备闻夏鲁门学使考校情形。午后过阜康,晤陈西林同年。

初五日(12月24日) 晴。午初入城访哲泉,谈礼部寿民签支事。一百十三岁之唐君显,前日照本样拟票加赏缎二匹,银二十两,而仪曹宋幼海同年(观炜)不以为然,然赶票已上,不及改矣。归途过沛川处,遇泉孙。

初六日(12月25日) 晴,晨风。入署复校十八件,复看十九件,申初散归。拜吴子实未晤。得曾君麟九月函。

初七日(12月26日) 微阴。文端公忌辰,午刻设奠,未刻访程汝谟、郑雨卿,均晤之。

初八日(12月27日) 微阴。入署复校十四件,复看廿三件,未正饭散归。陆铁云查驿差竣,由通过此,仍下榻吾家。文中堂回京请安。

初九日(12月28日) 阴。访芥凡、云生谈,云生以取卷被磨勘部议,将本生斥革,伊因卷中尚有他疵未经抹出,议以降一级留任。主考罚俸九个月,礼部于初七日奏结。昨日吏部带御史,云生首列竟未得,殊无聊也。

初十日(12月29日) 阴寒,午后雪,入夜方止,约寸许。寄廿七号家信。

十一日(12月30日) 晴。上诣大高殿、时应宫等处拈香祈雪。昨有旨,明年二月廿四日奉两宫谒西陵,二十七日礼成,三月初二还宫。余入署复校四件,复看廿三件,未正毕散,谒文相国归。

十二日(12月31日) 晴,风来有雪,甚寒。晨送铁云回保定,暮过永大正取银,曾君麟所托也。上诣宣仁庙等处拈香祈雪。夜有风。

十三日(1874年1月1日) 晴寒。入署复校廿六件,复看廿四件,未正毕饭散。得顾宜楣滇中来函,伊于闰月抵省,尚未奉饬赴任也。奕庆留京当差,桂清调盛京工部。

十四日(1月2日) 晴寒。谒濒舅,以曾君麟托交之曹平银一百〇四两当面交讫。午正至长元吴馆,同郡公请李薇生太守,客已到，入席少坐，申刻先归。崇绮升户侍，奕庆补厢蓝蒙付都统。

十五日(1月3日) 晴寒。夜赴宴宾斋，郑季珊招饮，坐有陈伯生、宝。成梅生、占春。王月楼、谢小云、鸿诰。小树、让之，戌正散归。月色当头，皎洁如昼。

十六日(1月4日) 晴寒。入署复校廿件，复看廿一件，未正散归。昨今两次以二百四十金先交黄子梅农部，托办陕西堡寨局捐输花翎例银四千，以八五折上兑也。领一百。

十七日(1月5日) 晴。作答伯衡、君麟函，又致杏云、沅青书，附全中堂复徐信。交阜康。暮过保安寺街，知内子生母连夜发热，似重伤风也。过天成少坐，五钟至福兴居，同人为黄沛川预祝，戌正散归。头痛。

十八日(1月6日) 晴风。头痛未已，入署复校一件，复看廿件，未初散。得四哥十月十八日寄函，一切平安。闻李凤洲疾卒。

十九日(1月7日) 晴。李薇生太守留别十二金，刑部昨奏成禄罪名应否斩决，双请得旨监候，今日吴可读又奏速正典刑。命大学士六部九卿军机御前会议。

二十日(1月8日) 晨阴午晴。吊李凤洲先生，送李薇生。得十月廿四日家信，知父亲、叔父以次均平安，兴福地已动工，点定两穴，同一罗城。租事不佳，邑中新贵约腊月北行。日来余肝气未平，夜卧微寒，头目痛甚。

廿一日(1月9日) 晴风。勉强入署，复校十八件，复看廿四件，未初散。祝张子和生母寿。四十九岁。昨日吏部拣选宗人府主事，王允善拟正，龚铁湘拟陪。

廿二日(1月10日) 晴。广东运使钟谦钧告病，准回籍。是日，刘哲泉生日。

廿三日(1月11日) 晴。魏子縠农部璧文，癸亥进士，年七十六岁。缘湖北信局捐圆通观粥资事也。祝黄沛川，送王介卿均未见。国英升广东运使。

廿四日(1月12日) 晴风。入署复校廿一件,复看十七件,申初散。

廿五日(1月13日) 晴。寄癸字廿八号信,作寄张词甫函交子和,午后同五哥听金胜和,夜邀谢小云、郑季珊、丁谦之、黄子中、小树、子和饮于福兴,余与五哥公东也。程仲立辞未到,遇陈屺南,亥刻散归。

廿六日(1月14日) 晴。连日皆暖。入署复校廿件,复看十一件,未正散。王膺之允善。同年引见,补宗人府主事。今日有旨,廿八日祈雪。御前大臣等议复定成禄罪名,仍照原议办理,不以吴可读为然,于淩辰、王家璧意见不合,单衔具奏,未见明发。夜,小树邀至宴宾斋饮,坐有孙少谷、谢小云、沈仰韩、鲁卿太守之子。子和、五哥,戌刻散。

廿七日(1月15日) 风晴。余三十七岁初度。夜徐绍圃招饮,坐有徐亚陶、蔡研农、吴子实、史鹤生、潘谱琴、味琴、怡琴,亥初散。子和约宴宾,不克往。阅邸抄:成禄照原拟改为斩监候。吴可读以私意揣测形诸奏章,降三级调用。崇纶等各谢伊孙赏员外恩,不知何事,想系新捐输也。

廿八日(1月16日) 晴风,入署复校五十贰件,复看七件,内有礼部题同治十三年恭遇慈禧皇太后四旬万寿,王公大臣应否进献礼物,请旨双签,定例王公进金银珠宝器皿,一品进缎八匹,二品缎六匹,届时午门进献,至巡抚、总兵官止。十二月初三日,红本下奉旨照例进献礼物,第一支。未初散归。内子送其兰妹行,将随仲立赴粤也。夜,濒舅约便饭,坐有伯荪、沸川、叶静山、吴子宜、云生、言骏声、五哥,亥刻散。

廿九日(1月17日) 晴。午后访雨卿、子和,邀往听全胜和,少坐即行,过天成。

十二月乙亥朔(1月18日) 晴。入署复校三十五件,复看三十件,申初散。贺王膺之未晤,归。今日余揩珊上委署。仲立借去十两,子和为之说项,不能却也。

初二日(1月19日) 晴。送仲立未晤,过广和楼少坐,即归。

初三日(1月20日) 晴。入署复校廿六件,复看廿件,未正散。过郑雨卿处,谈刻许归。

初四日(1月21日) 晴。午后同五哥观剧,得本家镜湖函。

初五日(1月22日) 晴。得十一月初三日家信,一切平安。又得曾君麟函。

初六日(1月23日) 晨阴,巳午间雪花数点,旋晴。入署复校廿件,复看九件,未初饭散。过阜康取沈品莲团资,共九十。归。

初七日(1月24日) 晴。寄癸字廿九号信,附徐荫轩、张海峤信。午后小树邀听《五彩舆》,日暮方归。作答镜湖函。

初八日(1月25日) 晴。入署复校四十一件,复看廿六件,未正饭散归。祝官来,今日生辰也。夜饮子久斋中,同人为予补祝,亥刻散。王月楼约宴宾,辞之。

初九日(1月26日) 晴。

初十日(1月27日) 阴。午后同五哥听瑞胜和,薛尚义补起居注主事。是日未带,十二日方引见。

十一日(1月28日) 薄阴午晴。入署复校十六件,复看卅七件,申初饭散,归途贺松坪补缺。供事张文治昨引见,以同知分发福建。今日军机保修清档出力同知,得缺后以知府候补,先换顶戴,毕竟近水楼台也。郎中周家楣以五品京堂候补。崇溪放归绥道。旗缺由各衙门保送引见。

十二日(1月29日) 晴风。是日,大高殿开坛祈雪。五刻至宴宾斋,黄子中、谢小云招饮,坐有季珊、王叔青、成梅叔、陈茉生、伯生、让之,申初散。

十三日(1月30日) 晴,风。入署复校四十四件,复看四十五件,与星岑同班,日暮方散,甚惫。得沅青十月廿三日函。

十四日(1月31日) 晴。得十一月十三日家信,一切平安。午后同五哥听双顺和,夜饭于广福居,绍酒甚佳。郭柏荫告病回籍,吴元炳放湖北巡抚,涂宗瀛放湘藩,崇福放湘臬。礼部奏磨勘处分,请旨更正。检举正副考官,照议降二级调用,同考官革职,礼部堂司各官分别议处。陆云生运舛如此,适当其厄,为之不平。

十五日(2月1日) 晴。午后慰云生,拜张振卿英麟同年。贺牟步南,访范鹤生,未值。崇实补刑尚,宝鋆充掌院,贺寿慈升左都,殷兆镛补吏右,宋晋升户左,刘有铭升刑左。黄沛川来晤。

十六日(2月2日) 晴。入署复校廿五件,复看十五件,有回避,十八日进春山宝座也。午刻毕,通本多至一百四十余件,王益轩一人难以遍看,乃与哲泉帮同料理,申正方散。普祥峪吉地工程改派宜振办理。黄倬署吏左,徐桐署工左。王凯泰准其来京陛,福建巡抚命李鹤年兼署。王文韶奏刘蓉于十月间病故,得旨开复从前革职处分。得邵汴生中丞函,炭金八两。得潘辛芝十一月廿五日函,知系廿日到汴。嘱将回信寄布政使大街玉尺斋纸铺。徐翰臣士鋆。送银鱼醉蟹。

十七日(2月3日) 晴。午后至龙源楼,赴俞松坪之招,坐有芥凡、步南、沛川、茉生、寿轩、守吾、理臣,上灯方散。

十八日(2月4日) 阴云往来,卯正一刻立春。晨拜先祠。入署复校十四件,后日封印,今年无班期矣,午正散。出崇文门至喜鹊胡同,杨少初昉。昨约何海如在彼等候,即倩少初照相,惟日光不晴,屡照而少初不惬意也。坐晤寻寇香侍御、何备之,海如之兄,行五。申初乃归。子和从保定归。索逋未得,而当道张罗数十金,此行尚不虚耳。

十九日(2月5日) 晴风。午后同五哥、子和、小树观剧,夜饭于庆福,子和作东道主也。郭从矩参礼部议结徐景春一卷,意为重轻,显违定例,得旨礼部堂官明白回奏。钱鼎铭奏袁甲三之母郭氏年届百龄,得旨御书匾额一方。仍著礼部议结,例得旌赏。

二十日(2月6日) 晴,风。是日,上诣大高殿祈雪。作谢汴生中丞函。

二十一日(2月7日) 晴。午后至广和听对台戏,人多不能坐,遂同五哥看灯，至致美斋吃点心，遇怡琴。礼部递回奏，不任咎，报闻而已。

廿二日(2月8日) 晴。寄癸字三十号家信。午刻至龙源楼，邀部本同事便饭，兼为步南饯行，李理臣作陪，日暮方散。过天成，少坐归。

廿三日(2月9日) 晴，暮阴。祖母诞辰，延龙泉寺僧讽经一日，晨到庙，暮归。得钱调甫中丞函，炭金十两，又得宋惠人函，炭金十六两，即作函复之。刘坤一奏胡家玉本籍田亩实有未完钱粮，丁漕改章先行致函该抚，得旨交部议处。赏已故提督刘松山一等轻车都尉世职。祀灶。

廿四日(2月10日) 晴。祖母忌辰，午刻设奠。日月如驶，倏已再期，曷胜哀慕。作答辛芝函，交徐由钱转交。送牟步南，未值。过云生，谒濒舅，谈良久。

廿五日(2月11日) 晴光融融，颇有春气。午刻请哲卿、雨卿饭，邀子和、小树作陪。暮，芥凡来谈。日来颇与哲泉龃龉，哲殊不直也。

廿六日(2月12日) 晴。今日翰林院奏派文渊阁领阁事、值阁事、校理、捡阅各员，余与沛川、益轩均得捡阅，署中各差皆由堂派，此则钦点也。崇实、桑春荣、殷兆镛、徐桐均派充经筵讲官。得辛芝腊八日书，焦福携回，于彼不相宜，故遣之矣。

廿七日(2月13日) 晴，风，略寒。洒扫斗室，午正敬神。

廿八日(2月14日) 晴。料理积逋。得武仲平来讣，伊于七月初丁内艰，现在仍寓山东省城。谭钧培放常州府，吴鼎元休假缺也。明年，慈禧皇太后四旬大庆，又亲政后初届元辰。赏孚郡王银三千两、贝勒载治二千两，奕详、奕谟从优议叙，贝勒载澂加郡王衔，载澜赏辅国将军，载湉赏花翎。恭亲王、文祥、宝鋆优叙，沈桂芬赏御书扁额，伯王、劻贝勒、公景寿赏穿带嗉貂褂，瑞麟、李鸿章、左宗棠优叙。李鸿藻之母姚氏，年逾八旬，精神强固，赏御书扁额。

廿九日(2月15日) 晴。朱修伯在圆通观粥厂散放面票及现钱,辰正过彼,子清亦先到。贫人来者七千余人,分列男妇,放至申正方毕,惫甚。夜祀先,自问庸材,仰愧清德,外度时势,国报为难,中夜为之耿耿。

三十日(2月16日)　晴。晨至粥厂放馒头,两千六七百人。暮至亲友家辞岁,接灶神。署中送诰轴来,父亲请正二品二轴,一封嗣父,一封本身妻室。叔父请正一品一轴,本身妻室。京官照级,外官照衔,否则照现任品级,此次封司稽核极严,毫无假借也,其费拟以二十金酬之。

同治十三年(1874)　岁在甲戌

正月乙巳朔(2月17日)　风日晴和，敬拜天祖。贺伯母以次新禧。午刻进城，诣贤良祠文端公神位前行礼。自备香烛，另给茶资二千。贺诸贵人，顺道拜亲友数十家。

初二日(2月18日)　晴风。午后近处拜年，至文昌馆内阁团拜，三庆戏。暮归，上灯又去，子初归。闻徐小树今日得子。

初三日(2月19日)　晴。竟日拜年，得叔父十一月廿四日寄谕，知阜康汇款已到家乡，严寒，河水尽合，宅中均安好。班升赴粥厂，有口角，颇不怿。

初四日(2月20日)　晴。午后贺小树晤之，至东城拜年，出崇文门，日暮方归。仆痛马疡矣。

初五日(2月21日)　晴和。午后又拜年，得去腊九日家信，叔父函中有家事纷纭，惟有忍耐之语，恐未能沆瀣耳。叔母灵柩于去腊十一日起攒。夜祭先，明日将收真容也。今日遇崇星陔廉访于常鹤生坐上，月杪赴湘。

初六日(2月22日)　晴，大风。上宿斋宫。

初七日(2月23日)　晴，风。上亲行祈榖礼。午后进顺治门拜年，吊杜寄园先生夫人之丧，门庭冷落，殆非昔比。

初八日(2月24日)　晴，大风，尘沙蔽日。哲卿开馆，夜治肴小饮，邀濒舅、云生、邵伯英、言骏声、张子和同饭，戌刻散。

初九日(2月25日)　晴。晨补拜年，午后同五哥听戏，遇杞南同坐。夜子和邀宴宾饮，坐有徐古香、小树、雨卿、莲生。

初十日(2月26日) 薄阴。缮寄甲字第一号禀,暮赴厂肆,人影散乱矣,匆匆即归。夜饭后,沸川来谈良久。

十一日(2月27日) 晴。

十二日(2月28日) 晴。徐绍圃来晤,言团拜事。午后访云生谈,遇同乡姚君,继昌。暮过厂肆一游。阅邸抄:许培身调署成都守,彭毓菜署泸州牧。

十三日(3月1日) 晨雾,晴暖。午后五哥约同观剧,夜饭于燕喜堂,坐俱河南司友人,亥正散。文祥请开缺,赏假二个月。编修张英麟、检讨王庆祺均在弘德殿行走,童华仍在南书房行走,潘祖荫赏编修,仍在南书房行走。左宗棠请将甘肃士子分闱乡试并分设学政,下部议。

十四日(3月2日) 晴。晨邵辛卿增。来谈良久,伊向在李营,近有督销差使在卫辉住局,今以知府来引见也。

十五日(3月3日) 晨阴,午后晴。答辛卿、苏吾山同年绂,均不值。祝滨舅,在彼午饭,与沸川、定轩谈,申初散归。夜风,月色模糊。

十六日(3月4日) 晴。午后赴余庆堂,今日四直团拜,请阁长及旧同直芥凡、子仪、沸川、子久、松坪、蕉生均到,暮散归。

十七日(3月5日) 晴。午刻邵辛卿来晤,饭后过龙源楼高守吾邀饮,坐俱同署友人,暮散。又至同兴居,赴李菊庄之招,坐有雨卿、小树、子和。胡家玉改为降五级调用,刘坤一改为革留,降三品顶带,吏部议结处分也。

十八日(3月6日) 晴,寒。暮访云生、绍圃,均晤之。张海峤为亢次山同年懋庸。帮项,出知单事也。暮得去腊廿四日家信,一切平安,仲兄屡发病,四哥牙痛未愈,两大人今春拟作邓尉之游,奎孙近知向学,可喜可喜。新妇有梦熊之兆矣。

十九日(3月7日) 晴。晨至阜康寄信第二号,并汇银贰千两,加费每百二金,不肯让矣。拜邵辛卿,已移居会元店。是日午时开印，夜至宴宾斋邀雨卿、小树、菊庄、子和同五哥饭，莲生辞未到。

二十日(3月8日)　晴。拜李采臣方伯、元华。宋雪翁，闻伊于前数日失子。均未值。

廿一日(3月9日)　阴。晨正入署，与哲泉同班，复校四件，复看廿七件，未初饭，散。过天成少坐归。

廿二日(3月10日)　阴。夜李毓庵招饮，坐有五哥、镜春。得傅哲生年丈函，炭金五十两。

廿三日(3月11日)　晴。入署复校十九件，复看十件，午正饭散。得张云衢同年尔遴。函。

廿四日(3月12日)　晴寒。晨过徐绍圃处谈，寄甲字第三号家信交文茂局，汪柳门送火腿一、桂圆两包。

廿五日(3月13日)　阴。作答傅哲生、张云衢函交天成，又作唁武仲平函并挽幛一幅寄山东省城。礼部议结磨勘江苏等省试卷，江南举人杨楫斥革，考官刘有铭、黄自元降二级调用，同考官朱泰修革职，余被议者尚有数卷。派兴恩、夏同善知贡举。子久生日。

廿六日(3月14日)　晴。入署复校十三件，复看十件，午正散归。申初至文昌馆，今日壬午团拜兼请奎子箴观察，训，迤东道。暮散，雨卿邀至宴宾小饮，黄钰补刑左。

廿七日(3月15日)　晴。夜至福兴居，直年商定点戏局也，坐有王莘鉏、光景卿、炘。朱酉山、丁枚卿、墉。云生、绍圃，叫紫云、琴舫，亥正方散。徐颂阁太夫人邀内眷至四川馆听戏，内子亦往半日。都兴阿奏承修福陵隆恩殿工程情形，得旨办理草率之皂保、胡家玉均交部议处，都兴阿、志和未经到工，亦著议处。

廿八日(3月16日)　晴，大风，甚寒。入署复校十四件，注销廿二件。复看十四件。午正出午门，送邵辛卿、王子藩元晋，分四川。两太守。丁让之鹾尹验看，未初散署，访何俊卿于彭亮臣寓中，晤谈数语归，俊卿到京，尚未销假也。

廿九日(3月17日)　晴。午刻过云生处，祝其母夫人六十正寿,云生亦今日生辰。在彼吃面,座俱同乡同年也。延煦百日服满。言骏声约午饭,辞之。

二月甲戌朔(3月18日) 晴风。署中有回避,遂托哲泉兼班。午后何俊卿之胞弟智卿其浚。来晤,送洋缎马褂料一端。吴望云昨日引见,升左赞善。李采臣方伯留别十六金,乃送菜一席。

初二日(3月19日) 晴。郑芝岩同年请午饭,辞之。得正月十四日家信,四哥牙痛已愈,不来应试矣。秀姑之父新正病卒,遣人为之料理。新科公车已就道。午正至谢公祠,应辛卿之招,坐惟濒舅、云生、伯英、五哥与余,暮散。又至万兴居,五哥约辛卿、菊庄诸人饭。得谭文卿年丈炭金十二两,由钟茬山处交来,即作函复之。

初三日(3月20日) 晴,寒。申刻至吉兴楼,应星岑招饮,坐中阁长及部本诸友,暮归。

初四日(3月21日) 晴,风。得潘辛芝函,有托问乃郎謄录传到事。

初五日(3月22日) 晴,风。江苏团拜,辞之。寄甲字四号信,附辫线三支。交文茂局。

初六日(3月23日) 晴。入署复校十三件,复看十三件,午正饭,散。知王朴卿报丁忧矣。贺望云、方勉甫。汪慧生请文昌馆,辞之。

初七日(3月24日) 晴,微风。国史馆送书来,王庆云、文勤。曹毓瑛、恭悫。广林、恒安列传校讫,计二十二签。

初八日(3月25日) 晴,风。入署复校十一件,复看三件,午正饭,散。今日张子和生日。廿九岁。梁僧宝请抚顿磨勘事宜,并拟章程十一条交礼部议。夜,小树邀宴宾便饭,坐有子中、莲生、雨卿、子和。公车到者四人,钱绥卿、管镜仁、归君亮、杨正甫。

初九日(3月26日) 晴。午刻到会馆晤绥卿、镜仁、君亮,谈良久。旋至余庆堂,应郑芝岩、陈慧卿之招,坐有钟稚泉世兄、李慰农汝霖,直隶人。同年、赵宝斋、陆云生、徐绍圃。得四哥信并珠钮扣三付。父亲在苏买得,每付洋五角,所谓洋珠非广珠也,广珠每付二百余文。

初十日(3 月 27 日) 晴暖。晨刻拜杨思大,晤之。旋至文昌馆,今日戊午团拜,演三庆部带灯。北榜十六千,南八千。钟、程世兄均未到,所请年伯及年兄弟四十余帖,到者仅年兄弟四五人耳,共坐六桌。每桌五十千。酒席茶烛具东登帐,诸事俱由绍圃料理,定戏等事王莘锄主持,盖仍与乙卯合办,去年照例。楼上搭桌皆壬戌乡榜也。子正归,惫甚,戏犹未止也。此次有吴子健团费五十金,王子健年伯寄三十金。公车又到六人,又拔贡二人。杨纬堂、余友兰。袁保恒升阁学,童华补付宪。留京办事王大臣,派出郑王庆至、大学士单懋谦、尚书万青藜、崇纶、步军统领英元。

十一日(3 月 28 日) 风,晴。彭芍庭、艾圃、沈凤池、冯申之、皇甫小轩、吴子实、陈培之、朱研生公请燕喜堂早饭,辞之。署中有班,托哲泉兼代,夜同五哥至万兴居请绥卿、镜仁、君亮、思大、莘卿饭,亥刻归。

十二日(3 月 29 日) 晴,风。钱绥卿、浦玉圃、归旭如、张念修、庞　堂、陈屺瞻、树勋,陕西。刘哲泉先后来晤,镜仁、君朗亦来。上换棉袍褂,摘白袖。

十三日(3 月 30 日) 风,晴。黎明入内,送邵辛卿引见。巳初至署,复校十一件,复看十六件,又注销廿二件,午正饭散。访绍圃不值,答何智卿,又过会馆晤玉舟、杨纬堂、俞幼兰、殷芝阶、周△△,少坐归。得胡西生函并寄余兼毫十支,得沈品莲同年函,有托班　封领轴事。得安儿去冬十一月杪函,并八韵试帖六首。潘霨到京请安。

十四日(3 月 31 日) 晴。思大、　堂来晤。李中堂到京,覆试阅卷派宝鋆、崇实、王家璧、李祉。暮谒何师母、答陈屺瞻、访陈舟舫晤之。

十五日(4 月 1 日) 晴暖。入署复校三件,复看十五件,与星岑换班。午正饭散。拜潘惠如方伯,谒李相,出城访朱研生,晤之。贺邵辛卿、丁让之。辛卿今日谢恩,未召见。今日贡院复试新举人,到者千二百余人,题:“性相近也”二句;“唐宗三鉴”,得“三”字。

十六日(4月2日) 晴。堂来。

十七日(4月3日) 晴。暮过会馆问买卷事。殷芝阶、厚培昆仲来晤。

十八日(4月4日) 晴。入署复校十贰件,复看十五件,午正饭散。刘慈民庠。销假,晤之。暮又过会馆,遇朱研生、赵宝斋。是日,上御紫光阁骑射,中三箭之勔贝勒、希拉布均赏黄马褂,乾清门侍卫尚家瑞、岳林挑在御前四等侍卫,盛裕赏三等侍卫。

十九日(4月5日) 晴,微风。清明节,午正上供。饭后邵辛卿、恽崧耘来长谈,崧耘昨到京,赠余摹本、缎袍料一件、杭扇一柄,伊已改捐知府,试后即拟就外任矣。小山约听戏,小坐即归。得杏云正月廿二日函,覆试阅卷覆命。此次四等三十六人,不列等一人。(云南)

二十日(4月6日) 晴。庞心田福祥。来晤。得四哥正月廿九日函,合家平安。

廿一日(4月7日) 晴。入署复校十件,复看六件,巳正饭散。过含英阁买殿卷、墨合等。答刘慈民。今日保和殿覆试者四百余人,题为"孟子曰三代之得天下也以仁";彩仗迎春日。得迎字。是日,上又阅马箭,贝勒载澂、肃王隆懃等四人中帽三枝,赏穿黄马褂。寄甲字五号禀。

廿二日(4月8日) 晴,风。得本月十一日家信,阜康会银到常,取来回音也。先妣杨夫人亡忌,午刻设奠。未刻吊王朴卿尊人于财盛馆,得萧葵生函。

廿三日(4月9日) 晴,骤暖。作致沅青、杏云、辛芝信,午刻张常甫茂长,廿九岁。来晤,伊从松江来,昨甫到都也。得词甫信云,伯雨在苏病甚重,可虑也。访松云,谈刻许。过保安寺街,常甫进城来晤。暮得沅青岁暮书,附来同署各信。又作数行复之。今日署班托星岑代兼,保和殿覆试,无四等。

廿四日(4月10日) 晴,风。上于卯刻启銮祗谒西陵。余入署该听报班,黄、翁、王、袁。未初散归。

廿五日(4月11日) 阴,微雨数点,风埃蔽天。未刻过会馆,适管少溪、叶敏斋、陆懋修到京,谈片刻。今日黎明时,杨雁湖家失火,毁屋十余间。阅邸抄:有免跸路所经之宛平等县蠲今年钱粮之三。杨雪沧年丈浚,壬子举人,中书。昨销假,晤之,今赠余槟榔叶扇、神曲、《兰竹居》廿八种四册、般若台、林夫人碑、陆侃碑各一张。

廿六日(4月12日) 晴,风。入署复校△件,复看六件,兼听报班,未初饭散。访邵辛卿不值。

廿七日(4月13日) 晴。午刻赴云生斋中,邵辛卿之妹许字乐映川之次子,号朴斋。今日过帖,借伊寓办事,蔡研农驾部、濒舅为媒,申正礼成,散归。少憩,辛卿复约至福兴夜饭,亥刻散。黄花鱼昨日登盘,初见榆钱。午后,慧官呕吐,微作寒热。

廿八日(4月14日) 晴,大风。入署复校七件,复看七件,兼听报班,未正饭散归。慧官仍微热,夜卧安帖。辛卿送酒席一桌,志别也。此次同乡试卷均伊办送。每卷闱系十二千。

廿九日(4月15日) 晴,风。慧官热不甚,而忽作抽搐,肌肤隐隐有红点,疑是出痘。雨卿来看,略投荆、防数匙,午刻又抽一次,俞医惕庵名奎文,前光署正,曾随崇地山赴海外,住大外廊营路东。马钱四吊八百文。来诊视,云是感冒内热,方用升、葛、翘、芩等品疏解之,入夜尚安静,得汗。

三月癸卯朔(4月16日) 晴,风。送辛卿,遇伯英于坐,遂邀至福兴午饭,约严小舫、汪月舟同坐,而小舫不至,未初散归。拜李小湘方伯。庆翱。慧官不甚烦躁,多汗思食,似寒邪渐解矣。得李中堂留别十六金。夜过会馆谈,又访子久,商写卷面也。添候补侍读四字。

初二日(4月17日) 晴。上回銮。填写卷面,遣人赴礼部投纳。慧官渐愈,仍服昨方。

初三日(4月18日) 晴。晨谒濒舅,与正甫共谈,即在彼饭。暮访泉孙,晤之。李文田到京请安。夜,小树邀宴宾饮,坐有吴莲卿、丁卯孝廉,如皋。星桥昆仲、洪子篴、王月楼、子和、常甫。曹小卿到京。

初四日(4月19日) 晴。捡点考具。午后祝郑芝岩同年尊翁寿,过会馆看纬堂、友兰,所写试卷皆出色,俞丰腴,杨瘦硬。宝鋆以吏尚协办大学士。礼部请换凉帽日期,奉旨着于二十日。李文田仍在南书房行走。新举人后到者准于场后覆试。

初五日(4月20日) 晴。寄甲字六号信。得二月初十日家信,元丰玖银号来。并陶誉之、曾伯伟托寄宾兴局银款三百零七两。廿一人,每人十四两六千四分。南中多雨天寒,家中均安,叔母葬期定于三月廿三日。士吉兄之子宜孙府试第一,必可入泮,学使已按临矣。暮过会馆谈。

初六日(4月21日) 晴。会试考官放万青藜、崇实、李鸿藻、魁龄,同考官崑冈、黄毓恩、钟骏声、叶大焯、郭从矩、李汝霖、陈振瀛、沈源深、梁仲衡、陆光祖、吴廷芬、夏献馨、刘瑞祺、王先谦、钮玉庚、胡聘之、张鸿远、陈启泰,内监试春庆、孙凤翔。龚自闳升阁学,周寿昌升詹事,潘霨请训。宋雪翁送元卷四两。午后,阴云往来,遣仆辈运行李至小寓,小寓仍笔管胡同上届旧巢也,价百六十千。黄昏雨,三更即止。徐季和回京,明日复命。

初七日(4月22日) 风,晴。午后赴小寓,贡院前看牌,名在东右门第二牌,今年京官仍归此门之首也。暮,五哥来,宿寓中。

初八日(4月23日) 风晴。卯正点名,入坐西师五十四号,同号袁子久、赵仲古、王萼庭、蕊修。龙笙陔昆仲。胡毓筠奏覆试举人谢焕章一卷,办理未能持平,得旨礼部议奏。

初九日(4月24日) 晴,风。寅刻接题纸:"子曰君子坦荡荡","自诚明谓之性","孟子曰君仁莫不仁,君义莫不义","赋得无逸图得勤字"。亥子间方脱稿,浑浑漠漠,无一是处,少睡片刻,醒复改削。

初十日(4月25日) 晴。巳午间方改定,午刻誊真,酉刻毕,出场。暮五哥来,菊庄来。

十一日(4月26日) 晴。卯正入坐西虞二十九号,同号殷厚培、李尧。唐仁卿、欧阳吉人,又有直隶周介臣、保鉴,宛平。陕西张柳堂、霖润，壬子。天津宋玉亭、永裕。倪桂泉，文焌。谈甚畅。是日，子和、常甫来送考。文中堂请开缺，仍赏假两个月。富隆阿放山东青州府，边宝泉奏礼部办理谢焕章一卷出入太重，得旨命桑春荣、彭久余复核会奏。

十二日(4月27日) 晴。丑刻接题：“巽乎水而上，水井，井养而不穷也”；“九五福一日寿”，“琴瑟击鼓”四句，“盟于齐，僖公十九年”，“韭曰丰本”，酉刻构就，《春秋》不惬意，乃商之仁卿，入暮方毕，酷热，躁甚。是日，上幸圆明园阅视工程。云南臬司程諴命案迟延，照部议降二级调。都城隍庙毁于火。

十三日(4月28日) 晴风。卯刻滕真，巳正毕，出场，五哥仍来。仓景恬放滇臬。

十四日(4月29日) 阴，旋晴。辰刻入坐西潜四十二号，同号叶铭斋，与奉天李雨农、澍龄。长沙黄小溪、傅祁，乃兄傅禧，戊午同年，号幼麓。天津△筑岩戊午。谈，李风流倜傥，记诵极博；黄沈潜之士，以经济自负。

十五日(4月30日) 晴。子正接题：《经注》、《仪礼》、《汉书》、钱法、科目，此次不敢条对，恐有舛误。就题敷衍，午正草就，更许誊毕，竟夕得卧。

十六日(5月1日) 阴，微雨数点，稍躁。黎明出场，到寓小坐，即归。得二月廿九日家信，士吉一子一婿皆入泮，可喜也。俞惕庵请夜饭，辞之。得潘伟如留别十六金。林天龄放江苏学政，马雨农病故缺也。

十七日(5月2日) 晴，风。发第七号信，文不惬意，未敢寄去。午后，约菘云、绥卿、镜仁、君亮，听双顺和。夜饭于福兴，小山亦同饮。

十八日(5月3日) 晴。是日换季，午正祀先，汤夫人亡忌也。常甫来，留此便饭，闻伯雨疾卒，吴门为之伤悼，门衰孤弱，可闵之至。午后，贺汤献臣嫁妹，男宅姓张。夜过会馆谈。

十九日(5月4日) 晴。夜李菊庄招饮同兴居，坐有少薇、仲默,余不相识。

二十日(5月5日) 晴。午刻至广和居,同五哥公请同乡,殷芝阶、厚培、归旭如、曹韵笙、浦玉圃、张念修,惟周士益感冒未到。散后访芥凡,谈良久,知总理衙门将保举,伊无可开也。暮至福兴居,管镜仁招饮。

廿一日(5月6日) 晴。暮,大风。菘云、绍圃来。午后,贺李少石嫁女。旋至安徽馆,应曹宝臣、马植轩、彭瑟轩之招,坐俱委署诸熟人,酉正散归。是日丑刻立夏,署中不票本,后日万寿节。遂未入直。昨以贵州军务肃清,将刘岳昭、曾璧光、周达武交部优叙。协济黔饷之历任各省督抚藩司交部优叙。阅考试宗室题,系"故治国在齐其家","雨中春树万人家"。得春字。

廿二日(5月7日) 晴。晨吊潘味琴夫人之丧。拜厉吉人不值。午后至宴宾斋,子和接场局也,坐有庞云槎、 堂、莲生及松江二人。仆人高福因病乞假去。

廿三日(5月8日) 晴。午刻设奠祖母位前,日月如流,晌届释服,悲怆之至。前于家书中,知择定今日奉移叔母灵柩,安葬兴福新茔,远莫能送,惭然难安,亦于午刻上供,举家叩奠。为友人杂涂条件。是日,万寿圣节,署中有班,托星岑兼代。得四哥本月初十日函。

廿四日(5月9日) 阴,午刻微雨,甚凉。约同邑公车十四人,并杨、俞两拔萃在寓午饭,畅饮至暮方散。涑文昨从津门来,过此谈良久。赴德珊之招听戏,少坐即行。夜过福兴居,余绂臣约也,坐有杨古蕴、张氏昆仲。五哥亦在福兴约归、管、李、庞诸君饮,坐有徐季和、王伯云。

廿五日(5月10日) 晴,午后阴,细雨,黄昏雷电大雨。巳刻出永定门,赴十里庄义园,公祭范文正公,未刻,齐集行礼,焚冥钱于麟、鼎二殇冢次。到者十人耳,共饭而归。暮过芗耘数语,夜至宴宾约杨雪沧、高守吾、厉吉人、何俊卿、睿卿、菘云、少薇、茾生小饮,郑雨卿亦在彼,约余同坐,亥刻冒雨归。

廿六日(5月11日) 阴雨，申刻止，四野当沾足矣。入署复校十八件，复看四件，午正饭散归。礼部题会试中额，今日红本下：满洲九名、蒙古三名、汉军六名、直隶二十五名、奉天四名、山东廿三名、山西十二名、河南十九名、陕甘廿四名、江苏二十七名、安徽十九名、浙江廿六名、江西廿三名、湖北十五名、湖南十五名、四川十五名、福建二十名、台湾三名、广东十七名、广西十四名、云南十三名、贵州十三名。

廿七日(5月12日) 晴。昨夜发烧，黎明乃止，遍身筋骨俱痛。饮午时茶、黄酒，竟日倦卧，惫不可支。刘叔涛、皇甫小轩、吴子实、冯申之、汪柳门请福隆堂，辞之。濒舅招夜饭，亦辞之。

廿八日(5月13日) 晴。热止神倦，署中有班，仍托星岑兼代。礼部覆奏谢焕章案下九卿议。

廿九日(5月14日) 阴，午后雨，旋晴。晨拜客，晤陈屺瞻。午后菘云来，夜菘耘招饮福兴居，坐有杨古韫、张常甫、何寿萱、次远、少薇。戌初赴汪泉孙斋中，与沸川、泉翁公祝芥凡、子久，子正方散。

三十日(5月15日) 忽晴忽雨。巳刻谒濒舅，午正至宝兴堂，今日山西世兄团拜公请也，申初散。夜，余邀陈屺瞻、何寿萱、恽少薇、陈涑文、子和、常甫饭于福兴居，亥正散。日事酒食，颇觉劳顿。得家书，一切平安，奎郎于十六日举一男，可喜也。

四月癸酉朔(5月16日) 晴。晨至东城谒宝佩蘅相国，又拜客至举场西，午正归。夜同菘耘、常甫、赵幼恂、陈养原德生子。饭于福兴。云槎约广和居，辞之。俄国使臣吁请觐见，允之。

初二日(5月17日) 阴。晨吊谢梦洹母丧。贺余播珊娶弟媳，晤绂臣，凉棚上席。夜雨淅沥，是日上宿斋宫，明日，常雩大祭也。

初三日(5月18日) 晨阴，雷雨一阵，午后晴。入署复看廿件，午正饭散。答西城客，未刻至福兴居，应陈培之年丈招，坐俱苏人，暮散归。

初四日(5月19日) 晴。晨贺徐季和嫁妹，午后同哲卿听瑞胜和,散后,常甫邀夜饭。寄第八号家信。附三月京报。国史馆来开履历,将办例保也。

初五日(5月20日) 晴,暮雷,微雨。午刻祀先,潜虚公诞辰也。李理臣请午饭,辞之。菘云、常甫来,潘祖谦玉泉之子,号寅生。送扇一对、茶二瓶、肘一,新从吴中来也。杏云寄来火腿四条。外有茶壶二件尚未来。是日,上御紫光阁,俄国使臣觐见,恭王传谕慰劳如前仪。

初六日(5月21日) 晴。入署复校十三件,复看一件,巳正散。拜吴子健中丞,饭后听双顺和。孔斐轩约浙绍乡祠午饭,辞之。单中堂请开缺,允之。是日,五嫂生辰。

初七日(5月22日) 晴。辛亥世叔公请,辞之。

初八日(5月23日) 晴。入署复校十三件,复看十三件,未初饭散。夜约李棣生、稺鹤昆仲饭于聚奎,亥刻归。九卿会奏谢焕章卷内虽有不妥之句,尚非文理不通。得旨照桑春荣等所议,开复举人,罚停一科。万青藜前于未经奏请斥革之先,以屈抑向人传诵,殊属不合,交部议处。沈桂芬管理国子监,毛昶熙充掌院。

初九日(5月24日) 晴。徐绍圃来,是日,上幸圆明园,昨总理衙门保案上,周家楣作回上。京堂丁士彬得知府后,以道员候补,得道员后,加二品衔。张其浚作员外郎签分户刑二部,仍留知府班次。

初十日(5月25日) 晴。午刻,恽少薇、菘云约福兴居饭,暮散。

十一日(5月26日) 阴,微雨。入署复校十六件,复看廿件,午正饭散。送云生,明日将行矣,赠以佩带四种。夜绥卿、君亮邀饮,心神忡忡,情绪殊乱。

十二日(5月27日) 阴雨。送云生,过会馆,又至厂肆。江苏已报十六七人,申刻遇常甫,约至宴宾饭归。黄粱梦醒,故我依然,殊悔多此一举,不寐。

十三日(5月28日) 阴。阅题名,模糊不可辨,但知苏州中七人，吾邑竟脱科，内阁中六人，黄沛川与焉。入署复校十六件，复看十二件，午正饭散，归少卧。暮访　堂，遇伯英，同过会馆，夜饮于广和居，　堂欲作撇兰局也。

十四日(5月29日)　晴。午正祀先，领落卷出，刘瑞祺房，为万藕翁所摈。潜虚公忌辰也。子和昆仲来，作寄胡西生函，并金顶二枚，托玉舟带去。得三月廿八日家信，知行期已定。四月初七，祥哥与安、寿二子决计侍行，全姑娘亦同来。奎侄于三月十六日卯时。得一子，命名曰之善，小名宝官。余均平安。潘鼎新放云南布政使。

十五日(5月30日)　晴。菘云、李菊庄来，常甫来与小山换帖。夜五哥招，同至福兴居小饮。

十六日(5月31日)　晴。寅正入内，送常甫引见，辰正事下，方叫起。余入署复校十件，复看十六件，午正散。至福兴，常甫邀午饭也。同乡出京者五人。覆试。“虽小道”二句，“槐夏午阴清”。

十七日(6月1日)　晴，暮雷电，小雨。晨至会[馆]，送绥卿、玉舟、镜仁、云槎、君朗、　堂。以家信一函、金顶二个、食物二匣，茯苓饼、柿霜。托绥卿带去。绥卿、　堂陆路。旋至文昌馆，今日何受山师开吊，同门在彼陪客也。乙卯，成林、李祉、吴鸿恩、朱以增，戊午，边宝泉、李璠、廖寿丰、冯芳缉、水恩霖。余送奠十金，世儿方六岁，器宇甚好，未正散。诣濒舅谈，贺稺鹤，常甫别号。归。会馆诸君来辞行，夜与濒舅作东道饯诸君于广和居，亥正散。饯绥卿，借去十五金，予即托伊代买大红洋绉等物。

十八日(6月2日)　晴，热。拜洪文卿、潘味琴。入署复校十件，复看十一件，午正饭散归。是日庶常散馆，题：松柏有心赋；如松柏之有心也为韵。瑶琴一曲来薰风。得“来”字。

十九日(6月3日)　晨阴，小雨，午后风晴。拜汪柳门、恽菘云，晤之，并遇恽次远。

二十日(6月4日)　晴热。晨祝朱修伯夫人五十寿，送幛烛。旋至余庆堂，戊午公请吴子健中丞，兼请洪文卿、陈慧卿、杨理庵、崑小峰、李慰晨，杨、崑、李均辞。，未正客至，同年集者三十余人，暮散。每分派八千。一切均由绍圃承办也，散馆共八十余人，一等三十人，江苏六人。三等六人。

廿一日(6月5日) 晴。为哲卿书屏四幅，午刻常甫约至福兴居饭。常甫是日领凭。是日，殿试题：圣学、察吏、积储、方舆。

廿二日(6月6日) 晴。入署覆校十三件，复看十一件，午正饭散。昨夜刑部失火，河南、山西两司堂均被焚。过天丰取簪饰，祝官所需也。

廿三日(6月7日) 晴，热。晨过西城甘石桥看曹氏屋，共五十间，拟暂留一月，每月租银十两。午刻归。常甫来辞行，留此午饭，饭后至子久处，祝其祖母寿。子和邀听戏，暮散。吴子健中丞留别十二金，王子坚年伯到京请安。

廿四日(6月8日) 晴。送吴子健，谒王坚翁。入署复校十件，复看十一件。今日十本引见，第一陆润庠、原拟第二。第二谭宗浚、原拟第一。第三黄贻楫、第四华金寿，而刘传福、冯光遹均在内，闻沛川得高第，此心怦怦不自主。噫，科举之名不可遽弃也。午后出城，过沛川处，泉孙、芥凡均在坐，帮办明日归第事，不能却也。得四月十二日家信，系苏州舟次发，致信陈聘臣暂留甘石桥之屋。乐映川招饮，辞之。

廿五日(6月9日) 晴，极热。午初贺沛川，时主人尚未归第，午正归第，即开戏，芥凡为之料理，演三庆带灯，戌正散。余与五哥、小树、雨卿饯常甫于福兴居。

廿六日(6月10日) 微阴，热。入署复校十五件，复看十五件，午正饭散归。送张老四，伊后日成行也。

廿七日(6月11日) 阴雨，甚凉。今日叔父四十五岁寿辰，晨向寿星前叩祝，照例吃面。厉吉人来谈，伊销假当差，缘选缺到班有期也。

廿八日(6月12日) 阴雨，暮晴。入署复校十五件，复看八件，午正散。王益轩上部本,钟次山上通本,朱肃峰愿回直房,孟东瀛上委署。是日,进士朝考,庶常散馆引见,江苏留△人,惟成占春、周晋堃改知县。

廿九日(6月13日) 阴。送常甫,已行矣。访绍圃,将吴子健团费、二百。齿录费百金等款交之。又拜芍洲、公辅,商请王坚翁事。沛川来。发第九号信,慧官嘴痛烦躁。昨日朝考题:大禹以五声听政鬻子。论选贤任举能疏;赋得虚应物心。

五月壬寅朔(6月14日) 风,晴。徐绍圃来,订昆季交,伊长余九岁。戊子生,十月初二。菘云来。内子喉痛,左关生蛾,饮以甘吉汤。

初二日(6月15日) 晴。入署复校十一件,复看九件,午初饭散。暮至天成取银,内子喉肿殊甚,饮食艰难,以甘桔汤漱之,不敢服他药也。殷小谱云有人自吴来,知父亲四月十八自苏解淮,计此时当达清淮也。

初三日(6月16日) 晴。内子喉痛,稍松利。午后,肿势又剧,几不能咽,慧官又啼哭,心烦之至。夜卧不安,料理节帐。

初四日(6月17日) 晴。署中托哲泉兼顾,晨请王枳簃来,为内子诊治,据云寒气凝聚,宜用温通处方,以桂枝、白芍,加紫苏、半夏、甘吉,姑饮之,痛仍未减,痰涎略稀。内子生母来,子和来,菘云来,深谈衷曲,相对怃然。得叔父四月廿一日函,尚在京口守风,征帆迟滞,计到京总在出月矣。儿啼妇叹,苦不得卧。

初五日(6月18日) 晴。叩贺伯母,以次节禧,午正祀先。申初,王枳簃来诊,云病在少阳,用小柴胡汤主治,疑虑不敢服。暮,菘云来诊,云风热郁结,急宜开散,并以牛黄、大贝母研末吹之,戌刻服药,勉强下咽,乃刺少商穴、舌根,直至子刻,呕吐忽作,脓血迸出,喉左结核已破,顿觉松利,胸次烦热渐除,黎明得卧,委顿而已。

初六日(6月19日) 晴。菘云来,定清理之方。午后答客,武仲平自山东来,未晤。送食物二。

初七日(6月20日) 晴热。仍服昨方,肿势尽消,略吹珠黄散。

写扇条等件。答武仲平,未值。署中有班,托枳篴代。是日,新进士引见第一日。共四天。

初八日(6月21日) 晴,热。菘云来换方,加沙参等品,暮访芗耘,意殊牢骚,归计已决,作致词甫函。

初九日(6月22日) 晴。入署复校十一件,复看十二件,午正饭散。闻甘石桥曹氏之屋为厉大令定去,询之,陈聘臣事已难挽,为之闷闷。

初十日(6月23日) 薄阴。为菘耘书细字横披。午刻菘耘来,又改方清补调理也。正甫来,申刻谒李兰翁,力言时事多艰,书斋功课之难,丞盼叔父来,共图补救。得陆铁云函。

十一日(6月24日) 晴。晨访武仲平,又不值,拜客归。午刻,雷电大作,竟日不已。得王坚翁年丈留别十二金。祁世长升阁学。

十二日(6月25日) 晴。叩祝伯母寿。入署复校五件,复看九件,午初饭散。同马植轩至东单牌楼三条胡同看屋,计廿四间,索千金。未初归,季和、王伯云在此吃面,遣人问丰盛胡同之屋,已早赁于赵姓矣。崇雨舲之屋,林夔三所居。作复铁云书。

十三日(6月26日) 阴。送王子坚行。致恽杏云函,寄去佩带五件、杏仁十斤,另送菘耘佩带五件、高丽参一斤。谒濒舅,谈良久。晤沛川,托问烧酒胡同屋事。菘耘来改调理方。

十四日(6月27日) 晴。入署复校四件,复看十七件,午初散。遇仲平,匆匆数语归。祀先,文端公诞辰也。复陆铁云函,伊一年甄别,以简缺补用,已入奏矣。

十五日(6月28日) 晴。仲平来谈。暮至万兴居,子和招饮,坐有洪子彭、璞斋、小树、何恒甫。

十六日(6月29日) 晴。得陆涑文津门书,伊方押运赴通。云生已于廿六日趁轮船南行,附来糯米百五十斤。尚在叶恒泰。陆润庠预备召见。问履历看乎。暮访沛川,谒濒舅,坐遇欧阳用甫。夜饮余庆堂,绍圃招饮,坐有程汝谟、李友兰、潘味琴。月色甚佳,连日为虮虱所扰，卧殊不安。

十七日(6月30日) 晴。入署复校十七件，复看十八件，午正饭散。拜陆建卿不值，晤其叔秋丞行四，同看烧酒胡同之屋，共四十余间，议定每月十二两，一房、一茶、一打扫。约廿二立折点装修。得叔父五月初一日函，方在清江，舟次甚热。父亲痔发甫愈，登岸拜客，到济宁尚需换船，闸河情形不可知，计抵京总在六月中旬。谭宗浚、黄贻楫预备召见，昨奉旨十月初十日慈禧太后四旬庆辰，八旗官员男妇均加恩赏。照乾隆六年例。又奉旨本年秋朝审照例办理，其情实人犯停出勾决。访沸川，晤之，今日伊奏对略如凤石。夜至福兴居，邀武仲平、顾缉庭、常鹤生饭，亥正归。

十八日(7月1日) 晴。菘云来辞行，午后独至广和楼听瑞和成，暮归。

十九日(7月2日) 薄阴。入署复校十四件，复看十一件，午正饭散。送菘云，晤之。暮，濒舅来，夜雨。

二十日(7月3日) 阴，甚凉，竟日雨。

廿一日(7月4日) 晴凉。晨间与五哥游龙爪槐，今春心泉和尚大为改作，不似向日荒凉矣，绿苇盈畴，颇堪豁目。

廿二日(7月5日) 阴，巳刻雨，午后大雨如注，入夜方止。入署复校九件，复看十七件，午正散。至陆宅，先交一房一茶，以今日为始，立折起租，雨中不及点房也。吊黄子眉尊人于文昌馆，晤殷小谱。

廿三日(7月6日) 晴。阅邸抄，崇实驰往山海关查办事件，彗星出西北，已见三日矣。

廿四日(7月7日) 晴，暮微雨，夜雷电，雨。入署复校八件，复看十四件，午正饭散。

廿五日(7月8日) 晴。晨谒濒舅，与正甫谈，知考中书系廿八裁数，计可得千人也。得杏云函，芥凡来畅谈。

廿六日(7月9日) 晴。蒋菊潭世兄从陕东送物四种，呈叔父。未晤，适余在前门听戏也。

廿七日(7月10日) 晴。辰初入城,答英续郇太守。启。入署复校十二件,复看十四件,午正饭散。至余庆堂,今日同全雨三、王公辅、李芍洲、徐绍圃、朱酉山公请续村,未正客至,少坐即去,同人饮至暮散归。慧官感冒发热。尝西瓜。得沅青五月三日函,从正田处来,尚未得榜信。

廿八日(7月11日) 晴。拜客过会馆,晤纬堂、幼兰,知拔贡考期在初八也。得四哥本月初十函,寄第十号信有致菘云语。许应鎔升江西南吉赣宁道。

廿九日(7月12日) 晴。入署复校十一件,又注销廿二件。复看四件,午初饭散。至烧酒胡同相度裱糊房宅,未初归。海霈放南昌遗缺府,董学履放广西庆远府。夜雨,是日初伏。

三十日(7月13日) 黎明大雨,辰巳间稍止,午刻晴。

六月壬申朔(7月14日) 阴晴半。黄子眉明日行矣,以前托捐款付还事付画饼矣。

初二日(7月15日) 晴。入署复校十四件,复看十七件,未初饭散。至广和楼听戏。夜饭东升楼,常鹤生约也,坐有武仲平、温晖东。山东同知。英桂署刑尚。

初三日(7月16日) 阴雨竟日。陆凤石殿撰请喜酒,辞之。

初四日(7月17日) 阴雨,午后晴,风。入署复校十四件,复看七件,午正散。泥深没股,车行甚险,未刻大雨,入夜达旦,听之增闷。闻天津入京路多淹没,行李殊不便也。

初五日(7月18日) 阴雨竟日,又成漏天矣,酉刻开霁,方如梦醒。今日公奠朱文端公于夕照寺,戊午北榜。竟不克往,殊觉歉然。朱师灵旐将于初八赴通,由水程南归也。

初六日(7月19日) 晴,暮雷雨,逾刻即过。闻纬堂、幼兰已移小寓矣。正甫、枳篠来晤。

初七日(7月20日) 晴。入署复校八件,不票本。巳初即散,泥途岌岌可虞,午刻归。陈茮生邀饮,辞之。徐颂阁升右庶子。

初八日(7月21日)　晴，黄昏雨，萧萧瑟瑟，殊增烦闷。季和来晤，得叔父济宁舟次函，系五月廿六所发，廿二到彼换船，川资告罄，拟向莱山构贷。而黄河惧已开漕，船全数渡黄，再迟恐赶不及。前此过湖时，龙神入舟，两日到济，敬送入庙，倏忽不见。考拔贡题：乐则韶舞；赋得水面痕生验雨来。得痕字。

初九日(7月22日)　晴。托哲泉兼班，未入直，午刻设供，文勤公诞辰也。得英续村太守启。留别八金。张子和夫人申刻去世，劳症一年，终至不起，可闵也。

初十日(7月23日)　晴。晨慰子和，午刻归。正甫来。同郡新贵殷小谱、源。程仁甫、秀。刘雅宾、传福。庞小雅、庆麟。王鹤琴、亦曾。郑△门、思贺。戴沂甫、锡钧。公请，辞之。

十一日(7月24日)　晴。吊子和夫人，昨日戌时已敛。过会馆看纬堂、幼兰，坐遇程覃翁。其前日所到武举钱氏二人，已移居德胜门外黑市去。潘辛芝之子志窠，号鹤亭。国史馆誊录已办到馆，旋即告资斧，假前给茶役八千，科房索费八两，尚未给也。

十二日(7月25日)　晴，暮雷大雨，入夜乃止。入署复校十七件，复看十六件，午正饭散。文相请开缺，仍赏假两个月。申刻，过雨卿处，谈良久。

十三日(7月26日)　晴。晨为仲平书横幅，计两千余字。午正祀先，曾祖妣张太夫人亡忌也。得四哥五月三十日函，宅中均安。得雨已透，见彗星两处，先西北，后东南。云孙、绥卿等均抵家，价人新居落成矣。未刻过子和处，商讣式定杠价，天成三百十五千。申刻归。拔贡出榜，余幼兰取一等第二。

十四日(7月27日)　晴。辰初入署复校十件，复看廿七件，午正饭散。杨雪沧递条陈，阁长回宝佩翁，尚需易稿也。彗星、园工、台湾军事、吏治。夜饮于泰丰楼。

十五日(7月28日)　黎明雷电，大雨，辰刻放晴。晨过保安寺街，送子和夫人出殡。午初到龙泉寺，俞心孚、张哲卿、小树、雨卿、莲生均到彼吃素面,乃散。内子与诸姊妹亦往奠焉。望云来。

十六日(7月29日) 晴。晨至会馆,与纬堂、幼兰谈,午后至米市胡同关帝庙看屋。三间,廿五千。得六月四日临清舟次函,前月廿七由济宁解淮,三十日度,初三抵临,从此抵津便顺水矣,计廿日后可到京,上下均安。暮谒濒舅,并晤沛川。

十七日(7月30日) 晴。卯正入署复校六件,复看十件,午初散归。今日叔母汤夫人诞辰,午刻设供。暮谒宋雪翁,恳其致意英善廷,元。为城门过税事。旋赴何俊卿、智卿昆仲之招,坐有少石、子久、秦文伯、彭亮臣,亥正散归。闻彭相国夫人昨日酉刻去世。

十八日(7月31日) 晴。晨唁彭芍翁,顺道拜客,午正归。作答沅青函交正田,代沅青制一寿幛送子久处。申刻,仲平来谈,邀过彼吃便饭,暮归。杨庆麟升府尹,许应骙署祭酒,户部奏捐输园工核奖,潘祖荫开复革留处分,以三品京堂候补。

十九日(8月1日) 晴。入署复校十三件,复看八件,午正饭散。过烧酒胡同看裱糊,出城贺蒋菊潭、庞小雅诸人。得叔父十七日津门信,知溯北运河而上,计需六日方能抵此,谕备一切。

二十日(8月2日) 晴,午后阴,入夜细雨。约正甫写折子,即留此便饭。是日,拔贡覆试。

廿一日(8月3日) 阴。遣张升、刘元、李福并车三辆赴通等候。

廿二日(8月4日) 晴。晨祝张莲生四十生辰,未晤。拜客至天成,午初归。闻余幼兰取一等第五,必可得小京官矣。暮雷雨大作,数刻乃止。

廿三日(8月5日) 晴。正拟赴通州,而车夫来云叔父已在通,即日可抵都,命余且勿往。候至申初,叔父到家,仰见鬓发增白,精神仍周到也。晚往关帝庙,李兰生,杨濒舅均来,商定廿六具折请安。

廿四日(8月6日) 晴。晨起即登车,午初尖定福庄,申初抵通,知坐船尚未到,余遂雇一小舟,连夜迎候。无如河口粮剥船拥塞,比明方走廿余里。

廿五日(8月7日) 晴。申刻风雨,黄昏乃止。午正不及马头镇十里,迎见父亲,坐一小舟北上,叩见之余,遂过余舟共饭,喜见精神彊固,不胜欢慰。舟次谈家中事,颇闻大略。雨过乃极力牵挽,及至通州登岸已子初矣,惫倦之至。

廿六日(8月8日) 晴。侍父亲进城,先期备轿在通,已数日矣。正价七两,候一天给饭食十八吊,计九人。午刻,定福庄尖,遇李韵湖数语,申刻抵家。是日,五哥递折,叔父跪安并谢恩,一谢祖母恤典,一谢赏头品顶。蒙召对。即日奉上谕:仍在弘德殿行走。丑正立秋。

廿七日(8月9日) 晴。洒扫房屋。父亲住大厅东间,其西间为全姑娘卧室,命余率两儿住东厢。暮侍父亲进城,至黄酒铺饭,五哥亦来,遂同进东华门至兵部小朝房住宿,在阿哥所旁。蚊蚋极多,与五哥谈竟夕。是日,叔父递谢恩折,在引见时碰头,未召见。

廿八日(8月10日) 晴。亥刻雷雨。丑正,东华门启,奏事官入,余与五哥随之行进景运门内九卿朝房递事,仍退至小朝房少坐。寅正,侍父亲至九卿房,顷之,军机大臣一一候见。又至内务府朝房少坐,在军机堂东间壁。迎见恭王在隆宗门阶下。仍回九卿房坐,辰初叫起。军机、文中堂、翁△△。辰正二刻,召见于乾清宫西暖阁,温语垂询,三刻退。出东华,仍回酒铺共饭。余知全姑娘及安、寿两子均已昨暮到京,遂先出城看视。申刻三哥亦到,相见之下,悲喜交集,别二十六年,面貌竟不识矣。夜卧极惫。

廿九日(8月11日) 晴。午后至文昌馆,今日子和夫人开吊也,余送四两。公帐亦四两。正甫来。

七月辛丑朔(8月12日) 晴。捡点送人各件,夜治肴侍两大人饮。

初二日(8月13日) 阴雨竟日。

初三日(8月14日) 晴。常鹤生来晤,考中书出案,而正甫未取,未免向隅。

初四日(8月15日) 晴。遣人送税务银百两,未收,云英、恩二处有交派,已代纳矣。后数日,仍送至恩禄普处,即收下矣。恒裕放四川叙州府。叔父昨今两日均进内,而上未到书房。近在昭仁殿,与弘德殿对宇也。

【初四日晴】

初五日(8月16日) 晴。发常熟信。余幼兰用小京官,邵伯英取中书第四。

初六日(8月17日) 晴。晨贺幼兰、伯英,余绂臣、袁子久来。李鸿章奏李光昭捐输木植仅值五万余元,在内务府捏称三十万两之多,欺罔不法,得旨革职,交李鸿章严讯。

初七日(8月18日) 晴。午初敬神,夜饮福。邵伯英来,考中书取七十人,十六引见也。

初八日(8月19日) 晴。晨至天成亨,以前借五百两还之。慧官咳呛殊甚,请嘉兴黄君平湖人,号未平。诊视,云暑风入络,宜疏通肺气。

初九日(8月20日) 晨阴午晴。入署复看二件,午初至城寓。旋至龙源楼,松坪招饮,子久、植轩同坐,申刻归。

初十日(8月21日) 晨阴,午后晴。与哲卿话颇龃龉。

十一日(8月22日) 晴。

十二日(8月23日) 晴。慈安皇太后万寿圣节,丑正即起,寅初,侍大人赴东华,黎明到彼,由景运、隆宗入永康左门,出长信门。卯正,上至慈宁门行礼。父亲、叔父俱在长信门外,仪仗之南,随班行礼,礼毕即散。余遂入署,复校二件,覆看五件,巳正散。晤芥凡。阅邸抄:左宗棠补授大学士,仍留陕甘总督之任。景廉授钦差大臣督办新疆军务,金顺帮办军务。

十三日(8月24日) 晴。颉仪臣世兄来晤。松哥购桂花二盆。

十四日(8月25日) 晨阴雨,午后晴。入署复校一件,复看八件,午正饭散。夜五哥治肴家宴,品物特精。黄昏,雷电狂风,大雨如注，历一时许乃止，月明如昼。

十五日(8月26日) 晴。午刻祀先，中元例祭也。午后，同五哥游城隍庙，月色极佳，颇有秋意。

十六日(8月27日) 晴。午后同祥哥至庆和园听永胜奎，暮归。是日，取内阁中书引见，记名者三十八人。

十七日(8月28日) 晴。入署复校十七件，复看十五件，午正饭散。访常鹤生。

十八日(8月29日) 晴。晨贺朱修伯嫁女，晤之，病体甫愈也。又贺邵伯英，不值。初次吃蟹，殊不佳。是日，军机、御前有大起，颇有争执。

十九日(8月30日) 阴雨，甚凉。入署复校十四件，复看十三件，午正散。送孙同年汝霖。以直牧分发四川也。奉旨八月廿七日启銮，驻跸南苑，九月初六日还宫。御史陈彝奏内务府大臣办理李光昭捐输木植一案，迹涉欺罔，得旨该大臣均交部议处。徐小树三十生辰，往祝未晤。送烛、酒、桃、面。

二十日(8月31日) 晴。是日，上御紫光阁觐见比国使臣。午后至庆乐园，李理臣太史约听全胜和。邀夜饭，辞之。又至广德少坐，三哥、五哥在彼听四喜也。秋风甚凉。

廿一日(9月1日) 晴凉。孙莱山学士告病开缺，其折由济宁遣家人邹升赍来，即从叔父遣人代递，费十千。今日递上，得旨允准。初尝糟鸭。

廿二日(9月2日) 晴。入署复校十二件，复看八件，午正饭散。至安徽馆，今日子久为伊祖母百岁称觞，送幛、大酒。暮归。严亲、叔父饯李若农于龙树寺。晋抚鲍花潭病请开缺，再赏假一个月。

廿三日(9月3日) 晴。晨至圆通观吊曹道人。饭后同三哥听戏，陆铁云从保定来，将赴通州催驿站钱粮也。

廿四日(9月4日) 晴。入署复校十四件，复看十三件，午正饭散。送蒋菊潭太守，则行矣。申刻至谢公祠，赴子久之招，伊今日演戏请客,且有女座也,子初归。郑季珊从南中来。御史孙凤翔奏参内务府大臣贵宝前在堂郎中任内于李光昭捐输木植一案,有意欺朦。得旨交部严议,并交李鸿章提讯有无交通情事。

廿五日(9月5日) 晴。午刻濒舅来,托余为媒妁事。暮张子和来,夜陆铁云来。崇文门监督派英桂、棍楚木克沁。

廿六日(9月6日) 晴,申刻雨,顷刻即过。寄常熟十二号信。王绪曾放开封遗缺府。

廿七日(9月7日) 晴,黄昏轻雷细雨,早晚甚凉,午未间仍热。入署复校四件,复看十件,午正散。至烧酒胡同,适父亲拜客过寓小憩,即在彼侍饭。申初出城,拜薛太守,书常。答陆铁云,晤之。伊昨赴通,今日即回,即邀同至宴宾小饮。哲卿、三哥亦同往,亥初散归。徐桐、广寿均入闱阅教习卷。

廿八日(9月8日) 晴。得四哥本月初八日函,合家均安,甚慰。午正祀先,曾祖妣张太夫人诞辰也。申刻过保安寺街晤雨卿。吏部遵议内务大臣处分,除魁龄告假毋庸议外,崇纶、明善、春佑、贵宝均照议革职。余绂臣送自制酒浆。何其浚、潘祖谦均捐中书到阁。

廿九日(9月9日) 晴热。入署复校三十九件,复看一件,巳正饭散。答新到阁诸君,未初归。闻前日进教习场者有一千四百余人。题为:“事孰为大,事亲为大”二句。今日叔父同军机、御前大臣并起,召见于乾清宫西暖阁,以论停园工也。阅邸抄,明发谕旨,所有圆明园工程即行停止,俟边境乂安,库款充裕,再行兴修。命该管大臣查勘三海地方,酌度修葺,通谕知之。崇纶、明善、春佑均加恩改为革职留任。英桂、荣禄补授内务府大臣。

三十日(9月10日) 晴。五哥生辰,晨叩伯母以次喜。拜郑季珊,谒濒舅,晤之。朱谕传谕在廷诸王公大臣等,朕自去岁正月二十六亲政以来,每逢召对恭亲王时,言语之间,诸多失仪。著加恩改为革去亲王世袭罔替,降为郡王,仍在军机大臣上行走。并载澂革去贝勒郡王衔,以示惩儆。宝珣补山海关付都统。

八月辛未朔(9月11日) 晴。每月朔日，书斋例无功课，叔父未入直。巳初，九卿房苏拉来送信，云今早复叫起，与军机、御前同一起，闻命即行，到彼已巳正一刻，不及进见，晤枢廷诸公，数语而归。盖两宫皇太后御弘德殿召见诸臣，待三四刻，而叔父自城外驰入，已迟矣。阅邸抄：申谕该管大臣所有三海工程，务当核实勘估，力杜浮冒。又奉皇太后懿旨：皇帝昨经降旨，将恭亲王革去亲王世袭罔替，降为郡王，并载澂革去贝勒郡王衔。在恭亲王于召对时言语失仪，原属咎有应得。惟念该亲王自辅政以来，不无劳勚足录。著加恩赏还亲王世袭罔替，载澂贝勒郡王衔一并赏还。该亲王当仰体朝廷训诫之意，嗣后益加勤慎，宏济艰难，用副委任，钦此。未刻，余至濒舅处将喜帖送交沸川，定于初八辰时放定也。男庚十四，女庚十二。

初二日(9月12日) 晴。入署复校十件，复看四件，午正散。厉吉人约至永和轩饭，植轩、松坪同往。黄昏雷电大雨，淅沥竟夜。锡光放湖州府。

初三日(9月13日) 阴凉，廉纤竟日。英元病卒，照左都例赐恤，赏伊子主事。英桂调吏尚，补步军统领，宝中堂调兵尚，广寿升左都。曹秉浚放江西赣州遗缺府。

初四日(9月14日) 晴，甚凉。托哲泉兼班，遂未往。载崇调刑右，崇绮调吏右，庆升补户右。思大来晤。

初五日(9月15日) 晴，仍凉。晨至文昌馆吊恽少薇夫人，少坐即归。捡点衣服。李衢亨放江西粮道。

初六日(9月16日) 晴。余约同署友人在福兴居午饭，未刻，松坪、植轩、瑟轩、吉人先后来，饮至酉初方散。哲泉、枳篱、李理臣均未至。

初七日(9月17日) 晴。入署复看十四件，午正散。至城寓，今日叔父择吉移住，严亲亦到彼同饭。申初出城，顺道贺广绍彭先生。史菘秀放叙州府，恒裕丁忧缺也。

初八日(9月18日) 晴，午后阴。辰刻至濒舅处，士周亦来，遂送庚帖,男宅备手钏、如意。至沛川处,午刻吃喜面,送四合,文房、佩带。礼成。黄杨两家互拜新亲。内眷亦往来。酉刻,在濒舅斋中又入席饮,同坐吴春海、赵寅臣、张荫庭,端,庚午孝廉,新捐阁中。沛川亦同饭,戌正散归。左宗棠授为东阁大学士。道光以来,鲜授此阁者。

初九日(9月19日) 阴。入署复校十五件,复看二件,午初散。至城寓,三哥同安、寿二子均进城,午正归。申刻访陈月舫,问引见事,又访顾缉庭,问延西席事。

初十日(9月20日) 阴雨。晨访月舫,以照四张,履历一纸,托伊转办。是日,赵宝斋请同乡,父亲携三哥、五哥同往,叔父与余均辞焉。彭芍庭来字云,云孙捐复原资,经礼部奏准,本月初三已在铜局上见矣。

十一日(9月21日) 晴。方勉甫来晤,昨与李小江枫林。同上委署矣。寄常熟十三号信,祝泉孙,访桂甫,又至天顺布店看贡缎。答勉甫。

十二日(9月22日) 晴。入署复看廿二件,午正饭散。答客,贺王柳汀太守、绪曾。李李村观察、史琴孙太守,崧秀。申刻归。夜家宴,全姑娘备肴,为堂上预祝也。董兆奎瑞峰。放泉州遗缺府。是日,丁芥凡考御史。贱货贵值论,课吏考功策。而刘哲泉昨日告感冒假,行文吏部,遂不与考。

十三日(9月23日) 晴。料理节务,室中盆桂甚香。叔父与五哥命庖人治肴夜宴。闻芥凡考第一。各部院凡四十六人。

十四日(9月24日) 晴。入署复校十一件,复看十一件,午正饭散。诣亲友处贺节。祝王子坚年伯于财盛馆,拜蔡研农不值。晤法清如。问三哥,印结约须五百金。次觞为父亲予祝。

十五日(9月25日) 晴暖。合家叩贺秋喜,并祝父亲寿辰,同乡亲戚来者备面款宴,外二桌,内二。申初客散。夜祀先,供月,月光皎洁。

十六日(9月26日) 晴。谢寿过天成,开银票归。蔡研农来,云同局京官须在京者方送半结，堂兄弟不送，日前所开要更正也。常熟京官已送赵宝斋处寿幛、寿烛，申刻，过聚亿少坐，访芥凡晤之，见其考作，殊敷畅耳。领秋俸二十二两。又春季米折十六千。

十七日(9月27日)　晴。入署复校十四件，复看十件，午正饭散。至浙绍乡祠，祝赵宝斋母寿，同乡送公幛，吾家另送四金。暮归。伯母同全姑亦往听戏。

十八日(9月28日)　微阴。购定和兴摹本缎十二匹。每匹廿二两。饭后至聚亿，晤月舫，将印结交去，伊转托郦海山办。求贤科，江南甲。

十九日(9月29日)　晴。入署复校贰件，复看十件，午初先散。至万兴居，子和招饮，两儿亦同往，饭后，听瑞胜和，暮归。李鸿章奏结李光昭案，照拟斩监候，查无交通内府实迹。惟笔帖式文麟偕赴天津，究属不合，文麟革职。闻子久又得一子。

二十日(9月30日)　晴。以家言一函、靴一双、褡裢二、翎绳先交杨正甫携致四哥，旋得四哥本月四日书，四哥秋来患遗泄，颇委顿，需高丽参，嘱遇便寄斤许，家口均安，收成尚丰。暮赴沛川斋中饮，伊为濒舅、正甫饯行也。坐有士周、何诗孙，亥初方散，席上见伊所得验气毬，其形两端各一玻璃球，下承玻璃管中灌赤色水，握左则水入右，握右则入左，气血旺者握之水涌如沸，否则徐徐而行，可验人气血旺衰也。文相请开缺，赏假三个月。部员引见御史，记名者廿二人。吏三、户七、礼二、兵一、刑七、工一、内一。以六金买参丁一斤，致恽菘云函，托阜康寄。

廿一日(10月1日)　晴。晨贺子久、芥凡。过聚亿，问本家镜湖更名事，恐窒碍难得矣。父亲约同乡夜饭，兼为俞、杨饯行，又以高丽参丁、石鼓拓本托正甫带去，交四哥，伊来信所需也。

廿二日(10月2日)　阴，微雨数点。入署复校十一件，复看十件，搬回委署堂。午正饭散。阅叶润臣侍读《桥西杂记》，有载内阁故事数则。

廿三日(10月3日)　晴。晨访缉庭晤之,又至月舫处。饭后,侍父亲、叔父天宁、悯忠二寺,三哥与安、寿亦往。送杨正甫,未值。祝郑雨卿夫人。二十九岁,送水礼。

廿四日(10月4日)　晴。与王子移换班,不入直。三哥赴吏部验到。司堂一揖,大堂三揖。饭后,五哥约观瑞胜和。正甫来辞行,明早准赴通州。

廿五日(10月5日)　晴,换戴暖帽。入署复校九件,复看三件,午初散归。

廿六日(10月6日)　阴。午后至余庆堂,与直年同人公请王柳汀、绪曾。曹朗川秉浚。两太守,日暮方散。另有帖请,三哥未去。鲍源深奏销假任事。

廿七日(10月7日)　晴。上于卯正启銮,驻跸南苑,后妃扈从,遵成宪也。上出大清门、正阳门,后出东华门,走月墙,不由神路也。辰正,送何俊卿,未晤。明日行。入署复校九件,复看九件,午初饭散。是日,徐李侯生日。夜读画。

廿八日(10月8日)　晴。辰正赴长安门送三哥验看。午刻方上班,余至署中少坐,今日到阁者七人,张莲生裁取请分发赴湖南,以同知候补,未初散。至万兴居饭,兼请陈月舫、张子和,郦海山辞,未到。申正归。

廿九日(10月9日)　微阴。入署复校贰件,复看十三件,午正饭散。贺张莲生、张荫庭。夜,西风瑟然,顿增秋意。是日,上在团河行宫阅骑射马枪。

九月庚子朔(10月10日)　晴,凉甚,仍风。巳刻广绍彭总宪来与叔父订昆季交,绍丈年三十九岁。余亦出见,治肴馔留饮。午后,拜刘永诗,传祁。延定授安、寿两子读,每月修金十两,带办书札。谈少顷。拜彭南屏、翰孙,知府。颂田、福孙,主事。钱伊臣,溯耆,新捐阁中。未晤归。

初二日(10月11日)　晴。谒广绍丈,答徐云士,入署复校十二件，复看十一件，午正饭散。过天丰、天成，独往中和，少坐归。夜饮沩川斋中，公祝泉孙，亥正散。芥凡廿六赴南苑，廿八回寓。总署轮直，非为内阁也，内阁去松坪、守吾二人。住帐房。

初三日（10月12日）　晴。三哥赴吏部写履历，昨日送底样来，计两分，一存案，一咨浙。俟司员一人来点名收齐，乃散。夜，子丑间雨。

初四日（10月13日）　阴，微雨，午后大风，晴。入署复校十一件，复看一件，后日回銮。午初散。至保安寺街，祝内子生母寿，吃面而归。

初五日（10月14日）　晴。泉孙来晤，拜朱酉山，订定沈君为粥厂监放。访程汝谟，不值。卸凉棚。

初六日（10月15日）　晴。晨读画，午后捡点文端公遗箧，将衣服分六孙收赠。

初七日（10月16日）　晴，风。入署复校八件，复看七件，午初饭散。至城寓侍叔父谈，安、寿两子午后移入，设榻于上房西厢，后日先生到馆矣，暮归。今日苏太谊园公祭范文正公，余弗克往。遣人至麟儿冢次奠食焚楮。

初八日（10月17日）　晴。午刻报录人来，欣闻严亲蒙恩简任湖北巡抚之命，举家欣忭。叔父拟就折稿，命余赶缮。膳牌无臣字。申正，随侍入城住宿，三哥、五哥同往也。两广督瑞麟卒于任，赠太保，入祀贤良祠，赏一子四品京堂，二子及岁引见。英翰升广督，吴元炳调安徽，即赴新任，李瀚章兼摄楚抚，英桂住工次，崇纶署吏尚，广寿署步兵统领。广寿奏撤提督衙门，奏调各衙门司员从之，又奏满御史章程，交吏部议。

初九日（10月18日）　晴。丑初起，即赴东华门，丑正二刻余，门启奏事官来，即随之入递事，退至九卿房与五哥谈。黎明，严亲入内候见枢堂，辰初事下，未叫起，乃退。叔父、三哥均进内。余入署复校四件，万寿礼仪仍用三签，本内多一夹片。复看十余件，未及遍观，先行散值。至城寓，刘永诗先生午刻开馆，备席款宴，邀顾缉庭、邵伯英作陪,叔父同坐。余兄弟遂出城,以三十八金购皮合钟一座。李郇今日谢恩。

初十日(10月19日) 晴。为父亲捡点衣服,余以酒筵一席送李李村观察。

十一日(10月20日) 晴。

十二日(10月21日) 晴。入署复校七件,复看十件,午刻散。植轩邀往同兴楼饭。

十三日(10月22日) 晴。午后至聚兴、天丰及天顺貂皮局,关东人在打磨厂德兴店。又至鸿泰店。寄常熟信十四号。交福兴润轮船局。

十四日(10月23日) 阴寒,入夜雨。终日与市人论价。暮随三哥入城,旋知引见改十七矣,住城寓。竟夜风雨,甚寒。

十五日(10月24日) 阴雨,西风。入署复校十件,复看三件,午正冒雨归。

十六日(10月25日) 晴。暮同三哥进城,玉子告假去,云随父往山东也,实在毛旭翁宅。

十七日(10月26日) 晴。寅初即起,卯初入内,先至吏部下处上驷院北间壁。少坐,于即景运门,坐九卿房。辰初叫引见,三刻下。三哥、五哥往城寓,余入署复校二件,复看十六件,午正散。复至小寓,与永师略谈乃归。父亲具折谢恩,率子赴宫门泥首,定于后日呈递。暮缮折签。夜饮宴宾斋,小树招也。三哥谢折托敏生办,由军机处苏拉递。

十八日(10月27日) 阴。申刻诣徐绍圃,贺嫁女,少坐即回。父亲、叔父、三哥、五哥均进城。余绂臣荐仆王升来见,收之。

十九日(10月28日) 寅卯间雨,天明后止,午后大风,晴。入署复校十五件,复看六件,午初散。过城寓少坐归。芥凡来长谈。昨传今日上幸北海,严亲赴神武门候碰头,三哥进承光左门祗候,到彼乃知圣驾未出,因雨停止。随诣景运门朝房,辰初事下,三哥叫起。知府四人，惟叫翁△△一起。严亲先退，三哥蒙召对于乾清宫西暖阁，垂询出身、年岁，翎支，由何人保奏，弟兄几人，俱读书否，刻许乃退。余送张莲生席一桌，内子送其嫂点心二匣，冬菜二篓。

二十日(10月29日)　晴寒。徐绍圃来。申初祀先。夜严亲命具贺筵家宴。二桌，中四。沈敦兰放常镇道。

廿一日(10月30日)　晴。刘作山来晤。康来，辰州守曾揆之子，常州人。午后，祝刘星岑老翁八十寿，暮归。是日，署中办第一单秋审。新疆、云贵、两广、四川。

廿二日(10月31日)　晴。入署复校十三件，复看十件，又帮看秋审十三件，未刻散归。昨有马车惊逸进神武门至景运门，经该管官参奏，将值班人员议处。宋雪帆侍郎今日酉刻下世。

廿三日(11月1日)　晴。送莲生，晤之，明早准行。过余绂臣，知伊今日引见，补浙江道御史。夜同三哥、五哥饮于福兴，邀子和不至，亥初归。严亲向朱修伯处购买贡缎八匹，连装潢、门税、小费，约及京平四百两。叔父购广少彭处六匹缎，价一百四十金。聚亿开来三哥引见费一百廿两，又内外长班十八两，又底照未到，含糊办理费银八两。闻连日太白昼见，申酉间见于西南，余未目睹也。

廿四日(11月2日)　晴。入署复校十三件，复看十二件，午正散。至城寓少坐，贺绂臣，访芥凡略谈，即归。袁保恒升户右，周寿昌署理。夜，贾中堂疾卒。

廿五日(11月3日)　晴。午刻至文昌馆，为濒舅饯行，并约表弟同坐，邀士周、伯英作陪，申正散。酉山、绍圃来晤。贾中堂赠太保，入祀贤良祠，赏经被赐奠。子致恩以道员即选，孙孝珍以郎中分部即补。

廿六日(11月4日)　晴。晨谒濒舅，拜沈瀛洲。无锡人，请粥厂监放，系朱酉山同年所荐。午后同三哥、五哥观三庆戏，夜饭于泰丰楼，遇子和。孙诒经升学士，黄体芳升庶子。

廿七日(11月5日)　晴。沈瀛洲来，过粥厂点人役，约须十八人。

申刻至阜康,晤缉庭、小舫,借定三千,言明每一分利。又过天成亨,知王明山将到,亦拟借贷也。今日先用一千。是日,考誊录,刘永诗亦入场。

廿八日(11月6日) 晴。夜约濒石舅同表弟号恩让。来便饭。

廿九日(11月7日) 立冬,晴。徐小树来,闻仲立解饷到京数日矣。夜赴何寿轩龙源楼之招,坐有松坪、守吾、仲古、少薇、诗孙、李应奎、增光。鲍荫亭、徐仙舟,熙德。亥初散。奏事处奏准十月初九、初十、十一三天进宁寿宫听戏之王大臣,父亲、叔父均与焉。

三十日(11月8日) 晴,暮阴,夜雨。士周约谢公祠午饭,辞之不获,乃于未正到彼,濒石、柳门、邵伯英、赵宝斋及三哥均在座,申正散。张哲卿久欲觅馆,昨叔父作函致清苑令陈襄夔,嘱其延致或荐近者州县,明日持信赴保阳去。哲卿年来颇沾习气,亏空甚多,此行殊不得已,然自寻烦恼,令人爱莫能助也。

十月庚午朔(11月9日) 阴寒,雨雪交作。午正祭先。点书籍字画。暮,大风,晴。送仲立席一桌,是日,圆通观开厂放粥。

初二日(11月10日) 晴。入署复校二件,复看二件,午初散。云南请拣知州,署中合例者十余人,今日在天安门外赴拣,过彼略为招呼。同府公请,父亲兼请沈彦微,余等虽列名,不便入席。徐季和约午饭,辞之,三哥往焉。徐绍圃生日。

初三日(11月11日) 晴寒。申刻过阜康、同泰、天成,夜至福兴,仲古、少薇招饮,坐俱同署友人,戌刻先散归。

初四日(11月12日) 晴寒。阜康人来,先借得京平松江三千一百八十两。合库平三千正。张子敬亦来晤。未刻过保安寺街,今日子和为其生母称祝,五十正寿。借隔院廓中演三庆戏,戌正归。晤仲立、韵湖,本月初十日恭逢慈禧皇太后四旬庆辰,廷臣一二品,俱进贡缎,父亲、叔父各进六匹,今日将贡单、如贺折式,写某官臣、某跪进、某色、某花、大缎一连六匹分写。如意等备齐,送入城寓,拟明日先与奏事处说定,后日随众进献也。

初五日(11月13日)　晴寒。今日江苏结局公请，严亲并及余等乃于未申间过彼少坐，暮归。拜仲立，未值。

初六日(11月14日)　晴，大风，甚寒。父亲卯刻进城，入内进缎，到彼方知今日专进在京诸臣礼物，外任不拘日期，遂托奏事官准于明日呈递，费五十两。如意则由叔父迳交懋勤殿，六两，又二两。云初九方递也。天成来，又用贰千四百两，又向阜康借贰千贰百两。连前共合库平五千两。仲立来晤，得沈品莲同年函，炭金十二两，并寄何师母六十两。庞福祥携来。

初七日(11月15日)　晴。入署复校三件，复看一件，午初饭散。答李韵湖昆仲，至义成洋货铺买佛兰绒。宝楚桥约严亲晚饭，即下榻伊家。

初八日(11月16日)　晴，狂风。暮至濒舅处，并晤济川。

初九日(11月17日)　晴。入署复看一件，少坐即行。今日父亲、叔父均进宁寿宫听戏，余候至申正三刻，尚未见归，只得赶城而出。计自辰初至日入，未免劳顿矣。今日始换黑绒领灰鼠褂。

初十日(11月18日)　晴。寄十五号常熟信。夜与泉孙、子久、芥凡公饯黄济川、杨濒舅，即用余家庖也。济川送余皮糖黑米桂元香饯，津产也。是日，慈禧皇太后四旬万寿庆节，两大人诣长信门朝贺，仍入听戏坐，均酉正散。蒙赏如意袍褂、花瓶等件。今日随班祝嘏之庆员，均赏职衔。五品以上者，照原官降二等给衔，六品以下给原衔，已有衔者加一级。匡源、焦祐瀛、程恭寿、马寿金、晋康、文硕均与焉。又有旨，王公及京外文武官员，凡有革留降罚之案，悉予豁免。三哥感寒，服桂枝汤。付阜康借券一纸。四个月为期，一分起利，共计借库平五千两。

十一日(11月19日)　晴。晨过粥厂，暮至琉璃厂觅书。夜饮广和居，方勉甫约也，坐有沛川、仲默、瑟轩。是日，两大人仍入听戏坐，酉正乃毕，甚倦。贵宝开复原官，文锡赏头品顶，督办三海事宜，未见明发。

十二日(11月20日)　晴。巳刻严亲出城料理一切。彭芍庭来借定仁昌银号京平松江一千两,半年为期,情不起利。是日,送恭邸礼四。画二、朝珠一、元狐褂一。何诗孙、鲍印庭、李应奎增光。招饮汇源楼,辞之。

十三日(11月21日)　晴。申刻至阜康改票,访绍圃,晤之。濒舅来字,知沸川十六未能成行,遂决计三哥随严亲赴楚,再归常熟也。严亲今日大便艰涩,甚为烦躁不适,饮五仁蜂蜜等汤,稍稍得解。余孝敬黄玉烟壶一枚、转面二号表一件。

十四日(11月22日)　阴,晨洒雪珠一阵,狂风,甚寒。入署复校四件,复看廿三件,午正散。至城寓,永诗尚未到馆,少坐出城。暮过泉孙处谈,坐遇刘景臣、子久。邵伯英、郑季珊约夜饮,辞之。定轿夫五班,计价贰百十余两。每名每日四千,共二十二人,四川夫子。

十五日(11月23日)　晴寒。捡各处留别事。父亲明日请训,今暮进城,五哥同往。

十六日(11月24日)　晴。仁昌送来银票一千两,京松。即以借券与之,折件仍托敏生代办。卯初,父亲进内,蒙召见于乾清宫西暖阁,询曾到鄂否,离京若干程,何日就道,并谕到任后实心办事。即跪安而退。奏对毕,起退数步乃跪,口奏臣某恭请皇上圣安。阅邸抄,马如龙解任,候传讯。以参将张兆受,原名△△△,系著名捻匪,投马门下也。

十七日(11月25日)　晴寒。室中初用炉火,竟日捡点留别事。暮谒濒舅,并拜黄绎之先生,太仓、拔。未值。过天成、阜康,定大车八辆、三十七两。太平车一辆、卅一两五钱。轿车十辆。廿一两五钱。刘元手,天成来。得四哥本月初三日函,云肝胃不和,时有寒热,无甚大苦,赴沪寻盛杏生不值,报录人尚未开发。大嫂思念寿官甚切,二哥近健,嫂氏赴杭未回。又得恽杏云、菘云函,有托办事,亦十月三日发。夜大风,黎明止。

十八日(11月26日)　晴。捡点行装,应接不暇。天成又送一千六百金,连前共借道德一部。送李兰翁倭刀服袍褂一套,送沈经翁草上霜褂一件、荆缎袍褂一身。各值三百金。

十九日(11月27日) 晴。杨葆初孝廉来晤,新请书启友人,约同赴楚也。葆初系四川庚午举人,原籍阳湖,年三十四岁,曾就川东道幕。贺汪泉孙嫁女,访吴春海侍御,面交四川一百。及己酉科三十。团拜分。又访余绂臣,面交湖南、二百。陕西二百。及丙辰科五十。团拜分。夜叔父治肴饯行。

廿日(11月28日) 晴。捡齐行李,添雇车辆。夜,余敬治尊酒饯别。

廿一日(11月29日) 阴寒。函致苏菊生驾部,借马馆官马四匹,送良涿。苏系马馆监督。夜,五哥自制佳肴,酣饮极欢。是日,上御紫光阁觐见日本国使臣。

廿二日(11月30日) 薄阴。父亲拜辞先祠,诹吉未时登程,三哥及全姑娘侍行,余亦随送出城,暮抵长新店宿。自备。叔父亦来夜话,至子刻方睡,人马杂沓,声势甚壮。夜大雾。乔松年奏请裁河东河道总督,归巡抚兼办,下部议。

廿三日(12月1日) 阴寒,霜雾着树如银花。叔父拜别回京,黎明登程,绕过良乡,巳刻抵窦店尖。良乡号中,索马弗得,乃以官马送涿州。酉刻抵涿州南关,州牧仁和钱修伯敏。设供帐于行台,遂宿焉。召见王庆祺,命与掌院会保南书房翰林。钟骏声、洪钧、汪鸣銮、陈翼、孙钦昂。

廿四日(12月2日) 辰正放晴。巳正抵高碑店尖,新城县属,无供应。暮过定兴又十里,至北河宿。定兴属。北河向须过渡,今抵此,乃桥成数日矣。定兴令朱乃恭因公晋省,遣人预备供顿。命广寿、夏同善驰赴陕西查办事件,大约事在川中耳。

廿五日(12月3日) 晴。天明乃起,巳正抵固城镇尖,自备。申初至安肃南关宿,安肃令叶介之迎于北关外。陆寄庵与蒋勤甫汝修,和赤之子。自省来迎。余培轩选彰德府。

廿六日(12月4日) 晴。辰正开车,巳刻抵漕河,河桥亦成矣,午初抵保定,司道以次均郊迎,随至公馆来见,未正客去乃饭。父亲拜客,范梅生廉访留夜饭。旅寓湫隘,供顿亦草草。以致李相信及襄阳太守恩星五函托雇船。交梅生转递。张哲卿来见,遂同余游莲池书院。

廿七日(12月5日) 晴。司道以下来送,父亲遂于辰初长行,余在旅寓叩送,瞻恋慈颜,极难为别,父亲亦洒泪慰谕,命即日回京。余移寓陆寄庵家,住城隍庙街路东。父亲致送寄庵三十金,余送食物数种。绅甫昆仲约听云连升戏,并听昭君琵琶,夜饭于天盛馆,肴馔略如都中,谈至子刻方卧,寄庵近得米厂差使。王堃、陈汉镇、周诰引见,以知州发云南。三哥生日。

廿八日(12月6日) 晴。入见表婶,左目失明。午初登车,未初渡漕河,申初抵安肃北关宿,计行六十里。

廿九日(12月7日) 晴。日出登车,午初固城镇尖,申初抵北河宿,计行六十里,永丰店即日前备公馆处。夜听歌者邵秀春及素仙琵琶遣闷。

三十日(12月8日) 晴。午初高碑店尖。暮过涿州城南西皋村,谒张桓侯祠,阅碑记,庙建于魏景明四年,明万历、本朝康熙间屡修之,同治八年州牧张和文新之。申正宿涿州北关,计行八十五里。朱学勤补大理卿。

十一月庚子朔(12月9日) 出城数武,即过大桥,顷之,又过一桥,午初渡琉璃河桥,抵窦店尖。申初过良乡,风起沙深,行不得前,暮到新店宿,计行百余里。是日,先慈诞辰,行次不及叩奠。是日,金星遇日。西人推测甚详,钦天监亦云然不止一日也。西人云更数百年则金星与日同度,不足怪异。

初二日(12月10日) 晴。辰正渡卢沟桥,绕北土道,约五十余里至彰义门,午初回寓。往返十一天,气候不寒,一切平顺。御者刘老泰,甚得力也。内子生辰。叔父自内归,知连日圣躬欠安,云是疹子带天花,医药极慎重。今早递如意。蟒袍补褂胸系红绸花衣十二天。

初三日(12月11日) 晴。料理杂事。得张词甫函,莲生已抵松矣。夜同五哥饮聚奎亭，闻圣躬向安，欣慰之至。

初四日（12月12日） 微阴。作寄四哥函，十六号。作谢寄庵书。

初五日（12月13日） 晴。晨拜黄绎之先生，逢辰。约定初九开馆，谒晤李侯丈。午后，访哲泉，晤之，告以明日销假。出城过天成，初晤明山。

初六日（12月14日） 晴。入署复校一件，复看五件。知俞松坪、陈云舫均上通本，张锦江、锡恩。张文谟、兆显。吴爽园建垲。均上委署，厉吉人请分发开缺，陈茉生于前月十九病卒矣。午刻饭散，至城寓少坐归。暮，绂臣来晤。

初七日（12月15日） 晴。先文端公忌辰，午刻设奠。饭后，答恽次远不值，吊袁子久之兄，受臣。又过子和处，知其订姻宛平许氏，女二十七岁。后日放定，请五哥作伐也。

初八日（12月16日） 晴。入署复校二件，复看三件，午正饭散。夜与五哥同赴绂臣福兴居之招，坐有恽次远、子和、搢珊。今日叔父蒙召见于养心殿寝宫，瞻仰天颜，花浆尚未满绽，又蒙两宫召对西暖阁，携诸王、御前、军机同见，大致吁求督理庶务。

初九日（12月17日） 阴。叔父自内归，知今早请安，询悉昨进参芪，浆满痂结，欣喜无量。又蒙召见昨日面陈之件，悉蒙俞允，圣躬必须静养，不得不然耳。徐绍圃来晤，知士周处将男女年岁合过，有不相宜者，婚事不允。遣车接黄绎之先生来开学，午刻，酒肴款之，邀宝斋、小树作陪。申初散。过子和道喜，上灯归。

初十日（12月18日） 晴。吴望云来，交到宋惠人处募捐粥厂银贰百两，即以收条付之。访绍圃，将严亲捐助梁家元善举百金交去。午后，过天成、鉴古。作复杏云函，托次远转寄。本日奉谕旨一道，以现有天花之喜，惇亲王等吁请静摄，万几至重，但恐无所禀承，吁恳两宫所有内外各衙门陈奏事件，呈请披览裁定，仰荷俯允权宜办理，通谕中外知之。宝鋆授大学士，惠林补付宪，林述训补长芦运使。

作喧张振卿太史英麟。函,托天成寄山东。

十一日(12月19日) 阴。入署复校二件,复看一件,午正散。贺宝相国,至城寓少坐,旋至福兴居应瑟轩之招,坐有哲泉、松坪、植轩、次山、镜堂,暮散归。宝鋆管吏部,广寿升兵尚,魁龄升左都,恩承调吏左,绍祺升刑左,华祝三补南韶连道。

十二日(12月20日) 阴,微霰,夜有月。晨访赵宝斋、芥凡,午刻祝小树太夫人五十寿,旋至福兴居,与子久、嵩屏同请署友,子久未到。部通本及四直同事居多,到者十七人,上灯散归。太医左院判李德立以三四品京堂用,右院判庄守和以四五品京堂用。

十三日(12月21日) 晴风。入署复看一件,午初散。贺广绍彭大司马归,得严亲顺德道中函,从顺天府送来。知初二抵顺德,途次均安,天气不寒也。即缮福字第一号信,京报、月抄均未能记。托阜康带寄。

十四日(12月22日) 阴,晨微雪,旋止。辰初冬至,叩拜先祠。午后至天成亨等结账目,言定所借贰千两,情不起利。明年二月为满至期等清。元年二月语。得杨丙如应骆。滇南来信,伊去秋回里,今年四月抵滇,五月中发信时,尚未到任,缘须候考也。

十五日(12月23日) 晴。午后风,入夜大风,月色极清。料理账目,粗有头绪,今日未时,大内送瘟神娘娘,焚采轿于大清门外。暮报录人来,知叔父蒙恩,赏戴花翎。顷之,叔父归,云谢折已托徐荫轩处办联衔矣。阅邸抄:崇上两宫皇太后徽号,应行典礼,敬谨办理。又奉懿旨,皇帝天花之喜,诸臻康吉,中外同欢,优加赏赉。惇亲王等赏加食俸,军机大臣、内务府大臣均著赏双眼花翎,荣禄加赏太子少保衔,明善加进太子太保衔,广寿、徐桐、翁△△均赏花翎,王庆祺加二品顶带,南书房黄钰赏花翎,潘祖荫以侍郎候补,孙诒经等均以应升之缺尽先升用,京外大小官员均赏加二级,京旗绿步各营均赏半月钱粮。又奉懿旨,慧妃封为皇贵妃,瑜嫔、珣嫔均封妃,贵人西林觉罗氏著封为瑨嫔。又命军机大臣会同刑部查办减等。

十六日(12月24日)　晴寒。叔父进内谢恩，余入署复校一件，复看三件，王子籛请分发离任，奉堂派翁曾翰署总覆部本，曹宝臣上部本，董仲默上通本，查映阶上委署，未正饭散。至城寓叩贺，出城至天顺貂皮店买皮袖一付，旋至文昌馆吊陈赤生，暮归。刘咏如太守曾撰。来晤。庆升丁忧，崇厚署户右，广寿、夏同善出差，英桂署兵尚，彭久余署兵右，温葆深兼署刑右，启庄放广西右江道。将前送阜康之家信取回，又书数行，并昨日恩旨一并加封，仍交伊带去。

十七日(12月25日)　晴寒。寄常熟十七号信，午后祝子和母夫人寿，拟崇上皇太后徽号初奏折一件。

十八日(12月26日)　风，晴寒。入署复校九件，复看八件，初次与益轩同班。午正饭散。归途贺王仲莲，拜汪吟笙前辈，承瑨。访王枳籛未值，过雨卿处少坐。

十九日(12月27日)　晴，寒。芥凡来晤。

二十日(12月28日)　晴。绂臣来晤，托送各件，均完毕矣。丁芥凡放凤阳府。作答杨丙如函，又致辛芝函，托汪慧生寄。得父亲卫辉来函，初六到卫，一切平安。

廿一日(12月29日)　大风，极冷。黎明入署，辰初宝中堂到任，随众三揖，又以余派署侍读带见，一揖而退。芥凡之缺，余与菱舟资俸相持，中堂令向吏部行文查核，哲泉拟定，即日画行矣。复校九件，复看八件，未刻散。至城寓少坐，至宝相宅贺喜归。夜访子久谈。

廿二日(12月30日)　晴，风。子久来。哲泉来商拟字。

廿三日(12月31日)　晴。黎明入署，同哲泉至军机处，回拟徽号字样，巳初退。复校七件，复看十三件，未初散。至城寓，晤永诗，少坐即归。子和来。

廿四日(1875年1月1日)　晴。午后访哲泉，旋以拟字赴文中堂宅回明，值中堂病喘不得阅，乃留一单而行。沈秉成升河南臬司。寄常熟十八号信。

廿五日(1月2日)　晴。辰初入署，今早哲泉回事，恐有问话也。闻吏部已查明,内阁满汉不归一例,汉员必应较资,而宝相又欲论行走统资,则署中数十年未有之事,意有偏属,秉公之谓何。送刘咏如太守验放,归途贺徐荫翁,拜常熟同乡言朝鼎,答绂臣、曹宝臣。汉阁学本今日见面,未知放否。冯竣光放上海道。

廿六日(1月3日) 晴,寒。辰刻入署,复校四件,复看六件,未刻散。归途贺刘咏如太守。至余庆堂祝何海如太夫人寿,数语即行,归。预缮谢折,芥凡、绍圃先后来晤,得濒舅十一日来信,已抵清江,途次甚暖。今日吏部片复,先引奏定章程,劳绩、保举须遇缺即补。四字全者与尽先有别,遇缺无人,方用尽先。又云前经片复兵部汉司员议叙,同日奉旨人员仍按原资序补在案,相应抄录原案片复云云,语极含糊。哲泉持之回宝堂,不知如何定局。亥初闻张子和家东邻失火,亟驰往视,幸已扑灭矣。

廿七日(1月4日) 晴风。俞松坪、子和来晤,巳刻闻叔父补缺之命,感忭难名。哲泉来云,宝堂处已回定,知照军机,将李耀奎奏补矣。余三十八岁初度。

廿八日(1月5日) 晴。叔父谢恩,未召见。余辰正入署,复校七件,复看十三件,又注销廿二件。王益轩决计注销保案矣,午正饭散。过天成少坐,顺道答客。叔父以是日到任。

廿九日(1月6日) 晴。午后同五哥听瑞胜和,过聚亿,问捐试俸事,暮归。叔父三次召见,因圣体腰痈较剧,敕诸臣斟酌医药。荣禄奏有祁某者,汉军旗人,年九十余,精于外科。立传入内看视,据云部位非肾俞穴,可治,宜服十全大补,与太医议不合,立方存案而已。两宫焦忧,不知所措。天颜癯睟,诸臣一一瞻仰,神气却清朗也。

三十日(1月7日) 晴寒。缮第二号禀,并京报月抄。交湖北差弁熊姓带去,给贰金。午初,到城寓侍谈,知今日散尚早。起居比昨为胜,闻之稍慰。未刻出城,贺菱舟,答陈季珊,均未晤。

十二月庚午朔(1月8日) 晴,大风。入署复校十三件,复看卅三件,午正饭散归。子久来。圣躬向安,叔父进内见起居单,犹云大便十余下，不知何故。得四哥十一月初三日函，合家均安，南中秋收称丰，而时疫甚行，输租者寥寥。又见二嫂信，云妯娌多龃龉，奎侄仍好嬉游，秋中以蟋蟀为事，如何如何。是日内阁奏，拟上徽号字样，圈出昭和、昭豫四字。庄穆、庄诚未用，初奏四六折一件，恭拟两宫徽号各四字，分缮两单，均系黄面红里。

初二日(1月9日) 晴。叔父蒙召见，知上精神虽倦，连下十余次，均系黑浊，似余毒下行矣。李鸿章授文华殿大学士，文祥武英殿，宝鋆体仁阁。四鼓横街东栅栏外民房失火，旋扑灭。

初三日(1月10日) 阴。贺吴望云嫁女，刘雅宾续娶，在溧阳。谒彭芍翁晤之，答映阶、慧生、厉吉人。得刘元等十一月十三日裕州途次来禀，一切平安，十七可抵樊城也，甚为放心。得钱调甫中丞函并炭金十两。

初四日(1月11日) 晴风。暮访曹宝臣，遇马植轩于坐。接署中知会，奉堂谕，现在加上徽号所有应奏、应行事件，著派额图珲、毓铭凤、英恩瑞、刘恩浚、李耀奎、翁曾翰、曹翰书敬谨办理，毋得遗漏。亥刻，横街东街南草料铺失火，驰往看视，未能即灭，子正方定。闻上体虽安，惟胃口仍不开，进食极少，极为可虑。

初五日(1月12日) 晴风。卯正起即入署，与宝臣随哲泉入景运门回堂，今日覆奏徽号字样，并奏拟敕谕一道，辰正事下，覆奏折知道了，敕谕依议。候见宝堂，乃出赴署。午正菱舟来谈三次应奏各件事。第二次覆奏四六折一件，又引折一件，清文片二、蒙文片二。拟谕礼部敕一道，又引折一件，事下内阁将清文、蒙文均发审书房，敕谕另缮一分，初七日请用宝后，传礼部堂官赴阁祗领。未刻出东华门到法华寺，答拜英西林制军。出崇文门贺陈蕖卿、李应奎、彭瑟轩，答张文谟、何寿轩归。江南盐道邓裕功，降为同知，归部铨选，李宗羲所劾也。李宗羲请开缺，允之。刘坤一署江督，刘秉璋署江西抚。暮访泉孙谈片刻，上灯时苏拉来送信云，圣躬弗豫，亟召诸臣入视，时叔父退直，尚在城寓也，半夜驰往，出城知叔父申刻入内见上，病已弥留，医官进药，不能下咽，竟于酉初刻龙驭升遐,闻信战栗,不胜摧痛。五更驰赴内阁,捧读遗诏,不禁陨涕。是日,奉皇太后懿旨:“醇亲王奕 之子载湉著承继文宗显皇帝为子,入承大统,为嗣皇帝。”特谕。时承旨者惇王、恭王、醇王、孚王、惠王、治贝勒、澂贝勒、谟公、伯王、奕劻、景寿、宝鋆、沈桂芬、李鸿藻、英桂、崇纶、魁龄、荣禄、明善、贵宝、文锡、徐桐、翁△△、王庆祺、黄钰、潘祖荫、孙诒经、徐郙、张家骧也。又奉懿旨:皇帝龙驭上宾,未有储贰,不得已以醇亲王奕 之子载湉,承继文宗显皇帝为子,入承大统,为嗣皇帝。俟嗣皇帝生有皇子,即承继大行皇帝为嗣,特谕。又奉上谕一道:略言大行皇帝龙驭上宾,朕奉懿旨,入承大统。尚赖内外臣工,弼予郅治,以慰在天之灵。又云:恪遵古制,敬行三年之丧,天下臣民照例持服,通谕中外知之。此道军机处谕之哀诏。

初六日(1月13日) 晴。在署帮同阁长拟王大臣吁请垂帘折稿,未刻至景运门,见乾清门外偏左已设丹旐时方大敛,乾清宫辰刻小敛。喇嘛入内转咒也。是日,传六部、九卿、翰詹、科道赴内阁会议,吁请垂帘。奉上谕:御名上一字,毋庸改避,下一字缺写末笔,书作字,其奉旨以前所刻书籍,俱毋庸议。又通谕直省、督抚、将军、提镇及学政等差,均不必奏请叩谒梓宫,致旷职守。在署领孝布一匹。吴春海云,何师母来京,住善化馆。申刻至城寓,候叔父归,数语即行,已赶城矣。宫内每日朝奠辰初,中奠午初,晡奠申初,例有定时也。有见今日太白经天者,不止一人也,天意茫茫,实切悚惧。

初七日(1月14日) 晴。辰刻入署,料理诸事,又帮拟臣工吁请节哀,丧服宜遵成例二十七日除折稿,暮散。过城寓少坐,今日请垂帘折上,得旨允行。醇亲王前夕一恸而晕,舁回府中,昨日请假,今早具折因病乞骸骨,有乞恩施格外,曲赐矜全,为天地间容一虚糜爵禄之人,为宣宗留一庸钝无才之子等语。得懿旨,令王公、大学士、六部、九卿准情酌理,折衷至当,悉心议奏。惇亲王等奏请撤销十一月十五日恩赏,奉懿旨允行。昨奉懿旨李德立、庄守和均撤销京堂,摘去翎顶。今日民间嫁娶纷纷,时尚未见告示也。派惇王、恭王、醇王、伯王、奕劻、景寿、宝鋆、英桂、灵桂、李鸿藻恭理丧仪。

腊八日(1月15日) 阴。巳刻入署,礼部文称登极表文应由内阁拟备,予为试撰一通。王公、大学士、六部、九卿赴阁同阅吁恳节哀折,无科道。奉上谕:命大学士、九卿拟上大行皇帝尊谥庙号。御史余上华奏,请将李德立治罪,得旨革职,带罪当差。又奉懿旨,三海一切工程,无论已修未修,即行停止。又奉旨,除总理丧仪大臣照例穿孝百日外,孚郡王等及散秩大臣符珍,军机大臣、内务府大臣、弘德殿、御前侍卫均穿孝百日三十四人。此外,王大臣官员均二十七日释服。

初九日(1月16日) 晴。晨访芥凡,坐遇许仲韬观察,谈良久。午后,过何寿轩晤之,访武仲平不值。暮仲平来,乃同往宴宾斋夜饭。总理丧仪大臣拟奏建元年号,奉圈出光绪二字。署中知会,中堂派刘恩浚、李耀奎、翁曾翰、曹翰书襄办丧仪一切事宜。

初十日(1月17日) 晴。入署,商改王大臣再恳丧服以日易月折稿,商拟尊谥、六字。庙号、六字。徽称二十字。字样,商拟会议醇亲王应否开去差使折稿,暮归。得父亲十一月十九日函,十七抵樊城,十八发行李,二十即可开船,船由襄阳县代雇,巴杆三只、满江红一只,另轿船一只,计十日可达武昌,初一便接印也。服脏连丸,大便已畅,手战亦不甚。文武巡捕及戈什等俱候于境,此信仍从顺天府来。

十一日(1月18日) 晴。缮寄第三号禀交折弁王姓,计年尚可带到。以沈仲维同年寄何师母款银六十两送何寿轩处。午刻入署,暮散,过城寓侍叔父出城。军机大臣面奉谕旨:嗣后内外臣工安折用三分,其应递两宫者书慈安端裕康庆、慈禧端佑康颐。皇太后圣安字样,清字者用满汉合璧。又奉旨:列圣尊谥未加至二十二字者,列后尊谥未加至十六字者,该衙门敬拟加上。各督抚、盐关、织造一应贡献及食品,概行停止,三年之后,再候谕旨。沈葆桢请将福建巡抚移扎台湾,下该衙门议。前湖北巡抚曾国荃到京请安。

十二日(1月19日) 晴。撰拟加上列圣、列后尊谥初奏折,为叔父写对折。午正入署，申初散，过城寓少坐归。夜江西大令钟泽生体志，丁卯举人。来晤，托交内阁饭银也。

十三日(1月20日) 晴。是日，颁大行皇帝遗诏。内阁缮二十五道。内阁递会议醇王恳赐矜全一折，叔父单衔奏请酌留醇王神机营差使。作致萧花南函，并葵生家信及银廿两均交文茂局递去，言明信资六钱，每银十两资二千。又附致张哲卿函。并吴笏山致叶观察信，托谋馆事也。暮得徐沅青同年函，并戊午团拜费三十两，从聚亿交来。王公、大学士、六部、九卿议覆，请将醇王各项差使均予开除。惟祭陵酌开衔名，题请改遣其奉先殿、寿皇殿、大高殿等处仍轮流行礼，遇皇上万寿及升殿日，毋庸随班行礼。如遇朝廷有大政事，仍备顾问，倘有条奏，亦可诣两宫呈递。得懿旨，均如所请行。每年元旦及七月十月万寿，均诣寿康宫行礼，加恩以亲王世袭罔替。菩陀峪工程重大，著随时前往照料，神机营一切事宜，仍著于伯彦讷谟祜等妥办。奉旨派伯彦讷谟祜、景寿管理神机营事务，该营印钥派伯王佩带。上谕御史陈彝奏儒臣品谊有亏，据实参劾一折。翰林院侍讲王庆祺，于同治九年伊父王祖培在江西途次病故。该员赴赣州见丧后，并不迅速扶柩回籍，辄即前往广东，经该省大吏助以川资，实属忘亲嗜利。又上年为河南考官，出闱后微服冶游，似此素行有亏，亟应从严惩办。王庆祺著即行革职，永不叙用，以肃官方，该部知道。

十四日(1月21日) 晴。以沅青寄团拜费交绍圃。入署，申初散，过城寓，吴子俨年丈来，晤之。暮出城答钟泽生归。醇王辞世袭罔替，不允。伯王辞神机营印钥，不允。改派孚王恭理丧仪。奉懿旨，派恭王、醇王、魁龄、荣禄、翁同龢前往东西陵附近地方，勘度佳壤。又奉上谕：王公大臣应一年后于皇太后前递如意，二十七个月后，再于上前呈递。又谕，惇王、恭王、孚王，免其叩拜，谕旨章奏祇书王号，毋庸称名。闻黄沸川夫人举一子。

十五日(1月22日) 晴。覆徐沅青同年书交聚亿。奉上谕：以明年为光绪元年，依钦天监择吉正月二十日戊午卯时举行登极颁诏典礼。总理丧仪奏梓宫廿一日奉移观德殿。叔父出城,约湖北大令廖润鸿来,欲约同相山陵吉地也。此外又张元益、高士龙二人,又李润宇、李唐二人。

十六日(1月23日) 晴。入署,申刻散。在署商改上尊谥、礼成诏式,刘星岑拟稿也。过城寓,叔父连日在内捡点弘德殿所遗纸札,大行皇帝课论,有未抄出者补录之,以便装订,带出四篇,命予代录之。今日内阁奏拟尊谥、拟六字,旧例清汉合璧。徽称二十字、拟二十字,照拟用此单,旧无清文,此次亦合璧。庙号,拟六字,书某宗某宗,此单无清文。奉朱笔圈出二字,将来上尊谥时应恭书"穆宗继天开运受中居正保大定功圣智诚孝信敏恭宽毅皇帝"。又奉懿旨:明年元旦停止慈宁宫行礼,皇帝尚在二十七个月内,毋庸升殿。

十七日(1月24日) 晴,风。敬录御论。午后折弁杨得胜来,得父亲本月初三日寄函,二十日从樊城开舟,廿九到汉口,三十进省,初一申时接印,连日甚惬,上下均安,总计在途三十九天,未遇风雪,欣幸之至。此次报到任折及元旦贺折均系一人呈递也。得邵辛卿太守函、炭金十二两,托送信件甚多也。由五哥处缮寄谢信并致函云生,生现办沈项盐局。

十八日(1月25日) 晴,风。入署,未正散。内阁递会奏垂帘事宜,大学士、六部、九卿、翰詹、科道。又递大行尊谥庙号覆奏折。大学士会九卿衔,凡会九卿者系部都通大。得四哥十一月廿七函,欲于腊月中旬赴楚,行李已先往矣。晨间冒寒,午饭饮酒,头痛不止,夜早卧,微有寒热,五更乃已。

十九日(1月26日) 晴,风。子和来,过天成少坐。奉懿旨:皇后作配大行皇帝,懋著坤仪,著封为嘉顺皇后。皇贵妃侍奉大行皇帝,夙昭淑慎,著为敦宜皇贵妃。所有应行典礼,各该衙门查例办理。又奉懿旨:求直言并及崇节俭、屏玩好、戒泄沓、严门禁等事,通谕中外。又奉懿旨:封疆大吏,共矢公忠,实心任事,并及清讼狱、严缉捕、修武备、慎举劾等事。

二十日(1月27日) 晴。入署,未正散。至城寓候叔父过直,侍谈半时许,乃出城。夜饭于子和斋中。弘德殿所遗书籍,叔父与荫翁连日捡清。昨将大行皇帝御制诗文奏进,奉懿旨:仍交李、徐、翁覆加勘定,其书札等交懋勤殿。今日连衔递折,略言奉移在即,请将弘德殿行走差使开去。广寿出差未列衔,于折尾声明。上谕李鸿藻等奏请开去弘德殿差使一折,李鸿藻、徐桐、翁同龢、广寿均著开去弘德殿行走差使。明年元旦,上暂御青长袍褂冠缀缨纬,诣两宫皇太后前请安,王公文武均穿青长袍褂,一日并缀缨。上诣观德殿青袍褂摘缨,几筵前执事人等均仍缟素。①

廿一日(1月28日) 晴,狂风。奉移大行皇帝梓宫于观德殿。缮寄福字第四号禀,并京报,外奶饼等三小匣,系荣仲华所送。交折差带回。廿三日方走。明远甫侍郎疾卒,得旨赏经被,赠太子太保衔,照尚书例赐恤。予谥勤恪。

廿二日(1月29日) 晴。访绍圃、泉孙,均不晤。看米市胡同何姓西院。缮寄常熟第十九号信,附致濒舅信。得吴清卿学使函、炭金八两。成林调工侍,德椿升理侍。李相国到京请安,英西林制军请训,均召见。武仲平明日出京,仍回山东去。

廿三日(1月30日) 晴。访泉孙,问何宅屋,只可暂借,不能议租。作覆吴清卿学使函,午正祀先,祖母许太夫人诞辰也。今日观德殿行初祭礼,叔父于上祭后出城。德官之业师黄绎之解馆,移太仓会馆,明年拟作他图,以德儿未能习静,训之无效也,留之不能决。夜祀灶,倏又岁杪,身世惘然。得杨思赞函,由缉庭处来。御史吴鸿恩应

---

① 此处有夹页:"来京平松江银四百两。 价二百九十六两五钱七分,漕平足纹每百补平四两色。一两共应补平色十四两八钱,共合松江京平银三百十一两三钱七分。崇文门税六十两,库平松江每百补平六两,应补三两六钱。共合松江京平银六十三两六钱。小费十两,京平松江。圆通观施钱捐二十两,京平松江。共合京平松江银四百零四两九钱七分。"

诏,陈言大略,言养君德、结人心、持公论。得旨嘉纳,有明发。派铭安、立瑞为正付使赍遗诏,往朝鲜。蒋益澧疾卒于法源寺。

廿四日(1月31日) 晴,大风。今日为祖母许太夫人亡忌,倏届三周,岁时易改,午正设供,深怆于怀。暮风定。瑞斌放山西汾州府,闻前任罗嘉福捐升道员矣。是日,署中递列圣、后尊谥初奏折。夹单拟字。

廿五日(2月1日) 晴风。刘、黄两西席前日放学,今午约便饭,黄到而刘辞,邀雨卿、小树、子和作陪,未正散。今日观德殿行大祭礼。初祭、大祭之次日均有绎祭。奉懿旨:我朝列圣,家法相承,整饬宦寺,纲纪至严,乃近来太监中竟有胆大妄为,不安本分,甚或遇事招摇,与内务府官员因缘为奸,种种营私舞弊,实堪痛恨。所有情罪尤重之总管太监张得喜、孟忠吉、顶戴太监周增寿,均著即行斥革,发往黑龙江给官兵为奴,遇赦不赦。顶戴太监梁吉庆、王得喜著一并斥革,与太监任延寿、薛进喜均著敬事房从重板责,交总管内务府大臣发往吴甸铡草,以示惩戒。并著总管内务府大臣查明该衙门官员中,有结交太监,通同作弊等劣员,即行据实指名严参,倘敢袒徇情面,意存护庇,别经发觉,定惟总管内务府大臣是问。郭从矩奏,上年磨勘试卷,显违定章,请饬厘正。得旨:上年徐景春试卷,业已照例办理,何得另议更张,谕考官嗣后认真校阅,磨勘官毋得有意吹求。李桂林请留丁忧天津道丁寿昌,得旨交李鸿章差委。刘湘煐选典籍。

廿六日(2月2日) 晴暖。谒李中堂,是日请训。入署知列圣、后尊谥覆奏折与奏请鼓铸光绪钱文饬下户、工二部。折,今日递上,均奉旨知道了。袁承业请疏通正途,严定保举限制,下吏部议。李宏谟奏参内务府不职官员,得旨贵宝、文锡本属声名平常,不能称职之员,均即革职。蒋益澧开复原官,照巡抚例赐恤,政绩宣付史馆,从周瑞清请也。

廿七日(2月3日) 晴,风。料理年事。

廿八日(2月4日) 晴,风。晨至粥厂,今日朱修伯遣其子在彼放钱,余略为照料而已,午正归。未刻敬神,夜祀先。是日,巳刻立春。得英西林制军留别廿五金。与五哥共五十金。

廿九日(2月5日)除夕 晴。狂风。晨至粥厂散馒首。贫民一千数百人。午刻,悬挂先代真容,遂供酒果,夜祀灶神,灯下静思,一年中家庭康吉,大可欢慰,惟近遇国恤,蒿目时艰,不无戚戚。两兄在鄂在里,未可知。父亲膝前是否有人侍奉,悬念尤切。阅邸抄,荣安固伦公主薨逝,皇太后亲往奠醊,闻初病时,梦大行邀之同见文宗,及病作,则天花也,且在小产后,本不易治,至是竟不起,嗟乎,文宗所生于是乎尽矣。陈士杰放山东臬司,长赓告病缺也。得哲卿书,知清苑令邹岱东振岳。送干修二十四金,清河道处尚无眉目。

光绪元年(1875) 岁次乙亥

正月己亥朔(2月6日) 风日晴和。敬拜天祖,遵功令不贺年。午后同五兄游厂,是日,服青袍袿冠缀缨。上不朝,慈宁宫不升殿。英桂、沈桂芬均拜协揆之命。

二日(2月7日) 晴暖。访赵宝斋、刘哲泉均晤之。知内阁昨奏登极诏式并臣工贺表式,而撤去贺两宫表,以礼部无例可援也。是日,观德殿朝祭后,王公百官之昨在几筵前及奉旨穿孝者俱释缟素。二十七日外百日内青袍袿冠缀缨。

三日(2月8日) 晴。晨至粥厂放余剩馒头,午后贺英、沈两协揆,夜,宝斋来。

四日(2月9日) 阴,巳刻雪,入暮乃止。闻朱修伯大理疾卒,为之恻然,以雪未及往吊。

五日(2月10日) 晴和。过保安寺街晤子和、雨卿,吊朱修伯,徐季和来晤。

六日(2月11日) 晨阴,午晴。入署,今日王公大臣赴阁会议上徽号事,与阁长拟定备字,庄祜、庄熙、恭祺、恭淑、敬惠、敬恪、诚宽、诚敏。又拟明善、张廷岳谥法。徽号字旋经菱舟另拟。满票签以恭修实录,单开中书六人专司检查册档,汉票签亦从而效之,开出四人,翁、刘、王、曹也。宝相拟俟二月十五奏请修实录。申刻散,顺道答客。

七日(2月12日) 晴,大风。晨拜刘永诗,晤之,约十二日到馆。拜黄绎之,未值。谒见何师母,其世兄才七岁耳。子和来,夜饭于曹宝臣斋中,坐有益轩、瑟轩、松屏、子久、搢珊,戌正散归。搢珊将传军机处,系李荆南丁忧缺也。折弁盛△△来,得父亲十二月廿一日寄谕:体中安健,公事不甚烦,年成中稔。三哥与杨万舫同伴回里,十八动身。行李已到。初六。宫中大事未奉明文,已见蓝印部文,略知大概矣。

八日(2月13日) 晴和。内子归宁。午后游厂,刘永诗来晤,醇邸销假并递封事。

九日(2月14日) 晴,大风。午后,到松竹斋取贺本,廿分油纸三十张。约十二金。缮第一号禀,附京报。同交折弁盛某带回。季士周来晤。

十日(2月15日) 晴。叔父新年感冒风寒,体中支吾,昨夜发烧,五更得汗乃稍解,仍惫倦,服陈方和解之,至暮向愈,吃粥一盂。何诗孙送撰诏来一阅。

十一日(2月16日) 晴。答客过修伯处一拜,其子子清以粥捐印册簿启面交,只得收之,修伯于此颇尽力,后难为继,为之怃然。晤蔡鷸臣、张幼樵。叔父昨夜未发热,今晨强起,午进饭半碗,申刻入城去。五哥下利多日,昨夜发烧,今颇委顿。

十二日(2月17日) 晴和。辰刻入署,巳初沈中堂到任,青长袍褂,余等亦然,满友有三寻常袍褂者。三揖而返,过稽察房与满中书八人共捡档案。从大库内取出从前实录馆交来折片、稿件、册档共十余箱,皆开馆以后事。午正至城寓,芍翁在坐。叔父今早入内请训,同醇邸、魁华峰、荣仲华蒙召见于养心殿暖阁,不垂帘。逾五刻许方退,腰腿俱酸软。未正,刘永诗来开馆,即入席,饭罢已申正。余仍至署,而诸君已散矣,乃归。得辛芝去腊初六日函,即答之,交汪慧生寄去。

十三日(2月18日) 阴,午后薄云蔽日,南风甚尖。卯刻到城寓,叔父夜眠甚安,体中渐健。捡齐行李,辰正登车,太平车一、蓬车一,均八两,到彼一日加四千。仆从四人。余少憩,诣法华寺送英西林制军,拜言君,朝鼎。不值。巳刻入署,顷之宝臣来同赴捡册档,茫无头绪,未正出城,答客数处归。夜拟撰恩诏加级谢恩公折,哲泉所委也。

沈瀛洲今年有事，自今日为始，约子和在粥厂监放。

十四日(2月19日) 阴寒。过粥厂与子和谈。午后答龙泉寺和尚，拜客过厂肆。

十五日(2月20日) 晴风。晨拜先祠，供元宵。入署少坐，未刻到城寓，申刻归。访芥凡不晤。

十六日(2月21日) 晴。黄绎之逢辰。师开馆，午刻治肴款之，仍邀宝斋、子和诸人作陪。申初散，同子和游，遇子中约夜饭，亥初归，凉月如水。

十七日(2月22日) 晨阴雨霰，午初放晴。得父亲十二月廿七日寄函，身体甚好。廿三接礼部文，而哀诏尚未到，此次两宫前递一请哀折，又黄面黄里安折两分，又请皇上节哀折一件。白折，无文词。鄂中安静，虽江汉频年涨漫，现拟筹款修筑也。暮谒朱敏生，晤之。命崇实、岐元驰赴奉天查办事件。

十八日(2月23日) 晴。入署，英中堂到任，申初散，过城寓，暮归。昨日奉懿旨，前降旨俟嗣皇帝生有皇子，即承继大行皇帝为嗣，业经明白宣示，中外咸知。兹报内阁侍读学士广安，奏请饬廷臣会议，颁立铁券等语，冒昧渎陈，殊堪诧异，安著传旨申饬，钦此。今日在署阅其原奏，引宋赵普对太宗语，殊失立言之体，文亦鄙俚可笑。泉孙来谈良久。

十九日(2月24日) 晨晴午阴。钞《鸿称通用》毕。从会典录出。午后独游白云观，但见庙宇崇闳，游人辏集，中殿壁后有“万古长春”四大字，相传为严嵩所书，今失其真矣；访碑，字多漫灭，周历一巡而归。是日午时开印，邵汴生中丞续假，仍赏一个月。

二十日(2月25日) 晴和。卯时升殿，上登基颁诏。寄乙字第贰号禀交汤弁。邀恽次远、徐绍圃、汪柳门、吴望云、洪文卿、顾缉庭，上灯时客来，亥初散。用司厨菜肴，尚得味。阅邸抄：奉旨特开乡、会恩科于元、二年举行。是日，所颁恩诏系廿三条，如加级、封赠、荫监，加中额、学额，免坐监一个月，恩贡、孝廉方正，开复文四、武三品以下降革留任等处分,犯罪除大恶外咸赦,军流三年及年逾七十准释,赔罚准豁,赏八旗护军人等一月钱粮,均列焉。

廿一日(2月26日)　晴。入署复校两件,复看四件,两阁长在坐,商酌一切。未正饭散,过城寓与永诗谈良久乃归,得常甫函。

廿二日(2月27日)　晴。读《先正事略》毕。李次青纂辑。朱酉山同年来晤。今日观德殿颁赏遗念服物,王公及一品大臣诸内廷皆与,其奉差在外者,大氏异日另赏耳。何绎春放福建漳州府。

廿三日(2月28日)　阴雪。晨至文昌馆吊钱辛伯夫人之丧。旋入署复校十八件,复看三件,午初散。祝小树夫人三十正寿,与子和、雨卿同饭而散。钟宝华请开侍读学士缺,允之。兵部郎中魏纲条陈整顿吏治,有旨通谕疆吏。是日,大学士、六部、九卿公折谢恩诏加级恩。后衔,叔父亦列名该差。夜复雪。

廿四日(3月1日)　风晴。夜恽少薇、赵仲古招饮于福兴居,坐有松屏、守吾、诗孙、汪吟生承谱。前辈、罗吉生、学成。王幼霞,鸣运。均四直友人也,亥正散。颁给文庙匾额。斯文在兹。崔尊彝放云南粮储道,陈士杰请训召见。

廿五日(3月2日)　晴。午后祝子久生日。访芥凡谈,伊以坠车伤额尚未愈。闻泉孙疾。夜子和招同韵湖昆仲饮于宴宾斋。

廿六日(3月3日)　晴。入署复校七件,复看十七件,未正散。过城寓小坐,在署见礼部知照,内开正月初九日片奏,皇上登极,届期诣两宫皇太后前行礼后,应否诣嘉顺皇后双抬前行礼等。因奉懿旨:皇帝升殿登基后,诣嘉顺皇后前行礼,钦此。

廿七日(3月4日)　晴。午初,叔父至遵化回京,身体安健,到遵化日,曾发热一次。相度双山峪、城子峪等三处吉地绘图贴说,俟复命时进呈。山中甚寒,遇雪一次。醇邸雅喜吟咏,唱酬甚多。荣侍郎同一寓所,亦相得也。

廿八日(3月5日)　晴。入署复校十三件,复看五十六件,连注销廿三件在内。未刻散。至城寓,安儿昨试作中股,文笔枯涩,不如寿远甚，再严饬之。并知醇邸送信来，约叔父明日赴神机营与恭王面商一切，后日即欲起程赴易州。暮出城，至福隆堂，俞松坪招饮，坐有宝臣、瑟轩、子久、守吾、少薇、仲固、诗孙，戌初先归。今日内务府人员送来颁赏大行皇帝遗念喜字御冠一顶、袍褂一件、龙袍一件、文房玉器一匣，四件。叔父感恸祇领。何日诣殡宫叩头尚未定。

廿九日(3月6日) 晴。芍翁来云，夕照寺西有育婴堂，国初官为经理，年久将废，事隶顺天府。今与振甫商之，欲集资重新之，而官项仅六百金，不敷用。乃劝各粥厂暂协一二年，每年百金，各处皆然，余亦只得允之。厉吉人同年来长谈。午后同五哥至修伯处设席祭奠，并送十两。与张幼樵太史谈刻许归。改拟实录总裁谢恩折送哲泉处。

三十日(3月7日) 晴。黎明即起，卯正，叔父起程赴易州。子和来，夜五哥邀同洪子鹏、小树、雨卿、子和饮于万兴居。

二月己巳朔(3月8日) 晴暖。入署复校五件，复看九件。以初三辛未日干系今上本命，故回避一切不吉字样也。辛未年六月廿八日丑时诞生。署中今日递恭拟徽号字样，奉圈出"庄敬、庄诚"四字，备用系"崇敏、崇宽"。午正散。至城寓，刘师又不在馆，与儿辈谈文片刻。未正赴子久斋中，与哲泉、宝臣、搢珊、瑟轩、嵩坪、守吾同饮，暮散归。得本家镜湖函，知其去年十二月廿二日丁母忧王氏。矣。托办报到籍及邀幕府事颇累坠。翰林院具奏请允。文渊阁直阁事人员，奉旨圈出翁同龢，钦此。其领阁事则宝鋆，经筵讲官则温昭叔，校理则钱辛伯诸人，检阅则曹钟俞也。长叙补常卿，张鹏翌、欧阳保极升侍讲。

初二日(3月9日) 晴。晨至朱修伯处陪吊，未刻归。得杏云去腊廿二函，即复之交次远。得陆寄庵、张哲卿函，作唁镜湖书，付专足带回。今日署中递请修实录折，四六文。奉旨依议。

初三日(3月10日) 晴。入署复校四件，复看十五件，未正饭散。大堂今议海防事宜，亲郡王、大学士、六部九卿均与议。便道贺用甫，答徐正田，不值。

初四日(3月11日) 晴暖。晨至粥厂，巳刻送朱修伯殡，午刻到长椿寺行礼后，饭而归，到庙者仅二十人。

初五日(3月12日) 阴，细雨自午至戌。是日申刻闻雷二声，钦天监题占曰"多雨"。夜至泰丰楼，邀宝臣、瑟轩、松坪、子久、守吾、少薇、寿轩饮，惟芥凡有他局不至，兴酣酒醉，亥正方散，时微见星月。

初六日(3月13日) 晴，云阴往来。入署复校六件，复看三件。又朝鲜年贡方物奏本一件。今年将庆贺各表状发还，其谢恩表四道交内阁收存，进呈表惟年贡方物奏本一件，例不票签，加一说帖而已。署中今日复奏徽号字样，并敕谕式，奉旨知道了。桂清到京请安，朱伟卿往横街之屋数年矣，积房金百三十两，廿二个月。贫不能付，不得已促其移居。伟卿前月出都，其眷属今日迁去，乃收屋，颓垣破壁，又烦工作也。

初七日(3月14日) 阴云往来。晨至粥厂，又看对过屋，午后访聘臣不值，又访邵伯英谈良久，并恳其致书朱敏斋同年，靖旬，直隶知州，出汴生之门，河南人。为哲卿觅馆也。沈瀛洲来辞行，将赴山东。夜与五哥、雨卿、小树为子和预祝，饮于宴宾斋。内阁奏请派实录总裁，得旨派宝鋆为监修，英桂、毛昶熙、灵桂、李鸿藻为总裁，恩承、彭久余、殷兆镛、察杭阿、徐桐、德椿为副总裁，皂保为蒙古总裁。吏部正署七堂均与焉。桂清调工右，讷仁调盛京工侍。得铁云、哲卿函。

初八日(3月15日) 晴。入署复校四件，复看六件，午刻散。祝子和三十生辰。送沈瀛洲，至万兴居赴子和约，饮至暮归。安寿出城，叔父来信云，初二到易，身体平安。

初九日(3月16日) 晴暖。清晨哲泉来，至粥厂监放，过芥凡送别，相对黯然，毕竟旧雨也，送新刊题名、撰文各一册。夜赴何寿山约饮于宴宾，坐有仲古、印亭、恽氏昆仲，子刻方散，潘蔚告病，葆亨放闽藩，郭嵩焘放闽臬。作函复铁云、哲卿，并以邵伯英致朱敏斋信附去，又带平金褡裢、烟荷包各二赠绅甫兄弟。

初十日(3月17日) 阴，入夜雨一阵。午后，过天成少坐。

十一日(3月18日) 辰刻晴，巳刻阴雨，午后止，甚寒。入署复校六件,复看十一件,午正散。至城寓,旋冒雨归。得湖北乙字一号信,系正月廿五所发,严亲于岁杪春初,屡发寒热,服轻散之药,得汗乃愈,眠食如常,夜间发热。二十以后渐复元矣。四哥尚未到,阅之悬系不能释。鄂署公事甚简,一时可了。十五日奉到遗诏,始成服齐集,缟素期内极为寂寞,此缺进款甚少,月无所余,一切皆从节省。出都时各项逋欠未能遽措也。暮,雨雪交加,一时许已。

十二日(3月19日) 晴寒。西山必冷,甚盼叔父回寓。午刻得叔父半壁店旅次信,体中甚适,地仅一处合用,定于今日起程,望日可抵京也。未刻至天成,算清前欠,又取昨会来之分项。得杨葆初函,从傅懋园云龙。送来。都兴阿病卒,赠太子太保衔,赏银一千两,照将军例赐恤。伊子某某孝满及岁引见。崇实署盛京将军。

十三日(3月20日) 晴寒。晨至文昌馆吊朱酉山之叔。入署复校二件,复看六件。又注销十七件。午正,哲泉来,知实录馆校对回堂点定正选八人,备选八人,再备十四人。刘溎焴、翁△△、曹翰书、王宪曾、马恩培、俞寿彭、彭銮、袁保龄均正选也。至龙源楼,查映阶招饮,坐俱同直友人,暮归。领春俸。哲泉处分给。

十四日(3月21日) 大风,晴寒。缮寄第三号禀,附京报,载鹤峰、汪柳门、刘哲泉、锡昌各信。并缗绅洋布、杏仁,均交刘弁得胜携回。

十五日(3月22日) 晴。巳正叔父自易州回,身体平安,勘得九龙峪一处上吉,较东陵为胜,山中无大雨,尚不甚寒也。子和来,邵亨豫告病准开缺,曾国荃放陕抚。

十六日(3月23日) 入署复校十五件,复看八件,午初散。拜蒋香生,未晤。伴送琉球贡使。至宴宾斋应洪子彭、黄子中之招。子中病喘,少坐即归去,饮至申初散。

十七日(3月24日) 晴。午后至福隆堂,赴瑟轩之招,坐仍同署熟人,暮归。得乙字第四号信并黄折四十副。黄里二十,红里二十。交督署差弁带回鄂中。

十八日(3月25日) 晴,大风。入署复校九件,复看七件,午正散。谢各中堂，答阁长，为点馆差也。谒桂莲翁。出城至龙源楼，与松坪公邀哲泉便饭，申刻归。廷延放广西思恩府。

十九日(3月26日) 晴。缮备谢直阁事恩折。徐绍圃、潘味琴来商本街起土填白马寺坑善举也。未刻，访李芍洲同年，恳其作绘事，答蒋香生，坐遇汪芾村。连日闻中宫疾剧，内府已传备一切。

二十日(3月27日) 阴晦，细雨。寅初一刻，外闻传言云是十九日申时。嘉顺皇后崩逝。辰刻闻信即入署，商拟敕谕一道。此系交礼部颁行天下者，另录本日谕旨一道付礼部，前书谕礼部中照上谕写，末书特谕，用黄纸蓝笔也。奉懿旨：嘉顺皇后孝敬性成，温恭夙著。兹于本日寅刻遽尔崩逝。距大行皇帝大丧未逾百日，复遭此变，痛何可言。著于寿康宫行殓奠礼。择期移至永思殿暂安。所有一切事宜。并派恭亲王奕䜣会同恭理丧仪王大臣暨各该衙门查照例案，随时妥筹具奏，钦此。奉上谕：嘉顺皇后于同治十一年作配大行皇帝正位中宫，淑慎柔嘉，壶仪足式，侍奉两宫皇太后，承颜顺志，孝敬无违。上年十二月，痛经大行皇帝龙驭上宾，毁伤过甚，遂抱沉疴，兹于本日寅刻崩逝，哀痛实深。著派礼亲王世铎、礼部尚书万青藜、总管内务府大臣魁龄、工部右侍郎桂清恭理丧仪。其余典礼，著各该衙门酌核例案，敬谨办理，钦此。全庆补阁学。红本。乔松年病卒，得旨赠太子少保，照河督例赐恤，灵柩回籍沿途官为照料，伊子乔联宝以主事用。曾国荃补河东河道总督，谭钟麟升陕抚。是日，与松坪约同饯王子仪、厉吉人于福隆堂，未申间到，彼客陆续来饮，于薄暮归。

二十一日(3月28日) 晨晴，午阴，细雨。入署，未初散，至城寓少坐乃归。易缟素。吴望云升洗马，蒋凝学升陕藩，程豫升晋臬。叔父与醇邸、魁华峰、荣仲华同复命，蒙召见于养心殿，择定东陵双山峪吉地。二李所定。军机处有交片传御内阁，敬拟陵名。此件前已备妥，明日即具奏。四六文，拟六字，惠诚、敦怀、德懋。

二十二日(3月29日) 晴，风。先妣杨夫人亡忌，午刻设奠。缮第五号禀叔父信二纸，双山峪图一纸。托阜康，云明日有使人也。内阁奏拟山陵名号，奉懿旨：前经降旨派恭亲王奕䜣等于东陵西陵附近地方敬谨相度大行皇帝山陵，醇亲王等前往履勘后，会同恭亲王奕䜣奏明请旨。昨据该亲王等奏称，谨看得附近东陵之双山峪，地势宽平，系属上吉之地等语，双山峪著定为惠陵，即行择吉兴工，著派醇亲王奕　、魁龄、荣禄、翁同龢敬谨办理，钦此。文治放山西雁平道。子和来。

廿三日(3月30日)　晴，大风。晨至城寓，叔父已赴内阁看会议折件，昨日亦在阁。余亦遂入署商拟大行皇后尊谥号字样。拟二十四字，用十二字。未初散出城。

廿四日(3月31日)　晴朗。暮过阜康，谕大学士九卿敬拟大行皇后谥号。

廿五日(4月1日)　阴。晨至城寓，午初入署，未正散。又至城寓少坐，细雨廉纤，匆匆而去，连日托随员者踵相接，真应接不暇矣。

廿六日(4月2日)　晴朗。卯刻，大行嘉顺皇后梓宫奉移永思殿，在观德殿之左。宝斋、子和、小树先后来晤。

廿七日(4月3日)　薄阴，暮细雨。晨至城寓，旋入署，知今日内阁递合奏折，醇邸另折奏黄孝侯、于莲舫、王晓凤画稿，别有封事，得旨交总理衙门议奏。又闻恭理丧仪会同礼部具奏，三月十一日百日大祭后请发，以后另至本月廿日大行皇后大事之日起，扣足百日再行请发，得旨允行。双请。有交片付礼部，传知各该衙门也。是日，醇邸、魁华峰与叔父请训，赴东陵定地盘，并递随带司员名单，未蒙召见。醇邸随员十人，二督八修。魁华峰处十二人，二督十修。叔父随带十一人，二督九修。惟荣仲华请病假，迟日再奏。余未正散直，赴东兴居，李棣生招饮，又过子和处归。顾缉庭、子和、宝斋来，子和系魁堂监修也，监督徐承煜、兰士，户侯主。延昌，寿峰，工主，墨卿先生侄孙。监修顾肇熙、缉庭，工主。程嘉佑、棕生，刑部。龙景怡、鲍轩，刑部。张衍熙、刑主，丙辰。赵林、宝斋，吏主。徐毓海、小树，户主。朱钤章、小棠，刑员。葆成、竹邨，礼笔、候选县。果齐斯浑。刑笔、铁伟人之子。

廿八日(4月4日) 晴暖。晨访余绂臣,晤之。入署复看一件,初二上大行皇帝尊谥,自今日为始,青袍褂冠缀缨四日。校对敕谕十余道,未初散。出城过天成亨少坐,知常鹤生父子、王亮甫将于初三回晋矣。是日大学士诣内阁大堂扫青。玉册、香册。懿旨命钦天监即行选择动土吉期,先行知照醇亲王等遵办。是日无验看,以在皇后大事九日内也。

廿九日(4月5日) 晴,狂风。清明节。午正祀先。拜客,无一晤者。寄常熟第二号信。高少良传循。招饮,辞之。

三月戊戌朔(4月6日) 晴。入署复看二件,午正饭散,归途答小树,晤之。得父亲三月初九日寄谕:身体康安,公事闲适,四哥尚未到鄂,命余温习举业,以应恩科。此信系承差叶懋林赍来,外带全姑娘寄家中各人被面、饭单等件。是日,申初初刻六分,日食初亏。京师四分有奇。申正三刻五分,复元。闽广食至九分。夜访泉孙,闻起街事,是日摘去白袖换棉袍褂。

初二日(4月7日) 晴,午后大风。叔父捡行李,明日将往遵化,钦天监择本月十二日动土也。源哥来信,二月十一日发。云祥哥二月内赴浙,携眷。荣哥已于正月杪轮船赴鄂,计早抵署矣,为之稍慰。是日恭上穆宗毅皇帝尊谥礼成,明日颁诏天下,恩诏十二条,内有大小文武各官俱加一级。命户部查免民欠钱粮,遵成宪也。

初三日(4月8日) 晴风甚寒,仍穿珠毛袍褂,不能超时。黎明进城,今日叔父启程上东陵,辰正乃登车,入署复校十四件,复看八件,午正饭散。又至城寓少坐,访唐蓉石,晤之。礼部请换戴凉帽,旨著于十六日。文中堂请开缺,奉旨开去都统,毋庸管理工部及神机营,以示体恤,仍留大学士之任,在军机大臣总理衙门差使,适病体稍痊,即行入直。

初四日(4月9日) 阴,暮晴,风。望云来晤,午刻至万兴居,洪子彭祖年。招饮,坐有小树、子和、子玉。

初五日(4月10日) 晴,风,午后风定。李菊庄邀万兴午饭,坐有宗子美、韶，兵笔。瀛丹五、桂，仆笔。栾韵山、子和、子玉，申刻散归。哲泉字来，知其风瘟腮肿，请假十日。

初六日(4月11日)　晴。入署复校三件，复看十二件，午正饭散。闻哲泉疾，访蓉石，晤之。潘伯寅补理卿，红本。前任陕甘总督杨岳斌到京请安，召见。见黄花鱼。

初七日(4月12日)　晴，风。蓉石来晤，商定东华屋事，留此屋者为桂香岩(霖)，系礼部郎中，住兵马司胡同。暮过鉴古。

初八日(4月13日)　晴。入署复校六件，复看十一件，午正饭散。过城寓少坐，永诗喉癣未愈，尚未来馆，申刻出城。今日大学士九卿会议恭上大行嘉顺皇后尊谥，向例内阁拟二十四字，分列两条候钦定。长叙补阁学，士周来晤，见高宗御制《濮议辩》。乾隆癸卯。

初九日(4月14日)　晴。仲兄来信，二月廿七。知三哥二月十六赴浙，四哥已于十三到鄂矣。

初十日(4月15日)　晴。午正赴龙源楼栾韵山之招，坐有王树堂、子和、桐卿、子玉，暮过俞松坪斋中与宝臣、子久、瑟轩、守吾共啖黄鱼，亥正散归。丁日昌到京请安，召见。

十一日(4月16日)　晴，风。入署复校八件，复看七件，午初散。至城寓饭乃归。蔡乂臣到京来寓，未晤。今日辰刻穆宗几筵前行百日大祭，上于巳刻请发暂释缟素。王公百官军民人等一律薙发。缮第六号禀并京报、香片茶、洋棉布等交承差叶带回。万泰木厂归自工次，接叔父初八谕函，身体平安，方赶办灰线绘具图说。动土后是否即回，尚未定。

十二日(4月17日)　晴，骤暖，不胜棉衣，检点春服。夜饮于宴宾斋，小树约也。内阁奏大行皇后尊谥奉圈出"孝哲嘉顺淑慎贤明宪天彰圣毅皇后"。备拟一行系"孝质恭顺敬恪敦仁仪天钦圣"字样。

十三日(4月18日)　晴暖，有风。入署复校五件，复看四件。午初散至城寓，饭后出城，贺洪子彭迁居，答乂臣晤，谈良久。

十四日(4月19日)　晴。洪子彭来。午后过小树、雨卿处谈。

得父亲二月廿八日函,公私平顺,廷寄交查之案,已饬欧阳正墉密查,委无贪劣,惟查禁私钱办理不善,业经与制军会参,请将副将周有全交部议处,撤任广化令胡启爵革职。此次折内恳免再议。春雨颇多,堤工不足恃,麦收可期丰稔。四哥已到亦有信,稍患牙痛,二月初十寅刻从上海开轮船,十三申刻泊汉口,随叩膝前,极为欣悦。见榆钱。

十五日(4月20日) 晴热。午后过阜康遇孙子经学士,旋赴龙源楼,刘星岑招饮,坐中同署友人,遇朱少桐甫从浙江来也。暮又赴子和招饮,默坐片刻而已。今日上诣永思殿行礼,释孝服。前日礼部奏释服礼节,奉旨释服,后百日内御青长袍褂,王公百官寻常袍青褂带纬帽。

十六日(4月21日) 晴,换季。入署复校四件,复看六件,午初散。至城寓,饭后拜皂、董两师。朱少桐、丁中丞雨生。谒全中堂,闻刘永诗疾,拜任小园观察,乃归。

十七日(4月22日) 晴,风。顾缉庭来。暮谒曾沅圃河帅,未晤。得叔父二次来函,一切均好,昨日动身回京,过盘山或作半日游,十九必到也。杨岳斌奏请回籍养亲,得旨该前督忠勋素著,准其归养,仍会同彭玉麟巡阅长江水师,并准专折奏事。广寿、夏同善奏结查办事件,奉旨一道。

十八日(4月23日) 晴,狂风。入署复校二件,复看八件,午初散归。午正祀先,嗣母汤夫人亡忌也。缮寄第七号禀,内附傅云龙寄杨葆初一函。并京报、杏仁及四哥所要靴鞋、褡裢等,均交张弁赍回。是日大学士九卿赴阁阅尊谥复奏折稿。

十九日(4月24日) 晴,午后风止。巳刻叔父归,自遵化十六起程后,十七至烟郊时,感触风寒,发热颇剧,昨行廿里至通州卧憩一日,今方入城,外感虽解,余热未清,饮食亦不多进。午后朱茗生、小树、子和来，知荣侍郎随员已派定，并无雨卿之名，实无如何耳。[1]

二十日(4月25日)　薄阴。叔父昨夜卧仍不适，今日胃口不开，微恶寒，午后作热，似余邪在阴分也，服春温第二方。巳刻，余赴十里庄义园公祭范文正公，到者十四人，未正散。进城至福兴居，赴马植轩、钟次山之招，暮归。陈云舫约龙源楼午饭，辞之。

廿一日(4月26日)　晴。叔父昨夜仍发热，卯刻勉强进内复命，与魁龄同召见于养心殿西暖阁，面奉懿旨一道，寄谕醇王。巳刻返。午后贴生姜片，头疼略止，稍进饮食。永诗来晤，喉癣未愈，不克到馆。今日署中不票本，后日穆宗诞辰。余未入直，刘星岑告堂假，二十日。马植轩上部本，彭瑟轩上通本，祁竹虚上委署。

廿二日(4月27日)　晴，风。子和来，叔父稍愈，许济川来诊视，云余热在肺，用生地、元参、薄荷等味。彭瑟轩来云，何枢放长沙遗缺府，宋惠人病故缺也，惠人上有老母，未闻其有子嗣，可悲也。内阁复奏大行皇后尊谥折上，奉旨知道了。

廿三日(4月28日)　晴，风。答瑟轩，入署复校六件，复看三件，午初饭散，至城寓少坐乃归。昨夜二更，半截胡同王莘鉏家失火，其屋为何子愚旧居，闻何氏所藏书籍字画若干箱，悉付灰烬，情事与虎坊桥叶氏相类，谓为天火，其谁信之。午后狂风作，彻夜未已。贾湛田丈来晤，询入贤良祠仪节，抄一纸送去。

廿四日(4月29日)　晴，狂风如昨，黄埃蔽天。叔父仍延许医诊视，用滋阴之品。改上大行皇后尊谥诏文。松坪拟。赛中堂病卒。无恤典。

廿五日(4月30日)　晴，风定。答湛丈未晤。皂保署吏尚，荣禄署步军统领，英桂住工也。

---

[1] 此处有夹页："昨属代题叶军门玉照，已草草挥就。庸陋之笔，恐玷殿撰芳名，惶恐之至。此上寿丞二兄大人青照，送翁少老爷台电。弟冯熙成顿首。廿〇日申。"

廿六日(5月1日) 晴。答凤石、王枳篴,入署复校四件,复看贰件,午刻饭散。过城寓少坐,归见王耕烟《北阡草庵图卷》。纸本。汪柳门升司业。红本。李中堂为福济请恤,请照将军例。得旨如巡抚例赐恤。

廿七日(5月2日) 晴。作致辛芝函,托刘星岑之侄知县,名傅任。交钱伊臣处递。与叔父商定不移居,乃函告蓉石回复桂君。银五十两,三十千均送还。巳刻,蓉石来,山西世兄韩仲韬耀光。来晤,现任直隶迁安令也。申刻赴万兴居,应李菊庄之招,坐有韵珊、子和,暮散归。奉旨四月十五考试试差。

廿八日(5月3日) 阴。入署复校七件,又注销廿三件。复看一件,孟夏时享有回避。午初饭散。过城寓,稍捡书册归。贺柳门,答仲韬。命左宗棠以钦差大臣督办新疆军务,金顺仍帮办,命袁保恒回京供职。苏州织造放文治。暮雷声自东南来,微雨数点而已。

廿九日(5月4日) 晴,风。蓉石、哲泉来晤,自廿六至今四日,请宝在乾清门钤用,缘去冬封印,前适遭大事,所办诰敕俱为钤发也。金顺补乌鲁木齐都统,景廉调京旗都统,即行来京当差。

四月丁卯朔(5月5日) 微阴。入署复校六件,复看五件,午初散。至城寓饭,午正归。礼部议定百日外遇朔望,王公百官常服不挂珠;坛庙大祀,执事各官朝服斋戒日常服挂珠;中祀月祀斋戒日常服;皇太后万寿日蟒袍补褂,前后三日常服挂珠,万寿日行礼时补挂朝珠,礼毕常服挂珠,前后三日常服不挂珠;二年元旦朝服行礼,三年元旦不升殿,蟒袍补褂一日,前后三日常服挂珠;貂褂与常服同。坐班开封印补挂朝珠。崇实查复奉省各案,志和、恭镗一并交部议处,志和即行回京听候部议,余官议处革职。军台有差,谕内阁部院各衙门复带一等人员。夜雨淅淅有声,五更乃止。

初二日(5月6日) 晴。午刻至万兴居邀栾韵珊、李菊庄、小树、子和小饮,申刻散归。董润放川北道,桂全补光卿。

初三日(5月7日) 晴,风。入署复校三件,复看一件,午初散归。

初四日(5月8日) 晴,午后乍热,日光如火。入署复校一件,复看三件,巳刻散。过城寓小坐即行,访马植轩晤之,归。暮过子久谈。有旨祈雨。初七日。得许诚甫表叔钟秀。江西来函,李郇处银信已到,刻以局差敷衍,定姻浙江刘氏,拟集资完姻也。叔父旋作回信由李郇观察处转交。

初五日(5月9日) 晴,热。先曾祖考潜虚公诞辰,午刻设奠。未正赴龙源楼,勉甫、慧生、守吾请同署友人也,暮散归。温忠翰、黄师闓均补赞善。

初六日(5月10日) 薄阴。五嫂生日。暮至龙树寺观苇,内子与五嫂同往。

初七日(5月11日) 晨细雨,午晴。入署复校三件,复看二件,巳正散。至城寓侍读,未正归。得赵子绥函,见吏部题京外各官逢恩给荫本,初九见面,十一出科。醇王由东陵回京复命召见。奉懿旨,惠陵现在择吉兴工。除神路及石像生,无庸修建外,其余均无定陵规制。前经降旨派醇亲王奕　、魁龄、荣禄、翁同龢承修。所有一切事宜。著派恭亲王奕䜣总司稽查,钦此。

初八日(5月12日) 晴。午后过和兴、天成。

初九日(5月13日) 晴。入署复看五件,午初饭散。答梅少岩、黄佑堂。访曹宝臣,晤之。

初十日(5月14日) 晴,风,暮止,阴。入署复校五件,复看七件,午初散。过城寓,未正出城,答徐小树,晤之。得张哲卿四月四日函,寄庵赴广平催钱粮未归,奉到仓场札调约须月杪到通也。昨周供事送沈品莲托办诰轴来,今日遣人面交庞心田讫。顾子山告病,瑞璋放宁绍台道。英廉署。

十一日(5月15日) 晴风。晨访子和、雨卿。午饮,胃滞不适。阅邸抄:滇抚奏缅甸进贡,驯象五,又去年采买二象。本年二月抵省,接护进京。

十二日(5月16日)　晴,风。入署复校三件,复看四件。过城寓饭乃归,得湖北三月二十六所发家信:一切平安,春雨甚多,堤工十浚七八。是月初十,闻大行皇后大事,未递慰折。常熟有信,奎侄略知要好,可冀回头,四哥牙痛稍愈矣。崇实前奏大概情形,志和、恭镗均议处,今日吏部奏上志和、恭镗均降三级,调恭又徇劣幕,即行革职。

十三日(5月17日)　晴。入署复校四件,复看三件。午初至城寓饭后归。过阜康谈,知上年所借五千金已有李玉阶观察处交付乾裕伊号,将借券于月前寄去矣,昨家信中亦云托玉阶暂付,大人处先交二千也。得武仲平函,将扶柩回晋矣。蔡乂臣引见,以同知用,今日事。张蓉江观察之渊。来晤,来自楚北也。

十四日(5月18日)　晴风。晨访缉庭,知刘永师决意辞馆。答张蓉江、访乂臣均未值。曾祖潜虚公诞辰,午刻设奠。庆裕放奉天府尹,可谓超擢。楼誉普补御史,英谦放热河道。以叔父致英茂文观察信并粥捐印册、知启各一件递寄天津,由阜康去。皇甫小轩来晤,托新选东湖令李希邺事。

十五日(5月19日)　晴,暮阴。入署复校十件,复看十三件。半年未见刑名本,昨今始来六七件,阅之殊生涩,午正饭散。至城寓侍读一时许,乃归。缮寄第八号信附外信六函,京报、貂毫、高丽参、靴一双。交折弁带回。承禄放郧阳府。甘宁分闱乡试简派考官,命礼部于陕西之前具题。本月廿八大考差,在上书房。今日考差殷兆镛拟题:“荡荡乎民无能名焉,巍巍乎其有成功焉”;“始终惟一时乃日新”;“膏雨润公田霖。”。

十六日(5月20日)　晴。入署复校十二件,复看十二件,午正饭散。至城寓少坐,归,城内棚、书房钱三百五十吊。归途拜绂臣、曹宝臣,答小轩。

十七日(5月21日)　晴。访方勉甫、徐季和,晤之。拜何象山、王益轩。凉棚上席。

十八日(5月22日) 晴,大风。入署复校七件,复看十件,午正饭散。至城寓,申刻归,恽次远来谈,王蓴庭邀午饭,辞之。

十九日(5月23日) 晴。捡字画箱,季珊来晤,阅邸抄,知俞默庵应钧。为金顺奏留军营差遣。阅《困学记闻》一编,今日乃毕,苦无记性,掩卷仍茫然耳。

二十日(5月24日) 晴,巳刻微雨数点,未申间淅沥有声。叔父自博古斋携回石谷《江山万里图》长卷,五丈,高尺四五。宋罗纹笺,设浅色,笔法精到,为平生未见之作。自题云"凡七阅月而成",康熙己卯。想见经营惨淡矣,索值数百金,未易购置,读之亦称眼福。是日,拣奉天热河知州,阁中与拣者七人,邹得正而曹得备。

廿一日(5月25日) 晴,午后大风。入署复校十二件,复看十四件,午初饭散。至城寓少坐,颂阁升讲学,望云得侍讲。

廿二日(5月26日) 晴。彭芍丈来,午后潘慎初志学。来此,君金陵人,寄籍广西,甲子孝廉。由军营保道员,从金顺营中来,面交萧葵生托交监照也。阅新闻纸,湖北广济轮船触石微损,制军与藩臬均不免受惊,想抚台未经同往,然颇悬悬。发第九号信致四哥,交督辕折差明日走。有旨二十五日祈雨,暮至文茂,又看且园花局。

廿三日(5月27日) 晴。暮微雨数点。卯刻入城寓,辰刻进署,复校十三件,复看一件,午初散。又至城寓,申刻归,过阜康少坐。奉旨本月廿七日在保和殿考试翰詹。瑞麟柩已到京,派澂贝勒往奠。

廿四日(5月28日) 晴。作复赵子绶函,又致萧花南函,为伊寄照去交文茂,并附致哲卿一缄。赵宝斋邀饮,辞之。汪泉孙来长谈,午后过保安寺街,又过子玉处,遇子中、小树。

廿五日(5月29日) 晴。寅正起,赴天安门谢加级恩,随众行礼。于午门左右廊递职名三分,吏、礼、鸿胪寺。午刻过天成亨,旋至衍庆堂应王益轩之招,坐俱同直熟人,日暮方散,大醉而归。广寿、夏同善由四川回京复命,管贻蓴选福建兴化府。□取班。刘瑞祺请修复河运,下各督议行。浙江余杭县葛毕氏毒毙本夫,诬扳举人杨乃武同谋一案,派胡瑞澜审讯。是日叔父派验放大臣。

廿六日(5月30日) 晴热。入署复校十八件,复看十七件,午刻散归。倦卧片刻乃过保安寺听清音,少坐即散。栾韵珊、潘慎初志学。招饮,均辞之。沈宝桢补两江总督。湖北委员诸肖菊可权。到京。得正月三十日家信并汉砖研一方,河南铜香合三个。汪柳门来晤。胸次烦闷,积水有声,似有暑气。

廿七日(5月31日) 晴,甚热。安、寿昨日均出城来,叔父寿辰,合家向寿星前叩祝。余仍不适,亲友来者却之。今日大考,派恭王命题:进善旌赋,以光启帝道辉映天衢为韵。所宝惟贤论,十风五雨岁丰穰。得丰字,七言八韵。实到百六十三人。

廿八日(6月1日) 晴热。入署复校十四件,复看廿二件,内云贵主考赶票二件。又注销廿三件,未刻饭散。至城寓,叔父今日派阅大考卷,黄倬、黄钰、徐桐、何廷谦、殷兆镛、夏同善、景其浚、翁。酉正三刻尚未散,余只得出城矣。安、寿今日入城,刘哲泉复带引见。分两日。王德固勒休,闻星使有弹章。英祥调广西臬司,文格调川藩,严树森升广西藩司。得潘辛芝四月初函,蓝六平承瀛。到京。

廿九日(6月2日) 晴,尤热。柳惺庵来晤。枢廷复阅大考卷,尚未揭晓。京察记者二十二人。刘哲泉、陈六舟、额健庵均在列。沈秉成调川臬,傅寿彤升豫臬。

三十日(6月3日) 晴,仍热。胸次积暑烦闷,懒于奔走,告假五日。晨至仁昌金店晤顾又斋,将上年借款千金付还,取回原存字据。送庞心田,福祥。晤之,并见其新收夏禹玉珪。山水卷、戴文节画卷,均佳,圆照画册,少作也。午后至汇元堂听秦歌,记名人员自初六日为始,每日二员,预备召见。温忠翰补中允。俸票三张,共换白米贰千六百斤。

五月丁酉朔(6月4日) 晨阴有风,午晴。作答镜湖函托来人带回。哲泉来,云南考官放张楷、王荣琯,贵州放毕保厘、张清华。贡差来,带到三月廿三家信并衣料、莲子等。今日内阁奏进子臣表式,二分。臣工贺两宫上徽号表式,二分,二十七日内臣工不进贺,皇上表。并奏外省遵用颁式,无用另撰一折。以小青马借给汪泉孙用。

初二日(6月5日) 晴。义臣来谈,郑季山借去八金。得士吉兄四月十六日函,知镜湖报到籍事已办妥,费洋四元。其游幕山东一层未报,恐于他日补缺有碍也。扎克丹放河间府,苏勒布调盛京礼侍,麟书调理右。奉旨初六祈雨。

初三日(6月6日) 晴,凉。叔父出城,捡点衣服。

初四日(6月7日) 晨雨一阵旋晴,凉。文卿来晤,午后过会贤堂少坐。大考今日揭晓,奉明发谕旨一道,原拟一等五人改四人,钟骏声改二等第六。二等六十一人,三等九十人,四等四人。吴宝恕、瞿鸿　升学士,钮玉庚升庶子,孙诒经升詹事,徐郙升少詹,张登瀛、张佩纶升侍讲。廖寿恒升洗马,王先谦、钟骏声升中允,陈翼、叶大焯、张楷升赞善。遇缺提奏赏大小卷缎者七人,欧修保极、恽彦彬、吴仁杰与焉。赏小卷缎者十八,杨绍和、刘恩溥、廖寿丰与焉。三等五十名以下始有降罚,钱桂森、黄师訚俱降编修,其余降者五人。罚俸者十五人,四等谢元福罚四年,雷钟德、周崇傅俱改中书,宝瑛改主事。又寄镜湖一函。致喜语交顺天府,函递东光县黄。

初五日(6月8日) 晴。晨贺伯母,以次节禧,出诣诸亲友。午正祀先。叔父以王耕烟《长江卷》价银四百付博古斋,稀世之珍得之,亦足以豪。

初六日(6月9日) 晨阴,旋晴。入署复校十一件,复看九件,午正饭散。至城寓,刘永诗云今日到馆,待至未正不来,酉刻方到馆。余遂出城访瑟轩赣宁馆,晤之。健庵、刘哲泉今日预备召见,同一起。问履历及署中所办事。

初七日(6月10日) 晴热。午后至聚亿,问训导大八成捐数,七百五十余两。访子和,知诃甫北行尚无定期,伊夫人牙痈甚剧也。丁日昌告病乞归,得旨著赴天津帮同北洋大臣李鸿章商办事务,并赏假两个月。

初八日(6月11日) 晴。作寄士吉兄函,暮访宝斋,晤之。

初九日(6月12日) 晨阴午晴。入署复校三件,复看六件,午正饭散。至城寓少坐,贺子绶、颂阁、子实,归,读《曾文正文集》,法宗桐城,蹊径独辟。

初十日(6月13日) 晨阴,凉气袭人。巳刻大雨,今年第一快雨也,申刻放晴。闻彭芍庭夫人今早疾卒,何伤寒之速也。陈鸿翊奏观德殿行礼人数寥寥,得旨嗣后致祭日期照例齐集。作寄祥兄书,交阜康寄浙问交。夜赴广和居,应蔡颂山德勋。之招,坐有子和、俞小孚、吴润生,亥刻归。颂山者,松江人,新捐县丞,指分湖北,不过二十余耳。

十一日(6月14日) 晴。折弁来,得四月廿四日家信,知鄂中甚热,雨多,微损小麦。父亲近体安健,惟手仍战,便涩,不时举发热,气分稍逊也。三哥抵浙,曾有书至也。午后,子和来。邵汴生昨日到京,仆人董升随之来。工程处奏派勘估大臣,派出广寿、察杭阿、黄钰、何廷谦。

十二日(6月15日) 阴,细雨。托宝臣代班未入直。叩祝伯母寿。送蔡颂山、谒邵汴翁,晤之。鬓髭加白,喘嗽未止。拜杜鹤田,瑞联。午后至碧云斋购蕉叶扇。广东考官正吴宝恕、副朱琛,广西正廖寿恒、副陆芝祥,福建正许应骙、副慕荣干。今日恭上大行皇后尊谥,明日颁诏,无条款。嗣后谕旨及章奏均恭书孝哲毅皇后,明日在太和门颁发。得陆铁云函,因病未能即赴通州也。

十三日(6月16日) 阴云往来。午后吊芍庭夫人之丧,晤颂田少坐即行。拜廖毂士、边润民,均晤之。缘何师母来约过彼商购屋事,欲戊午门人凑集百金,恐难如数。贺张海峤,未值。出城过聚兴。额图浑放贵阳遗缺府。今日以家信一函、白高丽参一斤衣箱一只,寄四哥。交贡差带回。又附贾宅托寄信一封。得沅青四月十三日函,月舫交来。回任后均平安也。

十四日(6月17日) 晴,西北风甚大。有旨十八日三坛祈雨。祖父诞辰,午刻设奠。吴仁杰署祭酒。门神库失火。烧五间。

十五日(6月18日) 晴,风。入署复校二件,复看六件,巳正散。答承季膺,并拜荣仲华侍郎。午初至城寓,与永诗谈良久。酉刻出城,寄第十号禀,附京报,杨葆初信,外信七件,又附潘伯寅寄秋谷信。带去靴一双,又四哥所要荷包两个,豆粉等一包。宋伯欣来晤,伊弟在河南候补知县,恩廷。恳作函寄调甫也。

十六日(6月19日) 晴热。至聚亿晤月舫,托办捐监事。翁耀孙,年十六岁。访绍圃,知其前月中患肝病甚剧,今甫小愈。拜李伯玙同年,不值。午刻到福隆堂,应刘哲泉之招,坐有庞俊卿、际咸。张蓉江、之渊。沈沣园、凤墀之次子。额健庵、图浑。凤彦臣、英。恩禄普、瑞。安静斋、良。毓凯亭,铭。余俱同直熟人,申初散归。欣闻父亲兼署湖督之命,灯下缮家信。前刑侍常恩疾卒。照侍郎例赐恤。

十七日(6月20日) 晴热。寄十一号信交福兴润轮船局。夜卧,热不可耐。

十八日(6月21日) 阴,午初雷雨,暮晴,尚凉爽。入署复校五件,复看廿四件,未刻饭散。至城寓,申正出城。余上华奏请饬户部通筹国用,又片参户部郎中启续狂悖把持,派宝鋆、毛昶熙查办。李伯玙同年璠。来。启续系福兆之子。

十九日(6月22日) 晴,夏至。晨送张蓉江,之渊。答华星桐,晤之,近从汴生来自秦中也。申刻至翚山馆听杂戏。自今为始,每日召见大考翰詹二员。

二十日(6月23日) 晴。

廿一日(6月24日) 微阴。入署复校十六件,复看十八件,昨日为始在大堂看本。午正饭散。至城寓小坐,叔父早间已出城,余亦遂归。丁日昌请训赴天津。天成亨送来五月初七日家信一函,外会银一千两。黄昏大雨,午夜复雨。是日,在署见总理衙门咨文,前经奏准各衙门保送堪备奉使外洋人员。

廿二日(6月25日) 晴。作寄仲平书,交天成带寄山西。午后过天成亨,又访瑟轩,同子玉听戏,瑟轩邀聚丰夜饭乃归。广东考官放潘斯濂、温忠翰,甘肃徐郙、刘瑞祺,湖南梁耀枢、尹琳基。夏献纶补台湾道,黄师誾放广西思恩府。

廿三日(6月26日) 晴。朱酉山同年来。

廿四日(6月27日) 晴。晨起薙头。入署复校十七件,复看十五件,未刻饭散。至城寓,申刻归,过阜康少坐。礼部奏六月初七开馆。是日辰刻,上诣永思殿行礼,巳刻请散。王公大臣八旗人等一律薙发。

廿五日(6月28日) 晴。寅初起,送五哥入内验放,先至朝房小坐,五哥见堂允回。旋赴阁,王大臣、肃王、毛昶照、贺寿慈,先蒙额。顷之验放毕。遂至城寓,午初出城,在内晤杜鹤田观察,亦验放也。午后访雨卿谈,申初至汇元堂听秦歌。暮与子和同饭即归。荆州游击总兵衔。蒯德浦博垒。送土宜四事,收其茶两瓶。换葛纱袍。

廿六日(6月29日) 晴,暮雷雨一阵。前门无雨。暮答余绂臣、拜蒯博垒,晤之,伊补缺引见,将回鄂也。与夔府蒯德模堂兄弟。五哥昨日验放,今日述旨照例用,惟孟传金仍回原衙行走。董升孝敬桌毯一、笺纸二匣,留之。

廿七日(6月30日) 晨晴,巳午间雷雨大作,旋晴又雨。丑初起,即同五哥赴东华门,寅刻进内,见军机堂处。卯初事下,未蒙召见。备一履历片、一膳牌,费△千,又给苏拉广林十千,托菱舟办。余遂入署,复校一件,复看廿三件,又注销廿三件,午正方毕,即冒雨归。昨总署来文拣选奉使人材,知会同人赴阁面商,愿否均自注,于是注愿者尹学勤、潘仰熊、吴鋆、郑晖吉、田焴,增此数君者,并无所能妄思自效耳。

廿八日(7月1日) 晴热。缮寄十二号信附潘伯寅寄椒坡信。交天成亨带回,夜五哥邀饮聚奎。

廿九日(7月2日) 晴。以家言一函、不列号。缙绅一部、平金水烟袋套托蒯博垒带去。午刻阴雨,竟日不已。河南巡抚钱鼎铭病卒,照巡抚例赐恤,伊子中书钱溯耆赏主事,生员钱溯时赏举人。李庆翱补豫抚,张瀛补晋藩,周恒祺补粤臬。初尝西瓜。

六月丙寅朔(7月3日) 晴热。晨起叔父驰书来,书安儿昨夜受暑发烧,壮热未止,命进城察视。余遂入署,复校一分,十余件。匆匆即散。到城寓,安儿热甚,胸次烦闷,筋骨酸痛,延济川、伯欣均不至,乃请郎家胡同赵医,礼臣,行一。云暑温在阳明、太阳两经,用竹叶石膏汤,戌刻服药得微汗。桂莲舫送六合定中丸,余留城内。鼎骏放山东粮道。

初二日(7月4日) 郁蒸尤热,午后阴。安儿热退,胸次尚不甚舒,礼臣来用和解之剂,去石膏。未刻进粥汤半盂,酉刻服药,余遂出城。今日戊午同年数人饯温味秋于谢公祠,并请杜鹤田观察,同年之兄,辞未至。余不克往。黄大鹤放山东沂州府。自今日为始,每逢初二、十六,醇王递膳牌,预备召见。

初三日(7月5日) 阴,仍热,午后稍凉。入城看安儿,已得大解,腹中胀痛,以麸熨之渐止。仍服礼臣方,用酒军六分、枳实、大腹皮、厚朴等。余留城寓。奕榕革职发军台,以穆图善署吉林将军。陈彝条陈有旨采纳。安儿卧甚安。

初四日(7月6日) 晴。晨起陆铁云来晤,伊赴仓场札调过此也。入署复校廿五件,复看四件,午正饭散。又至城寓少坐,出城过阜康晤缉庭、小舫。折弁张正照来,得严亲五月十九日寄谕,合署平安。孔斐轩约午饭,辞之。

初五日(7月7日) 晨间雷雨,霹雳振地,顷之云阴往来,时漏雨点。访望云不值,过聚亿取实收,又过雨卿处数语。叔父归,知安儿昨卧甚适,今早略思食。暮子和来。夜又雷雨。

初六日(7月8日) 晴。何受山师母又催同人集款,余乃送三十金去。缮十三号禀,附京报、外信八函。并黄折四包、油纸两卷均交折弁张正照带回,另有四哥所需皮甬、铜合由班升买就禀复。黄昏又雷雨。

初七日(7月9日) 晨阴午晴,暮雷隆不雨。入署复校十三件,复看三件。初九文宗诞辰,向年俱不进本,今年接礼部文称今年改进吉祥本,至二月廿三日穆宗诞辰不进本一日。嘱典籍厅备随任文由叔父出名选录科，编入南皿官号。为安儿预考计也。午刻至城寓，安儿已愈，惟胃口未开。申正出城，以银五两五千买白高丽参一斤，又银一两买茸片三两，又银二两买绢一匹，从贾客手中得来。夜雷电未雨。

初八日(7月10日) 晨阴凉，午刻晴热。过天成亨。夜雷电，大雨如注。

初九日(7月11日) 阴晴半。张子和夫人周年，在龙泉寺讽经，未过彼行礼。午刻回设供，文勤公诞辰也。叔父出城，筋骨酸痛，手足皆热，恐是暑气要发烧。得奎侄五月廿二日函，家中均安。

初十日(7月12日) 晨阴，巳午晴，未刻大雷雨。入署复校三件，复看五件，午正散归。叔父微有寒热，气闷体倦，许济川来诊，用甘、桔、薄荷等味，以清解之。贵州提督周达武告病准开缺。得赵价人函。

十一日(7月13日) 晨晴。今日举行册封敦宜皇贵妃典礼，进册宝，派徐桐堪办实录稿本，九月十八日奉移，命各衙门及直隶总督预备一切事宜。铁云来，留此午饭，暮过大通店送之，明日回保定矣。四更雷雨。

十二日(7月14日) 阴雨。浙江主考官放奎润、逢润古，江西王先谦、潘衍桐，湖北朱福基、恽彦彬。午后贺西山、次远。雨窗厘订《宰辅录》，就正于袁子久同年。

十三日(7月15日) 晴。入署复校十九件，复看二十件，午正饭散。今日曾祖妣张太夫人亡忌，设奠致祭，余未及行礼。闻彭寓侯病卒，辰刻。可闵也。在署复看朝鲜国王称慰表文、一正一副。祭文、四言，审清，十六日进呈，发下后交礼部办理。沈葆桢请收回成命，不许，并命来京陛见。昨日召见三礼部郎中，豫章人，甚平庸，回原衙门，并撤去工程处及宝源局差使。

十四日(7月16日) 晴。晨过子和处谈。午后尤热，半夜雷雨。吴望云来。

十五日(7月17日) 竟日阴雨,闷极。昨恽次远来晤,将班升荐定。暮雨止,以青蚨八千赁紫薇花两盆。初伏。

十六日(7月18日) 晴。入署,遇叔父出城,余亦回车侍谈片刻,复行,泥淖甚深,车轮不稳。复校十九件,复看二十件,午正饭,散。得本家镜湖函,寄去之呈底已收到矣。赵宝斋以带解饷委员赴工程处,颇招物议,亦不太自慎耳。

十七日(7月19日) 阴。卯刻叔父出城,望云来晤。巳刻到长椿寺,彭芍庭夫人并寓侯移殡到寺,午初行礼乃散。伯衡于初八到京,今日匆促未暇致谈。午正祀先,嗣母汤夫人诞辰也。奉上谕九月十八日奉皇太后躬选梓宫奉移,毋庸另备御道。景霖来京另简,景瑞补马兰镇总兵。次日有旨,仍兼吉地工程差使。暮又雨,闷甚。

十八日(7月20日) 晴。晨访顾缉庭,坐遇宝斋,知昨工程处传到饷员结称并无花费,惟给苏拉劈鞘费四十千耳,而宝斋尚在彼张罗,实不知远嫌也。入署复校十五件,复看廿四件,午正散。晤菱舟、搢珊。

十九日(7月21日) 晴,暮雷雨。遣车接安儿出城,以录科在即,往拜吴心穀,福田。未见,以捐监及加四成实收呈验,另备内阁随任文一件,系叔父出名,声明编入南皿官卷。均交去,贽敬四金,验费廿千,门包四千。又将张之璜、陆桂孙监照各二纸托验。以小青马借于刘星岑,即汪泉孙所还者。

二十日(7月22日) 晴。叔父出城,暮至宴宾斋,赴皇甫小轩之招,为李仙根大令而设,仙根以疾不至,坐有宋伟度、吴畹卿,以家言一函托小轩交仙根带至武昌堂中,无要语。

廿一日(7月23日) 晴。入署复校三十六件,复看四件,午正饭散。今日王大臣集内阁议,恳暂停躬送梓宫,折件到者画诺而已。阁学都通大俱列。遣安儿进城部署试事。申初西山来,旋同赴谢公祠,今日与绍圃、芍洲、公辅、雨三公饯西山、次远、同年兄弟。潘峄琴太史,衍桐。雨三未到,峄琴亦辞之,暮散归。雷雨又至,入夜乃止。昨承差来，接五月廿五日函，今日折差安成华来，又接五月廿九日函，已拜恩命，定于六月十三接署印，公事极忙。身体康健，秋闱仍须监临，向无奏请学政代办之例也。鄂中久雨未晴，年成锐减，堤工亦岌岌，甚焦虑。

廿二日(7月24日) 阴雨。以家言一函，茶叶四斤，并寄四哥之鹿茸、参丁，寄全姑娘烟袋套、桃粉共为一匣，交恽次远星使带赴湖北。江南主考放周瑞清、王炳，陕西顾奎、陈启泰，吴宝恕放广东学政，章鋆病故缺也。军机大臣会礼部奏请升祔典礼，得旨先行恭制神牌升祔奉先殿，俟永远奉安后再行升祔太庙。入夜雨尤大。

廿三日(7月25日) 东南风，大雨，暮晴。如梦初醒。

廿四日(7月26日) 晴。入署复校一件，复看六件，巳刻出东华门，雇一车至烧酒胡同。申初仍进东华，穿长安门出乃归。寄十四号禀，附黄折等，京报，信内有穆图善咨文一件，为史敬铭太守回省事。交折弁安姓带回。王大臣会奏吁恳暂停躬送梓宫，折上不允，有明发谕旨一道。漪贝勒生子命名傅儁。吴元炳奏四川臬司沈秉成请开缺，允之。

廿五日(7月27日) 晴，极热。叔父出城，潘鹤亭志窠。来自河南，晤之，因得辛芝函。遣仆人车马进城，明日安儿等赴录科也。杜瑞联放四川臬司。酷热，夜不能卧。

廿六日(7月28日) 晴热如昨。辰刻赴长椿寺吊伯衡母丧，小坐即归。儿辈赴成均，五哥往送，酉正出场，题为“子以四教文行”、“绿槐高处一蝉吟”、“义理训诂词章”、“得失轻重策”，子和联号，恳其照应，尚无舛误。

廿七日(7月29日) 入署复校四件，又注销廿三件，巳正散。至城寓，寿侄试作清妥，安儿远不如也，不知能同取否。黄昏时折差送六月十三日家信来，知万寿贺折与到任谢折均于明日递奏，署中一切平安，惟公事少人商量耳。

廿八日(7月30日) 晴热。贺杜鹤田，答徐少云、吴小寓，送李仙根,均未晤。过子和处谈良久,季和来。午刻虹见于南方,平生所罕见。是日万寿圣节,御乾清宫受贺。王公百官无表,外省督抚有贺折。申刻,李仙根招饮广和居,坐有顾雨公舍人,待小轩久不至,亥正散归。承差来,又得四哥五月廿九函,并荆缎夏布料四端。

廿九日(7月31日) 阴,晨雨,巳刻止。以十五号信交吴弁带回,即日出都也。门斗来送录条,斌孙廿五、耀孙卅二,均取入,可下场矣。作复沅青函交聚亿,又致杏云函并承荫堂扁字交阜康。夜赴徐少云、石麟、辛酉拔户部。彭瑟轩之约,坐有松坪、诸紫衢、成瓒,太仓。曾赓虞、长治。冯湘苏、展云之子。李子荆,江西人。龙源楼往返车行甚险。雷雨又至,泥水淋漓矣。闻上海近有自来水,洋人取自惠山泉,胜于海水实多,亦新奇事。竟夜雷电,雨声潺潺。

七月乙未朔(8月1日) 晴。入署复校三件,复看三十一件,未初饭散。以不列号信并崇文山处托寄一总函交承差严正青带去。

初二日(8月2日) 晴。潘鹤庭来晤,作寄仲渊兄、奎侄函交文茂。内有叔父致价人、朗生函。

初三日(8月3日) 晴热。晨答鹤庭,又过阜康小坐,顺近拜客,地稍平矣。夜饮子玉斋中,坐有成章、子和。昨有旨,命余上华将前参启续劣款指实,今日复奏仍交原派大臣查办。夜不能卧。

初四日(8月4日) 晴,酷热。卯刻入署复校二件,复看卅一件,午正饭散。至城寓,酉刻归。秀姑娘昨日入城避暑也。裁取科道余上华预备召见。夜仍屡起,汗流如汁。得陆铁云函,知其归程甚迟。走六日。

初五日(8月5日) 晴,毒热如昨,无处可避,暮风来洒然,顿涤烦暑。不出亦不见客,二十余年未曾经此酷暑。

初六日(8月6日) 晴,热略减。叔父出城,午后云阴欲雨,即策骑归东华。

初七日(8月7日) 晴,热。闻太阳低三度,太史已入告。入署复校三件,复看廿三件,未初散,冒暑而归。得湖北六月二十日家信,知父亲近日极忙,天气亦热,署中均安。李制军七月中方启程。夜卧,热极而晕,乃起坐良久,丑刻方就枕。

初八日(8月8日) 辰刻立秋,阵云西来,风雨飘散,稍凉。叔父出城,午后独游龙树寺,暮仍入城。河南考官放瞿鸿 、陈翌,山东锡珍、黄毓恩,山西钮玉庚、许有麟。暮,大雨如注。

初九日(8月9日) 晴热。午访子和不值。得杜鹤田廉访留别十二金,陈鸿翊放汀漳龙道,赏刘典三品京堂帮办陕甘军务。汪泉孙移居。

初十日(8月10日) 黎明雷雨大作,旋晴。是日不票本,余遂不入署。

十一日(8月11日) 晴。叔父出城,寄十六号信,附京报,魁华峰、广少彭、陈小舫信。交杨得胜带回,十四加数行方走。子和来晤。夜仍热。

十二日(8月12日) 晴热。慈安皇太后万寿圣节不御慈宁宫。上在养心殿行礼,王公大臣慈宁门外行礼,卯正散,叔父即出城。贺泉孙,谈片刻,访子久,不值,知小午将到。得词甫函,知其六月十三失偶,秋间仍拟北上。黄绎之师逢辰。辞馆移寓太仓试馆。送元卷仍致节敬八两。

十三日(8月13日) 阴,炎威顿减。入署复校七件,复看五件,午初饭散。出城至福兴居与俞松坪、彭瑟轩、诸紫衢同饮,邀徐少云不至,日暮乃散,归。哲卿、绅甫今日到京住店。

十四日(8月14日) 晴。哲卿、绅甫来,绅甫送一扇络、一镜套。以不列号信交承差张姓,即前次带衣料包来者。夜同五哥公请绅甫、哲卿、小树、子和饮于宴宾,亥正方归。

十五日(8月15日) 晴。午正祀先。夜同五哥、子和饮于余庆。父亲有报来,广西考官陆芝祥故于鄂境。

十六日(8月16日) 阴,顿凉。入署复校廿七件,复看十三件,午正饭散。过城寓,申刻出城,问朱子清行期,送杜鹤田廉访,不值,答宝斋,晤之。哲卿暂住吾家,缘绅甫移寓马家厂蒋氏也。夜雨达旦。

十七日(8月17日) 阴凉。邱炳南大令荫梅。来晤，系邱莲崖在濂。之子，广东知县，引见入都也。午后屡见日影，钱笣仙云楞仙姑丈于五月中得一子，可喜也。

十八日(8月18日) 晴，凉。以不列号信付承差带回，外有周供事恳寄前应城县李昭萱信一件、诰轴五分带至汉口。哲卿移入城，仍住吾寓斋。

十九日(8月19日) 晴，风，仍凉。卯刻入城看小寓，定恒姓屋三间，又厨房小棚一，计银廿四两。在水磨胡同东头路南，屋甚新。巳刻入署复校十四件，复看十八件，午正饭散。过城寓，申正出城答邱炳南、祝小树，均未晤。读《隋书》毕，草草审阅而已。闻蔡乂臣昨日出都回南。

二十日(8月20日) 晴，风凉，略减衣服。叔父出城，丁日昌告病不允，赏假两个月并人参六两。

廿一日(8月21日) 晴，凉。至才盛馆吊李雨岩父丧，又入城吊唐蓉石。归途访徐绍圃，病不能见客，过子和数语。作寄祥兄函，带至阜康托伊代寄。遇李芍洲。是日，袁小午到京。

廿二日(8月22日) 晴，稍热。入署复校十五件，复看廿件，未初饭散。过城寓，暮出城拜陈培之，不值。湖北委员陈六奇嗣篁。带来五月十六信一函，外木匣一只。香合等。

廿三日(8月23日) 晴。晨至长椿寺行礼，修伯之柩明日行矣。晤子清昆仲、答简南平世兄、谒芍庭丈，均晤。芍丈定于八月初三南归，亦走水路。

廿四日(8月24日) 晴热。入署复校十八件，复看廿二件，午正饭散。吏部题大员给荫报名者三十九人，是为头题。至城寓，酉刻出城，过松竹购试卷，缘杨振甫送来之卷须拣换也。顺道拜汪翼新、孔斐轩、蒋寿山。镇嵩。昨日醇王面奉懿旨，所有妃园、寝方城、明楼、石五供等工，均著撤去，仍修石券一座。崇实请变通奉天吏治章程一折,下军机大臣、六部、九卿会议。岐元补盛京户侍。

廿五日(8月25日) 晴热。叔父拜客出城。谟公、魁龄得崇文门监督。

廿六日(8月26日) 晴热。晨偕五哥同至城寓,携安、寿赴贡院前看视,因遍历公堂号舍出,过小寓少坐归。为叔父帮同捡点行李。暮出城在致美吃月饼。

廿七日(8月27日) 晴热如三伏。入署复校廿七件,复看廿六件,未刻饭散。返城寓,知叔父今日请训,未蒙召见。明早先行赴工,荣侍郎以太夫人感冒须迟一两日也。车马行李粗备,暮归。陈彝升工部给事中,王兆兰放河南汝宁府,钟珂放江西吉安府,曾国荃请将钱鼎铭事迹宣付史馆立传。阜康送暑药数种。

廿八日(8月28日) 晴热。绂臣来晤,得厉吉人七月九日函,已到湖北矣。午刻设供,曾祖妣张太夫人诞辰也。郭嵩焘开缺以侍郎候补,周恒祺到京请安。

廿九日(8月29日) 辰巳间雷雨,旋晴又雨,风凉。入署复校四十四件,复看贰件,巳刻散。过城寓,数语即行,出崇文门,答陈鲁淇大令,嗣篁。于宝庆馆晤之,又顺道拜数客归。彭芍丈来晤。张岳龄补闽臬。士周来。

三十日(8月30日) 晴。五兄生日,安、寿出城,捡点考具,潘鹤亭来。

八月乙丑朔(8月31日) 寅卯间大雨如注,黎明止,竟日阴。午正赴安徽馆,今日壬戌本房世兄公请,在坐者五人,兰南坪、宗杰,户。童健庵、德中,刑。张子腾、家骧。周生霖、德润,翰。龙芝生,湛霖,翰。而东向列名者有于飞卿,腾。系寄团资者也。酉初散,送芍庭丈,晤之。许钤身赏二品顶副,郭嵩焘奉使赴英国。今日召见。

初二日(9月1日) 薄阴。晨挈安儿进城,旋入署复校三件,复看三件,巳刻散。又过城寓,饭后归,顺道访松坪谈,并问其尊人疾也。刘永诗、张哲卿、陆绅甫均送元卷四金。礼部请换戴暖帽日期,得旨著于二十八日。黄昏雨。

初三日(9月2日) 微阴。进顺治门诣英伯文处,并答其世兄,锡斌,兵部员外。未见。访黄绎之、顾缉庭,晤之。又过月舫处取监照,见芥凡来札,已于五月初办葬,六月初到省,廿日左右可到凤阳矣。长善、张兆栋奏督臣随员招摇滋事、滥支款项,得旨英翰交部议处来京候议,道员裕庚等严议,提督奎光仍回安徽,原省所支薪水等项并著追缴。刘坤一升广督,刘秉璋补江西巡抚,李文敏升布政使,任道镕升按察使,林之望、应宝时均来京候简。惠陵于今日午时诹吉开工,天气晴朗,不知工次如何。读《五代史》毕。计七十四卷。

初四日(9月3日) 晴晨。至城寓,已刻入署复校廿一件,复看八件,午刻散。至天福堂,王明山招饮,申刻先散。又至安徽馆,余绂臣招饮,坐有成子和、孚,运司,丁忧回旂,照道员例仍回原衙门当差,子和现经魁华峰派崇文门奏委。承季膺、胡介卿、贾小樵、杨子通、方矩门、陕西官。余搢珊,暮散,酒醉而归。孙衣言升湖北布政使,卫荣光升安徽按察使,勒方锜升江苏按察使,德馨放开归道。

初五日(9月4日) 阴。缮十七号禀交天成亨,伊处明日有人走也。江安粮道放刘传祺,孙凤翔放云南遗缺府,蔡赓良放归德府。

初六日(9月5日) 阴雨。主考放毛昶熙、崇绮、殷兆镛、徐桐,同考官张家骧十八、庆锡八、荣洪钧十三、龙湛霖九、李鸿逵十二、陈宝琛十五、许景澄三、徐文泂十、李郁华十六、鲁琪光六、曹素哲十四、施之博十七、赵汝臣五、潘衍鋆一、李殿林十一、曾培祺七、贵恒、黄槐森,内监试廷禧、沈淮。南皿总数一千〇八十人,南官四十五人。遣仆辈先赴小寓,雨势渐大,颇为焦虑。折弁李得旺来,得父亲七月廿一日函,合署平安,服程丽芬观察补药方,手战、肠红诸症渐平,入闱须二十日,两署公事极烦,鄂中已旱,设坛祈祷。制军于十八日起身,九月中考试,属员已牌行矣。《兵制考略》已刻成八百本,费百廿金耳。雨声潇潇,彻夜不寐。高崇基放安庆遗缺府。由外官升。

初七日(9月6日) 西北风,晴,仍躁。入署复校贰件,复看廿四件,午初散。至城寓饭后,同安、寿、哲卿赴小寓看牌,安、寿均在西,各六十五牌,哲卿东七十三牌。子和来,夜卧甚适。董恂署吏尚,袁保恒署吏右,童华署兵左,德椿署吏右,潘祖荫署礼右,均入闱缺也。叔父酉刻回京,即过小寓一看,拟后日复命也。途次遇雨,策骑时多,甚惫。

初八日(9月7日) 晴热,小树来,访永诗、子和。未正二刻接签入场,顷之亦入,余同五兄回小寓坐,片时归。

初九日(9月8日) 竟日阴,暮雨。入署复校廿七件,复看廿七件,未正饭散。至城寓,今日叔父复命,蒙召见于养心殿东暖阁,时上亦在坐,数刻乃退,暮归。缮寄乙字十八号信,附京报、载鹤峰、董□□□函。交折弁李得旺带回。得恽杏云七月廿一函,祥哥现派厘局帮提调,为特设之差也。菘云已启程来京。夜半又雨,天明后方止。

初十日(9月9日) 晴。午后进城赴小寓接考,顷之,叔父、五哥均来。哲卿先出,申正安儿出,酉正寿侄出。安尚有精神,而寿极倦,寿文甚妥,而安殊草之,且有小疵,幸未犯贴。题为"有德者必有言"一章;"陈其宗器"三句;"老吾老"至"天下可运于掌";"爽气朝来万里清"。得秋字。今年新例,三场要点写,二场文起讲,已遍张告示矣。

十一日(9月10日) 晴热,暮阴。子和来,申刻方入场,余即赴烧酒胡同寓。今日叔父奉命署刑右侍,夏同善毋庸兼署。未刻,余方得信,代缮谢折一通。并膳牌,牌无臣字。叔父赴简园招饮,待至酉正未归,乃赶城归,甚劳顿。恽菘云到京。汪泉孙生日。

十二日(9月11日) 薄阴。入署复校十六件,复看廿二件,午正饭散。至城寓,申正叔父回寓,侍坐片时乃归。恩承补内务府大臣,吴仁杰升祭酒。叔父谢恩,未召见,适刑部分班奏事,厚斋伯来信云士复兄之子名梓孙者于七月十二日病殇,其重媳王氏年廿一岁。情愿守贞,越日成服,深可敬闵,乐志堂中屡见贞节,吾宗光大,其未艾乎。夜雨西北风起,想试者骤寒矣。

十三日(9月12日) 阴雨竟日,黄昏乃止,乍凉,可薄棉衣。朱敏翁来晤,交粥捐银一百三十金。程五十、曾五十、杜三十。答菘云,晤谈良久,赠余宁袖袍褂一付,徽墨两匣,汪叔明画扇一柄,火腿二。申刻到小寓,哲卿已出场,顷之安、寿亦出,幸均无误。题为"其德刚健而文明,应乎天而时行,是以元亨";"同律度量衡";"八月萑苇";"齐人来归郓讙龟阴田";定公十年。"儒有忠信以为甲胄,礼义以为干橹"。

十四日(9月13日) 晴。申初安、寿接签入龙门,甚拥挤。折弁刘得胜来,得父亲七月廿九日函,一切平安,入闱须二十余日。席支不入帘。服程丽芬药方甚见效。星使已抵汉口。潘秋谷代理麻城帘缺,鄂中收子大而少。敏璋放福建漳州府。英翰、裕庚、文星瑞、陈澍霖均照部议革职。闻刑部有越狱窃贼一名。秀姑娘出城。

十五日(9月14日) 晴。晨向寿星叩祝,午间吃面。寄十九号禀交刘得胜带回。料理节帐,夜祀先。叔父仍入城,以明日奏事也。月光皎洁。

十六日(9月15日) 晴。是日巳刻叔父到任,季和来晤,安、寿暮方出城,待之久矣。策题、经训诂、史例、科举、水利、盐法。常熟来信,知兰侄女于本月初二日以劳瘵卒,侄婿赴试未归,可胜伤悼,绂兄之后,胡至于此。夜雨。刑部奏绞犯石山儿于十三日逃脱,司狱革职,提牢议处,刑部堂官一并议处,仍严拿逃犯究办。梓宫奉移时,长芦、两淮应进食品、银锞等均毋庸呈进。闻钱辛伯丁忧,袁子久之祖母在籍病卒。

十七日(9月16日) 晴。入署复校十六件,复看十六件,午正饭散。过城寓略坐即行,看应试诸亲友。贺望云,归。过聚亿,以捐监款公砝足银七十四两贰钱。王文韶奏刘典呈请终母养,恳收回帮办成命,允之。

十八日(9月17日) 晴。午刻为永诗、绎之、星桐、绅孚、哲卿接场,未正入城,申正散。

十九日(9月18日) 晴。入署复校十六件,复看十三件,午正饭散。过城寓,知叔父出城,余即匆匆归。持螯尚肥。

二十日(9月19日) 晴。晨吊子久祖母,一百〇二岁。坐遇荣剑翁,饭后挈安、寿游天宁、善果两寺,归途访菘云,遇寿轩于坐。汪鸣銮请以许慎从祀,下礼部议。

廿一日(9月20日) 晴。以十六千赁盆桂二,甚香。晨至天成,得湖北家信,系初四所发,外会银千两以济京寓用度。安、寿入城。夜至宴宾与五哥同请季山、子彭、菊庄、月楼、雨卿、子和,惟雨卿不至,亥正散。

廿二日(9月21日) 晴。卯刻即入城寓侍读一时许,入署复校十件,复看四件,午正饭散。至龙源楼与松坪公请徐少云、彭瑟轩、潘鹤亭、李应奎、增光。张鼐臣、祖甄。高倬吾、李芋亭,锡彤,河南人,中书。酉刻散。宗室取中七人。

廿三日(9月22日) 晴。祝雨卿夫人三十生辰。午后雨,夜,雨卿招饮宴宾斋,坐有五哥、小树、菊庄,亥初散。俊达病故,杨庆麟升广东藩司,天津道吴赞诚升府尹。

廿四日(9月23日) 晴。入署复校十八件,复看十四件,午正饭散。至城寓,暮出城送绅甫于天成店归。哲卿、菘云来啚谈。刘秉琳放天津道。

廿五日(9月24日) 晴。寄乙字二十号禀,附安儿文一道。托阜康寄去。叔父今日派拟题,宗室复试。巳刻出城,饭后入署去。闻曹宝臣丁外艰,暮归阜康,又至天成店送哲卿,伊明早同绅甫回保。闻吉期定于下月初八,吾家各送贺分十二金,余又助哲卿川资八金。见班单钟次山上部本,马植轩丁忧缺也,王福保选江苏盐道,潘瑞选彰德府。

廿六日(9月25日) 晴。晨唁曹宝臣,访益轩、邵伯英,晤之。预祝李侯先生,暮过阜康,说定存项名世之数,即津捐粥资也。与梦松、棣生饭于余庆。

廿七日(9月26日) 晴,午后微雨数点。入署复校十九件,复看十六件,午刻散。袁子久上通本,张子颀硕士,山西。上委署。余过城寓,叔父赴署未见,暮归。国史馆前日送来咸丰秋季三个月长编总档三卷,今日粗校一通毕,讹字极多。

廿八日(9月27日) 晴。晨至子久处作吊,送幛,四金。旋至长安门送菘云验看,午正散。菘云约至福兴居饭,坐有辛农、少薇、寿萱、君实、伯温、仲古,暮散。

廿九日(9月28日) 晴。叔父出城,午后过阜康遇吴子俨于坐,洪子彭招饮。上谕:总理各国事务衙门奏请宣示谕旨礼制,及酌定各部院大臣与各国驻京大臣往来一折,所奏办明谕旨礼制甚是。至与各部院大臣往来之处,著照所拟办理,钦此。伯母到城寓,寿官连日患腿疼,不良于行。

九月甲午朔(9月29日) 阴,未刻微雨。入署复校十五件,复看十五件,午正饭散。至城寓,寿官腿痛未愈,五哥亦到彼处,方少坐即出城,贺江世兄蓉舫之子,兵部员外。归。同署张葆英、尹学勤招饮,辞之。凤秀升理少。

初二日(9月30日) 晴。闻绍圃疾已愈七八,谈片刻即至万兴,邀松云、恽君实、宝桢。赵仲古、俞松坪、彭瑟轩饭,薄暮方散。仲古又招饮,坐添王小　、开福,湖北候补府。汤伯温、刘静之,诸人轰饮淋漓,戌正余先散归。安、寿出城,寿已渐愈。西风甚冷,酒气入脑涔涔然,宜戒饮矣。徐树铭前常少。到京召见。

初三日(10月1日) 晴。作寄三哥信,由杏云函中转达。作寄湖北廿一号信附文秋山信。交福兴润轮船局。忆龄官昙花已灭,否则十岁矣。

初四日(10月2日) 晴。西风甚寒,入署,自初二日移回委署堂办公。复校十二件,复看廿九件,未初饭散。见裕禄折片,丁芥凡已于八月十八日由皖赴鄂。过城寓,知叔父出城,乃匆匆归,而叔父又拜客去矣。贺孙文起同年,凤翔。祝内子生母寿。晤子和、雨卿,卸凉棚。

初五日(10月3日) 晴。范少泉来晤,得四哥八月十九日函,从正福胜轮船局来,与广通在一局。知严亲廿二出闱,曾患伤风已痊愈,天气已凉,考政严肃,一切平安。四哥服程丽芬补药亦有效,惟颇寂寞耳。潘椒坡、李干吾均分房。共十二房。书启添一朱君,承钧,浙人。朱墨笔添一汪君也。湖北试题:"君子尊贤而容众,嘉善而矜不能","自诚明"四句,"古人所以大过人者无他焉"两句,"晓江晴觉蜀波来"得"来"字。二场"为金为玉";"昔在文武,聪明齐圣,小大之臣,咸怀忠良";"绥万邦,屡丰年";"滕侯、薛侯来朝";隐公十一年。"黍曰芗谷"四句。三场经史、兵制、仓储、训诂。

初六日(10月4日) 晴。辰刻诣城寓,巳正入署复校十三件,复看十件,午初散。谒李相国于贤良祠,答徐曾士昆仲,出城吊曹宝臣,少坐乃归。暮至余庆,又赴瑟轩、芹芗之招,坐有王小坪、诸紫衢、彭△△、仲古、松坪,亥刻散。崇纶疾卒,赠太子少保衔。遣漪贝勒奠醊,赏银五百两,伊孙锡龄以内务府郎中即补。魁龄补工尚,景廉补左都,师曾补内务府大臣,孚王补正蓝汉都统。

初七日(10月5日) 晴。午刻至谢公祠,戊午直年公请孙文起太守、恽菘云观察。吴石臣、元汉辞未到,石臣系子健中丞之胞兄。顷之,李芍洲、王恭甫、全雨三来,乃入坐,未正散。袁小午是日销假。

初八日(10月6日) 晨细雨,午刻风作晴。与哲泉换班入署,复校十三件,复看四件,子久初上通本班,今日销假到署矣,午刻散。至城寓饭,永诗来晤,未正出城至万兴居赴余搢珊之招,坐俱同署友人,申正散。拜朱肯夫同年,甫从浙中来。礼部请复试日期,旨著于十月初四日。派惇王、文祥、毛昶熙、董恂、皂保留京办事,启銮后文祥署提督,崇厚署左翼,恩承署右翼。

重九日(10月7日) 晴。内子生母挈祝官来,午刻余至余庆堂赴何受轩之约,坐有恽菘云、君实、何海如、△△△,玉福,行八。申正散,酒食徵逐,无糕可题,其俗可知。

初十日(10月8日) 晴。午后过中兴永、含英阁。毛昶熙等呈进试卷前十本。旧例初一,自上届会试起,以人多改于揭晓前五日。乌阿喜崇阿补阁学。十月初十日慈禧皇太后万寿节,礼仪照六月十二所奉旨行,题本双签未下,见明发。此次本内有夹片,印系六月十二之旨,而阁中所拟双签仍照旧式,枢堂甚不以为然,明年每遇此等本章,尚需另拟签支也。菘云是日验放,后日谢恩。

十一日(10月9日) 晴。入署复校十五件,复看十七件,未刻饭散。至福隆堂应张镜堂、吴吉人之招,坐俱委署同事,暮散归。总理衙门奏请申明各国条约,饬各直省保护洋人有明发谕旨一道,湖北饷员方希鉴带到新刻《兵制考略》六十册。昨今两日,朝审上班,闻越狱之石山儿,昨已就获。

十二日(10月10日) 晴,渐寒。叔父出城,午后,余至财盛馆吊钱馨伯尊人,坐遇朱肯夫同年,贺松云未值,今日谢恩,未召见。

十三日(10月11日) 晴,大风。午后安儿进城,吴石臣观察来晤,暮至和兴、天成少坐,夜过龙源楼,应徐少云石麟。之招,坐有瑟轩、刘淑翁四川人,以符水治病,住四川新馆。及其同乡罗氏昆仲,亥初散归。贵州巡抚曾璧光疾卒,赠太子太保衔。照总督例赐恤,一子荫生以员外用,一孙赏举人,一赏主事。振诗原兴。由山东知府验放到省。

十四日(10月12日) 晴。入署复校十二件,复看十八件,又复高丽表五道,午正方毕。刘哲泉放贵阳遗缺府,即额健庵所放之缺,额未出京昨病故矣。以黎培敬为贵州巡抚,林肇元为布政使,余思枢为按察使,曾纪凤为贵西道。未正散,至城寓少坐,旋至琉璃厂看红录,则南宫已报万本端、藕舲尚书之子。陈崇庆六舟之子。矣,知者寥寥,暮归。四更闻《题名》唤卖,怦怦不已。

十五日(10月13日) 晴。折差盛万年来,得父亲九月初一日函,知前月廿二出闱,感冒已愈,惟咳嗽、鼻涕未止,闱中一切妥洽,人士平安,约重九揭晓也。林远郇交卸,王大经署藩,何维键署臬,胡凤丹署粮道。近日苦旱,木棉大损。武场定于十月初七开考,文闱点名等事仿林文忠抚吴时章程,极整肃。四哥亦有信,服药有效,近体甚健。午刻至谢公祠,应吴石臣元汉。观察之招,坐俱河南人,申正散。贺哲泉、万藕翁世兄,又贺黄绎之,二百七十九名。均未晤。闻题名知者寥寥,苏府仅四人,江阴中四人,而陈氏居其三。聘臣昆仲与其叔某。且房考中惟徐挹泉房中三十一人,可谓文运之盛。接班单知刘厚庵上部本。是日叔父拜客,道滑马踣,幸未伤。

十六日(10月14日) 晴。入署复校廿四件,复看四件,十八启銮,有回避。午初散。至城寓,而叔父出城,待至申初方归。左臂酸痛,拟服三黄宝蜡丸,马不得力,颇觉受累。刘哲泉昨日谢恩,未召见。今日递牌子叫起。

十七日(10月15日) 晴。送华心桐,已行矣。晤宝斋,数语,又过子和、小树处,知词甫将到。贺挹泉归。适哲泉来长谈,午后过天成,同至大元皮局看货。旋入城,暮赶城归。署中知会侍读缺,刘星岑拟正,余拟陪。拘定资深,而仍以余作陪,无谓之至。领落卷,知寿官挑誊录,四十。安儿卷出曹秉浚房,应酬官卷而已。夜大风。

十八日(10月16日) 晴,风。辰刻启銮,上奉两宫恭送穆宗毅皇帝、孝哲毅皇后梓宫奉移。叔父派出恭送,卯刻诣观德殿即随步送启行,大小各衙门执事人员不计其数,校尉民夫用至一万五千余人。两分大辇,每分六十班,每班二百廿八人。折弁盛万年来见,即日走。缮寄廿二号禀,附京报、闱墨题名、考官单。并黄折、贺本及梨膏均交盛弁带回。得李相国赠十六金。菘云、文卿来长谈,闻梁鸿少磨勘七卷,挑剔极严,解元三场空策亦经签出,噫!不情之甚者矣。

十九日(10月17日) 晴。入署复校十一件,兼听报班,申刻散。至城寓小坐,归途访何寿轩不值。张词甫自松江来,昨日到京,夜饭后过彼长谈,丰采如旧,语多阅历,不见者五年矣。余以劳绩而且资深,拟陪恐不合例,嘱菱舟回堂行查吏部矣。

二十日(10月18日) 晴,风。作不列号信并靴一双、柿霜一匣，托陈鲁奇大令嗣篁。携回湖北。另送陈公物六种。前得本家镜湖函，今作复信交来人带去。午后初听秦声，暮得仲兄九月十一函，家中无事，蔡氏失火，兰侄女之柩化为灰烬，何惨酷乃尔，为之酸鼻！恭请大輂之雇佣民夫，恩赏广储司银三千两。是日无验放。

廿一日（10 月 19 日） 晴暖。入署复看十件，午刻饭，俟未正发报乃散。至城寓一看即行，访朱研生不值。词甫送折扇、茶叶、青笋、火腿、饭单、缎边共六事，袁子久送墨拓四种。南公鼎全形、式好堂董帖、杨少师韭花帖、岳忠武出师表。昨今两日均发请安折，留京王大臣与各部院及候补候简各员皆各具折也。

廿二日（10 月 20 日） 晴。晨访词甫谈，过朱研生又不遇。午刻至余庆堂请刘哲泉，并邀刘厚庵、王益轩、何受轩、俞松坪、袁子久作陪，未初入坐，申正散。本约菘云、余播珊，均有事未到。

廿三日（10 月 21 日） 晨阴雨，午后大风，晴。词甫来谈，阅邸抄：恭请大輂之民夫再赏广储司银五千两，修造步甲赏半月钱粮，守护景山之兵丁赏半月钱粮。恭理丧仪王大臣赏加三级，礼工二部内务府堂司各官赏加二级，其余管营及恭送随扈王公文武大小官员赏加一级，守护行宫并随御营兵丁均赏半月钱粮，办差之直隶总督文武员弁赏加一级，沿途当差兵丁赏一月钱粮。夜风未止。

廿四日（10 月 22 日） 晴，暮阴。晨访朱研生，托问李公曾否出京。入署复校十件，复看十一件，未初散，至城寓，暮归。访子和、雨卿不值，均昨日遵化回也。

廿五日（10 月 23 日） 晴。午刻至福兴居，菘云邀同五哥饭，待少薇久不至，申刻散。过阜康，夜余邀菘云、词甫、雨卿、小树、子和，仍在福兴饭，亥初散归。是日，十里庄祭范文正公，余弗克往。遣人以楮果供龄官。今日有验放。

廿六日（10 月 24 日） 阴，细雨，顷之渐密，申初方止。入署复校三件，复看三件，午刻饭散。至城寓，与永诗谈，昨日来。申刻叔父自东陵归，身体安适，途次帐房等颇不便，加级谢折系在陵署中有公折。

余事平平。暮赶城归。折弁杨国胜来,得父亲九月初十日函,体中安健,惟鼻塞、胃口不香。文闱已发榜,解元王之端。寄题名闱墨来。常熟寄去先文端公诗集两部,带一部来。四本,六卷。祥哥曾有信,到鄂局差,薪水四十金,可敷衍。

廿七日(10月25日) 晴。晨访士周,托其办给兵部火牌事,此次折差投文请领之件也。词甫来,在此午饭,同过秦萃轩。是日△刻,上回銮。刘哲泉欲以车骡归我,作函却之。

廿八日(10月26日) 晴。朱研生来,云李植清文楷。可以就馆,拟于月初择日开学也。叔父回寓,暮仍出城。菊庄约午饭,未往。夜至福兴,五哥邀菘云、词甫诸人便饭。

廿九日(10月27日) 晴,雾竟日。晨访哲泉,以告贷百金面交,并赠以《经世文编》一部,绵绉袍褂料一付。谈至巳正方入署,复校五件,复看三件,午正饭散。至城寓少坐,寿官出城,访医未遇。见江南题名,常熟五人庞鸿书、劬庵。曾之撰、君标。褚宗亮、薛树培、吴似麟,昭文一人叶寿松,又副车二人张锡钊、昭。丁焕章,常。苏府共二十人。

三十日(10月28日) 晴。入署复校三件,复看三十六件,刑三十三。未正毕,饭散已申初矣。至城寓,适永诗来,谈片刻。暮偕安儿同出城。得沈品莲同年函并炭敬十二金,系庞心田带来。另有送何师母十二金,嘱余转交。御史周声澍奏磨勘官梁僧宝逞臆行私,得旨交覆勘大臣细核具奏。前江苏臬司应宝时,请终养,允之。吏部复文候补侍读统归资深班,拣选劳绩到班时仍归劳绩班照章拟补。十月初一接回文。

十月甲子朔(10月29日) 晴。晨贺勉甫,祝菘云,拜李植青,文楷。均不晤。叔父归,午正祀先。暮过清妙斋,旋至福兴居应词甫招,亥正散。徐颂阁之生母今日下世。黄昏大风,西院裂坍墙丈许。

初二日(10月30日) 晴,大风,顿寒。菘云来长谈,并请其定一丸药方。张诚由湖北告假回京,今日来,带到严亲手书一纸、九月十二交。外小钟一个、寄叔父。纱袍褂等三件。给两孙。徐绍圃生日，昨往预祝伊初愈，尚未出门也。庞心田来晤。

初三日(10月31日) 晴。送菘云貂袖、貂帽沿、程容伯书联、桦木帽架，另食物四匣。谒何师母，面交沈品莲同年寄款，一百十六两。晤其婿吴春林，春海三弟。适逢师母寿辰，乃补祝敬去。唁马植轩，明日开吊，后即回籍也。夜，季士周处送来兵部咨文一件，火牌二十张。文内指明交折差严国泰赍回。

初四日(11月1日) 薄阴，甚寒。寄乙字廿三号禀，附京报宪书。并咨文、火牌均交严弁赍回。入署复校四件，复看三十三件，未正饭散。过城寓，知叔父今日派出拟题，"凡有四端于我者"四句。复试者一百五十余人。申初到龙源楼，子和、少薇均约在彼便饭。夜饭于福兴居，黄子中招也，亥刻散。

初五日(11月2日) 晴和。至粥厂晤雨卿，午后答庞心田不值，过天成亨少坐。复试一等二十七人，第一冯文蔚。四等停一科者一人。张炳。徐绍圃来，病愈初见也。

初六日(11月3日) 晴。晨访庞心田，晤之。入署复校二件，复看四件，午初散。至城寓饭，乃赴万兴居，山西世兄柳惺庵、张海峤、何海如约也，坐有韩仲弢。耀光。

初七日(11月4日) 晴。午刻李植清先生到馆，为之设馔，招研生、菊庄、词甫作陪，申刻散。子彭约听戏，到彼已将散，遂同至泰丰楼夜饭，坐有沈△△、守缣。贺仲愈。良樾。万寿节前三、后三日均常服挂珠。

初八日(11月5日) 晴。叔父出城，旋入署，韩仲弢来晤。访菘云长谈。杨雪沧生日。

初九日(11月6日) 晴。托刘星岑兼班不入直。叔父出城，午正祀先，曾祖妣许太夫人忌辰也。夜赴郑雨卿万兴居之约。

初十日(11月7日) 晴。慈禧皇太后万寿圣节，不御慈宁宫。王公大臣在慈宁门外行礼，时蟒袍补褂，是日补褂一日。

十一日(11月8日) 大风乍寒。答韩仲弢,入署复校四件,复看四件,午初散。至城寓候叔父散署,余乃出城至福兴居与子久同作东道,为汪泉孙补寿,添邀彭瑟轩、俞松屏、高守吾、何诗孙入会,守吾以疾不克到,同人饮至亥正方散。作寄四哥函,附彭艾圃信。并库缎袍料一件、貂帽一顶,寿意交火牌差赍回,是为廿四号。入夜风定,仍寒。

十二日(11月9日) 晴,仍寒。初试烟火,子和来晤。午刻至安徽馆应恽君实之招,坐哲泉、菘云、少薇诸人,暮散归。仲古约福兴居,辞之。

十三日(11月10日) 晴,风,仍寒。辰刻闻叔父派武闱正主考之命,副王之翰。即驰入城帮同捡点行李,午初入闱去。未刻出城至衍庆堂,李小江、张文谟、张子祁公请,坐俱同署友人,暮归。得严亲九月二十七日家信,一切平安,已知南北闱题名矣,两星使廿八启程北归,其差囊得三千余金,本署送每人四百。颇费力也。又得张哲卿信,知伊得正定府卢公处馆,叶道台荐,每年八十金。即赴彼。其喜事已于九月八日办过。铁云赴河间催钱粮。

十四日(11月11日) 晴。入署复校卅六件,复看四十一件,申初散。至城寓少坐,归途访词甫,晤之。署中接实录馆文咨取校对,前日来。今日又接总署来文,传记名章京董世延当差,户部复奏启续参款以错误迟延议处,堂官一并议处。

十五日(11月12日) 晴。访宝斋、士周不值。过庞心田处谈片刻,至龙源楼应瑟轩之招,坐有哲泉、厚庵、松屏、子久,暮散归。宝斋来,托其询荫生事。作寄铁云、哲卿函交文茂。作答沈品莲同年函,交庞心田带回。黄子中来晤。

十六日(11月13日) 晴。入署复校卅一件,复看卅五件,未正散。至城寓,饬仆辈上灯后同车马赴贡院前祇候,夜半发榜,便可出闱矣。缮寄廿五号禀,附月钞,又恽菘云禀一件。并黄折、三十。贺本、十付。靴一双,交折差张荣华携回。吴吉人上通本,王萼庭蘗修。上委署。得厉吉人同年信，已得局差。信由菘屏交。

十七日(11月14日)　晴。巳刻入城，知叔父昨日亥初出闱，一切平安，同事王君精神未见周匝，几乎遗漏双好之卷。体中亦适，明日复命，即代缮折件，安折三、奏折一，均与王之翰联衔。交刑部笔政呈递。暮出城，得厚斋伯信，南中均好。今日以家信一纸并伯寅信一函、书三套托承季膺太守带鄂。刑部选实录校对四人：朱钤章、周之钧、高传循、魏元瑞，系掣签而定。程恭佑备选第一。上谕：惠陵现在开工，所有堪舆人员应即量予恩施，四品衔候选同知李唐著赏给三品顶带，从九品李振宇著赏给六品顶带，该部知道，钦此。

十八日(11月15日)　晴。叔父复命，未召见。召见王之翰。子和来，作寄三哥信交文茂局。午后，同诇甫昆仲听秦声，夜饭而归。同乡张敬堂保慈。来都。

十九日(11月16日)　晴，大风。叔父出城，余入署复校三十七件，复看四十九件，申初散，惫甚。星岑未到。答张敬堂不值，伊来京引见，昨始到此。得父亲十月初五日寄谕并宪书廿本，折差徐△△赍来。

二十日(11月17日)　晴。子中来晤。午刻至龙源楼，松坪招同哲泉、瑟轩、子久便饭，申刻散。至天和馆听三庆，不果，乃归。得陆铁云函。

廿一日(11月18日)　晴。晨至城寓，巳正入署，复校五十四件，复看卅二件，未正散。答王莩庭，归。复勘乡试卷之大臣奏给梁僧宝签出应议各卷照议办理，并申谕嗣后不得含混塞责，亦不得有意吹求。春庆升阁读学。

廿二日(11月19日)　晴。晨至粥厂，又访子中，晤之。小树、子和来，午后同诇甫至汇元堂，夜留诇甫在家便饭，余头痛忽作，甚委顿。张敬堂送墨两匣、笔十枝。

廿三日(11月20日)　晴。寄乙字廿六号信，附寄厉吉人信。并贺本十付交徐弁宗福携回。丁士彬放云南迤东道。昨日，普祥峪、菩陀峪保案入奏,极为优厚。

廿四日(11月21日) 晴风。入署复校廿六件,复看廿七件,是日秋审第一单。未正毕,散至城寓,候叔父散署归,数语即行,抵寓已上灯矣。成善放凤阳府。词甫到城寓,晤之。礼部奏朝鲜请封世子,李坧。派志和为正使,乌拉喜崇阿为副使,内阁撰给敕谕一道、诰命一通。

廿五日(11月22日) 晴。暮至余庆堂少坐,夜同五哥、小树、雨卿、子彭为词甫预祝,饭于福兴,亥刻散。

廿六日(11月23日) 晴,风,甚寒。祝词甫,三十三岁。入署复校廿三件,又秋审十二件,复看三十件,未正散。至城寓,暮出城,饮于词甫斋中。送哲泉,知明日准行矣。

廿七日(11月24日) 晴。方勉甫来长谈。午刻叔父出城。今日先伯父文勤公十周年亡忌,设奠。饭后访张敬堂于会馆,谈良久。拜邵伯英,未晤。广寿、景廉、彭久余、兴林均赏朝马。三哥生日。

廿八日(11月25日) 晴。巳刻赴长安门送词甫验看,先至署少坐,午正上班散后,词甫邀过福兴居饭,坐有沈希亭、莲。顾孟屏、翰,新捐主事,亦今日验看。洪子彭、徐隆伯,世昌,浙江归安人。申刻散。同至桐卿处谈。崇文门进银鱼。得韩邦庆信,系松江同年六一之子,欲告贷百金,恐难如愿也。又得王柳亭太守函,从其婿阮酉生汝昌。处来,旋知阮之作伪与韩无涉也。

廿九日(11月26日) 晴。晨至城寓,巳正入署,复校五十件,复看六件。初一礼部题恭遇皇太后四旬万寿应否进献礼物,双签本,照例前一年具题。又看朝鲜请封世子奏表二件,又方物表六件,一长签,一览王奏请云方物留抵礼部前已奏准,此系明日进呈之件,俟出科后递诰命敕谕式。未初散。星岑请鸭子,访绍圃谈,知兵部选馆差三人,季、胡、张。而伊为备选第一,久病甫愈,月初将销假。又访小树不值,伊明日赴遵化住工。梁僧宝告病请开缺,允之。

三十日(11月27日) 晴。午后同词甫听戏。刑部奏浙江葛毕氏一案，原题情节与现供歧异甚多，请饬再行严训。得旨著胡瑞澜按照刑部所指各节，逐一研究，不得含糊迁就，并将详细供词声明定拟具奏。四川人刘湘翁约在谢公祠午饭，辞之。

十一月甲午朔(11月28日) 晴。晨至城寓少坐，入署复校卅一件，复看四十件，未正毕，即行贺少桐，未晤归。署中回堂点出，选实录馆校对八人，翁、王宪曾、俞寿彭、彭銮、袁保龄、吴福钟、孟继震、方恭铭也。今日先妣杨夫人诞辰，申刻设供，余散直已过午也。宝森升詹事。

初二日(11月29日) 晴，风。内子生日，词甫、子和来此午饭。夜子彭招饮，子久约广和居夜话，未及往，勉甫来。

初三日(11月30日) 晴。访缉庭，交育婴堂百金，粥厂助款也。坐晤鹤巢，午饭过天成，在德泰购狸皮马褂一件。七两。又过桐卿数语。今日红本下，奉皇太后懿旨，停止进献礼物。第二签。

初四日(12月1日) 晴。访菱舟不值。入署复校廿五件，复看廿五件，未正散。至城寓即宿焉。夜大风，书房甚寒。叔父将往查验石塘，今日请训，与魁龄同召见。

初五日(12月2日) 晴，大风。卯刻起，冒风入署，拟陪验放，辰初。即代益轩换班，复校廿三件，复看廿一件，未刻散。仍回城寓，暮出城，李植清喉痛，延许沛川来看，今日小愈矣。郭嵩焘署兵右，并在总理衙门行走。昨日事。得铁云十月廿八函，得署衡水，料理赴任矣。

初六日(12月3日) 晴。子和来，刘岳昭部议革职，授刘长佑为云贵总督，严树森为广西抚，杨重雅为广西藩司，成定康为甘肃臬司。恭理处、内务府、礼工二部、各保襄办大事司员，均予优奖。叔父今日卯刻赴房山查验石塘。同人俱往。

初七日(12月4日) 晴。晨贺刘星岑、顾孟屏，分户部。问松屏疾，顺答数客归。午正祀先，文端公忌辰也。夜文卿邀同饮于余庆，坐有词甫昆仲、何霞蒸、仲敏，遇崔竹溪。名子澄，词甫同年，天津人。刘锦棠补甘凉道，陈彝放云南曲靖府。奉宸院、太常寺各保出力人员，光禄寺奏奖司员，得旨同治元年奉旨不准行，此次仍毋庸给奖。

初八日(12月5日) 阴寒，晨间微雪，向午即止。午刻词甫邀饮宴宾斋，坐有子彭、桐卿。左宗棠请以刘锦棠补西宁道，从之。铁珊放甘凉道，杨书香放奉天府丞。

初九日(12月6日) 晴。辰刻入署，同人约齐，到馆缮写履历，前两日馆中片传。回署复校九件，复看卅二件，未正散。至城寓略坐，诣宝、英、沈三堂及毛旭初、徐荫轩两总裁处，暮归。在署见刘齐衔片奏，潘观保署河北道，江西按察使任道镕昨到京请安。加云南文武乡试永远十名，从岑抚之请也。

初十日(12月7日) 晴。遣人送词甫到阁验放，余进顺治门拜客，兼拜馆中提调总纂诸人，贺张敬堂、亦今日验放。词甫，过天成少坐，归。夜至福兴居应词甫招。叔父申刻归自房山，体中安善。任福坠马伤腰。英敏放兰州遗缺府，载英补鸿胪卿。

十一日(12月8日) 晴。卯初起，即到馆，校对卅四人陆续到，候至午正方见总裁，一揖掣定额内十四人，馀俱额外。余额外第十名也，入署未及复校，四十二件。遂复看卅二件，未正散。谒彭味之先生，又拜数客归，甚惫。湖北主考朱、恽两君今日进城。

十二日(12月9日) 晴。午刻祝小树母夫人寿，拜任筱园廉访，又拜西山、次远不值，访程汝谟晤之。夜汪翼新昆仲招同季和、桐卿、子玉共饮于源升居。李瀚章奏遵查马加理被戕大概情形，请将同知、总兵等革讯，从之。

十三日(12月10日) 阴寒。巳刻入城，闻高守吾疾，见其形神憔悴，尚未大愈。唁徐颂阁。复至东城拜满总裁、提调诸君。未正到城寓，暮方归。班升赍来四哥交带信件，赠我宁袖袍一件、荆缎背面一个，给安儿荆缎袿一件、扇络一个，全姑娘寄内子红绿布、水烟筒等。

十四日(12月11日) 晴。惫倦不支，托星岑兼班，遂未入署。

作贺辛芝函，托子久转递。词甫来，宝斋邀同敬堂、望云至宴宾午饮，申初归。洪子彭生日。恽次远来晤，先交家信一函，系九月廿三日函。云严亲精神周匝，公事极认，吏治亦好，舆论翕然。丁日昌授闽抚，周家楣补仆少，郎中陈兰彬以三四品京堂候补并加二品顶带。王凯泰卒于任，赠太子少保衔，照总督例赐恤，赏银五百两，予谥建祠，一子赏举人，一子赏员外，一子赏主事，一孙及岁引见。

十五日(12月12日)　晴风。以巴缎袍料一件、平金佩带两种、顶子两枚、墨两匣赠词甫。寄乙字廿七号禀交火牌差蔡姓带回。暮折差郑殿元赍到严亲十月廿九日寄谕，合署平安，武闱已毕，取丁凤翔等四十一人。周子京冬月可以到鄂。新得湖南唐伯泉观察所赠《廿四史》、《通志堂经解》，颇为欣悦，附来《怡亭铭拓本》十分。兴奎放浙臬。寿官赴成均应课。

十六日(12月13日)　晴。晨至城寓，旋入署，益轩在彼代班，乃同看本，复看三件，午初即散。到馆小坐，同人甫看清本，一切尚无定章，午正又至寓饭。叔父前数日感寒，今日颇不适，恐将发烧，暮归。赴会馆，应张敬堂之招，坐有宝斋、伯英、刘竹溪，直隶人，乃翁现任宜昌同知。亥初散。毛昶熙、万青藜奏保勘估吉地工程人员，得旨毋庸给奖。刘毓楠观察引见休致。

十七日(12月14日)　晴。晨祝子和母夫人寿，周供事来，以黄绎之托领封事交办，朱酉山来。午刻入城知叔父昨夕发热，今犹未止，脑后仍痛，酌服防风、荆芥等数味，风邪尚未退净也。暮出城至福兴居与泉孙、瑟轩、子久、诗孙公祝俞松坪，亥正散归。

十八日(12月15日)　晴。午后祝俞松坪，夜子彭携同词甫昆仲、子中共饮，坐有桐卿。叔父热退仍倦，午后力疾入署，缘有要事商议也。秀姑、寿官均感冒发烧，秀姑较重。

十九日(12月16日)　晴，午后风。入署复校三件，复看卅九件，午正饭散。至城寓知叔父已大安，昨日进内。秀姑、寿官均未愈，延许沛川诊视，云体弱感冒，用疏解之剂，暮归。缮寄廿八号家信，附京报。交郑殿元赍回。

二十日(12月17日) 晴,狂风,寒甚。得哲卿正定来函。初八。暮松坪来长谈。

廿一日(12月18日) 黎明风定,晴寒。入署复校五件,复看五件,午刻散。至城寓,与永诗共饭。暮出城,赴福兴居公请词甫,为饯行之局,主七人。词甫赴部领照受寒,草草而散。秀姑与寿官服沛川药,均见愈,尚未起坐,外感已清,无所苦矣。

廿二日(12月19日) 晴。晨拜客,晤黄绎之,问词甫,知四肢厥冷,筋骨拘痛,发烧未透,来势甚骤,五哥为之诊视,投以桂枝、荆、防,当有效。夜饮福兴居,韵湖、子中、雨卿、子和为予预祝,暨为子彭补寿,亥正散。以桐古朝珠还孙姓手。是日祈雪,遣王拈香。

廿三日(12月20日) 晴。得杨丙如函。七月九日。午后,问词甫,知服药得汗,大便已行,渐轻减矣。同子和听秦声。夜张敬堂邀同宝斋饮于广和居。军机处保奏资深章京魏邦翰、陈毓秀、冯光勋均以员外,无论题选咨留即补,李园恒作为俸满又保修档,章京季士彬以员外、沈源深以郎中题选咨留即补。

廿四日(12月21日) 晴,风。晨至城寓,旋入署,复看六件,午正散。至龙源楼,星岑请寿酒,少坐先散归。申初,叔父归,祀先毕,仍入城。折弁杨连贵来,奉严亲初八日寄谕:合署平安。得杨雨如滇中来信。七月初九。

廿五日(12月22日) 晴。未时冬至。饭后阮酉生来,汝昌,松江人。为韩六一之子告贷事也。进顺治门拜客,祝刘雅宾传福之嗣母六十寿,入席少坐即行。问词甫,已渐愈,仍服药也。秀姑娘生日。王宪曾选补典籍。夜同五哥邀敬堂、宝斋、士周、伯英饮于广和居,戌正散。

廿六日(12月23日) 晴寒。晨至城寓,巳正入署,复校六件,复看九件,午正散归。夜同季和、翼新、建新、子和、子彭、桐卿、子玉共饭。兴恩放盛京工侍。

廿七日(12月24日) 晴。余三十九岁初度。缮寄廿九号禀,附京报外信。并奏折一百、折封五十交杨连贵。夜饮福兴居,同人为余公祝,亥初归。

廿八日(12月25日) 晴。今日四哥四十生辰,不及面祝,思之不置。晨谢寿,又访余绂臣,晤之。以不列号信并木帽合一个、内马尾纂等。翠货两匣,共一包。交贡差带回。

廿九日(12月26日) 晴。天成亨送来十一月初八家信一函,外带《道德经》一函。午后访季和,遇蒋寿山前辈、汪翼新。叔父出城半日。

三十日(12月27日) 晴。午后至城寓省视,暮出城送张敬堂,晤之。载庆升阁学,松森升祭酒。朱西山送湖北土宜六种,受其《史略》一部,《长江图说》一函。

十二月甲子朔(12月28日) 晴。卯初入城至署。辰初宝、沈两中堂至,即遇书汉票签,实缺三十二人。董芸龛迟到,吴爽园尚未到京,余均在署也,余以劳绩将次到班,嘱阁长代回,仍如上届故事,不愿得小一等,恐多周折耳。午后到实录馆,初次校清本,茫无头绪,讹字极多,略审半册而散。叔父今早赴东陵,余不克送。得任小园别敬八两。

初二日(12月29日) 晴。巳刻到馆,申正散。粗毕一通,尚有换页十余页,未能竣事。夜士周邀同敬堂、宝斋饮于广和居。署中京察拆封,李菱舟、刘星岑、王益轩、钟次山、陈云舫皆一等,吴吉人为备一等。

初三日(12月30日) 晴。暮至汪翼新斋中,同李芍洲游厂,过铁画楼观阁帖弗得,夜饮于汪氏斋中,季和同作东道,与蒋寿山、彭香九、芍洲诸人畅饮。

初四日(12月31日) 晴。入署复校四件,复看四十九件,午正到馆问换页未得,即散。至城寓小坐,夜饮蒋寿山前辈斋中,肴馔甚精,亥正散。英祥告假,长赓放广西臬司。今日叔父诣惠陵查阅工程。

初五日(1876年1月1日) 晴,风。校《国史长编》,王恭甫约东麟堂饭,辞之。夜翼新招饮如松,坐仍香九、寿山、季和、仲固、少薇,亥初归。回忆去年情事,不胜怆恻。

初六日(1月2日) 晴,仍风。托厚庵兼班不入署。午后问词甫,夜同子和饮于致美斋,小树自工次回,送食物数种。闻何海如初二日病卒,殊为惋悼。

初七日(1月3日) 晴,风,甚寒。访小树未晤,到馆前书换页已得,日暮校讫。至城寓,叔父申初回京,一切平安,惟山中及途次寒气倍甚。

腊八日(1月4日) 晴寒。祝官生日,回来磕头。午后独赴汇元堂,胸次不舒,竟日未进饮食,筋骨俱痛。杜梅舫招饮,辞之。

初九日(1月5日) 晴。入署复校四十九件,复看五十一件,申初散。过城寓,适小树来,晤之。赶城归,作三十号信付天成亨带鄂。此件迟至十四始交。

初十日(1月6日) 晴。柳惺庵来晤,拜客晤词甫未到,至广和居余揞珊招饮,坐有泉孙、少石、菱舟、星岑、寿甫、子久、松坪,暮散。士周生日。

十一日(1月7日) 晴。入署复校四件,复看五十六件,未正散。过城寓,暮归。廖仲山星使过鄂时托带《康熙字典》一部。新刻,今日送来。夜访子久谈。

十二日(1月8日) 风,晴。晨起闻叔父简派侍学之命,即入城寓,钦奉懿旨:皇帝冲龄践阼,亟宜乘时典学,日就月将,以裕养正之功,而端出治之本。著钦天监于明年四月内选择吉期,皇帝在毓庆宫入学读书,著派署侍郎内阁学士翁同龢、侍郎夏同善授皇帝读。其各朝夕纳诲,尽心讲贯,用收启沃之效。皇帝读书课程及毓庆宫一切事宜,著醇亲王妥为照料。至国语清文系我朝根本,皇帝应行肄习,蒙古语言文字及骑射等事亦应兼肄,著派御前大臣随时教习,并著醇亲王一体照料,钦此。叔父具疏稿恳辞恩命。午后缮折刑部笔帖式呈进,暮出城。文中堂请开要差,不允,赏假两个月。徐树铭补鸿胪寺卿。是日,刑部京察过堂,内阁接到吏部通行文书,内称各衙门人员劳绩保奏,以某官作为候补者,毋论是否应升之阶,即令其在所保之项候补,以本年十二月初五日奉旨之日,即开底缺,至保奏以某官升用补用,并无作为候补字样者,若非应升之阶亦开底缺。奉宝中堂谕:行文吏部,问明是否满汉一律办理。是日又奉堂谕:侍读委署、侍读各员,遇有班期,均于黎明入署。

十三日(1月9日) 晴。午刻入城,知叔父今日未蒙召见,内阁奉懿旨,署侍郎翁同龢奏披沥下忱、侍郎夏同善奏钜任难胜、恳辞恩命各一折。皇帝入学之始,端资养正,朝廷以翁同龢曾在弘德殿行走有年,特命与夏同善在毓庆宫授读。翁同龢、夏同善惟当尽心纳诲,用副简任之意,其各懔遵前旨,毋许固辞,钦此。又奉上谕:所有翁同龢承修惠陵工程,著改派吏部左侍郎恩承敬谨办理,钦此。叔父未正回寓,撰就谢折稿,即赶缮交笔帖式,明日呈递。余日落时方出城,子彭招饮聚奎亭,坐有词甫昆仲、小树。吏、兵二部查办废员,得旨将圈出各员分别带领引见。阿克达春放山西归绥道。

十四日(1月10日) 晴风。晨刻入署复校五十件,复看五十五件,未正散。适叔父出城,余小坐即行,至余庆堂应朱酉山、恽次远之招,坐俱同年友人也。叔父今日与醇王、劻贝勒、六额附、夏同善蒙召见,温谕有加,事属专责,祗得谢恩而退。浙江绅士具呈都察院请提讯杨乃武一案,得旨:所有此案卷宗及要证要犯即著提交刑部秉公审讯,并著杨昌浚派要员小心押解要犯,毋得疏忽干咎。折差胡正贵赍到严亲十一月廿七日寄谕,一切平安并附贺年各信来,阜康汇银一千两。今日在署见礼部题文职大员给荫本,第二题。奎孙、安孙名均在内,计十六见面,奉旨依议,十八方出科也。

十五日(1月11日) 晴。刑部京察拆封,五哥得备一等第一,正八备四。吊子久伯母之丧。设位不开吊。午后访小树,知监督监修均仍旧办事。恩采普并未派人也。夜与词甫昆仲同饮于聚奎亭,小树作东道,月色极佳,亥初散。钦奉懿旨,钦天监奏选择入学吉期一折,著于明年四月二十一日皇帝入学读书,钦此。靳邦庆放浙江衢州府。慧官连日咳呛,未能安睡。

十六日(1月12日) 晴。入署复校五十九件,复看十六件,封印前一日有回避。未初饭散。至城寓与叔父禀商一切,申刻出城过阜康,访瑟轩略谈归。闻菱舟派署帮班。

十七日(1月13日) 阴。王明山、蒋寿山、徐小树来。暮过阜康,遇文卿。夜绂臣招饮福兴居,坐有徐古香、沈挹甫、词甫昆仲,亥初散归。万青藜工次出差,贺寿慈署礼尚,廉恩放成都遗缺府。吏部题复史馆五年例给议叙,余列一等,得加一级,纪录二次。

十八日(1月14日) 晴。寄三哥信托阜康带浙,又缮湖北三十一号禀,又京报外信一总函。并棉鞋、银合等一包,秀姑娘寄。又四哥暖靴一双均交胡正贵,明日即走也。薛小云招饮,辞之。暮过阜康遇小树,将出门又遇邵辛卿,复坐谈良久,知伊新从道口来,加捐道员改指直隶也。

十九日(1月15日) 晴。是日卯刻封印,邵辛卿来谈良久,吴棠告病开缺,以李翰章调川督,未到以前,文格护理,仍命翁△△兼署湖督。昨御史吴镇请慎选宦寺。奉懿旨皇帝入学,随侍太监应择恂谨老成之人,醇亲王等随时稽查,如有积习,立予重惩,钦此。叔父得例赏袍褂帽纬。

二十日(1月16日) 晴。晨至阜康取票,贺钱惇卿不值,访绂臣谈,过黄沸川处,知昨已到京乃晤,谈半时许,午正归。词甫在此,遂留午饭。暮游大栅栏大街门框胡同,过桐卿处,适子中诸人在彼。旋至福兴居,与泉孙、松坪、守吾、诗孙、子久为瑟轩豫祝,戌正散归。张道渊条陈,请严场规,殿试早交卷。饬各省稽核款项,各道复审重案,均见明发。

廿一日(1月17日) 微阴,午后大风。是日三坛祈雨。晨至城寓，午初到馆，校书一通，五十八卷。暮散归。吴华年来京，广西学政放欧阳保极。

廿二日(1月18日) 晴，风。刘永诗、李植清解馆，设馔小酌，邀缉庭、词甫、子和作陪，酒酣耳热，日暮方散。闻殷小谱病卒，可惜也。恽次远送土宜八种，受仪礼图三册、笋二篓、羊肚菌、香菇各一碟。

廿三日(1月19日) 晨晤方勉甫丁母忧，访刘星岑。今日祖母许太夫人诞辰，午刻设奠。饭后到馆将前日所校之书对档校讫。夜祀灶神。得严亲处十二月初七日函，一切平安。金国琛放广东粮道。

廿四日(1月20日) 晴。无云而雷，午止。祖母许太夫人亡忌设奠，午后过阜康、天成。安徽臬司卫荣光到京。军机六部九卿议复变通奉天吏治章程，得旨准照所请。盛京将军作为管理兵刑两部兼管奉天府府尹，加衔如各总督例，府尹加二品衔，以右副都御史行巡抚事。五部侍郎各专责成，治中改为驿巡道。各厅州县满汉兼用，加理事同通衔。得张哲卿、陆铁云函。

廿五日(1月21日) 晴。缮寄三十二号禀，附京报，又谕信七函，又载鹤峰信、陈菱舫信。并折匣等两包、油纸一卷、奶饼四匣交许光太带回。许弁来见。

廿六日(1月22日) 晴。词甫邀永和轩吃羊肉，乃过彼同往，暮散。作复铁云、哲卿函分寄衡水、正定。

廿七日(1月23日) 晴。望云来，闻庞定翁、劬庵均抱恙。午后祝瑟轩，贺欧阳用甫学使，答邵辛卿，访恽少薇，均不晤。黄绎之来。

廿八日(1月24日) 晴。料理账目，顾紫封国诰。来，致其兄竹城大令信件。申刻敬神，夜祀先，眷念湖湘，不胜企慕。今年各处应酬用三千九百余两。

廿九日(1月25日) 晴风。晨至粥厂晤雨卿，适赵寅臣来，交王姓施粥捐条。悬挂先代真容，今年换新封条，不贴门对，不放爆竹，遵功令也。夜接灶神。作答杨丙如函，并附叔父致潘琴轩方伯信交田雨田我霖。转寄。黄厨又送一品锅，酬以四十千。

光绪二年(1876) 岁次丙子

正月癸巳朔(1月26日) 晴和,午后微风。辰正上升殿受贺。先诣慈宁宫。晨起拜先祖,叩伯母,以次新禧,诣亲友至近者数处贺春,车马甚属寥寥。

初二日(1月27日) 晴,风。午刻敬神。

初三日(1月28日) 晴,作寄滨舅函,并刘衎福信及故纸一包交寿侄带回。午后访词甫,挈同两儿听秦声。

初四日(1月29日) 晴。晨答亲友,午后诣各中堂宅,至城寓少坐,暮归。

初五日(1月30日) 晴。午后进顺治门拜年,闻杨振甫、曾印若、叶茂如三人到京,得奎侄十一月杪信,合家平安。夜供先代真容,即日恭收矣。折差李得义来,得严亲十二月十九日信,一切安善,鄂中得雪八九寸。北边境刀匪出没,襄郧一带匪徒稍敛。广济阳城山开煤甚旺,今与南北洋大臣会奏委盛道杏生,宣怀。督办,附来刘哲泉汉口信一函,十二月十三到汉。内有家书。嘱交博泉也。

初六日(1月31日) 晴。午后访振甫、茂如,晤之。申刻至子久斋中,与菱舟、星岑、杨雪沧、揩珊、松坪、瑟轩同饭。上灯时过宴宾斋,小树招饮,坐俱熟人。得士吉函,茂如交来。

初七日(2月1日) 晴。印若送茶叶两包、火腿一只。安、寿到城寓,又赴广宅。暮仍出城至福兴居,词甫招饮,坐有耿少楼。恩龄,河南,思泉三弟。伤风头痛,夜卧作冷。

初八日(2月2日) 晴。晨起黄沛川送土宜五六事,受之。词甫来，夜与五哥公请词甫、韵湖、棣生、小树、雨卿、子彭，饮于福兴居，惟子中未到，戌正散。缮寄升字第一号禀，京报，复信十六函，又长叙信一函，黄绎臣寄题名一本，陆铁云信一函，刘宾臣寄街道碑一册。并秀姑寄莱卿靴一双、高丽参一斤均交李弁得义。赍回，是日，折弁李得胜送来严亲十二月廿二日寄函，一切平安。

初九日(2月3日)　晴。午后游厂，夜饮福兴居，徐古香招与词甫、少楼同坐。荣禄丁母忧，恩承署户右，崇厚署左翼总兵。

初十日(2月4日)　微阴。酉正交立春节。晨送词甫，答印若，均晤之。谢步数十处，杨振甫表弟送余篆字屏四幅、咏舅书。经文八册、墨四定。夜雨卿招饮宴宾斋，坐仍昨日友人也。得辛芝函，子久交来。作致胡月樵函托词甫带。

十一日(2月5日)　阴。叔父归，知昨日与同人赴总署，八国使臣分起接见，自邸以下皆在坐，为之设酒果也。巳刻词甫来此同饭，乃与寿侄登车长行。寿侄雇太平车一，轿子三。今晚住黄村，送之者杨正甫、叶茂如。缮寄升字第二号禀，附外信九函。并四哥所要陈墨一匣，交折弁卢得胜。午后同五哥游厂。

十二日(2月6日)　晴。午后游厂，过子玉斋中少坐，风暖冰融，泥途滑滑矣。

十三日(2月7日)　晴。晨至蔚丰厚，取傅哲生年丈信，各枢堂贰佰又八韵，叔父处百金。并赠我百韵诗，当付一收条，面交郭朗亭。归饭。午后拜客，过会馆宝斋招饮，坐有欧阳用甫、金翼亭，国琛。余俱同乡也，日落散。

十四日(2月8日)　晴。午后游厂，访朱小翁。洋人有来答拜者。

十五日(2月9日)　晴。巳刻到馆，同人咸集，午刻提调来，致意校对诸人须帮同纂修看恭阅本，详定句读字体，午正散。拜客归，作谢傅哲生年丈函仍交蔚丰厚寄川。夜命庖人治具，与五哥公请辛卿、印若、恩大、茂如、宝斋、伯英，亥刻散，望云、士周均未到。

十六日(2 月 10 日)　晴,风。辰刻到馆,分校恭阅本第五卷,讹字仍多,句读尤费斟酌,略读一遍,未刻出城。叔父约同乡饮于福兴居,命予往陪,印若、伯英未到,暮散。与辛卿过桐荫堂看玉器。少薇、莼庭约余庆堂,邵汴翁约夜饭,均不克往。

十七日(2 月 11 日)　晴。永诗、植清均定明日开学。今午为之设馔,约子中、小树、菊庄来寓同饭,申刻散。子中邀饮宝盛轩,坐有桐卿,余又赴厚庵前辈衍庆堂之约,坐有益轩、瑟轩、松坪、小云、吉人、子颀,酣饮至亥正方归。

十八日(2 月 12 日)　晴。晨与植清谈,旋入城候永诗不至,午刻到馆仍校恭阅本,未毕。暮出城,过泉孙斋中,同人为沛川、雪沧洗尘,亥初归,约雪沧入生日会。今日绍圃、子彭、汪翼新三处约便饭,均不克往。

十九日(2 月 13 日)　晴。是日辰刻开印,余到署少坐,随与菱舟诸公同至东库启视,则图籍充栋,无从下手。中堂派出侍读及选馆校对八人会同满友轮日捡点,盖为馆中需《一统志》而发也。乃于午正赴馆,将昨分之书印句读毕,日落散。至城寓数语即行,到福兴居应韵湖、林生之招,坐俱熟人,兼晤王世兄,朵垣,莲西之子。亥初归。向闻内阁大库储有小人一具,今日开匮见之,形如枯鱼,(喉)[猴]首鸟爪,长不满尺。报传为国初由外国入贡,今略存皮骨,不辨其是人是兽也。其余所藏明时书札甚多,皆载在档籍,书分六库,大抵不全者多耳。

二十日(2 月 14 日)　晴。初次该班,复校三件,复看五件。午初赴城寓,饭后出城,过和兴购朝衣披肩一分。

廿一日(2 月 15 日)　晴。晨吊方勉甫母丧,又吊殷小谱,贺查映阶,出顺治门拜客归。叔父午后出城,薄暮乃回城。余申刻赴福兴居,邀菱舟、星岑、益轩、松屏、瑟轩、子久、搢珊便饭,戌正散。颜士璋放兰州遗缺府,恩福调奉天驿巡道,黄槐森放大顺广道。

廿二日(2 月 16 日)　晴。巳刻到馆,知前日之书誊录处不肯贴补,乃自为补改一通,未正散。即赴余庆堂与绍圃、酉山、公辅、芍洲公请用甫学使，暮散。温宝森请开缺，允之。

廿三日（2月17日） 晴。辰刻入署，复校四件，复看三件，又到库一看，一统志缺少甚多，今日捡会典，恐亦不全，午刻领事回知，奉上谕户部右侍郎兼管钱法堂事务著翁△△，补授其所署刑部右侍郎著潘祖荫署理，钦此。余于午正到城寓恭缮谢折，户部笔帖式递。叔父自城外归，叩贺大喜，申刻出城，今日京察本章见面，奉懿旨：恭亲王优叙，文祥、宝鋆、沈桂芬、李鸿藻议叙，李鸿章、左宗棠优叙，余照旧供职。

廿四日（2月18日） 晴。寄升字第三号信交福兴润轮船局。附昨日京报一本。叔父谢恩蒙召见于养心殿西暖阁，四刻而退，出城拜客，到家少坐。申初余至余庆堂，与松坪、瑟轩、子久、守吾、映阶公请阁长、委署及直房熟人，共到四十二人，辞者廿人。亥初方散。上诣大高殿祈雨。

廿五日（2月19日） 晴。晨至城寓小坐，即入署复校十四件，复看七件，午正饭。赴馆将书中贴补处填字毕，又到署对大员京察谢照旧供职公折，大学士、六部、理藩院、仓场、都察院、阁学。乃散。出城至福隆堂，应两阁长之招，坐中委署同事也。今明两日三品以下京堂、京察引见。山东登州府放贾瑚。祝子久生日，得祥哥去腊初三日信，甚慰远念，盖别已年余，此第一信也。住杭城板儿巷。礼部奏派知贡举派出麟书、徐桐。

廿六日（2月20日） 晴。叔父出城，邀小午、沛川、用甫诸君便饭，即住此。余于申刻至福兴居，同人公祝子久，此次又添杨雪沧一人，亥刻散归，痔痛甚倦。三品以下京堂均奉旨照旧供职。得华尧峰祝三，广东南韶连道。世丈信，炭金十二两。

廿七日（2月21日） 晴。今日吏部京察过堂，余往留署该班，前数日行文。乃与益轩换班入直，复校四件，复看十件，午正饭散。过瑟轩处，邀同松坪至天和馆听长庚戏，甚佳，暮归。得王枳篯函，从贾孝△处送来。

廿八日(2月22日) 晴。午后,过小树晤之。寿官来信,云十九抵泰安,体已大愈,一切适意。廿五六可达清江。词甫亦有信,甚慰悬系。陆绅甫从衡水来。

廿九日(2月23日) 晴。午后,绅甫来谈良久。衡水令实缺,王君不久赴任,故急于谋调署也,以前年借款二共 来还,只得留之。

三十日(2月24日) 阴。午后大雪,日暮乃止,积有寸余,夜风,晴。晨答仲甫未值,入署复校十一件,复看九件,午正饭散。到馆少坐,冒雪到城寓,暮归,过鉴古。

二月癸亥朔(2月25日) 风晴寒。作不列号家信一函并虎骨胶一斤,托欧阳用甫学使过鄂时带交。未刻,叔父出城,暮仍回。夜赴余庆堂李子清、增光。倪俞轩惟钦。之招,坐有菱舟、星岑、瑟轩、松坪、子久、映阶,亥正方散。是日一等人员引见,第一天内阁、翰林院、吏部。内阁小一等初四日引见。

初二日(2月26日) 晴。内子挈儿女辈入城省视,午后访绅甫,同至汇元堂听秦声,暮归。

初三日(2月27日) 晴,大风,甚寒。入署复校贰件,复看贰件,午初到库一看即散。至城寓俟叔父回,侍谈一时许,申正出城。徐少云约龙源楼夜饭,辞之。咳嗽甚乏也。刘成忠特旨准补南汝光道。军机大臣面奉谕旨,未亲政前遇太庙时享及祫祭,均前一日亲诣行礼,自本年孟夏为始。金逸亭观察国琛。送别敬八两。得陈蕖卿函,现署镇沅厅同知也。

初四日(2月28日) 晴。午后至谢公祠,益轩、厚庵、次山、云舫、寿珊、小云公请也,日落方散。

初五日(2月29日) 晴。复校贰件,复看十五件,未初散。过城寓小坐,至大牌坊胡同访思大、茂如,同思大看小寓数处,暮出城归。子和昨自工次回京,送蜂蜜、益母膏等。今晚邀饮,余未克往。加甘肃永远中额十名,丙子科为始。从左宗棠请也。陆绅甫明日回衡水,约伊便饭不至,余送莲子四斤,茶叶两篓。托彭味之少宰领得荫生照两张，送金逸亭席票，未收。

初六日(3月1日)　晴。晨至天成亨，为叔父购干尖大褂。同和瑞五十，冰窖△△。午后子和来，同至小树处谈，折差张国安来见，得月折并谕兼署折分两日递。严亲正月二十日函。京察单下，李、刘两阁长、益轩、次山均圈出。

初七日(3月2日)　晴。晨又至天成购灰鼠外褂，过同仁堂买安坤赞育丸，午刻归饭。后拜数客，即赴士周之招，坐有鹤巢、缉庭，余俱同邑也。思大云已为代定小寓，仍就连姓西院，共价十五两，甚合吾意也。散后又过万福居应菊庄之约，坐有许少珊、曹东溪、朱研生，亥初归。今日同署吉人、芸龛、东瀛、穆庄、慧生、镜堂、搢珊、王玉文有公请之局，辞之。阮汝昌亦有柬来，辞之。

初八日(3月3日)　晴。入署复校二件，复看十二件，午刻散。至城寓侍谈，暮出城，过聚兴购洋绉束腰。旋至福兴居与五哥公请绂臣、古香、子中、子彭、子和、小楼、雨卿，亥正方散。李植清失跌伤右臂，招剃头人捻之，稍愈，饮以黎峒丸、七厘散等品。同邑又到六七人。

初九日(3月4日)　微阴。杨葆初自楚北来晤，并带到正月初十家信两纸。午后过会馆与君表、绥卿、玉舟、镜仁、浦玉圃、薛君敏、俞幼兰谈，答绍圃、宝斋不值。送金逸亭观察，以第四号禀附京报、外信十二函。并白丽参一斤，安坤丸廿二丸，交折差张国安带回。

初十日(3月5日)　微阴。晨间又以叔父信一函交折弁与昨信一并赍去。入署复校十二件，复看三件，午刻饭散。至城寓小坐，即出城答绂臣、葆初，拜程禄生，覃叔丈之子。未值，归。四直同人八位公请，辞之。得辛芝正月杪函，椿记来。得严亲正月廿六日函，一切平安。为余绂臣书条幅，子和来。

十一日(3月6日)　阴，暮风，露微月。晨过城寓，午初到馆校恭阅卷十三，计六十六页，阅一遍，不及加圈，申刻散。至安徽馆应鲍印亭、袁锡臣、思　。朱肃峰、李瘦泉、清华。陈述垒寿彭。之招，上灯后散。今日在馆晤绍圃、程禄生,皆初选馆者也。

十二日(3月7日) 晴风。曾君表来,谈及虞山之北舆福之上里许。有连珠洞,自去夏始供奉观音石象,香火极盛,几同天竺。每日进香者不下千人,皆异闻也。寄三哥信丙字一号。交文茂局。午后访黄绎之未值,祝缉庭太夫人六十正寿。夜过广福居与松坪、子久共饮,瑟轩做东也。

十三日(3月8日) 晴。入署复校廿八,复看四件,午初先散。到馆销清本签一卷,仅改字体数处耳,复以前日所看卷十三之恭阅本,加圈未毕而散。申正到城寓少坐,赶城归。缮寄第五号信并丽参一斤、安坤丸廿八丸、缙绅一函交杨弁运淇。赍回。

十四日(3月9日) 晴。晨起闻派阅复试卷之命,驰至城寓,叔父已于辰正入闱矣。到馆将昨书校竣,申正散归。寿侄廿六抵清江,今日得其来信,途次平安。同邑又到数人。派阅复试卷,魁龄、彭久余、翁△△、潘祖荫。

十五日(3月10日) 微阴。托益轩兼班,未入署。自今以后拟稍休息也,午刻过子和处,今日行盘,酉刻散归。京察单下,记名者满廿九人、汉廿二人,刘星岑与焉。得士吉兄函,已至沪上,将作楚游矣。

十六日(3月11日) 晴。午后到会馆,初晤褚益延、褚宗亮、吴冀生、吴似麟,知昨日复试题系“禹闻善言则拜”;“林花不待晓风开”,春。入场者约千二百人。黎明进场,日暮交卷。申初至谢公祠与西山、绍圃、公辅合请黄植庭观察,槐森,戊午同年,辛酉补行广东。日落方散。植清臂伤已大愈,可举箸矣。

十七日(3月12日) 晴。钱绥卿送笔十支、墨一匣,并以银十五两见还。夜饮福兴居,子中约也,坐有子玉、桐卿诸人。

十八日(3月13日) 阴。巳刻雨,旋作雪,午止,风甚寒。夜过会馆,诸君均不在家,不知复试等第也。叔父午刻出闱,余薄暮方知,不及省视。

十九日(3月14日) 晴。巳刻至城寓,午初叔父归,知闱中一切平安,事烦甚惫,取一等八十人,二等三百余人,三等七百余人,四等三人。共一千一百九十六。题纸写误同治字,幸即更正。饭后到馆移签,小坐即散。过子和处未值,入内坐片刻。是日俞松坪母夫人生日。

二十日(3月15日) 晴。送子和喜分四两。叔父另送六两。晨过会馆,与玉舟、绥卿谈,适　堂、曼如到京。午刻过子和处,未正粧奁来,余等在帐房照料,夜饭后散。京察记名人员自今日为始,每日召见二员。今日毓铭、刘湝焴召见。

廿一日(3月16日) 晴。巳刻叔父出城,知今日卯刻同恭王、伯王、夏子松同叫起入养心殿。上先读满文数字,次读汉文二字,帝德。次写字,次讲《帝鉴图》,二刻许,乃退。午初过保安寺街,未刻与韵湖、雨卿、菊庄同至许宅迎亲,申初回视合卺礼,余与韵湖移花烛。夜饭后散。张荫庭端。到京送神曲一斤,甜酸咸四包。

廿二日(3月17日) 晴。先妣杨夫人亡忌,午刻设奠。暮贺星岑、钟雨晨、贾小樵,答陈杞瞻均未值。过会馆与　堂、绥卿谈。黄绎之来托领诰轴事,同邑又到五人。

廿三日(3月18日) 晴。是日补复试,各省新中举人四百七十余人,题"无为而治者"二句;"春江水暖鸭先知"。春。

廿四日(3月19日) 晴。子和来,暮过会馆同绥卿、近仁、君敏、幼兰饮于广和居。得湖北陈鲁奇嗣篁大令函,即复之。是日,士周母夫人七十正寿。

廿五日(3月20日) 晴,午刻狂风起,入暮方定。晨到馆看换页,旋入署复校八件,复看九件,午正饭散。至城寓,酉刻归。是日未正春分节。湖北藩台孙衣言昨日到京请安,丁士彬调四川建昌道,许培身补云南迤东道。公车又到二人,大抵无续来者矣。此次可得二十二人:钱绥卿、曾印若、曾君表、杨正甫、李玉舟、管近仁、归旭如、邵曼如、薛君敏、褚益延、吴冀生、叶茂如、殷芝阶、殷厚培、潘幼枏、浦玉圃、曹咏笙、陆懋修、仲卿和、庞　堂、邵伯英、翁海珊。

廿六日(3月21日) 晴,风。归旭如来。暮君表、思大来,同过广和居夜饮,邀玉舟、 堂、少薇同坐,亥正方散。松椿放江安粮道,宝廷补司业。闻昨日颁赏方略名单已下,部院文职二品以上及内廷人员均在焉。

廿七日(3月22日) 晴。吊陈慧卿同年,午刻绥卿来,五哥邀便饭,后同赴汇元堂听秦声。送同邑元券廿一分,四两。送陈屺瞻元券四两。印若云得南信知寿侄已抵里矣,刘齐衔到京请安,魁龄住工,广寿署吏尚。

廿八日(3月23日) 晴风。叔父谢赏方略恩,由户部具公折呈递。子和、子中来,夜瑟轩招饮汇元楼,坐有松坪、子久。瑟轩又送茶一团、香一束、椒一把,殊殷殷也。

廿九日(3月24日) 晴,黄埃蔽天。晏起,饭后拜刘慈民,过会馆晤归、殷、仲、潘诸君。换白袖头。

三十日(3月25日) 阴。刘星岑、杨思大来。访余撍珊,晤之。寿侄来信,十三日抵里也。

三月癸巳朔(3月26日) 晴,大风。作不列号信托江巡检澄。带回鄂省。解卷差。拜苏菊生兵部不值。少薇来,云菱舟保举分部后,尚欲会试也。许应骙放甘肃学政,初设此官,故提前六个月请简也。

初二日(3月27日) 晴,大风,入夜稍止。得辛芝二月初二日函,即复之交椿记。过会馆访星岑晤之,填写卷面。礼部请换季,旨著于二十日。

初三日(3月28日) 晨,晴,午风又作。叔父出城,子和来,得仲平函,是夏拟入都办引见。得词甫、松江来函,此月中便拟入楚。

初四日(3月29日) 晴,风。过会馆,饭后归。韩仲弢世兄来晤,刘厚庵来。《方略》校勘告竣,军机章京均得优保,离馆者亦与焉。李菱舟以郎中分户刑即补,余撍珊以侍读即行奏补,先换顶带。以久旱饬理、刑衙门清理庶狱。

初五日(3月30日) 晴。杨开甲来,接严亲二月十八日函,大慰,合署平安,士吉二月初四到鄂,勾留半月,赠以百六十金,已回虞山。武昌春雨颇多,尚穿中毛衣服,得户部信,已知之矣。绥卿来。暮余过会馆。黄自元引见,以检讨起废也。吴鸿恩请未复试举人先准会试,得旨毋庸议。接恽菘云二月十五日函,署中知会派署侍读,菱舟分户部,犹得会试也。

初六日(3月31日) 微阴。寅刻即赴内阁,同星岑出午门至吏部朝房见宝相国,回至军机茶房俟见沈堂,巳刻方散。至城寓少坐即归,补缺事先行片查核吏部,余俟出场办理。桑春荣、董正恂、崇绮、黄倬放会总,徐致祥、陆润庠、朱以增、袁善、李肇南、邓蓉镜、谭承祖、崔国因、陈学棻、杨颐、黄湘、姚协赞、邵积诚、顾树屏、陈理泰、夏献馨、梁景先、沈源深为同考官。午后写家信并答词甫、菘云函,遣班弁同行李赴小寓。

初七日(4月1日) 薄阴。缮寄第六号禀附月钞、潘信等一函。并好白参一斤交杨弁赍回,作致词甫、菘云函附家信中去。午后搬小寓,叔父往看五哥,留彼,暮看牌,余名在东右第二牌,京官第二人也。夜至同乡寓中,永诗、小树来。

初八日(4月2日) 晴。卯正点名,入坐东夜字廿八号,雪沧、吉人、芸龛、陈翔翰同号。孙诒经请未覆试举人准仅覆试交礼部议奏。恩龄为刑右,载崇病故缺也。乌拉喜崇阿升兵右。吴赞诚开缺,以三品京堂候补督办船政。顺天府尹放张澐卿。

初九日(4月3日) 晴。子正接题,"《康诰》曰克明德二节";"施于有政是亦为政";"唯义所在";"南山晓翠若浮来,得来字",文思枯涩,三更方脱稿。孙衣言请训。

初十日(4月4日) 晴。丑刻少睡旋起,改四䕺,辰刻誊真,午刻毕方出场。五哥仍留宿。瑛棨以按察使候补,杨能格以道员用,文硕以五品京堂候补,皆起废也。清明。

十一日(4月5日) 晴。辰刻进场,坐东列四十三号,遇管近仁。杨鸿吉放府丞请回避,乃补理少,以王家璧调府丞,福裕放甘肃镇迪道。

十二日(4月6日) 晴。子初接题,日暮脱稿,三更誊真毕,就寝。周寿昌升阁学。

十三日(4月7日) 晴。辰刻起,补草毕,巳正出场。“孚于嘉吉”,“宽而有制,从容以和”,“兴雨祁祁”二句,“仲孙蔑、卫孙林父会吴于善道”襄公五年,“温柔敦厚,诗教也,疏通知远,书教也”叔父挈安儿在寓,暮,五哥仍来,得读严亲二月廿七日函,一切平安。匆匆泐一禀,附叔父信中交折差带回,是为第七号。得三哥二月函,并茶叶四瓶、糟姜一坛带来。换毡绒领棉毛褂。刑部遵议刘坤一审拟詹启纶主使殴毙胡士礼一案并牵涉陈国瑞,詹启纶绞候,陈国瑞发黑龙江严加管束。夜有风。

十四日(4月8日) 阴,狂风。辰正入坐东寒十八号,遇曹咏笙、蒋希伯同年、珍,戊午浙榜,国子学正。沈醉云。宗潮,嘉兴人。夜卧甚寒。

十五日(4月9日) 晴,风。寅正接题:经训、史、官制、贡举、国用。约曹蒋约互相检查,条对七成。申正方毕,写至子正,然后就寝。景廉在军机大臣上学习行走。严树森病故,照巡抚例赐恤,伊子知县严鶱昌以直隶州用,长孙严祖衡以主事用。涂宗瀛放广西巡抚,孙翘泽补衡永郴桂道。

十六日(4月10日) 晴。卯正出场,小寓少坐即回。慧官出水痘已愈矣。午刻睡一觉。叔父回家。崇福补湖南藩司,傅庆贻升湖南臬司,御史袁承业奏雨泽愆,请修明政体,有内外臣工情同蔽惑之语,得旨求直言。尝黄花鱼。得沈品莲同年函,赠暖杯廿副。失其二。

十七日(4月11日) 晴。谒送孙琴西方伯,未晤,云即日行矣。顺道答客,午后过会馆,同思大、君表至文昌馆听戏,暮散。赴广和居,士周、印若、君表公东也,坐惟同邑诸人。蔡逢年放四川盐茶道,金子白太守带来家信一函、木耳两匣、画屏四张。

十八日(4月12日) 晴。晨答客,午正祀先,汤夫人亡忌也。午后过雨卿处谈,晤桐卿。分宾兴局费三十五两零。印若手。

十九日(4月13日) 晴暖。访星岑不值,绥卿来。暮过余庆堂,同邑接场,主宾二十七人,有五人未到。酣饮至亥正方散。此次由邵汴生及吾家承办,不派分赀。徐古香约福兴夜饮,辞之,闻古香由工部选馆差矣。同选者为武登第,萧杨缺也。

二十日(4月14日) 晴。晨谒英相,旋至城寓,知叔父派考试荫生阅卷。一论一策,考者五人。余遂到馆校书,申正散。又至城寓,日落出城,至福兴居,沛川、泉孙、瑟轩、诗孙公局也,坐惟松坪、子久、守吾、雪沧,亥正归。今日苏府接场,京官六千,与考者三千。不克往。菊庄约宴宾,辞之。

廿一日(4月15日) 晴。午刻拜客至福兴居,刘永诗招饮,坐俱同乡,归途访伯衡未晤。有押运差从天津来。是日用新车起。

廿二日(4月16日) 晴。绥卿来,暮同五哥饮于聚奎。

廿三日(4月17日) 晴。入署复校七件,预复十四件,午刻饭散。同松屏赴馆将前日所校之清本一百三十八卷。对档讫,申初散。至城寓候叔父,归已酉正多矣。出城至福兴居,子和招饮,亥正回。

廿四日(4月18日) 晴。是日,又祈雨,殊无阴意,奈何。晨访菱舟,谈良久。午刻,徐李翁、曾君表来。暮过会馆,又访星岑谈。

廿五日(4月19日) 晴。入署复校廿件,预复六件,散至城寓小坐,即归。暮过厂肆购书,旋赴余绂臣福兴之招,亥刻散。宗室复试。

廿六日(4月20日) 晴。寅正入署,同星岑回事,带见新到阁之尹仰衡,恭保,丹徒人。辰正散。至城寓,知叔父今日派阅宗室之复试卷,一等一人会章,延煦子。二等一人恩桂。饭后出城至天成亨小坐,未刻至广和居应绍圃之约,申正散。同绍圃、味琴同赴杨海帆秀观,湖南人,湖北同知。之招,在文昌馆听戏数出,即往余庆堂饭,坐有孙仲容、琴西之子。杨定芙、晨,阁中。谱琴,酒半余又至宴宾斋应韵湖、小楼、雨卿之约,匆匆先归,就寝矣。会试中额满洲九名,蒙古三名,汉军六名,直隶廿五名,奉天四名,山东廿三名,山西十二名,河南十九名,陕西十五名,甘肃九名,江苏廿六名,安徽十八名,浙江廿五名,江西廿三名,湖北十五名,湖南十五名,四川十五名,福建二十名,台湾二名,广东十六名,广西十三名,云南十四名,贵州十二名。孙诒经、文澂奏题。补偿事。

廿七日(4月21日) 晴。是日义园公祭,不克往。寄升字第八号楚信,附月钞,文一首。交福兴润轮船局。申刻过天成,伊托办取票事,为过协和信、姓石。祥和贞高安。数语,又回至明山处少坐。至福兴居约寿山、绍圃、仲古、翼新饭,亥正散。晤荔定,闻杨乃武一案今日到部。万青藜赴邯郸请铁牌祈雨,今日请训。

廿八日(4月22日) 晴。入署复校八件,注销廿三件。预复四件,午初饭散。至馆校恭阅一通,未及印圈散。至城寓知叔父出城,遂归,叔父今日宿此矣。五哥派审葛毕氏案,颇难著手。刘星岑邀广和居饭,辞之。暮至余庆堂与绍圃公饯杨海帆,并邀其弟秋帆、秀实。陈子香、桂芬,台州人,武状元。范瑞轩、家麒。潘谱琴、味琴作陪,亥初散。岑毓英丁忧,文格放滇抚。潘鼎新署。

廿九日(4月23日) 晴。叔父入署,遂回城寓。午后余至会馆谈,又答数客。程豫升四川藩司,瑛棨放山西臬司。绥卿云得常熟信,闻祥哥在浙,现派督销局总办,又闻仆辈口信,云将赴扬州等处,大约新得一差耳。朱肯夫升侍讲,红本前日出科也。是日上诣太庙行礼,御极以来,初次入庙也。

四月壬戌朔(4月24日) 晴,风。入署商改签支。旋到馆校恭阅第二十八卷,印圈尚未竣事也。前月十二日,内阁出查核问侍读缺,昨日得吏部回文,有由贵衙门自行办理之语,日内便可回堂定奏稿矣。黄绎之、 堂、正甫来。夜饭后,余又过中街与 堂、正甫、君表谈,亥正归。

初二日(4月25日) 晴。金子白来,谈良久。午后,贺汪老三完姻，送杨海帆。访瑟轩不值，赠以杭茗、痧药、家刻兵略。过阜康贺小舫。捐运同指长芦。至永正大取宾兴局费，归途贺肯夫。郭嵩焘请开缺，赏假一个月。

初三日(4月26日) 晴。晨至城寓，知昨夜东安门失火，邻近颇惊惶，子刻乃入睡。入署复校十四件，预复四件，未正散。贺庞心田。同知分江西。至广和居，应朱敏翁之招，坐有菱舟、播珊、萧启山、韶。高仲瀛、骑麟、中书。杨若臣、陆伯葵、袁子久，申正散。返子久处，看其大卷。逢润古放高州府。

初四日(4月27日) 晴。寅正入内，同星岑带见新到阁及销假五人。辰初入署，即代星岑班，复校四件，预复十六件，午初毕。拟一奏补奏稿，交星岑改日回堂。将散，汪泉孙来约其看风水，据云汉票签今年坐五黄方不宜修造，姑与内务府商之。星岑约泉翁至久和兴午饭，予亦同坐，申初归。朱敏翁来晤。张显庭祖谟。邀饮，辞之。

初五日(4月28日) 以家信并茶叶、潮烟托金子白太守携赴鄂中。上诣大高殿时应宫祈雨，凌晨飘数点即止。午正祀先，潜虚公诞辰也。饭后，至广和居赴杨正甫之约，坐有林小云、黄佑堂，余俱同乡，遇黄子中。英奎放热河付总管。叔父在谢公祠约通家饭。

初六日(4月29日) 晴，暮雨数点。晨至景剑泉处作吊。入城又吊吴东竹母丧。旋入署对月三月折，与星岑谈，又到馆将恭阅廿八卷校毕，又至城寓，少坐归。以家信一函托杨海帆秀观，运同衔同知，杨昌泗之孙，辛亥荫生。携赴鄂中。今昨两函均致四哥也。钱笆仙邀夜饭，辞之。叔父以百金还庞　堂。入署闻雷，又雨一阵，惜未深透。是日五嫂生辰。

初七日(4月30日) 晴。至会馆谈，暮过子和处，知其夫人于初四日失血连日，卧床未起，亟须调养也。夜饮万福居，蒋寿山招饮，坐有彭香久、黄翰仙、黄仪九、高寿农、翼新昆仲，亥正方散。黄钰请开缺，允之。

初八日(5月1日) 晴热。入署复校十六件，预复四件，午刻饭散。过城寓小坐，至龙源楼与松屏、子久作梦局。申正至福兴居，应陈培之年丈之招，坐中多苏州人。暮又至龙源，徐少堂招饮，坐有彭瑟轩、松屏，亥刻散归。袁保恒调刑左，殷兆镛调户左，徐桐调吏右，潘祖荫补礼右，卢定勋留京另简，卫荣光升浙藩，谢膺禧升皖臬，杨能格放四川成绵龙茂道。董恂等呈进试卷十本。夜丑初雷雨一阵，天明后止。

初九日(5月2日) 晴。入署代星岑班，复校四件，预复十九件，午初散。至城寓少坐。连日搭棚三个，价五百六十千。未刻，至福兴居应绥卿、玉舟、幼兰、近仁之约，坐俱同乡及江阴数人，散后与仲古、君硕、陈养园、桐卿谈。夜仍饮福兴，子彭约也，亥初归。杨葆初约广和居午饭，辞之。是日，补行复试未及会试举人计十六人。

初十日(5月3日) 晴。袁小午、子久约嵩云草堂午饭，四直诸同友约谢公祠饭，均辞之。申刻，赴西山次远之招，坐有蔡研农、萧△△、杨葆初、徐绍圃，日落散。至福隆堂应少薇、王萼庭之约，坐俱同署熟人。上灯后，又过万兴居，严小舫邀陪绥卿也，亥正散归。

十一日(5月4日) 阴。午后，过寿山处，同赴德春堂与黄翰仙、汪番候作梦局，香九、仪九、剑星、植星看梦，遇玉圃诸君。夜至宴宾斋，漱青招饮。

十二日(5月5日) 晴。巳刻叔父携安儿出城。午后至厂肆，闻庞　堂、殷厚培、钱绥卿、李玉舟陆续登第，江苏已及二十人，怅然而返，又成画饼矣。内阁中十人，委署无。

十三日(5月6日) 晴。得严亲三月廿八日函，近体平安，惟手战便闭，尚未大愈。春阴多雨，无妨农事。丁占魁来。近有洋人求见，有要请事，稍费唇舌。且闻法酋罗叔亚将到鄂，不知为何事来也。此信第六号，而五号尚未到，差弁云前差在途坠马，约日内可到。又得胡月樵、恽菘云函。过会馆，得意者忙碌，失意者牢骚耳。词甫三月中旬到湖北，胡、恽信中皆及之。暮，折弁邱连升又送三月廿六日函来。丁占魁来。

十四日(5月7日) 晴。叔父出城。午正祀先，曾祖潜虚公忌辰也。申刻，过子和处，同往阜康，持粥捐册并知启，托李汉庭寄津收款。旋过桐卿处谈。江西建昌府放奎绶。

十五日(5月8日) 阴，风，得雨数点。入署复校五件，预复廿二件，午刻饭散。到城寓略坐，过聚兴购珠子表套二，并代买实纱袍褂一付，归途祝黄沛川太夫人寿。祝菊舫大令应焘。带来二月廿九家信一函、莲子壶一把、汉砖花盘一个、莲子十斤，以家信一函并高丽参一斤托浦玉圃带回常熟，信致鼎臣侄，参系叔父寄四少奶奶者也。夜饭后，米市胡同光州馆北吕姓失火，时虽有细雨，而风势挟火，如星过天，烈焰咫尺，可惧，可惧！亥正方熄。

十六日(5月9日) 晴。叔父出城，晨至会馆，送南归诸君，相视愕然。午刻，君表、思大、幼兰来。寄升字九号禀交丁占魁赍回，附月钞，并潘、张、恽家信，又李寄瞿信。并带去黄折廿分，油纸、黄绦各十分。是日，新进士覆试："为天下得人者谓之仁"，"川岳涵余清"。奏补侍读稿已画齐，定于十八日入奏。奏折由汉票签办，即令供事呈递。

十七日(5月10日) 晴风。与益轩换班，入署复校十七件，预复二十件，未初饭散。过城寓，叔父派阅覆试卷，十二人。尚未归。余遂出城，寄升字十号信并黄折等，折共三十四分、贺本廿分，交邱连升赍回。附杏脯二斤。覆试一等六十七名，吴树梅首列，冯文蔚第二，庞鸿文亦在焉。二等一百廿名，殷第七，钱第六十七。三等一百四十六名，李第三十二，四等一人。

十八日(5月11日) 晴热。余由内阁奏补侍读。寅正入内，卯初事下，奉旨依议，钦此。候见英、沈两中堂，退至馆修签。五十八。巳初至城寓叩头。饭后，谒各堂，四处，各处送门包十千。诣恭王府、广绍翁、李兰翁宅，谢刘星岑，给家人十千，车夫四千。归。叩谒祠堂，自顾不能登甲科，以先人余荫得此中书，十四年来，方进一秩，功名自有定数耶，何□不如人也。晨坐刑部小朝房，给苏拉刘姓四千，后至军机茶房给堂苏拉杨姓等十二人廿四千，又茶房汪姓等四人十二千，以此后常坐往来也。叔父派考试散馆拟题:"拟唐李程《日五色赋》,以德动天鉴祥开日华"为韵;赋得"际天菽粟青成堆",得青字。[1]

十九日(5月12日)　晴热。晨至馆,访沛川,又过　堂处,即在彼饭。午后,同君表、正甫、至文昌馆。酷热,暑气逼人,殊不可耐,申正先归。作致价人函,托君表处寄,并汇洋银二十元致李伯雨家,稍尽故人之谊。吉林将军穆图善照部议革职,以保举永不叙用之道员舒之翰也。闻沛川考列三等第二,亟询之,乃知诗中拖蓝误写托蔚,致倒平仄,交卷时未及细看,精细人出此,岂非命乎。

二十日(5月13日)　晴。铁牌到京,仍无雨意,如何如何!巳初入署到任。前日已将奏稿行咨吏部即报到任。至满票签、满汉本堂典籍厅拜同事,蒙古堂无人,未往,批本处亦留大贴。给科房笔墨费十六千,另酬递折车资十千,赏茶役十六千,满票签茶役四千,堂皂四千。复校十三件,预复廿二件,午正饭。今日派出殿试读卷沈中堂首列,发知会催派出填榜官之陈雪楞、景墀。谭念孙、祝昌。王菘畦,守训。申刻到齐,带同谒见沈堂,即留内缮写题目。酉正,刻字匠来,乃封门。余至城寓略坐,归已上灯矣。得词甫四月初四函,承月樵派一书局差,经理出售印存事件。月得薪水廿四金,藉可敷衍。

廿一日(5月14日)　晴。丑正起,寅正入内,过国史馆招呼同乡诸君至中左、中右点名。时甫卯初。出坐帐房候至卯正,内阁印题纸毕,开门请阁学长叙彝亭。代中堂捧题,诣保和殿读卷大臣、礼部堂司处、内阁执事人员随入殿,置题纸于黄案,面西。读卷大臣捧至玉檐下授礼部堂官,捧置丹陛黄案上。读卷大臣率新贡士行三跪九叩礼,部司员散题,贡士跪接归号。余等遂散,入署少坐,至城寓时,叔父已退直。今日卯刻,上诣圣人堂拈香,即至毓庆宫入学,读《大学》四句,两刻许退。巳刻,余出城顺途拜客。策题:帝学、崇俭、用

---

① 此处有夹页:"候补知县吴应霖,此系丙辰庶常散刑部吴增逵之子求赐栽培,恽少薇代致。"

人、屯田。

廿二日(5月15日) 晴,午后雷雨,顷刻即过。叔父出城,余过会馆,又访子和、雨卿。未刻,赴广和居,潘谱琴、味琴之约,坐有方子颖、朱调元、潘汉峰敦。,暮散。送读卷诸公席一桌,令张茶房办。聚丰堂六十千,与刘星岑同出名。

廿三日(5月16日) 阴,子丑间雨微,闻檐溜声。入署复校十八件,预复十九件,饭后散。至城寓,出城访沸川,晤之。得恽杏云三月廿三日函,并宁绣袍褂一付、湖笔四十支、茶四瓶、金肘四只,为余寿礼也,其仆沈某带来。又得月樵函述位置词甫局差,可感也。极凉,可棉衣。吏部来信,知陈云舫补典籍。

廿四日(5月17日) 阴。寅刻入内,与同邑诸君至乾清门。卯初三刻宣下,状元曹鸿勋、山东。榜眼王赓荣、山西。探花冯文蔚、浙江。传胪吴树梅。山东。余即入署,顷之读卷诸君到阁,拆考封,知殷、庞、李、钱均在三甲。遂与星岑照料填榜事,大榜一份,小榜二份,一进呈,一存阁。试卷散乱,名条舛错。俟填写,诸君八人分写。写二分毕,已日落矣。匆匆出城,甚惫。秀姑娘出城。

廿五日(5月18日) 晴,风仍凉。卯刻入署,知昨请夜班补写之榜,幸无误事。复校十三件,预复十六件,巳刻先散。到城寓,出城拜刘仲良中丞,遂归。午后,过会馆数语,作致谢杏云书交福兴润信局。暮访沸川。

廿六日(5月19日) 晴。以家信一函交熊长胜带楚,内附金榜及散馆单。熊系督辕戈什,此件为李小翁递折来也。祝子和夫人生辰。廿九岁。午后,独过汇元堂,遇桐卿。

廿七日(5月20日) 晴。叔父生辰,叩祝寿星。仆人来言,叔父出城过珠宝市,坠马伤足,遂回城寓。余亟入城省视,知足背为镫所啮,筋骨微伤,急用七厘散、黎峒丸,敷后虽不甚痛,而淤肿不能着地也。申刻出城,过松屏处便饭,暮归。君表约宴宾夜饭,坐俱同乡,亥正散归。

廿八日(5月21日) 晴,风。晨至城寓省视,稍可履地,肿犹未消,仍请德恩君。寿田,行二,住齐化门□□堂,上驷院当差。余遂入署,复校十三件,预复十九件,午刻散。出午门,送陈云舫、杨葆初验看,又过实录馆少坐。未刻到城寓,适德君来,稍为捻治,扶杖可走二三百步。暮出城,祝何诗孙生日。黄沛川今日散馆引见,竟改部属,无谓之至。贡差毛凤翎来,带到三月十一日家信一函,燕窝四匣。分送伯父、叔父。得邓仰山师韩。函,从瑟轩处来。安儿出城。

廿九日(5月22日) 晴,风。叔父请假五日,但云感冒,不及伤足。朱敏生来云,严亲应领赏《方略》一部,可由本家承领,嘱明日赴军机处领执照。朱砚生、刘星岑来。夜饭于子久斋中,坐有沛川、雪沧、印若、士周,亥正散。朝考取一等八十八人,吴树梅首列,殷、庞均高取,钱、李皆二等前列,四等二人。得刘仲良中丞别敬二十两。

五月辛卯朔(5月23日) 晴风,日赤。寅正起,入内回事,并带见销假到阁诸君。余后至军机处直房领方略,到署少坐。巳刻到城寓,叔父足痛少止,而肿未消,仍艰于步。荣侍郎又令玉某锦,号翠岩。来看,与德君所视略同,盖德君之师也,年七十五。暮出城,至天成亨少坐,顺道谢寿归。是日,给军机堂苏拉四十千,又刘、翁两家十千,茶房九千又十千,以上六十九千皆开公帐。余又给刘苏拉四千,刑部朝房。节下不能无所费也。贡差李清泉带来信一函,研三方。

初二日(5月24日) 晴,大风。是日,上方祈雨而风势渐狂,如何如何。晨答客,绥卿来,永诗来辞行。 堂来,借去足纹百两,约月杪可归款也。廿二日还。

初三日(5月25日) 晴,日光淡赤。入署复校十八件,复看十二件。午初先散。至城寓,叔父足肿未消,略可行动,今拟不洗不敷,静养舒筋,当可速愈。饭后至宝、沈、英三堂拜节,每处门包四千。拜毓凯亭、恩露圃、诚介眉,兼答东城客,申刻归。王益轩欲办奏留,嘱于明早到署一商。

初四日(5月26日) 晴,日赤无光。晨访庞心田大令,晤之。

入署与星岑商定过节回堂。茶房节赏加八千，又堂门四千，又满茶房四千。午刻至城寓，缮续假折。明日递。今日足仍肿，行走犹艰涩也。李植清到彼一谈，出城少憩，乃至龙爪槐赴四进士之约，同乡皆在坐，涑文昨从天津来，押运事未毕也，暮散。子和同来此谈。文中堂申刻薨于位。

初五日(5月27日) 晴，日光仍淡。午正祀先，早晚贺节答客。又至西城送刘永诗，后日成行矣。曹升来云，叔父怒掷秀姑，伤额失血甚多，五哥驰视，余归迟不及往，为之悬悬。饭后至西城拜客，送永诗，晤之。得父亲大人四月十六日函，合署平安，带来锦被面四个、被单八方，又四嫂寄安孙洋绉一端、马褂料一件。罗叔亚赴鄂，为上年爱国赔货事，议定一万二千了之。武昌得雨已透，堤工完固。黄沛川签分刑部。请河南司。文相饬终之典甚优，赠太傅，予谥，入贤良祠，赏银三千，给骑都尉世职。灵柩回奉天沿途照料，命崇实于到日赐祭一次。星岑来寓拟谥字。

初六日(5月28日) 晴。寅正入内，以拟谥四，宝堂点出文忠、文清、文肃、文靖。旋到署，即饬供事行典籍厅，复校十二件，复看八件，巳刻散。至城寓，叔父足肿微愈，仍以酒熏熨。秀姑娘伤处结痂，微觉头晕，谨须避风。午刻，管近仁到馆，治肴款之，邀涑文、印若、君表、正甫陪之，申刻散。暮出城，王萼庭又招饮，不克往。亥刻雷声隆隆，迄无一点雨，何哉。

初七日(5月29日) 晴。绍圃、玉舟、堂、正甫来。午后，约正甫同至文昌馆听戏，遇小云，遂同坐焉，暮归。缮寄升字十一号信拊月钞、外信三件。并黄白折件三包、缙绅一部、靴一双，交戴玉瑞赍回。载龄派武英殿总裁，闻实录馆廿六日奉总裁谕：派周之钧、俞寿彭、李邦桢、翁曾翰、许道培、盛植型、袁保龄、沈守谦为详校处，恽宝桢、吴肃龄、魏元瑞、高传循为帮详校处。今日为始，新进士引见凡六日。江苏系明日。

初八日(5月30日) 晴。寅正入内，帮同满侍读带新进士引见,同邑诸人在前三牌,余与凤彦臣带二牌。卯初升,二刻许退。此事向由翰林院承办,内阁吏部各有八人帮带。内阁向归满友带前三牌。余入署复校十二件,复看十七件。午正饭散,过城寓,叔父步行较便,准拟初十销假矣。秀姑娘额已结痂,仍嘱避风为要。尝鲜鲥鱼,不知此味廿七年矣,马松浦太守昨日由津送来,极为难得。申正归,曾君表送庞氏闺秀吉庚来。戊午六月初十日未时。杨纬堂、玉堂两表弟到京。

初九日(5月31日)　晨阴,午晴。过会馆,晤纬堂昆仲。作答沈品莲同年信,交庞心田大令带回。送心田闽扇一,浙茗二。午后访瑟轩,晤之,以复邓仰山师韡。大令信托其寄鄂。仰山赠土物四种,余取其夏布一端、墨二匣。拜东城客,缮不列号信并参丁一斤、四哥要。靴一双交贡差毛凤翔带归。作致辛芝函,托子久处代寄。复史馆议叙事。

初十日(6月1日)　阴雨,未刻晴,轻尘未浥。寅正入内,仍帮满友带新进士引见,第二牌山西五人。卯初至军机处,本约星岑同回益轩事,旋知宝相请假,乃回署复校十三件,复看一件,大堂极凉,午饭即散。过城寓,叔父今早勉强赴直,蒙召见垂询,复至书斋授读,巳刻散,极惫,足仍不得力,以栀子飞面、血竭、黄柏和醋敷之,以期速愈。文相谥法圈出"文忠"。半夜大风。是日,沛川、祝菊舫大令应焘,仁和人。均来晤。

十一日(6月2日)　晴,仍风。许拔庵萃。舍人来,将告假回海州。杨葆初来,伊昨已验放,分发湖北候补,欲捐新班遇缺先(用),闰月方出都也。接严亲四月二十二日函,从阜康送来外汇库平银贰千两,孙琴西已接印,省中一切平安。得菘云四月廿九日函。

十二日(6月3日)　晴。伯母生日,绥卿来,余俱却之。午后过天成亨,又至阜康,访正甫晤之,季和来谈。夜过宴宾斋约涑文、纬堂、玉堂、雨卿、子和、小树、正甫小饮,遇同乡诸君,亥刻散,饱甚不得卧。江苏用庶常十二人,殷、庞与焉,玉舟、绥卿皆主事,陈屺瞻惜不得馆选。主事。用中书八人,一满七汉。归班者廿余人。

十三日(6月4日)　晴。入署复校十二件,复看十一件。午正饭散,到馆校恭阅毕卷。申刻至城寓,适汤伯述舅从津门来,遂下榻西厢房。暮至英中堂宅预祝,署中送公礼,满服办。答客数处归。缮寄十二号信交阜康寄,折差蒋祥麟来,得严亲四月廿八日信,附真君山茶一瓶,见题名,知余下第,甚为怅怅。

十四日(6月5日)　晴。叔父出城,午正设奠,先文端公诞辰也。陈屺瞻、刘星岑来晤。以捐粥印册并致马太守信托涞文带赴津门。作致铁云、哲卿函,分寄衡水、正定。夜宝斋约宴宾小饮,坐有小树、子和、　堂、厚培。

十五日(6月6日)　晴。寅正入内,回沈堂事。王益轩奏留一节,沈云可行。退入署复校十三件,复看十七件,午正饭散。赴宝中堂宅,阍人力阻,遂不得见,拜客归。是日考差,内阁九人。题为"雅颂各得其所"、"峄阳孤桐"二句;"庵画溪光碧水泉"。得"洲"字。奉明谕,饬顺天、直隶、山东、河南速筹备荒,并捕蝻孽。

十六日(6月7日)　卯刻雨一阵,顷之即过。　堂来约夜饭,缮寄升字十三号信拊月钞,又叔父拟谢赏方略折稿。交蒋弁,又复菘云函亦交去。暮访雨卿,同至福兴居应　堂之招,余又在彼与同人为何诗孙补祝,亥正散归。得李峻堂德亨。世兄函,请补叙永厅同知矣。

十七日(6月8日)　晴,暮雷声隆隆,细雨数点而已。季和来。

十八日(6月9日)　晴。入署复校十三件,复看九件,午正饭,到馆将三十四卷恭阅本印圈一通。申刻到城寓,暮归。夜访星岑谈,又过益轩处,不值。得铁云函。得周煦生年丈曜东。函并炭金廿两,乃郎凤藻。携来。又得辛芝函。

十九日(6月10日)　晴。陈松村、一鹤。王浙逵鸿诰。来晤。过会馆,同　堂、玉舟观剧。

二十日(6月11日)　晴。入署复校十四件,复看九件,午刻饭散。同人巳刻赴文宅吊祭,余散直过午,遂未往。馆银库送幛、猪、羊、纸锞,满汉侍读均列名。汉票签另送一幛、纸锞四篓,委署均列名。到城寓小坐,出城答揩珊未值,以饭银回批及执照交其仆。作致杏云信,附荷包两匣,莲子、杏仁各十斤,即交来人沈姓带回杭城,云今日动身。

廿一日(6月12日) 阴。拜客,至阜康取银,以十四号家信考差名单附。并《方略》全部,分装两木箱交贡差李清泉由轮船带去。午后,小树、印若来,施浚舫来晤,士洁。小树邀夜饭,晤棣生、桐卿。入夜,雨一阵。

廿二日(6月13日) 晴。作答周煦生年丈函。暮祝菊舫来。陈瑶圃邦瑞。来晤。暮至正甫处,同过余庆堂,余邀菊舫、葆初、硕卿、潘济之、揩珊、君实、正甫饭,亥正散归。

廿三日(6月14日) 晴。入署复看廿一件,午刻饭散,到馆将前书又勘一遍,遂付装订。申初到城寓,知叔父进署将出城,余亦少坐即归。

廿四日(6月15日) 晴。是日,三坛祈雨,叔父寅初赴坛陪祀,仍入直。午后微阴,风来云散,如何如何。　堂来,还予百金,暮送　堂,谈片刻。答周子谦同年益,广西人,新选湖北恩施县。来晤。以羊皮女袄甬一件交　堂带寄四嫂。

廿五日(6月16日) 晨阴,微风数点,顷之日出。入内带新到阁七人见堂,又回定奏留王益轩事。宝相今日销假。辰初到署,复校贰件,复看贰件。午初到城寓小坐,即出城访印若,为徐君交饭银小费,不能省也。过会馆知玉舟分礼部,漱青分户部。吴润生以画幅见还,两年前所求者也。

廿六日(6月17日) 晴。　堂赴津,正甫送之。访蓝六屏,承瀛。晤之,不见者十三年矣。到馆校恭阅卷四十五,略看一过,不及印句。申刻入署,今日内务府工役来开工,申时。修缮木墙,构抹房屋。星岑以奏底赴馆回宝堂,无所增损。余持至沈堂处不值,乃回英堂而归。御史潘敦俨奏开醇亲王差使,以示优崇。另行奏△△毅皇后节烈未彰,致旱应因乎此,可否改拟谥号。得旨折内措词失当,毋庸议，本内语多谬妄，交部严加议处。赤日炎炎，令人焦闷。

廿七日(6月18日) 晴热，晨拜客，晤邵赞臣，守正。赞臣送土宜四、受其印色一合、神曲八匣。午后访朱酉山，商开厂领米事。旋至安徽馆，赴章芍洲、志坚。吴培卿、福杰。王朴臣、炳燮。郑廷襄、思赞。汪子年、麟昌。沈棕卿、恩棨。王△△朝俊。及同邑四君子之招，坐俱九县京官也。散后访正甫，始知昨因感冒未送　堂，今日小愈，尚避风也。以家信一函、薄貂帽一顶、杏仁十斤，托祝菊舫携回武昌。

廿八日(6月19日) 晴。寅正入内，画奏稿，即阅折。卯正到署，复校七件，复看五件，俟注销本来齐，已午正矣。申刻至城寓，暮归。汪慧生、吴闰生约便饭，辞之。是日，捐纳中书到阁者七人，星岑来。

廿九日(6月20日) 子丑间雨，顷之即止。寅刻入内，事下内阁奏留典籍王宪曾一折，奉旨依议，回过三堂，又画李小江补缺稿，卯正到馆，将恭阅印圈一过，未初散。星岑于东华知前件已知照吏部矣。益轩来，祝菊舫赠冯子因孝廉画一纸。

三十日(6月21日) 晴，巳正二刻，夏至节，大风酷热。侄女玉官十岁生日，曾云坡伯鹏。来晤，新到阁者也。

闰五月辛酉朔(6月22日) 晨至城寓侍读。午后到馆，将卷四十五校毕，又取卷二十一覆校一通，改讹数字，其句读不及订正也，暮散归。有旨，初七日祀社稷坛祈雨，派恭亲王恭代行礼。云南考官正龙湛霖，付胡乔年。贵州正顾奎，付李岷琛。潘敦俨照部议革职。

初二日(6月23日) 晴，申刻雷而不雨。城内微雨。午后，过正甫处谈。暮与君表、正甫、玉舟共饮，亥正方散。拨部库十万两交顺天府直隶总督给赈被旱地方，其山东、河南地方令该抚筹办。连夜烦热，卧不贴席。

初三日(6月24日) 赤日炎炎，烦热加甚。入署复校十三件，复看十六件，午正饭散。赴益轩衍庆堂之约，坐有星岑、厚庵、黄林一，桂滋，阁中，陕人。申正归。折差徐宗福来，得四哥亦有信，节前伤左足,经旬始愈。父亲五月二十日寄谕,体中甚健,唯腠理不密,易袭暑风。闻叔父一再请假,夜卧为之不安。天气已热,得雨未透。李莜荃赴皖有退表,丁芥凡在鄂患疟,菘云、词甫均委督销局差。浙江温州府裕彰、湖北宜昌府王熙震、施南府许赓藻、贵州铜仁府许大伦均开缺,送部引见。

初四日(6月25日) 晴。拜周介卿、凤藻。赵伯度,彻诒,仲古之兄。均未值。午后正甫来,同赴君表、玉舟之约,坐俱同乡,暮归。夜子丑间雨数点。

初五日(6月26日) 晴。入署复校十九件,复看七件,午后饭散,到馆复校恭阅一册。遂至城寓,候至申正,乃出城过论古斋,叔父适在彼看画,数语即归。以十五号禀交折差徐宗福赍回,明日准走。子和来,得词甫函,奇臣放杭州遗缺府。

初六日(6月27日) 晴。寅正起,入内带新到阁六人见堂,英续假,沈早散,仅见宝一堂耳。辰初到馆,校清本卷一百四十贰,一册读两遍,午正散。过城寓,叔父入署,余亦遂归。秀姑娘昨夕发热,今小愈,未起。今日署中考试汉军中书。八十余人取十人。暮倦,卧不适,乃访子和,与小树、子彭剧谈。致沅青函托聚亿寄浙。

初七日(6月28日) 晴。拜客,谒邵汴生丈,谈良久。午后过会馆,同玉舟、何宝书至文昌馆听戏,暮归。连日不得汗,胸次颇闷。是日,社稷坛祈雨,殊无阴意,真令人忧心如焚。作复词甫信,并附致丁芥蕃信。

初八日(6月29日) 晴,暮阴云西来,微雨数点,大风又作矣。入署复校十五件,复看二件,午初饭散。赴松坪龙源楼之招,坐有刘慈民、李子达、何受轩、瑟轩、子久、仲圃,申刻散。子和约小饮,坐有许少鹤昆仲、子仲、仪卿,亥刻散。是日,奉恩旨蠲免直隶十三年以前欠缓各项钱粮。

初九日(6月30日) 晴。闻安儿昨午发热,今日小愈。午后过天成亨小坐,旋至城寓看视。暮出城,赴君表福兴居之约,坐有蓝六屏、年星泉、复礼。硕卿、柳门。阴云雷电而不雨，甚凉。闻曾卓如到京，作复李峻堂世兄信，托董芸龛寄。

初十日(7月1日) 晴，暮阴云合匝。入署复校一件，复看十七件，午后饭散。至城寓，酉初出城，赴子中之约，坐有顾之山、象三。顾兰陔、其行。马莲卿、子和、朵仙、秋霖，戌正散归。陈屺瞻将回陕，借白银四十两。得父亲五月廿六日函，一切平安，四哥闰月初回里一行，料理家务，并欲置妾，有熊姓友人送婢，已在常矣。鄂中得雨，农人惬望。四哥信中云，二姑母之女许配俞金门表弟，以亲结亲甚善。

十一日(7月2日) 子丑间雨，檐溜潺潺，如慰饥渴，辰巳间雨止，放晴。缮寄十六号禀并狼皮靴一双，交张得胜带回。午刻访曾卓如，晤之。旋至安徽馆与星岑同做东道，约满服各侍读及部通本友人饭，申初客齐，饮至暮散。到者毓凯亭、铭。王昆岚、祥。恩露圃、瑞。长剑田、福。多锡九、寿。凤彦臣、英。菱舟、撍珊、厚庵、松屏、子久、瑟轩、吉人，余令黄厨备菜，官样文章也。安儿已愈，今日出城，广绍翁递封事，旨明发。

十二日(7月3日) 晴。卯初到署，带见英、沈两堂，辰初到馆，将前书又阅一通，又详校恭阅卷三十，俞。午正归。余撍珊来，君表、正甫来。今日放考官三省，广东王之翰、郁昆，广西朱文镜、李嘉乐，福建孙诒经、王繂。暮雷，微雨。

十三日(7月4日) 晴。入署复校十四件，复看二件。午初到城寓，饭后归，过和兴。暮正甫、茂如约福兴居饭，坐有宝斋、卓如昆仲、幼兰。

十四日(7月5日) 晴。午刻至龙源楼，与子久同作东道，约刘慈民、李子达、何受轩、赵伯度、仲古、史润生、俞松坪便饭，申正散。又赴仲古之约，暮归。

十五日(7月6日) 晴。入署复校十四件，复校廿二件，未初饭散。至城寓小憩归。约王益轩来为安儿诊脉，云肝脾失调，气分较弱，先用和解，俟秋凉须补益也。有旨，二十日再祀社稷坛及三坛祈雨，守陵大臣奏十二日戌刻雷雨大作，雷震孝陵大碑楼，亭座沉陷，贔屃焚酥，请派大臣查看。得旨派魁龄、桂清前往，毓　、溥芸、景瑞交部议处。天寰示儆，岂守护者之责耶。火牌差带来五月廿五信一函、墨一匣、六安茶两匣。闻庞宝翁于初五巳时疾卒，而　堂午时方到，可闵也。

十六日(7月7日)　晴。粥厂复开，就食者八九百人，晨到彼照料。朱酉山来晤，作寄四哥信，由文茂局递常熟，计此时必早在家矣。张瑞谷同年嘉澍，阁中。赠《说文解辞》一部、《评选四六法海》一部。暮予邀蓝六屏、宗春生、曾卓如、君表、正甫、茂如、子和饭于福兴居，正甫酒醉悲号，颇深渭阳之痛，亥正散归。夜半雨声淅沥，达旦未已。

十七日(7月8日)　阴雨竟日，午后尤大，可谓深透矣。未刻，冒雨至龙源楼应李子达之招，坐惟瑟轩、仲圃、少薇、松屏。暮散归，大街积水如河。朱智补理卿，仍在军机章京上行走。半夜仍小雨淅沥。

十八日(7月9日)　晴。入署复校十件，复看贰件，午正散归。暮君表约过彼谈，近仁在城外留宿伊斋也。夜半雨，加封灵应昭佑圣井龙神。邯郸。

十九日(7月10日)　黎明雨止，午后又大雨一阵旋晴，郁蒸不可耐。未刻至安徽馆应寿轩、润生、济之之约。坐有星岑、松屏、子久、少薇、慧生，暮散归。夜子丑间，大雷电雨，达旦乃止。

二十日(7月11日)　晨阴午晴。入署复校十五件，复看十五件。午正饭散，过城寓少坐归。酷热殊躁。董子宾汝观。约午饭，辞之。陈屺瞻为其本生母开席，余不克往。初伏。

廿一日(7月12日)　阴。作不列号信托李子达连骑，知州。带赴鄂中。午刻，入城至聚丰堂，应凯亭、昆岚、剑田之招，坐有仁圃、顺遐轩、龄。安静斋、良。荣桂亭、恩。刘星岑，酣饮至申正多方散。过烧酒胡同，日落乃出城归。夜数起，衾枕如熨。是日，陈兰史、图。华荔生应时。招饮，辞之。

廿二日(7月13日)　晴热。暮过会馆，又过正甫处，得厉吉人同年沔阳来信。四川考官周家楣、吴观礼；湖南潘衍鋆、陆润庠；甘肃黄毓恩、胡聘之。

廿三日(7月14日)　晴，仍热。托厚庵兼班，余未入署。又作不列号信并酸梅糖、胰皂等各一匣，托杨葆初带去。叔父约潘济之、赵伯度、宋春生、曾卓如、汤伯述、钱绥卿饭，命余代陪，午刻客至入座，申初散。热甚，不能多饮，言卓山与杨玉堂昆仲均辞未到。

廿四日(7月15日)　阴，细雨数点，午后晴。查荫阶招游积水潭，云新置一舟，黄荷为宜，余惮远未往。午后，至正甫处，与玉舟、君表、桂五同饮，戌刻归。昆冈补正詹，刘泽远放甘肃甘州府。

廿五日(7月16日)　黎明，阵雨旋过。辰刻入署，复校十九件，复看二十件。今日内阁奏上徽号诏式，大学士九卿国子监会议许慎准其崇祀文庙礼部奏稿。前日，军机处领出单一件，内开穆宗御用弓箭等物，又皮签八个，需用满汉文缮合璧。今日在署请寿轩、伯英诸人写就，仍交军机满直房呈进，呈后运使寄交盛京尊藏也。午刻至城寓，日落乃归，避炎歊也。

廿六日(7月17日)　阴，热气稍减。午后访雨卿，颜色清减，痛甫愈也。又访沛三谈，朱酉山来。叔父出城，暮回城，知安孙随任送考文，昨已由户部咨行矣。杨昌浚奏试用守翁曾纯一年期满，才具明干，堪膺繁缺。

廿七日(7月18日)　阴云往来。午赴赵伯度、仲古之约，饮于福兴居，坐有徐云舫、樾，壬子年人。彭瑟轩、俞松坪、王友松、王幼霞。未刻阵云南来，倾盆大雨，半时许乃过，遂散归。作不列号函交火牌差带回。夜，杨葆初来话别也。

廿八日(7月19日)　晴。由长安门入署，复校廿一件，注销廿三。复看十六件，午初饭散。同印若俱赴福兴居，玉舟、绥卿、厚培约也，坐有春生、卓山、卓如，申正散。许应骙补少詹，魁龄、桂清查复孝陵碑楼情形，即派承修工程。亭碑俱毁，需另行建造。

廿九日(7月20日) 晴,有风。遣安儿拜吴心谷国子师。贰两四千,又照费廿千。又谒王益轩改换药方。秀姑娘出城暂住数日。

六月庚申朔(7月21日) 晴,黄昏雷雨历一时许,中伏。晨入署少坐,旋到馆校清本卷二百四十二,适佩蘅相国来,遂以陈汉章告假呈画,未正散。至城寓侍读,日落晚饭乃归。子和约泰丰饮,不克往。

初二日(7月22日) 晨阴雨,午后晴。巳刻访绂臣侍御,不值。过许少鹤处,贺伊弟联姻。申刻,正甫邀小饮,坐皆同乡也。安儿入城,冒雨沾濡矣,夜雨潇潇。

初三日(7月23日) 阴雨竟日,又成漏天,如何如何!入署复校、复看均十八件。冒雨淋漓,衣履皆湿,狼狈之至。

初四日(7月24日) 阴。火牌差叶茂林来,得父亲闰月初四寄谕,一切平安,四哥初二趁轮船回里,计六月初回鄂,附来摹本、缎袍褂一付,送子馨寿礼也。午后访沛川不值,过小树处谈。

初五日(7月25日) 晴。入署复校八件,复看九件,午初饭散,即过城寓,日落乃归。子和来,李二从湖北来,得四哥五月十六日信,得全姑娘寄绣袖女帽、花千篾子等,又得三嫂寄花边女帽、洋绵绒等,侄媳寄女帽旗边,词甫寄我夏布一匹。得陆绅甫信,照录科验照事。

初六日(7月26日) 晴。晨送杨葆初,晤之。过会馆,托俞幼兰写信。得菘云、词甫来信,甫得督销局差也。恽六千、张二千。是日,安儿赴国子监录科,荫监归正途,亦可归俊秀。题为"古之欲明之德于天下者";"水槛风凉不待秋,凉";汉十四家经学家法策。幸有李植清同考,为之照料,申正出场。规矩无讹,申正毕,回寓。

初七日(7月27日) 晴热。稍事笔墨。午刻至广和居,约植清、殷厚培、李玉舟、漱青、幼兰、子和饭,厚培日内将南行矣,申初散。同子和赴浙绍祠听戏,热极,不可久坐,暮归。叔父出城。

初八日(7月28日) 晴热,有风。卯刻入署,复校三件,复看十一件。巳初饭散,至城寓,未正归。玉舟来邀便酌,并为厚培饯别也,被醉而归。

初九日(7月29日)　晴热,仍风。作寄四哥信并宝簪三支、粉三匣,托厚培带回常熟。子和来。伯父文勤公诞辰,午刻设供。叔父出城。

初十日(7月30日)　晴热。入署复校十七件,复看礼部进万寿礼节本一件。此次四旬大庆,蟒袍补褂七日宣表行礼。与寻常不同,惟国服停止作乐筵宴,故用双签。惟在外公主等应否行礼一层,双请。午初饭散,至城寓,知安儿录科名列一百三十外矣。未刻归,得张常甫函,福州被水,人口无恙。

十一日(7月31日)　晴,尤热。寅刻入内,回双签事,并有他件,比出辰初矣。到署对表照等件,午正散归。叔父在外城也。是日,李兰生太夫人生日。得父亲闰月廿三日函,折差黄在金赍来,一切平安,气候亦热。《方略》已寄到。寄来夹罗大衫一件、线衫一件,送叔父用。闻近畿旱灾,率属捐廉助振。倡捐五千,其余各员共凑三万,解交顺天。祥哥尚无信到鄂,可怪也。余元眉瓛。又送葛纱一端,却之。张汧川葆英。送土物数种,收扇一、香串二。

十二日(8月1日)　晴。与益轩换班,入署复校二件,复看十四件,巳正散,到城寓。叔父今日值日,蒙召见。二刻许。书房功课顺利,退食较早也。余午刻出城,写不列号信并夹鞋一双、荷包翠花等一匣,交承差叶茂林赍回,云明日去。湖北考官放叶大焯、梅启熙,浙江潘斯濂、王先谦,江西文澂、刘恩溥。厚培来辞行,暮往送之。

十三日(8月2日)　晴。叔父出城。午刻设供,曾祖妣张太夫人忌辰也。缮十七号禀并月抄及户部折稿三件,并红洋布包、宝簪、绦带等件,交折差黄在金。是日,捐廉助赈折递上,奉旨翁△△著先行交部从优议叙,其余各员所捐银数,著分晰咨明户部查照成案核办,钦此。昨奉特旨赏旗绿各兵一月钱粮,以恤艰食。今日五城会奏,饭厂提前三个月开放,并请发粟米三百石,分交各粥厂散放,圆通观亦兴焉。

十四日(8月3日) 晴。晨贺叶恂予、梅少岩两星使拜客。申刻到文昌馆听戏数出。暮,正甫邀饮,亥正方散。折差杨得胜来,得严亲闰月廿八日函,一切平安,谢《方略》折已于前次呈递矣,命购买党参,遇便寄去。潘鹤亭到京,礼部奏庞某恤典,得旨著予谥。

十五日(8月4日) 晴。入署复校卅一件,复看十四件,午初饭散。到馆少坐,即返城寓,未正归。访文谟,答鹤亭,均不值。暮鹤亭来,得辛芝函,并赠五十金,另送叔父三十,又寄南阳绸线毯包、柿霜、藕粉,伊如夫人送。只得受之。汪翼新来,得刘哲泉太守四月十四日函,现署铜仁,尚得意也。

十六日(8月5日) 晴热。黄昏雷电,半夜大雨如注,达旦不已。郑雨卿生日。

十七日(8月6日) 阴,仍雨,暮稍止。先妣汤夫人诞辰,午刻设供。脾倦腹泄,想是暑湿下注。

十八日(8月7日) 雨止,微露日影。入署复校十四件,复看一件。午初饭散即归,缮寄第十八号禀交杨得胜,附黄折等一包、油纸一卷。是日,未正立秋。

十九日(8月8日) 晴,暮阴,黄雨细雨雷电。小树、正甫来,倩君表开方理脾去湿,以泄未止也。晚至福兴居,应西山、士周之约,未能下箸,小坐即行。

二十日(8月9日) 晴。晨赴沈、英两堂,画领俸稿。照例二十,以前应行文。入署复校三件,复看二十六件。午正饭散,过城寓。暮归,夜卧甚凉。

廿一日(8月10日) 晴,西风顿爽。绥卿来,以寄鹿卿兄信一函托其附递。作谢辛芝函,交鹤亭。其送叔父三十金,却之。

廿二日(8月11日) 晴。江南考官放龚自闳、边宝泉,陕西洪钧、陈钦。晨送梅少岩,贺文卿,均不值。以家信一函、白参二斤、柿霜一匣,托少岩携赴湖北。作寄三哥函交绥卿递徽。张文谟来代买白参六斤,计银四十二两。午后过会馆。暮,子和来。

廿三日(8月12日) 晴。卯刻进内,以庞尚书谥法拟字回堂,点定“恪敏恭和”四字。即付厅办奏稿,复校廿七件,复看五件,巳正散。过城寓,午正归。得四哥六月初八日函,一切平安,家用奢靡,颇难稽核义庄事,恐非朗生所能耳。石梅祠宇飨堂节孝祠开工建造矣。里中年成好米贵,拟办保甲,以查流民。兄到家月余,诸事允集,其小星是否携之入鄂,尚未定也。是日祭马王,煮饭杨姓病久矣,今早化去。作复刘哲泉函,托恽君实寄黔,以十九号信并董画一轴、夹鞋一双,交火牌差赍回。

廿四日(8月13日) 晴。晨至西北城,拜长剑田、桂△△、凤彦臣。贺龚叔雨、边润民,访言卓山。午刻归,头痛,杨正甫来,访子和不值。闻徐绍圃,疾已大愈,出门矣。过桐卿处谈,暮归。是日领赏《穆宗御制诗文集》,文十卷,诗六卷。内廷王公及外廷部院大臣均与焉。内阁递公折谢恩,以旧式回书改数字已照缮矣,其实继述等语不合口气也。典籍厅办折,廿六递。闻汪泉孙居然选缺矣,李岷琛放云南学政。

廿五日(8月14日) 晴。晨至城寓小坐,即入署复校二件,复看一件,巳初饭散。到馆详校恭阅一册。四十七,盛校。遇高绍山,未初散。归途拜绂臣,又不值。吴畹卿大□。约听戏,散后又邀少饮,亥正归。汪泉孙选贵州铜仁府。

廿六日(8月15日) 阴。晨访酉山、子和,晤之。贺泉孙不值。作寄四哥信托茂如附去。叔父派捧册宝差使,向以大学士充之。今须十六员,又以尚书不敷,故派侍郎数人执事。

廿七日(8月16日) 晴。午刻正甫邀饮,坐有吴畹卿、孙得芝及君表、茂如,暮归。

廿八日(8月17日) 晴。万寿圣节御乾清宫受礼。晨入署,复校五件,注销廿三件,复看一件。饭后出午门,送汪泉孙太守、潘莘田观察其钤,洞庭山人。验看。午正至城寓,申初归。余以白金九两入帽合,将付用款,乃于署中为人攫去。他人有心耶,抑我仆痛矣。是日,分发到阁者八人。

廿九日(8月18日)　晴。作寄二十号禀内言监利堤工事。交全泰盛局带,可速达。叔父自廿七起未入直,盖三日无书房也。饭后出城,折差吴长福来,接父亲六月十五日函,身体康健,天气极热,监利乡民聚众殴官,经派大员查办,已解散获首,署之傅某亦撤任矣。新到阁之王、吴、邓、杨四君来晤,夜访小树谈。夜卧躁热,闻李相昨日启节赴烟台。

七月己未朔(8月19日)　晨访益轩、士周,均晤之。贺王介卿观察,福保。申初至余庆堂,直年公请边、洪两星使,润民辞未到,暮散归。

初二日(8月20日)　晴。卯刻到署,中堂已到,即捧奏书诣中和殿,余与满同事皆随入,辰初上视奏书。殿前无立处,乃先赴永康门外,候驾至乃随豹尾枪入,立东阶仗外听宣奏书毕,上回宫,众散。方宣奏书时,微雨飘洒,幸未沾濡。巳正大雨如注,雷声隆隆。午未之间,倾盆者数次。余在城寓,待雨过,乃冒雨归。小树来,托其向童健庵世兄觅真参也。欧阳崇如正墉。观察来晤,新到阁刘贺厚来。

初三日(8月21日)　晴,申刻雨,入夜淅沥不已。是日进册宝崇上两宫徽号曰:慈安端裕康庆昭和庄敬皇太后、慈禧端佑康颐昭豫庄诚皇太后。大学士等十六员捧册宝,叔父亦蒙派出。黎明礼成,约君表、思大来看参。午刻,赴福兴居,绥卿邀便饭,坐有子中、翔翰,余俱同邑,莱卿亦来同坐,暮散。马松圃寄来粥捐印册并银贰百五十两。潘莘田观察其钤。送笺四、扇二、茶四瓶、肘二,受之,此前日事。

初四日(8月22日)　阴雨。是日,颁诏上不升殿。大学士由内阁捧诏至太和殿礼部堂处,由殿捧出,至天安门颁行。暮,过小树、君表处谈。

初五日(8月23日)　晴。入署复校廿八件,复看四件,又赶票考官本三件,午正毕,遂归。郭嵩焘开署兵侍缺,其出使大臣差,仍届时前往。以二十一号禀交差弁吴长福赍回。夜,雷电又雨。

初六日(8月24日)　晴。内阁递公折谢恩诏,文职四品以上加一级。文用旧底，由厅办折。遣人赴禄米仓领圆通观粥厂恩赏粟米三十石，托乐映川照拂。每石车脚连口袋扛肩一吊二百文。子和来，同过会贤堂，暮，冒雨归。庞宝生谥号今日奏上，奉圈出“文恪”。夜，雷电又雨。童华署兵侍，叔父以恭捧册宝蒙赐大卷红绸二端。

初七日(8月25日)　晴。朱敏生来，交粥捐三百五十两，并云颁赐各督抚《穆宗诗文集》，均发提塘递去。午刻赴龙源楼，应俞松坪之招，坐有杨子方、崔象溪、沅。孙朗山及其胞兄号万谱者，余俱同署友人。散后，过福寿堂看新戏，暮归，泥涂汲汲。柳惺庵、张海峤、颉仪臣约便饭，不克往。

初八日(8月26日)　西北风，晴爽。入署复校廿件，复看廿五件。午正饭散，访张海峤，谈片刻归。得徐沅青六月五日函，河南考官放汪鸣銮、杨霁，山东钟骏声、曹炜，山西萧晋蕃、冯光勋，刘典补仆卿，汪泉孙谢恩召见。刘星岑来谈。

初九日(8月27日)　晴。晨答欧阳崇如、崔象溪、贺柳门，均不值。小树来购定真参四钱贰分，合银七十六两有奇。潘鹤亭来交团拜费等。内阁壬子戊午俱三十，又喜助升送录五十。赵缜玉茂才颖。来，得三哥信，并水烟袋一只、墨四合。午后，访王恭甫、杨正甫、黄沸川，均晤之。暮正甫来，邀饮福兴居，坐有汪君牧。瑞高，洁青年丈之子。兴奎病卒，昇泰授浙江臬司。

初十日(8月28日)　晴热。是日不票本，余未入直。晨贺尹子勋嫁妹，朱少桐娶儿妇。到城寓饭，申刻出城，至且园，子和、小树、少泉、子彭为五哥公祝。申刻入坐，日落乃散。江人镜升河东道。是日卯刻，西长安门内木库失火。

十一日(8月29日)　晴。遇星岑处谈，又答本家已兰，晤之。申刻，至正甫处看参，茂如邀便饭，坐有君牧、琬卿、莘田诸人，亥正方散。毓铭放山西太原遗缺府。

十二日(8月30日)　晴。慈安皇太后四旬万寿庆节，御慈宁宫受贺。停止筵宴，在外公主福晋命妇进内行礼。前月题本下，第一签。晨过会馆,晤绥卿诸人,又访晤伯衡,新从南中来也。贺钟雨辰星使。暮访绂臣侍御,晤之。旋至杨秋帆处,秀实。赴夜饭之招,与绍圃、黄翰仙同坐,亥正方散。子中邀广和饮,不及往。折差杨得胜来,得父亲六月廿八日寄函,一切平安,两餐以饭面间食,痱子已小愈。嵩申升讲学。

十三日(8月31日)　阴,午晴,入夜雷电,四更乃止。入署复校二件,复看一件,午初饭,到馆详校一卷,又看恭阅卷七十四,审一过,热甚,遂散。贺凯亭,到城寓小坐,暮归。安儿出城。

十四日(9月1日)　晴。叔父出城,午刻祀先,中元祭也。作寄廿二号禀,并人参三枚交杨得胜赍回,附三哥寄来信数纸、月钞。信中颇言卯金事也。

十五日(9月2日)　阴,微雨数阵。入署复校廿八件,复看廿件。国史馆来文咨取校对,八员。未刻饭散。到馆校恭阅卷七十四印圈毕,已酉初矣。仍出长安门归,惫倦不适。

十六日(9月3日)　晴。今日到阁,诸人带见中堂,余不克往。午刻赴龙源楼,崔象溪沅。招饮,坐有言卓山、松坪,未申间散。又至安徽馆,应少薇、仲园、润生之约,酉正,泉孙方来,上灯乃散。同坐刘开生、翰清。何寿轩、陈兰史。图。开生,常郡人,曾游曾、李幕府。陈则今年由进士到阁者也。安儿入城。

十七日(9月4日)　阴。作寄三哥函,附《盐法议略》一册。交江南提塘,有皖中折差张胜在此,云明日去也。未刻访仲甫诸人,不值,适雨至,乃坐片刻归。贵阳府恽鸿仪开缺,送部引见。是日寅刻月食。

十八日(9月5日)　晨晴午阴。入署复校十八件,复看十件。午初饭散,到馆将前日未竟之书校毕。散至城寓,申正归。送黄孝侯乔梓,孝翁移疾归山,莅轩以同知分浙也,余揆放贵阳遗缺府。

十九日(9月6日)　阴雨,入夜乃止。祝小树生日。午刻至福兴居,邀潘莘田、潘鹤庭、吴琬卿、郑畬香、李玉舟、曾君表、杨正甫、叶茂如,饭申正散。茹莱卿又邀小饮,上灯后归,泥潦极深,可危也。闻常熟徐君来应试。小树生日。

二十日(9月7日) 晴凉。入署复校十二件,复看十七件。午正饭散,访玉卿谈。正甫来,得四哥七月初八日函,时感冒患痢甫愈,拟于中元节后赴鄂。邑中邪教滋事,彻夜不安,大江南北同时不靖,殊可虑也。未申间,大声发于西北,连震者二,有见黑烟冲天者,言火药轰失,不知其详。旋知火器营领药七千斤至阜城门外轰失,伤死十余人,有飞不知去向者。潘莘田请余庆堂午饭,辞之。

廿一日(9月8日) 晴。作不列号信托委员李徵堂带去,明日走。潘味琴约余庆堂饭,辞之。未刻至谢公祠,应黄敬常、葆熙。邬伯献宝璟。之招,同坐星岑、寿珊、斐轩、周筱崖,延厘。日暮散。又赴缉庭之约,坐有莘田、云眉、雨香、君表、鹤巢,亥正归。吴棠疾卒,照抚督例赐恤,伊子吴△△赏举人。

廿二日(9月9日) 阴,雨。午刻至广和居,赴印若之约,坐有徐云衢、先路,徽人,住常熟。许鹤巢、陈巽卿、李玉舟,未正散。过会馆访绥卿,谈片刻归。星岑邀龙源楼饮,辞之。得丁芥凡△月△日函,尚留鄂中,此月拟入川矣,汇二百金嘱归龙泉兆上人款。杨纬堂送予鼻烟一小瓶,羊毫四支。

廿三日(9月10日) 阴,西风。入署复校三十一件,复看十一件,又复校朝鲜本九件,未刻散归。兆亭上人来,面交芥凡寄款。新泰厚票。潘莘田约夜饭,惮于衔泥,遂未克往。宝相续假十五日,外症尚未愈也。

廿四日(9月11日) 风,晴。午刻至同兴楼,与子久公请佘万谱、崔象溪、星岑、益轩、文谟、松坪、荫阶、莼庭,申正散归,酒意颓然。

廿五日(9月12日) 晴。寅正即起,黎明入内,回沈堂事。入署复校十一件,复看十六件。午刻散至城寓,暮诣宝中堂问疾,贺嵩学士,答李子丹,出城至福兴居应绥卿、君表之约,坐有五哥、玉舟、卓如。哲卿、仲甫今日到此,有水程迂道而来,故迟迟耳。崇文门监督放载治、景廉。朱以增补御史。

廿六日(9月13日) 晴。晨答王莲西师,送玉舟,晤之。午刻至聚丰堂,应凤彦臣、英。恩露普、瑞。钟子俊秀。之招,坐有毓凯亭、铭。尚丞之、顺遐翁、龄。玉昆岚、祥。长剑田、福。星岑、菱舟、松坪,申正散。至城寓少坐即归。君表、霞峰洗尘,又为潘莘田、郑畬香饯行,邀吾作陪,饮至子初方散。山西雁平道放庆锡纶。

廿七日(9月14日) 晴。与星岑换班,入署复校十八件,复看十七件,午正散。到馆看发审本半卷,申刻至城寓,暮归。问仲甫、哲卿,知赴成均未归。访蓝六屏,晤之。送莘田。志和请病假,监临改派崑冈。

廿八日(9月15日) 晴。晨哲卿来。午刻祀先,曾祖妣许太夫人诞辰也。潘莘田来辞行,谈良久。未刻赴龙源楼,余与松坪、子久为瑟轩、诗孙、张子颀饯考也,暮散。访仲甫于连升店。作家言一函托莘田带去,伊尚需回洞庭山,九月方入鄂。

廿九日(9月16日) 黎明雨一阵,旋淅沥不已,辰刻乃止,午晴。卯初入内,回沈堂事。入署少坐,到馆将昨看之发审本一册校毕,午正回署。未刻同星岑赴宝中堂宅回事。亦会英堂。袁子久开缺,吏部来文,以七月初六日奏定章程,奉旨之日开缺,在所保之项候补。援孙介航之例在侍读上行走。初一上班。冯寿珊帮复通本,吴建垲告假开缺,回山东有日矣,今来信云在本省有乡试,不得不为之,呈请开缺矣。回以张镜江管副本库事,李寅恭上委署,孔庆辅为三直校签,张葆英佐之。国史馆来文咨取校对八员,亦援上次成样,请点二十员开选。未满一年者另单开明,亦经点出三人。申初到城寓,晚饭后乃归。在城内晤汤献臣。折弁张正照来,得父亲七月十六日寄谕,合署平安,四哥将挈眷到鄂,监利事已平,江皖督抚咨会密防教匪,欧阳保极升讲学。

三十日(9月17日) 晴,黄昏雷电大雨。五哥四十生辰,赠以茶青纱袍、搭连一、画扇一、晶章一,聊以将意耳。亲友来者却之。暮绥卿来。申刻赴福兴居,同人为泉翁预祝,亥正散。闻本家镜湖到京,得王介卿同年留别十金,欧阳崇如留别四十金。

八月己丑朔(9月18日)　晴。绥卿来，问八字送士周家占卜。午后，吴琬卿招饮。晚间，余又招同人与霞峰共饮。是日，宗人府考供事。取五十六人，明日覆试，正甫云。

初二日(9月19日)　晴。晨贺得学政诸友，答镜湖，晤谈良久归。饭后，至天福堂应明山之招，申刻散。至余庆堂应益轩、厚庵之招，坐有泉孙，戌刻方散。昨放各省学政，顺天何廷谦、安徽杨鸿吉、江西吴仁杰、浙江黄倬、福建孙诒经、湖北梁耀枢、湖南朱逌然、河南瞿鸿　、山东钮玉庚、山西朱福基、陕西陈翼、四川谭宗浚、贵州张登瀛，余俱未经更换。郭嵩焘署礼左侍，潘祖荫署工左，张家骧署祭酒。李植清移小寓，哲卿暂在吾家下榻。

初三日(9月20日)　阴。入署复校十三件，复看十九件，又赶票顺天考官本六件。礼五，兵一。未刻方散，至城寓略坐，适叔父出城，余亦遂归。得恽杏堂函，云所要衣服尺寸，明秋寄来，想喜事须后年办矣。缮寄廿三号禀附月钞、外信。交张正照带回。朱肯夫学使来晤，左宗棠奏金顺、刘锦堂攻克乌鲁木齐迪化州城。

初四日(9月21日)　晨阴，午晴。钱绥卿来。董韫师七十生辰，遣人送祝敬。午后正甫邀便饭，坐有君牧、翔翰、祝荔香、夏彦保、吴琬卿、君表、茂如，戌刻方散，茂如感冒未愈先归。

初五日(9月22日)　晴。晨访星岑、子和、王朴卿，瓛。均晤之。捡点考具。朱酉山同年来，以班升荐定。暮访茂如，已愈矣。赵仲古约便饭，坐有王幼霞、史润生、少薇、陈翔翰、荫甫、美棠。君实、赵缜玉，颖。亥正归。右目肿痛，咽亦不清。辛芝寄内阁团拜费三十两，与星岑作公信谢之。其款亦两人分用。

初六日(9月23日)　阴晴半。入署复校三件，复看三件，巳刻散。至城寓，未刻出城，过厂肆购《日知录》，答雪沧，贺杨雁湖学使归。放魁龄、夏同善、殷兆镛、麟书为主考官。龚镇湘、嵩申、陈学棻、郑溥元、秦钟简、徐文洞、邵积诚、易子彬、朱琛、张楷、林国柱、樊恭煦、陆继辉、陈卿云、郭从矩、赵亮熙、陈启泰、孙汶赞为同考官，内帘监试景隆、冯尔昌。暮赴陈翔翰之招,坐有君牧、君表诸人,亥正散时,雷雨忽来,顿添凉爽,终夜淅沥。

初七日(9月24日) 黎明雨止日出。晨闻叔父奉宝中堂是日续假。命兼署兵部右侍郎。遂入城,以目痛不能作字,叔父自缮例折交兵部档房,明早呈递。午刻,挈安儿同伯述舅赴小寓,哲卿亦从城外去。捡点考具,安儿名在西左六十四牌,哲卿七十五牌,西左之末。伯述在东左七十四。南皿共有一千二百余人,南官六十一人,回避者九,刘映藜病不能到。

初八日(9月25日) 西北风,晴凉。小树及诸同乡皆送考,余亦赴熟人寓次一行,西左人颇拥挤,直候至申初方入龙门,哲卿入时已申正多,暮赶城归。鲍源深告病,准开缺。秋分风占多寒。卸凉棚。

初九日(9月26日) 晴寒。贺张海峤学使。入署复校三件,复看廿三件,未刻散。赴张文谟斋中看人参。曾国荃补山西抚,李鹤年调河督。

初十日(9月27日) 大风,晴。午后迳赴小寓,申初安儿与哲卿、伯述舅先后出场,一切无误,场内甚寒,实到一万二千七百余人。题为:"抑为之不厌"三句,"是故居上不骄"至"足以兴","禹稷当平世"一节,"秋风起兮白云飞,辞"。折差魏鑫铨来,得七月二十七日函,严亲福体平安,四哥廿六抵鄂,家眷未来。刘元已告假去矣。巡阅营伍请展至明春举行。次日奉俞旨。叔父到兵部任。未刻。

十一日(9月28日) 晴,风尤大。酉初方入场,余赶城归,倦甚。西左极挤。

十二日(9月29日) 晴,风止。入署复校十八件,复看四十一件。午正饭散,至城寓小坐,叔父入署未回,余匆匆出城赴谢公祠。戊午公请谭叔玉、宗浚。朱肯夫、逌然。朱西山福基。三学使,到者二十人,上灯时方散。湖北候补令邱延榕送土物四种,受其水烟筒一枝,茶叶二匣。

十三日(9月30日) 晴。汤少渔怀忠,淞北营守备,丹徒人,驻扎常邑西门外。来晤。午后过君表处一谈,旋至小寓,则试者已俱出矣。题为:"蒙以养正圣功也","圻父薄违"三句,"观其流泉",齐人救邢,闵公元年。"昔者仲尼与于蜡宾"。

十四日(10月1日) 晴暖。印若来,余访汪君牧、赵韫之、玉麟,子奚之子。赵恂卿仲纯,分发浙江盐大使。于试寓。申刻接签入,暮出城。缮寄廿四号禀附月钞、外信七函、新刊条约一本。并白奏折之封交魏弁赍回。明日走。余送赵韫之湖笔十支、水烟筒一个、茶叶两大匣、神曲一斤。

十五日(10月2日) 晴。晨向寿星前叩祝,贺伯母以次节禧。入署复校十五件,复看十件。午刻饭。凡遇三节,茶房例备席一桌,同人入直者,就食之,饭后到城寓小坐,诣沈、宝、英三处贺节,每处门包四千。暮归。夜祀先,月色清洁,瞻望江湘,心随云远。

十六日(10月3日) 晴。辰巳间,安儿与伯述、哲卿均出场,先到城寓,午后归。策题:经训、史礼、农田、兵制、河利。工水。安儿与同号诸君互查,十得六七耳。哲卿仍下榻吾家,暮看进场诸君。

十七日(10月4日) 晴。作寄士吉兄函,托本家镜湖办起复事,交杨纬堂带回。拜客至余庆堂,同邑接场公局,十客十二主,士周亦列名二桌。申正散。又拜客,赴君表约夜饭,坐有汪君牧,闻其试作甚佳,亥正归。志润放四川绥定府。

十八日(10月5日) 晴。寅正起,卯入内,带见子久及新到诸君,见宝堂。在军机茶房少坐,开发如前节,大堂四十千,又两家十千,茶房八千,又两家十千。犹哓哓也。追入署与子久同班,复校二件,复看十五件,午正散。至城寓稍憩,过天成取利,三个月。访鹤亭、六屏不值,归。给苏拉刘姓四千,方招喜四千。

十九日(10月6日) 晴。寄辛芝杭茶四瓶、桂耳两匣,又寄其夫人水烟筒一支、荆缎被面一个,交鹤亭。作家信一函并白参二斤,内子生母所送。托邱荫棠大令廷榕。带回鄂中。又致欧阳崇如谢信亦托带去。并送邱君饽饽、冬菜二事。午刻设馔,为李植清、汤伯述、郑雨卿、张子和、俞幼兰、陆仲甫、张哲卿接场,未正散。至文昌馆,绥卿招听戏,暮风雷,大雨,雨过乃归。

二十日(10月7日)　晴。午后,同哲卿听秦声,致美吃点心。暮赴汪君牧之招,坐俱吾邑人及章小山、芍州庶常之兄李砚农。连日甚暖,昨夜西北风顿寒。

廿一日(10月8日)　晴风。入署复校十三件,复看十一件。午初先散,至城寓。申正出城,赴吴琬卿之招,坐有汪少皋、子先。哲卿将回衡水,为之料理信函等事。

廿二日(10月9日)　阴。哲卿辰刻登车,送之。琬卿来辞行。暮赴福兴居与同邑六人公请汤少渔守备,怀忠。戌正散。

廿三日(10月10日)　晴。晨送琬卿、黄绎之。午刻拜客,至福兴居请汪君牧、赵伯度、赵缜玉、潘鹤庭、杨正甫饭,顾康民、徐古香、李菊庄辞未到。作致辛芝函交鹤亭,以家信一函、花翎一支、《古文眉诠》两函、貂毫廿支,托赵缜玉带赴徽州屯溪镇。

廿四日(10月11日)　晴。入署复校十三件,复看十七件。午刻饭散,到馆看详校一卷。七十七。未正到城寓,与管近仁谈。叔父自署回,侍晚饭,出城至福兴居,汤少渔约便饭也,戌正归。阜康送来八月初一家信一函,父亲福体平安,方料理入闱也。外汇库平银五千贰佰两,留此备用之款也。得沈品莲同年函,炭敬廿两,从恽少薇处来。崔象溪沅。辞行,送别敬十二金,却之。吴棠予谥勤惠。附记于此。

廿五日(10月12日)　晴。星岑来字,云十五所票陈泳奚双签本,票拟错误。午后访子久,暮星岑来,以首稿见示,确系错拟刑科,已经抄出,恐难弥缝矣。夜孔斐轩来云,雷禹门为争缺事今日在署与星岑大有龃龉,嘱予调停此事。

廿六日(10月13日)　晴暖。入署与星岑商玉文开缺事。午刻,赴沈堂宅画呈子。旋至城寓少坐,出城至福隆堂与菱舟、星岑、松坪、子久公饯凯亭、泉孙，暮散归。拟捡举折稿一通交星岑。

廿七日(10月14日) 晴暖。入署复校廿三件，复看廿件。未正，待星岑来，同赴各堂宅回奏底。到城寓小憩，酉初至沈宅回定，乃出城归，已曛黑矣。徐庾楼骏勋。约广和居，徐云衢先路。约宴宾斋，均辞之。

廿八日(10月15日) 晴。晨拜李韵湖，晤之。下榻子和斋中。过阜康寄回信，是为廿五号。闻江南题："子贡曰有美玉于斯"一章，"旅酬下为上"四句，"秋省敛而助不给"，"依旧青山绿树多，舟"。三更风雨一阵，旋星月如常。

廿九日(10月16日) 晴。寅正入内，卯初到景运门，事已下内阁奏捡举更正，奉旨依议，姜供事递。回宝、沈、英三堂毕。遂同星岑入署，即由汉票签径行刑吏二部应议职名，送刘星岑、李小江两人。巳正散到城寓，未刻出城赴且园，应史润生之招，暮散归。

九月戊午朔(10月17日) 晴。晨至城寓小坐，入署复校十五件，复看六件。午初饭散，至查映阶处贺其弟娶妇喜，出顺治门，归。

初二日(10月18日) 晴。拜客过会馆谈。午饭持螯甚肥。暮至阜康，汪月洲近从楚中回，谢病不做滇官矣。又晤何玉卿。班升荐与朱西山学使，今日赴彼当差去，乃命旧仆吴玉来。

初三日(10月19日) 晴。入署复校十六件，复看十七件。未初饭散到城寓，申正归，得四哥八月十九函，云父亲右腿微有麻木，考政平安，省垣静谧。是日，曾君表母生辰。载治次子，命名溥侗。

初四日(10月20日) 晴。作复沈品莲函，托恽处寄。午刻访星岑谈，旋至保安寺街祝内子生母寿，即在彼吃面。未正，至安徽馆应四直诸君子之招，何寿轩、钟笠云、李玉方、史润生、陈翔翰、陈荫甫、邱梅卿、徐咸一。暮散归。四川绅士为袁廷蛟诉冤，李廷箫又奏川案不实，得旨专交李翰章查讯。

初五日(10月21日) 晴。以家信一函、翎筒二个、夹靴一双，托贾仲选太守万青，新选宜昌府。带赴楚中。午刻，进署与星岑商拟万寿节礼节签,先向礼部抄得题稿,用双签。同赴宝宅面回,酌添两句。遇杨雁湖学使,诣沈中堂贺六十生辰。送祝敬四金未收,给门包四千。出城至龙源楼,应守吾、荫阶、萼庭之招,暮散归,顺道送汤少谦。夜至沩川斋中,同人公饯泉孙,兼为瑟轩、诗孙接场,亥初散。闻何青士及介甫到京,特旨命顺天府添设粥厂振济灾民。得恽菘云函,阜康来。是日,曾伯伟生日。

初六日(10月22日) 晴。卯初进内回沈堂事,如宝相所说,退至署,初晤新补满票签侍读恩兴,书农,行六。复校八件,复看十一件。午初饭散,降调御史吴可读引见,以主事用。到城寓,申初出城,得父亲八月十九日闰中信,一切平安,未言右腿麻木也。是日,朝审带犯。

初七日(10月23日) 霜降,晴。缮发廿六号禀,内附熊油虎骨膏一帖,交全泰盛轮船局递去。午后,访漱青、幼兰,同过会贤堂听戏。散后,茂如、莱卿招饮,上灯后归。

初八日(10月24日) 晴。送贾太守、万青。杨雁湖学使,入署看礼部双签本。午后饭散,至城寓一视,出城过阜康取银归。汪翼新昆仲邀饮天福堂,赵宝斋邀梦局,均辞之。张文谟送狼皮褥一床。

初九日(10月25日) 晴。午刻,叔父出城。饭后至琉璃厂看红录。日暮时知南官已见二潘,志俊、志窠。乃怅然而归。四更闻《题名》唤卖。

初十日(10月26日) 晴。阅《题名》,同邑仅有俞幼兰中副榜耳,南皿江苏居其半,知名者如冯光元、高彝尊、尤先甲、顾肇新、史恩绾数人,阁中亦潘仰熊也。入署复校十六件,复看十一件。午正饭,出城至天成亨看皮货。暮访幼兰,与漱卿诸君同赴德春之招,戌刻归。林寿图放晋藩,张瀛告假缺也。何小宋到京请安,闻李少石疾卒。景秋坪、徐荫翁之子俱中式。

十一日(10月27日) 晴。正甫来,为杨纬堂书条幅。午后拜客。未正至谢公祠应余播珊之招,坐俱同署熟人,至暮散。松屏过我谈刻许。何璟放闽督,李翰章仍调楚督,丁宝桢升川督,文格调东抚,潘鼎新升滇抚，杜瑞联升滇藩，方浚颐升川臬。杨昌浚奏请将武场分闱阅看，得旨不准，行文部议处。得伊阳令缪少初函，并汴绸等四包、碑帖四种，其侄李抟霄振鹏。带来。孙燮臣到京。

十二日（10月28日）　晴。拜何介夫不值。入城贺恩诗农、刘映藜、传达。顾康民，已正归。伯述舅来。缮寄廿七号禀，交全泰盛局。附《题名》、上谕。暮，折弁盛万年来，得父亲八月廿八日寄函，云廿四出闱，左足麻木，廿五尤甚。程丽棻诊视云湿侵经络，风袭血脉；服附子、当归、柴胡、虎骨等品，即觉轻减，惟足趾稍麻，一切起居饮食如常。饭后走三百步，方卧片刻也。祝官姻事亦云可许。鄂中发榜，约在重阳左右。安儿领落卷出，郑诗元房荐，批平常，为麟书所摈。欧阳正墉升两淮运使，李铭皖升安襄郧荆道。

十三日（10月29日）　晴，午后阴。晨贺徐荫翁乔梓。入署复校一件，复看十九件。午正饭散，至城寓，汤献臣来晤之。申刻出城，祝松屏老翁寿，答李抟霄归。何介甫来，丰采议论如旧时。今日在署见礼部题万寿礼节本，发下第二签：朕奉皇太后懿旨在养心殿行礼，毋庸设立仪仗，乐仍设而不作。王公大臣二品以上各员，在慈宁门外行礼，三品以下各员在午门外行礼，内庭宫眷及在外公主福晋命妇均著停止行礼，余依议。钦此。此系新拟之式，其第一支仍用旧式也。昨有旨饬四川总督将军将川北厅等处民教各案，迅速持平拟结。春佑疾卒，赏经被，派镇国公奕谟奠醊，照都统例赐恤，赏银五百两，伊孙及岁引见。广寿补厢黄汉军都统，何璟赏朝马，毕保厘放苏州遗缺府。袁保恒武会试正考官，徐致祥副之。孙家鼐仍在上书房行走，李植清携行李赴会馆，即日南行矣。

十四日（10月30日）　晴。缮发廿八号信，交福兴润轮局去，内言盐务。速其速递。午后访漱青，以哲卿汇管近仁家之款廿金交去。叔父出城。暮至宴宾斋，为李植清饯行，邀漱青、近仁、唐景星、子和作陪。是日，以家信一函、薄羊皮靴一双并灰鼠女袄甬内子送全姑娘者。一件，托梁斗南学使带楚。曾国荃奏霜汛，安澜河道出力。得旨潘观保赏加二品顶带。梁斗南、关望云、张海峤处皆送路菜。

十五日(10月31日) 晴寒。卯刻入署,送何青士观察验放昨夕住阁中。入内画稿,退复校八件,复看十五件。未初待赶票缮签毕,乃散归。以廿九号禀并人参一匣,二枝,重五钱三分。黄折等闱墨交盛弁赍回。得杨保初函六月到省,七月中已将天成亨借款归还矣。

十六日(11月1日) 晴,暮风,入夜尤大。晨送诸学使,遇正甫处谈,午刻归。朱西山、钱绥卿来,夜饮子久斋中,赏菊也。坐中同署熟人,亥初散。

十七日(11月2日) 阴寒。武会试发榜,二百零七人常熟无中者入内场者仅一人。可见武事尤难也,子久来。

十八日(11月3日) 晴,风,仍寒,棉衣不足御。入署复校九件,复看十五件。午初散,至城寓,暮归。璞卿来。今日宗人府奏修玉牒,请派总裁,派出惇王、恭王、沈桂芬、桂全阁学、万青藜、潘祖荫,督催宝鋆。送朱西山食物数种。

十九日(11月4日) 晴,风。晨拜幼兰,定期开学廿六,兼送漱青、卓如、西山,又过士周处,看其世兄所作试帖楷法。午正归,为友人杂书条件。子久来,暮至福兴居,邀顾象山、李抟霄、汪君牧、黄子中、顾缉庭、陈翔翰、钱漱青、曾君表饭,亥初散。是日,署中票第一单秋审廿二进呈。

二十日(11月5日) 晴,风,寒。初著珠毛袿入署,看秋审本十五件第一单,未刻散。至万福居应伯述舅之招,散后过聚兴、阜康。夜饮洪子彭斋中,坐有钮仲笏,余俱熟人也。玉牒馆将次点选,同人来嘱说项者指不胜屈。是日,票第二单秋审廿三送呈。安儿每至夜饭,颧颊火升,逾时乃过,疑阴虚之证,医者不察,如何如何!叔父寄仲兄信一函并银百廿两,托漱青带去。沈兆沄予谥文和。

廿一日(11月6日) 晴,风,仍寒。入署复校十件,复看九件,又看第二单秋审本十七件。玉牒馆来文咨取纂修、誊录等官清文,无员数,但云照成奏咨取,与星岑、子久酌商回堂事。申初散至城寓,士周来晤。赶城归，伯母招漱青便饭，余亦同坐。以覆信一函并《兵制考略》四册、朱拓联四付、貂袖一付、飞升补四品。一付交李抟霄转寄缪少初大令。莩联，河南伊阳令。折差保宗桥来，得父亲九月初七日寄函，左足麻木渐愈，尚未复元，嘱购人参及虎骨胶。寄示禁川复淮盐务利害折稿，沥陈难复情形，饷项支绌，恐有贻误，似于本省情事说得太少耳。得词甫函，已订姻耿氏思泉之堂妹。。

廿二日(11月7日)　晴风。晨送漱青登车。午初到署，复看秋审第三单十四件。待星岑，申正方来，乃同赴宝堂宅中，请点玉牒馆差，如上届成例誊录八员，内帮纂修二人，又帮誊录四人。日落赶城归，夜，子久来谈。同署友人公送何青士观察席一桌部通本及余措珊俱出名。立冬。

廿三日(11月8日)　晴，风寒。卯正到署，则星岑已入内矣昨住署。余亦即入景运门，乃知沈堂又商添四人，批定八正八帮，谕俱送馆当差也。候英堂散时，回明乃退，复至署治事。巳正到城寓，饭后归。子久、松坪来，汪君牧约吃鱼生粥尉迟厨，同坐高寿农、徐卓庵、翔翰诸人。玉牒馆汉誊录八员：袁保龄、俞寿彭袁、俞兼充帮纂、刘荣震、恽彦瑄、袁思韡、汪树屏、吕凤岐、雷钟德。此八人宗人府汇单入奏，满服一侍读充纂修者入奏，二侍读充帮纂者不入奏，二侍读充督催者不入奏。又帮誊录八员：陈启焜、王瓛、颉汝扬、黄桂滋、罗学成、李有棻、史恩绪、彭源澄。此八人不奏。

廿四日(11月9日)　晴。访印若谈，又过陈云舫丈处，知其决意辞差。饭后访子久，申刻入城，拟赴宝堂回改派帮誊录，适他出不遇，遂至城寓宿焉。毓凯亭太守铭送汉票签团拜费十二两。

廿五日(11月10日)　晴。寅正起，随叔父同饭。卯刻到署，同人已集，顷之星岑来，遂入景运门带见三堂，并请宝堂改派彭銮，退至署少坐，出城访瑟轩未值归。印若来云，士周处已商定十月初七过帖。至正甫处，托其购虎胫等，遇蒋迪甫至琉璃厂买《尚书》一函龙威，连装潢十二千。阜康送来九月初一日家信一函，外汇库纹叁千两。

四哥信云父亲左腿麻木已愈,而足趾尚未脱然,寄示药方二纸,皆程丽棻所定,以和血祛风主治。

廿六日(11月11日) 晴,风。午刻俞幼兰开馆,为之设馔,邀印若、正甫、茂如作陪。见江南题名,知寿侄得中第二十九名举人,江苏官卷刘侍郎、翁,安徽官卷李经世、刘。为之忻快无已,六十年中科名辉映,非祖宗积累之深,何以致此。常熟五人,昭文一人。赵宝斋来,夜过子久斋中,星岑、子久公请何介甫前辈,约揩珊、璞卿、沛川、松坪作陪,戌刻散。

廿七日(11月12日) 晴,风寒。答松坪、谒孙燮臣世丈,入署复校五件,复看六件。午正饭到馆,看详校一卷八十四。暮至城寓夜饭,乃驰归。

廿八日(11月13日) 晴,风寒如昨。作贺仲兄函,拜士周并见其世兄号子图,名厚基。。顷之,印若来,遂在彼午饭。拜何小宋,访邵莘卿不值,归。申刻过阜康,以三十号信托寄,适得父亲九月十一寄函,并题名闱墨各一分,知左足麻木已愈,惟肝血尚亏,仍须调摄,阅之稍慰。汪君牧出京。尹仰衡约如松,辞之。是日祭阎百诗先生于报国寺,不克往,子久有约也。

廿九日(11月14日) 晴。子和、宝斋来,暮过正甫谈,换江獭帽、干尖领。

三十日(11月15日) 晴。入署复校五件,复看三十件。武殿试读卷派徐荫翁、殷谱翁、成竹平、长彝亭。今日住内阁,予与星岑公送席一桌,以尽地主之谊。申刻到馆,晤锡厚庵年丈。知黄绫本已发,校对奉监修总裁谕每卷限三日校出,余等亦以不看初校一分向商,似可行也。暮至城寓,赶城出,过衍庆应余绂臣年伯之招。晤杨种珊大令,鼎昌,山西灵石县,陕人,庚午举人,故为世兄弟。戌初归。武殿试读卷官住内阁,刊刻题纸。中堂二人写题。

十月戊子朔(11月16日) 晴。以三十一号信并熊油膏十帖、伯王所送。于术二枚、虎骨胶一斤、虎胫两对交徐宗福赍回。叔父出城,午正祀先。暮过正甫、印若处拜媒人。是日,武举默写武经,五行〇三字。季君梅先生寿日,癸酉生。

初二日(11月17日) 晴。晨祝刘星岑尊人寿,八十二。又祝徐绍圃,均送水礼四事。午后,移至会贤堂小坐,何青士观察留别十二金,另送内阁团拜费廿两。

初三日(11月18日) 晴。入署复校廿五件,复看四件。午正到城寓饭,出城送介甫,晤之,伊仍侍其尊人回杭,明年再来销假,明早即启行矣。悄携恭阅一卷,一百〇四。回寓,校至上灯乃毕。邵汴生销假请安召见。是日,派惇王等校阅武举技勇。何师母生日。

初四日(11月19日) 晴。卯正赴署,照料填武金榜。一甲三人,二甲十二人,三甲八十七人。日落时,大榜已毕,余先散归。是日,武举引见,内阁俟兵部文书照会,乃填榜,读卷官判名如文殿试例。领俸票。六品。

初五日(11月20日) 晴。午后,叶明恭、杨正甫来,拜邵汴翁、莘卿翁,均不值。晤伯英。仲立新从广东来晤,即答之。

初六日(11月21日) 晨,湿雾漫空,巳刻放晴。撍珊、星岑来晤。预备礼金等件。八合,连人夫赁红共十六千,酒钱在外。

初七日(11月22日) 晴。祝官订姻江阴季氏,诹吉今日未时过帖,冰使四千,车贰千。请印若、正甫作伐,男宅来八合,如意首饰、四金四翠、衣料四件、茶叶、胭脂、粉、花、糖。又抬合四抬,果品十余种,猪羊肘、鱼鸭共十六盆。给以喜犒八十千,敬使廿千,折红十二千,来使二人披红。吾家答以八合。如意、喜帖、袍褂、荷包、帽靴、笔墨、书研、蜜饯、三元饼。抬合中略换糕饯等品,男宅犒使俱加一倍。伯述舅、近仁、幼兰、君表、茂如、子和、小树均吃喜面。正席一,面菜三桌,又添数簋。

初八日(11月23日) 晴。晨谢媒答客,拜士周,访朱敏生,晤之。暮答华帽山,名冕臣,刑部。谈粥厂领米事。申刻至且园,应孔斐轩之招,坐有星岑、子久、荫阶、南溪。戌初至福兴居,同人公祝杨雪沧,是日生辰。荫阶亦同坐,亥正散归。

初九日(11月24日) 晴。入署复看十件。午刻饭,乃到馆详校黄绫正本卷十三,余九毂初校。一册,日落驰归。是日,曾祖妣许太夫人诞辰,午正设供,未及行礼。遣人赴储济仓领十月分官米。

初十日(11月25日) 晴。答正甫、小轩未值,到城寓小坐,入署一行,到馆校恭阅一册。卷九十六,程禄生初校。句读应改者多,日落方毕。顾康民招饮,辞之。叔父约邵辛卿、顾肯堂、赵伯远、汤伯述、汪耕余、福安。徐云衢饭,肯堂未至。慈禧太后万寿节不御慈宁宫,上在养心殿行礼。

十一日(11月26日) 晴。叔父出城。午刻祀先,以斌孙中式告祭也。伯母备酒筵,合家欢饮。暮访正甫,以《宝慈话旧图》面交,又访星岑谈。松坪、子久、瑟轩在广和居饭,来邀余往谈,戌正归。

十二日(11月27日) 阴。入署复校四件,复看十八件,未初散。到馆详校黄绫本,卷十五,吴吉人初校。看数十页,日落矣,遂驰归。折弁郑殿元来,得父亲九月廿八日函,左足虽愈,然时作刺痛,偶尔麻木,尚未脱体。本月初三,将考武场,又有一月辛苦。闻寿官捷音,为之狂喜。已遣徐贵携银三百回贺并皮衣绸缎,俾治行装也。

十三日(11月28日) 晴。答赵伯远,到城寓,饭后到馆将昨分之书粘签校毕,入署一视遂归。印若来,以八十金买獭皮外褂。张文谟来,聚升号货,住宝盛和栈。

十四日(11月29日) 阴,雪,午止。访邵辛卿谈,伊为人治病,忙甚,不易晤,安儿同往,五易方矣。午归,今日慈仁寺祭阎百诗先生,余又不克往。午后访正甫谈,过阜康遇云轩、芍洲、沈梅史,暮归。汪柳门、子和来。折弁郑殿元来见,以三十二号禀并东参吉林六钱四分,盛京四钱。两许,小鹿茸一架交伊赍回。方子箴廉使浚颐。留别十二金。杨子和同年送土物四种。熊昭镜升迤西道。

十五日(11月30日) 晴。入署复校廿件,复看廿五件。未正饭散,回城寓。暮出城到福兴居,约辛卿、汪月洲、印若、子和便饭,亥刻归。承差叶茂林来,得九月廿二函,并全姑娘送予荆缎袍褂一付,又送内子一裙、一褂料。

十六日(12月1日) 晴。张文谟来，伊月内将告假回抚宁。申刻拜姚鲁眉，天锡，湘坡先生之子，官广东。送方子箴廉访，谒孙莱山，均未晤。至福兴居与星岑、子久、松坪、璞卿、守吾、慧生、印若、少薇同作东道，请四直友人，到二十余位，戌刻散归。方菊人太守大湜，武昌。到京，带来九月十四日家信一函，外董书《怀素自叙帖》卷、石谷《渔村待渡图》卷各一件，嗜喊表一对，宁袖袍褂一付，系父亲赐件，因四十生辰。又小表一对，一送秀姑，一送祝官者也。得辛芝九月杪函并银五十两，嘱领诰轴二分。附实收两张。

十七日(12月2日) 晴。松坪来。午刻陈翔翰、朱壬林约便饭，坐有君表、正甫、祝荔香诸人，入夜方散。又至广和居，应士周、印若之约，戌刻归。英桂住工，魁龄署吏尚，广寿署提督。得徐沅青函。九月十八。

十八日(12月3日) 晴。入署复校十五件，复看四件。午正饭散，至城寓，安儿入城，自考后，住城外调养两月余矣。暮出城，拜方菊人太守，人极老练。上灯时到福兴居，同人为松坪预祝，十一月十八生日。亥初归。今日以潘辛芝寄来实收二张交周供事，一潘观保　赠妻父母，一潘承谟　封庶祖母并赠故父。而以前寄之捐从二品封典，照诰回改，领覃二品封。二品顶带，请从二品，凡顶带虚衔，皆以从论。

十九日(12月4日) 晴。暮阴。朱小唐、徐绍圃、徐翰臣、士鋆。袁翰臣，新中副贡捐阁中，将于月内到衙门也。叔父出城，小坐即行。暮至福兴居，与小树合东，为程仲立洗尘并邀子彭、子中、子和同饭，亥正散。夜寒。作复辛芝函交椿记。

二十日(12月5日) 阴，雪花飘洒。武仲平来晤。送木瓜四个，阿胶一斤。午后谒彭芍丈，不值。今日请安召见。晤伯衡谈，又过仲平处坐片刻。送辛卿不遇归。同邑薛君敏春闱挑誊录签掣，实录馆本月传到，限十余日。茂如、幼莱为之措资，嘱余交办。今日以履历一纸，到馆费八两，照例十二两，先付此数。又十二千，交内阁供事郭△△

代交馆中文移处徐供事倬云。收讫。

廿一日(12月6日) 晨阴,午晴。入署复校十六件,复看十五件。未初饭散,至城寓。申初出城,拜沈世兄,彤,品莲同年之子,来京引见。不值。遂至王璞卿处饭,梁家园新居。坐皆同署友人,上灯乃散。送方菊人四菜两点心。

廿二日(12月7日) 晴,午风。到署校恭阅卷一卷,一百十,吴枚卿初校。又校黄绫卷二十,程禄生初校。匆匆审一遍,尚未竣事。申刻出城,再访沈世兄,则今早行矣。辛卿为叔父、安儿均定一膏药方,又为严亲恳拟一方。

廿三日(12月8日) 晴,大风,暮止。午后送辛卿又不值。贺毕东屏太守,高颐伯驾部。申刻至余庆堂,应雷禹门之招,坐有子久、松坪、厚庵、小云、益轩、斐轩,戌初归。崇实请开缺,得旨安心调理,毋庸开缺。命崇厚署盛京将军。命庆裕来京,另简以恩福为奉天府尹,续昌放霸昌道,祥亨调山海关副都统。送辛卿杂物四种,仅收荆缎饭单一方。

廿四日(12月9日) 晴。入署复校七件,又朝审本五件,复看廿件。未初饭散,到馆将黄绫本卷二十。校讫。申正到城寓省视,匆匆出城至福兴居,同人为高守吾预祝。十一月廿一生日。散后过壬林处谈坐,晤君表,亥正归。邵辛卿今早出京,而约同邑诸人在余庆堂饭,余辞弗往。杨鸿吉病故,以龚自闳为安徽学政,林述训丁优,以如山为长芦运使,松林放奉天驿巡道,荆州将军巴扬阿病卒,赏伊子主事用。

廿五日(12月10日) 晴,寒。德儿入城省视。午后独过文昌阁,夜饮吴闰生均金。斋中,坐皆同署友人,酒肴并美,戌正方散。王贻泉、敏芑。刘鹤庄、嵩龄。张汝甫、源溱。高叔泉文铭。四人公请,辞之。胡毓筠放浙江粮道。衍圣公孔祥柯病逝,照例议恤。

廿六日(12月11日) 晴。仲平来,以荆缎饭单一方,桦木帽架一事送张文谟,伊告假明日回抚宁也。作寄丁芥凡书,并兆和尚复函，交天成亨递川。叔父出城小坐，知李兰孙派总理衙门大臣与景秋坪同被命。崇宝病卒，赠太子少保衔，照尚书例赐恤，准入城治丧，伊孙景贤赏举人。赏实录馆柴炭银，十一、十二、正月每月五十两，由广储司给发。作复张哲卿信交信局递正定府署。

廿七日(12月12日)　晴。辰初起入内，画稿请点王紫澜上委署。额外行走。到署复校十四件，复看一件。廿九送，敦宣皇贵妃册宝。未初散，到城寓。申刻出城，拜姚鲁眉又不遇，过仲平略谈归。今日伯父文勤公忌辰，设供不克行礼。皂保补刑尚，察杭阿补理尚，绵宜转礼左，全庆升礼右，瑞联调察哈尔都统，延煦补热河都统，桂清调仓侍，麟书转礼左，桂全升礼右，长叙署兵右。给事中文明请整顿乡试场规，奉明发谕旨一道。三哥生日。

廿八日(12月13日)　晴。晨至程仁甫处，贺嫁女。曾祖妣许太夫人诞辰，午刻设奠。午初，到午前门送伯述舅验看。同知，分发江苏。并晤汪耕余观察、福安。徐翰臣中书。士鋆，是日到阁者尚有四川李。未刻散，同武仲平饭于福兴居。过德升购小帽，暮归。荣全来京供职，金顺调伊犁将军，英翰以二品顶带署乌鲁木齐都统。折弁魏全贵来，得父亲十月十二日函，武场未竣，左足渐愈，稍可放心。四哥信累幅详言调理药饵诸事，合署平安。

廿九日(12月14日)　阴。汪翼新、徐翰臣来。午后大雪，入夜乃止。作复李桂清函交研生侍御，又作复杏云函交阜康。约西鹤年堂人来熬膏子药。

三十日(12月15日)　阴，午后晴。入署复校十七件，复看十八件。未刻散，至宝兴堂应伯衡之招，坐有裕朗、西牛、墨庄、师韩。刘竹臣、武仲平，暮散归。以三十三号禀并鹿角胶十两，长生酒四瓶，卫生丸四十丸，安神丸四十丸，果脯十斤交承差叶茂林赍回，安儿出城，段起放江西粮道。

十一月戊午朔(12月16日)　风，晴。午正设供，先妣杨夫人诞辰也。闻俞松坪老翁病，五哥同往诊脉。贺胡云眉同年，燏棻。以道员分直隶也。得士吉函,知镜湖起复事需四十金也。

初二日(12月17日) 晴。内子四十生辰,合家祝贺,伯述舅、近仁、佑莱、正甫、君表、茂如、小树、子和、少嚣许来,均留吃面。内客一桌。未刻散,同过文昌馆听戏。暮饮壬林斋中,感寒不适,匆匆而归。张岳龄告病,以李明墀为福建臬司。寄三十四号禀附邵辛卿拟方一纸,交折弁魏金贵带回。张子和辰刻生子。

初三日(12月18日) 阴晴半。巳刻入署,徐、李二君见堂,余不克往。复校、复看均三件。午初散,到馆校恭阅卷一百廿三,吴吉人初校。又将黄绫卷三十七审阅一通。申正到城寓叩头,昨未及贺也,小坐即归。东南风极寒,曾国荃请开缺,仍赏假二个月。先付周供事轴费三十两。

初四日(12月19日) 晴,寒。拜客,贺子和,即在彼吃面。申刻访绂臣不值,又过松坪处问疾,知渐愈。派宜振接办大碑楼工程,张联桂放高州府。

初五日(12月20日) 晴,寒。安儿生日,午后叔父出城。申刻祀先,冬至前设祭也。星岑来。

初六日(12月21日) 晴。入署复校三件,复看廿三件。余先散到馆,前书已竟,又来催矣。申初校毕,过城寓小坐乃归。贺张丹叔太守、联桂。洪文卿。

初七日(12月22日) 晴,午后风甚大。蒋寿山来。午刻,叔父出城祀先,文端公忌辰也。署中送玉崑岚信来,嘱拟崇朴山刑尚、孔祥柯衍圣公、巴扬阿荆州将军谥法三分,文勤:崇,庄悫:孔,咸勤:巴。交茶役带回交厅。刑右恩龄疾卒。作寄本家镜湖信,嘱其早汇银来。

初八日(12月23日) 晴。星岑嘱换班入署,复校十四件,复看七件。午正饭散,到城寓。申刻出城,贺方菊人未晤。夜饮汪翼新斋中,坐有星岑、子久、厚庵、锡臣、禹门,亥刻归。恩龄照一等侯并侍郎例赐恤。麟书调刑右,桂全转理左,惠泉升理右。

初九日(12月24日) 晴。叔父小有感冒,昨夜发热。今早乃入直，遣安儿进城。暮至中街小坐，寄复祝菊舫函交方勉甫处。孔斐轩赠其先人诗集四册、汉碑十种、佛手二盆、梅花二盆，王璞卿馈紫鳞银鱼。

初十日(12月25日) 晴。寅起，卯刻入署，送伯述舅验放。上班时天犹未明也，在坐少坐，辰正到城寓。叔父已愈，照常入直，退又赴户部。余待未初乃出城，遇诸兵部街。至宝兴堂与五哥公请伯述、仲平、花少泉、汪翼新、彭伯衡。暮散访恽莘农不值，归。粉坊街初更失火，云是棚铺。

十一日(12月26日) 晴，风甚寒。贡差带来九月廿五日四哥信一函、莲子四篓。昨遣人赴南新仓领出十一月分官米。

十二日(12月27日) 晴。祝小树太夫人寿。入署复校十四件，复看贰件。午正饭散，到城寓，未正出城，过松坪处，知其老翁精神委顿，进食甚少，余无他疾也。访辛岑不值，斐轩来晤。今日在署见总督许、何二星使。来文，奏明随带人员有中书余瓗随赴日本，知照饬遵。闻湖北试差叶、梅二公回京。

十三日(12月28日) 晴，暮风。晨访星岑，商一切事，到馆恭阅一百三十五，周勋棠初校。未正散。【到】入署少坐，乃赴宝宅画稿，余瓗出差，不断资俸，俟报起程知照吏部。又赴沈宅不值，过城寓。叔父治肴为伯述舅饯行，客方入坐，余遂行到福兴，同人为沛川预祝，松坪、守吾皆不到。散后同诗孙至翔翰处谈，子初归。月明如水。李瀚章谢折至，命即赴新任。

十四日(12月29日) 晴。子久来，午后答余云眉，晤之。过宴宾斋，应君表、幼莱之招，坐有伯述舅、近仁诸君。散后访华帽山，知沈品莲捐款分五城，拟用北城果园、圆通两厂，分银三百两。夜蔚卿邀饮，亥刻归。梅少岩星使携到九月廿函，并四哥寄惠宁绸褂花旗袍、蓝绉蓝罗各一件。

十五日(12月30日) 阴，微雪数点即止。入署复校十六件，复看廿一件。未正散，到城寓小坐即行。在署知松坪老翁昨日戌刻下世,乃往唁之。暮返安徽馆,四直冬团、王可庄、仁堪。李芋亭、锡彤。张子京、镐。郑绥卿、克昌。李瘦泉、清华。杨定勇、晨。黄古腴、儒庵。王渐逵、鸿诰。王瑶堂、国璋。汪翼新树屏。作东也,戌初散。过东昌取沈款乃归。是日,洪子彭生辰。廿八岁。

十六日(12月31日) 阴,暮雪,入夜尤大,顷刻三寸许。辰正入署与星岑会斋,同赴宝、沈两堂回事。张敬堂若虚。上通本、孔斐轩庆辅。上委署、额外行走。周小岩延厘。三直帮校签,高守吾其操。选实录馆校对。吕瑞田凤岐。拣充玉牒馆帮纂修。彭瑟轩改正选誊录官,余独回署,办文先行知照两馆。未正散,过松坪处行礼,访绂臣不值。遂至且园,黄子中、洪子彭、徐小树、张子和为予预祝,五哥亦同坐,戌初冒雪归。折差张荣华来,得父亲十月廿九函,武闱竣事,一切平安,左足十愈八九,惟夜卧有时刺痛,温补之药不敢间断也。叶恂予星使送来九月廿日函,外寄叔父貂褂甬一件,蟒袍一件,平金补二付,又金钏二付,一给内子,一给祝官。洋绉二端。

十七日(1877年1月1日) 丑刻,大风,雪止,天明风愈大,晴,奇寒,积雪五寸,数年未见矣。答叶恂予,晤之。又答梅少岩,不值。午后到子和处,祝其母夫人寿,即在彼吃面,暮归。星岑来,入夜,月好风定。

十八日(1月2日) 晴,仍寒。晨访余绂臣,言汤献臣屋事。巳刻入署复校卅三件,复看廿三件,未初饭散,诣城寓,待至日落,叔父未归,余遂行。松屏生日。

十九日(1月3日) 晴,极寒,滴水成冰。晨至城寓少坐,入署一视,到馆校黄绫卷五十四,孙小澥初校。篇页不多,申初校毕。复过城寓,叔父尚未归,遂出城。朱小唐约广和居饮,辞之。以三十五号禀附月报,芍亭信。并搭连三个,表套四个,镜套二个,皮棉鞋各一双交张荣华带回。外有叔父致袁廉叔复函一件。黄梅县。

二十日(1月4日) 晴。晨访子彭,同至粥厂拟请伊代雨卿监放也。午后至福兴居,正甫、君表、印若、茂如、佑莱、陈翔翰、陈荫南为余公祝，坐有五哥。暮散又赴蔚卿之约，坐有米景韩、宋养初，亥正归。钱鼎铭旋于太仓捐建专祠并准予谥。玉牒馆奏，拟派提调纂修誊录等官。

廿一日(1月5日) 晴。入署复校廿件，复看廿三件。未刻散至城寓小坐，赴安徽馆三直同人公请之局，上灯时先散。赴洪文卿之招，坐有张丹叔、孙莱山、徐季和、潘谱梁，亥初散归。英瑞放云南昭通府，恭 巡北城。高守吾生日，不及往祝。丁日昌奏参蒋凤藻捐银尝试，得旨传提严参究办。

廿二日(1月6日) 晴。辰刻朱小唐来。伯述舅辞行，明早起程矣。未刻，过宝斋处，伊招同邑聚饮，坐有朱景韩、宋养初，暮散。访李芍洲不值，逢遇伯蘅，同访誉如、仲平、桐卿均在坐，谈良久乃归。得仲兄信，词气仍不达。余杭令及葛品连棺昨日到，刑部堂官意欲请钦派覆讯也。得潘辛芝同年函，外附百合粉一匣，系饷员黄颂伯大令带来。生日会同人先送松坪处公幛一悬。崑岗、庆福俱补阁学。

廿三日(1月7日) 晴，寒。晨访绂臣未值。过松坪处，尚未起。乃至天成亨，知明山于前日回晋矣。午刻又至绂臣处，晤之。回寓汤献臣来伊处。因屋与齐姓涉讼，昨日过城也。暮守吾来，夜赴且园，赵仲古、李子清、何寿轩、史润生、王幼霞、王可庄为余预祝，邀诗孙、翔翰作陪，欢饮至亥乃散。汪耕余福安。观察留同邑团拜费三十金。黄沛川生日。以不列号信一函并薄皮靴一双，茯苓饼及冰糖三匣交贡差带去。李菱舟招饮，辞之。

廿四日(1月8日) 晴。补祝黄沛川。又祝武仲平，仲平今日生辰。午刻至宝兴堂，余与伯衡公请仲平、裕朗西、庚。文卿、柳门、鹤巢、李海帆。申初散，同仲平至汇元堂听戏一出，归。颉仪臣约福寿堂，仲平约万兴居，皆不克往。子久昆仲送嵩山百合，惜有水矣。今日寅刻送玉牒馆诸君带见总裁。英、法、日本六国皆于十七日过年，总督行文知照各部院堂处前往各外馆贺年，今日吏、户、礼三部堂处均往，叔父亦随众一行，殊怏怏也。

廿五日(1月9日) 晴。入署复校廿八件,复看卅二件。未正饭,申初散。到城寓,秀姑娘生日。赶城出,赴汪柳门之招,坐有挹泉、士周、翔翰、君实及同邑数人,亥正方归。丁日昌奏参蒋凤藻密交捐银意存尝试。秀姑娘生日。

廿六日(1月10日) 阴。作答辛芝函交黄颂伯大令带回。胡铁庵来晤,送汪耕余观察、方菊人太守。未初至宝兴堂,伯衡、仲平、许鹤荣为余公祝。酒毕余返安徽馆,应刘星岑、刘厚庵、钟次山、恽少薇、王萼庭、孔斐轩、汪翼新、吕瑞田之招。亦公祝也。上灯后,复至宝兴,轰饮而散,坐有文卿、君表、李海帆、朱壬林诸人。袁锡臣赠画扇一柄。寿意。以家信一函并珠扣荷包、平金荷包各一对、锡火锅一个、武彝茶一大匣,托方菊人太守携回鄂中。邻家姚某病殁二十余日矣,其妾誓殉至今日而吞金。越七日不绝,乃复食。衡水浮收粮价,该县绅来京控诉,有明发。

廿七日(1月11日) 晴,大风,甚寒。余四十初度,亲友来此吃面,有十余人,申刻方散。年光虚度,碌碌无成,可愧!叔父赐翠烟壶一枚、金铂朝珠一串、倭刀服袍甬一件、宁绸料一副。

廿八日(1月12日) 晴,寒。入署复校卅二件,复看七件。礼部知照腊月初一具奏元旦礼节,故行文回避也。无题本,不升殿。午正散至城寓,叔父膝前磕头,未正出城。王益轩招至汇源楼小饮,暮散归。又至子久斋中,同人为余公祝,肴馔精新,亥正散。文煜请陛见,命何璟兼署福州将军。

廿九日(1月13日) 晴。晨答客,午后与翼新同至汇元堂听戏。散后访伯衡数语,即过宴宾斋,季和、翼新、剑新招饮,主宾四人,畅谈至亥正归。方菊人太守留别五十金。

十二月丁亥朔(1月14日) 晴寒。晨吊松坪尊人,送一幛四金。伊家请叔父点主,余不克在彼照料。入署复校四十五件,复看三十二件,未正散,答客数处归。送方菊人礼四,但收平金荷包九件、杭茗而已。折柬招余云眉,则今日已行矣。

初二日(1月15日) 晴。答客,午过子和,贺其子弥月,即在彼饭。散赴君表招饮,坐有翔翰、胡梅卿、陶仲彝,入夜乃归。折差李得义来,得父亲十一月十五日函,麻木虽愈,仍作刺痛,延李春田琴西,荐安徽知州。灸五处,稍效,据云参茸不可服,减应酬,少会客,以节劳勤。手战又发,不便作字,阅来信益增悬系,附来年信八十二封。徐小树得第三子。

初三日(1月16日) 晴。晨至西四牌楼拜客。午后命安儿入城,丁宝桢到京请安。

初四日(1月17日) 晴。晨至彭芍丈处,贺伊侄完姻。赴松坪处,则殡已在途,步送数武遂归。饭后乃至报国寺行礼,同署友人到者六人耳。寄三十六号禀,并黄折等件交李得义赍回。得李桂清函,嘱谋正校事。夜至余庆堂应徐翰臣之招,坐有星岑、璞卿、斐轩、张汧川、周小岩、赵星联、徐正田,戌正散归。是日,馆中始进穆宗实录黄绫正本,每日一卷,命翁△△、夏同善御前大臣敬谨代阅。叔父于是早入数刻,即在毓庆堂东间黄案敬阅。

初五日(1月18日) 晴暖。穆宗二周年忌辰。宝沈两中堂及王公大臣均先期诣隆福寺行礼。内阁汉中书去者一人,为谢元麒。入署复校三十四件,复看廿一件。未正散,至城寓侍读,日落出城,至福兴居,同人为查映阶预祝。十五生辰。亥正归。武仲平今日验放,未克往送。丁宝桢赏朝马。

初六日(1月19日) 晨阴午晴。尹仰衡来访佑莱,晤之。午访武仲平谈,又至李芍洲处,商李芷生同年庆元。帮项知单事及公送张丹叔酒席之局。未正,到万福居,应杨秋帆之招,谱琴先至,翰仙后来,上灯后方散归。

初七日(1月20日) 晴暖,地冻尽解。入署复校八件,复看廿九件。未初饭散,过城寓,叔父入署未归,余遂行,至阜康小坐归。尹仰衡约同周漱芳饭,辞之。夜饮宴宾斋,赴小树之招,坐有子中、雨卿、子彭、月楼、五哥,亥初归。

腊八日(1月21日) 晴。卯初起入内,黎明赴军机处,带赵梦奇号宇文。见堂。退至署少坐,答吕瑞田、赵仲古归。祝官生日。回来得湖北崇阳令祝菊舫函,附来炭敬四十两,即缮回信,交元成店伙转寄。次日交。得鹿卿兄冬月十一日函,承差张正林、丁宏烈带来。

初九日(1月22日) 阴。入署复校廿六件,复看三十件。未刻散,到城寓。申刻五哥自朝阳门外海会寺归。知今日开检葛品莲尸棺,骨色黄白,委系病死,并无毒情,此案将平反矣。刑部堂官六位俱到。上灯回寓,今日选玉牒馆诸君十五人。与满服同请提调诸人在聚丰堂。

初十日(1月23日) 阴,未刻雪,申刻益密,入夜止,有月。晨祝士周生日。三十四岁,送水礼,受桃面。访缉庭、揩珊,均晤之。答李韵湖不遇。至福兴居应莩庭之约,坐有伯衡、仲平、鹤荣,暮散。又饮江苙云斋中,亥刻方归。雪月交晖,清而不寒。得铁云冬月廿八函,交卸在即,急欲谋枝栖也。

十一日(1月24日) 阴,午晴。入署复校廿五件,复看卅三件。未正饭到馆,看换页数篇,又有清本修签恭阅覆校,匆匆一审。酉初散,到城寓一看,乃赶城归。得潘辛芝函,又有托领轴事。遣人赴富新仓领十二月分官米。叔父今日赴俄国等公使馆中贺年,盖各有正朔也。大风彻夜。

十二日(1月25日) 风,晴。午后过君表处谈,旋至阜康取票,暮,莱钦约饮,上灯后方散。钱调甫谥敏肃。

十三日(1月26日) 晴寒。入署复校五十七件,复看四十九件。申初散,至城寓侯叔父归,侍读数语,知初十日因辛苦受热,吐血二口,旋觉疲乏,夜卧似发烧。今日松哥到彼,处一凉润之方,拟试服也。赶城出,赴万福居,正甫诸人邀饮。坐有柳门、挹泉、宝斋,戌刻归。折差杨得胜来,得父亲冬月廿七日函,左足麻木,未见增减,迩日手战颇甚,作字艰涩,李君灸治无效,已遣回皖。省标冬操已阅过,汉黄道尚未委人,附来魏碑十四种赠叔父。

十四日(1月27日) 晴。入署改签支,旋到馆将恭阅黄绫各审一通。申刻又到署商签,今日通本逾百,百七十余件。星岑驳回百余,而票本至暮方毕。余散时过城寓一视,归已上灯后矣。杨弁得胜。来见,据云大人起居如常,与信中所云不符。

十五日(1月28日) 晴。辰初入署,复校四十九件,复看五十一件。未正饭散,又至城寓,暮归。今日查映阶生日,不克往祝,托子久带片去。

十六日(1月29日) 晴。午后访邵辛卿不遇。与伯英谈,归途遇正甫,邀同过文昌馆听新戏,暮归。刑部奏覆检葛品莲无毒情形,旨明发。

十七日(1月30日) 晴寒。星岑入内画俸稿,余不克往。入署复校九件,知文渊阁检阅选吴吉人,冯寿山为拟正。巳正到馆,将恭阅一百四十五,王仲壬校。黄绫六十九,查映阶校。两分,覆校一通,未正毕。至城寓,约辛卿来为叔父诊视。适出城拜客,乃与余长谈。李元与之龃龉。日落出城,赴余庆堂应紫澜、南溪、斐轩之招,约巳刻上灯入坐,殊觉歉然。温忠翰升洗马,锡珍升詹事,周家楣补经少,瑚图礼升常卿。

十八日(1月31日) 晴。料理信件。未刻至且园,应子久、瑞田之招,坐有凤彦臣、玉崑岚、恩露圃、星岑、厚庵、瑟轩,上灯方散。彦臣已于前日得颜料库出衙门,露圃得厅印且补玉牒纂修。祥吉轩得缎匹库司库。文煜奏已故福建巡抚李殿图、闵浙总督季芝昌功德在民,请旨予谥,从之。袁保恒奏福建巡抚改为台湾巡抚,其福建全省事宜专归总督办理,下该衙门议奏。

十九日(2月1日) 晴。辰刻封印,内阁无印可掌,不入署。缮寄三十七号禀,并月钞外信十四函及荣送奶饼四匣,交杨得胜带回。又作不列号信,交承差张正林带去,内有覆词甫、菘云、杨葆初信各一件。得杨丙如应骆。重九寄函,附来炭金十两,求于中峰进词也,即复之。士周来。夜饮福兴居,同人为瑟轩预祝,亥初散归。

二十日(2月2日) 晴。拟李、季两公谥字交星岑,到馆校恭阅一百五十七,东瀛初校。申刻至城寓,赶城出,至福兴居为俞幼兰预祝,兼约祝荔香、陈翔翰、荫甫、君表、正甫、茂如饭,亥初散归。吏部十三日呈进查办废员名单,今日发下圈出七人,陆云孙与焉,其余六人皆州县。有旨圈出人员交吏部带领引见。王介臣、兴廉。杨定甹、晨。黄古腴儒庵。四人公请,辞之。三更雪。

廿一日(2月3日) 阴。竟日雪,入夜乃止。钱笆仙来晤,云浙人李某捐米三百石运京,分厂施粥,圆通观可分五十石。自出运脚。未刻赴万兴居,仲平约话别。申正至福兴居,应薛小云之招,暮又应吏香桂斋之招,亥正归。夜子初三刻立春节。送邵寿幛、大酒、烛、茶,俱收。

廿二日(2月4日) 阴仍雪。帮李芷生同年家四金,外内阜六人,共十八两。交何诗孙转付。午刻至邵汴生处拜寿,六十送幛、酒、奶、茶叶。在彼吃面,并请莘卿为余定一补药丸方。又过万藕舲尚书处预祝。明日七十生辰。送仲平回山东,晤之。折弁周长升来,得父亲腊月初九日函,知麻木虽减,仍作刺痛,时届封印,公事更忙,手战未止,又患便秘,阅之殊增忧虑。得朱肯夫函。

廿三日(2月5日) 阴,仍有雪,申时乃止。料理信札,应接不暇。午刻叔父出城,为祖母诞辰设奠。托丁仙谱代购东参七钱,许价银廿六两六钱。乾裕汇号送来十一月十八日家信一函,外寄银五千两,内有两千为安、祝两儿婚嫁之用,亲心筹画备至矣。送祀灶神,惟预祝庭闱康吉。作致陆云生函,促其早来,由杨正甫寄去。正甫、茂如合借六十金去。署中知会,今日恩露坡交到宝堂交查王复斋建常。所著书四库书目有无采入,嘱汉票签详查。得杨思赞函。

廿四日(2月6日) 晴,化冻,六街冲泥。晨访晤恽星农、袁子久。午刻祀先,祖母亡忌设奠。饭后进城,访宝中堂宅答复查书事,复斋所著《律吕图说》、《小学句读记》两种载在《钦定四库全书》总目中,然皆列在存目,疑此书未必入四库耳。过城寓小坐,归家已曛黑矣。吴清卿学使请从祀文庙，约明年开印后会议。

廿五日(2月7日) 晴。晨祝彭瑟轩。廿七生日。至阜康取银归，闻叔父拜讲官之命。镜仁、幼兰今日放学，须具小酌，邀君表、正甫、茂如作陪，申刻散。丁宝桢请训，谢膺禧到京。昨在署见李瀚章驰奏腊月十一由蜀启程。计新年当抵鄂矣。以三十八号家信附月钞、复信等一总函。并东参四枝，二枝叔父命寄，二枝系新购。交周长升带回。是日，全姑娘生日。

廿六日(2月8日) 晴。作寄三十九号禀交阜康，到馆校黄绫卷五十九，吴盦生初校。申刻校毕。到城寓侍叔父夜饭，尝腥唇异味也。醇邸所馈。日落出城，诣汴生先生处饭，同邑咸集，亥正归。是日叔父谢恩蒙召见。作寄三哥信，交文茂局递徽州屯溪镇。十九日交字，续寄于此。

廿七日(2月9日) 晴寒。晨诣何师母处送年敬。至星岑斋中与子久同赴宝宅拜寿，廿八日七十生辰，送祝敬四金。未见遂归。料理信札犕毕，作答朱肯夫函并所领敕书，十二金。交姚伯庸宝勋。农部转寄。御史王昕奏参浙省大员承审不实，得旨候定案时再行处分。李殿图谥文肃，季芝昌谥文敏。今日奏定。

廿八日(2月10日) 晴风甚寒。卯正二刻，上诣太庙行礼。祝俞幼兰三十生辰。叔父回寓商龙鲍轩借银事。面谈借三百两，次日送去。署中供事送来余本身妻室正四品诰轴一分，酬以车资廿千。代沈仲维领二品覃恩封轴，潘辛芝二品官封轴，又捐二品封轴，又潘承谟捐三品封轴。以上各件均周供事经手。

廿九日(2月11日) 晴，大风甚寒。晨至粥厂放馒头，约两千六百余人。叔父归，未刻敬神，夜祀先。

三十日(2月12日) 晴风，寒逾三九。邵汴翁来晤。午后赴同邑亲友家拜年，晤正甫。得徐沅青同年函。冬月十二。接灶。度岁匆匆，今年思亲尤切，辗转不寐，爆竹声声。

光绪三年(1877) 岁次丁丑

正月丁巳朔(2月13日) 晴,大风寒甚。叩拜天祖,合家贺喜。遵功令不拜年,亲友不能不往贺,午后到数处。叔父巳刻回家,申正入城,正甫来。钦天监奏风从艮来,为上岁。

初二日(2月14日) 晴。巳刻入署,午初到城寓,饭后赴东北城拜年,见广大司马并谒其夫人,申正归。敬神。作答吴望云学使书,景廉在军机处上行走,给各堂门包每处四千。

初三日(2月15日) 晴。晨至西城拜客。

初四日(2月16日) 晴。晨至前门东拜客,至天成亨取银,午刻归。暮大风起,作寄潘辛芝函,并诰命八轴托椿记寄汴。

初五日(2月17日) 晴,风大,较寒。叔父出城,夜祀先,明日恭收真容。

初六日(2月18日) 晴,晨风旋定。上到书房,叔父入直,自廿八至今日仅休沐八日耳。管、俞两西席开学,晨令安儿入城。暮,近仁来此,为之设馔,邀印若、伯英、曼如、幼南作陪。朱肯堂招饮,辞之。胡正贵赍三十一号信,徐宗福赍三十二号信,均于今日送到。父亲气体渐和健,大便亦解畅,十一日未畅。足麻手战均减。大李开印可到,俟伊到后,拟请假静摄数日。全姑娘侍奉得力,以四哥 封五品奉服予之,鄂境得雪甚寒,宜昌开马头事颇费斟酌。又得奎侄致安儿信,云今春欲来考荫,寿官定于正月十日动身。邑中冬暖微旱,李菘畇农部垲,归安人。捐募南米运京,分各厂施粥,圆通得五十石。自今日为始,每日加五斗入小米一石同煮。李称兰言书屋。

初七日(2月19日) 晴和。到署校恭阅卷一百六十九，吴玉生初校。午后知英相授大学士。载龄调吏尚协办，魁龄调户尚，景廉升工尚，全庆升总宪，荣禄为步兵统领，茂林为内务府大臣，以英相开去此二差也。文秀补右翼总兵，长叙升礼右，庆福署兵左。未正散到署，至典籍厅晤露圃、崑岚、子俊。到城寓，叔父入署，秀姑娘又不在家，余遂行拜客，访星岑不值。

初八日(2月20日) 晴，雾。寅正过星岑处，约同入城，未时进内，遇露圃，同见英、载两相国于兵部报房。至军机茶房小坐，给节费二十千。刘翁均在此数，书十，茶房十。而苏拉又求格外再给一节公费，午秋给两次矣。允以再商。退至署满友来谈，辰正散，诣全、载、英三处贺喜，到城寓与近仁谈。午初，叔父退直，侍午饭乃归，子久来。

初九日(2月21日) 晴。缮寄安字第一号禀，附月钞、外信廿函。交折弁胡正贵携回。俞幼兰同安儿赴玻璃室照相。卅二千。

初十日(2月22日) 晴，东风，冻尽解矣。近处答客数十家，午归。寄第二号禀并缙绅一函交徐宗福带回，闻两弁同日走。作复沅青函交聚亿。

十一日(2月23日) 晴，大风如吼。午后过正甫处谈，暮又访小树，晤之。

十二日(2月24日) 晴。小树来，午后游厂，暮归。闻初三日天津有兵变之事，因索饷而起，戕营官而哗溃，向西南而逸，一走正定，一走山东。

十三日(2月25日) 晴。黄敬常、葆熙。邬伯献宝璪。公请，又赵梦奇约午饭，均辞之。余与星岑同请满服友人至万福居饭，彦臣、崑岚、露圃、子俊、子久先后来，待诚介眉寿。不至，长剑田、恩诗农均辞未到，薄暮散。至余庆堂，应厚庵、瑟轩之招，坐有星岑、子久、瑞田、翼新、少薇、锡臣、禹门，戌正散归。龙鲍轩为厨子之妇刃伤数处，真异事也。得李子达速骑。函。

十四日(2月26日) 晴。朱茗生来晤。午后，叔父出城，余同五哥游厂,以十四千购珊瑚表辫,新货也。周小岩、张汧川、邓香浦佩芳。公请,辞之。

十五日(2月27日) 晴。晨供元宵向先祠行礼。巳刻谒见黄泽臣师,谈数刻。辛未荐卷,至今往谒,殊歉然也。贽四金。午后,同小树至汇元堂听秦声。佘培轩放琼州府。夜丑正月食,食既。

十六日(2月28日) 阴。午刻至安徽馆,同星岑、子久合请委署校签诸友。枢廷、总署、副本库均在坐。约三十五人,到者二十七,薄暮乃散归,一切均有星岑饬办。得本家镜湖函并专人赍来起复费四十一两。杨秋帆约夜饭,辞之。三更微雪。

十七日(3月1日) 晴,风。近仁、曼如、幼南同来。作寄士吉兄函并银四十两,托茂如家汇寄。遣安儿入城,午后小树约听一阵风。夜余同五哥在宴宾斋公请子中、子彭、韵湖、雨卿、小树、子和,亥正散归。成定康告病,史念祖补甘肃臬司,奎斌放安肃道,魁龄住工,灵桂署户尚,得何介甫、焦雅航函。

十八日(3月2日) 晴。作答镜湖函付来人带回。并致陈方伯一函。复焦雅航同年函。午后,叔父出城少坐,申刻至谢公祠,应益轩、厚庵、瑟轩、镜堂、印若、吉人、寿珊、映阶之招,日落散。拜焦桂桥年伯,又过如松馆应尹仰衡之招,亥正散。张璞完、汝璧。彭凤生桐辉。招饮,辞之。

十九日(3月3日) 晴。辰刻开印,叔父蒙召见。午后答徐正田,鸿奉。晤之。拜客过松坪处谈,暮归。

二十日(3月4日) 晴。入署复校三件,复看三件。午正,龄中堂到任,蘘面写宗室龄、补褂。上堂递官单事宜,单三揖而退。饭后到馆看换页一张,散至城寓,饮酒甚佳。暮至东城答客,出城至福兴居,应徐古香桂芬。之招,坐有余绂臣、郑子畲、沈羲亭、益甫、张子和,亥正归。

廿一日(3月5日) 晴。沸川、子和来,检点衣服。得钱绥卿腊月十日函,初五方由颖抵里也。薛允升补四川成绵龙茂道。邵辛卿致叔父函并寄闵桂屑五钱，香味极足。言津勇之实由于统领扣饷刻待所致，本月初三日夜哗变者约二千余人，掠买卖街而逸，窜山东沾化、蒲台等处，以八卦旗为前导。

廿二日(3月6日) 晴。作答何青翁、何介甫函交鲍印亭，又作复刘哲泉、李子达连骑，湖北知州。信。未刻至安徽馆，应斐轩、萼庭、穆庄、守吾、小云、搢珊、小江之招，日落星岑方来，余等遂先散。恒裕放江西饶州府，乌拉喜崇阿、殷兆镛派知贡举。

廿三日(3月7日) 薄阴。入署复校三十三件，复看六件。午刻饭散至城寓，申刻出城访星岑，晤之。

廿四日(3月8日) 晴。午后吊董芸龛。至且园，应许少嵩、叶芬。筠泉济源。昆仲之招，坐有孙朗山、汝明，山西五台令。贾小云，璜。日落时散归。印若来，云得南信，知寿官初六北行。

廿五日(3月9日) 薄阴。卯刻到署，适龄堂派验放，乃与星岑同回一稿。余至军机处，则已画矣。昨宝堂交查咸丰十一年奏定定陵字样日期，检查旧折，咸丰十一年十一月初八日事，遂到馆回明，仍赴署办文知照实录馆。适得李相发贺年信并团拜费百金，即草谢函交来弁赍回。满服酬二金，此次六人分。袁子久生日。

廿六日(3月10日) 晴。午后补祝子久。至余庆堂，应王璞卿、钟次山、张锦江、孟东瀛、张子颀、王子澜、李南谿、恽少薇、汪慧生之约，暮散。至福兴居，同人为子久公祝，亥初归。郭从矩奏川淮盐务利害得失，得旨交部议。

廿七日(3月11日) 晴。辰初入署，候英堂到任，巳刻补褂。递官单画稿毕，乃退，复校十一件，复看四件。午刻饭散，同子久赴安徽馆四直春团公请之约，申正先行到余庆堂，应袁锡臣、思　。雷禹门钟德。之招，坐有子久、厚庵、少薇、瑟轩，上灯后归。小树、子中约宴宾夜饮，不克往。

廿八日(3月12日) 晴。买珠子五颗，银七十七两。同益古玩铺，吴玉经手。未刻，拜黄老八，贻桥，幼臣。不值。至余庆堂，头直春团公请也，暮散。赴郑子畲其光。之招，坐有沈庵甫、徐古香、张子和及不识数人，亥初同子和先散归。

廿九日(3月13日) 晴，风。辰刻入署，复校三件，注销廿三件。复看五件。午初饭，到馆详校黄绫本卷七十一，龙云浦初校。未正毕。至城寓侍夜饭，乃出城过宴宾斋，应洪子彭、子陶昆仲之约，坐俱熟人，适君表亦在彼，邀余同饮，坐有柳门、缉庭、蔚卿，亥正散归。得恽菘云腊月初九函，伊现有军需善后局差，词甫之书局薪水已裁，现有厘局差使也，又云杏云现住塘工，移居海宁，旅况甚窘。

三十日(3月14日) 晴风。王敬亭德兴。来晤，新到阁欲上四直也。午后黄幼臣来谈片刻，志和补通政使。

二月丁亥朔(3月15日) 晴。晨到馆校恭阅卷一百八十一。万连初初校。午刻，到署与星岑谈，饭后过城寓一看即行，换灰鼠褂。

初二日(3月16日) 晴。入署复校十三件，复看十二件。午刻饭散，至城寓，俟叔父回时已申正，匆匆数语。出城赴王璞卿之招，坐有星岑、子久、瑟轩、益轩、厚庵、瑞田，上灯后归。韵湖约富兴楼饭，辞之。

初三日(3月17日) 晴。晨至文昌馆，吊史润生之兄。访方勉甫、余绂臣，均晤之。到城寓饭，淮盐复引地事，御史周声澍条奏后，御史吴鸿恩谓不可行。江督沈力主可复，部议列五条令江川楚各督抚和衷筹办，今川楚皆言不便，御史郭从矩亦言复淮未可骤行，均交部再行妥议。大农右淮而左川，已具稿矣。惟于立限一节参用活笔，虽令各疆臣再议而语气抑扬，未甚平允。叔父本欲另折陈奏，今观部稿及各折中，已将利害形势一一详尽，此外无可立论，拟改易其已甚者而议之耳。俞幼莱邀过宴宾同君表、正甫、蔚卿饭。

初四日(3月18日) 晴。折弁杨逢春来，得父亲正月二十日函，近体尚安，而手战便秘尚未减，邵方每日服，钱、许、程方仍不轻撤也，起跪多时需人扶掖。李帅尚无到鄂准期，闵臬李玉阶已起程北上。三月间计须巡阅营伍，拟先期请假调摄也。又得恽杏云函，伊次子正月完姻,署补无期,竟殊牢落。夜正甫邀宴宾斋饭,匆匆先归。

初五日(3月19日) 晴。卯刻进内带王敬亭德兴。见堂。分四直。又以严维骧告假漏未行文事回宝沈两堂,竟欲捡举不肯以记过了之。星岑又不愿开送职名,意见龃龉。入署复校四件,复看十三件,又到馆看换页三篇。散至城寓,知叔父昨夜解衣受凉,夜间发热颇剧,今早不能入直。延许沛川处方不合意,乃吃松哥所定和解之剂,痞闷酸痛殊委顿。余赶城归,今日同人三直出身共十人。公请三直诸君,不克往陪矣。寿侄于申刻到京,正月初六自家动身,一月而达,途次平安,同伴者为杨调甫表弟,正甫胞弟。带张林范之仆,均妥当,可喜也。四更雨潺檐溜,梦为之醒。

初六日(3月20日) 大风起,巳刻晴。到城寓省侍,知叔父昨卧安静,外感已清,中气稍弱,仍服昨方。子松年丈来,商定明日再通融一日,后天入直,以节劳勤。午刻入署,覆校朝鲜表九道又奏本一件。本。拟与星岑回捡举事,而意犹豫,仍欲办咨参,乃于未正散归城寓。暮冒风归,顿寒。余绂臣约广和居午饭,不克往。狂风撼屋,何啻虎吼。拜杨调甫,未遇。

初七日(3月21日) 晴,风,暮止。茂如来,潘鹤亭来,得辛芝函并百合粉、柿霜各一匣。以执照三张交还鹤亭。访星岑晤之。夜赴福兴居,与五哥回请绂臣、郑子畲、沈益甫、徐古香、许少翯饭,亥刻归。寄安字三号禀交折弁杨逢春赍回,并附外信廿四函,又复友人信五函。杨霁放松江府。杨永杰降补缺也。

初八日(3月22日) 晴,风定。晨访星岑,旋入署复校十三件,复看十六件。午正饭散,同星岑至宝宅,不值。余遂至城寓,知叔父已愈,今早入直,退时觉委顿耳。申刻出城,至天福堂,应二直诸同人之招,暮散。至余庆堂,赴恽少薇之约,戌刻归。安儿出城。安徽臬司谢膺禧告病,准开缺。

初九日(3月23日) 晴,午后微阴。访杨调甫,又不值。与正甫、印若谈,遇吴伟若。郁生,杜华先生之孙。王思沂放皖臬。孚郡王薨,照亲王例赐恤,派惠郡王代奠,赏经被,派茂林办理丧事,一切官为经理,余如例行。钟濂补光卿,文澄补少詹。

初十日(3月24日) 薄阴。寅刻起,卯初二刻入景运门,天已明矣。先将捡举咨稿奏稿请示沈堂,云再商。旋至隆宗门外回宝堂,则云具折捡举为妥。退至署少坐,至英宅值午睡,乃至烧酒胡同,饭后又去取奏底,无异说也。出城答客,访星岑,不值,归。载龄授内大臣,全庆补正蓝汉都统,孚王福晋赏半俸,成允放安庐道。折弁卢得胜来,接父亲正月廿七函,足麻渐愈,手战转甚,夜卧咳嗽,胃口亦减,廿五晚间感冒寒热。李制军将到,交替后即请假也,阅之增闷。

十一日(3月25日) 阴。托厚庵兼班,未入署。朱茗翁来晤,得陆铁云、张哲卿信,铁云于正月廿二回保定,住史家巷南头路东。哲卿仍赴正定,如杨西园军门肯延入幕,再回保营。常熟来信,知奎侄妇患伤寒,正月初六起病,十八未时,竟尔化去,伤哉!二嫂信云,实年只十九岁,十月廿四日生,云二十一岁,伪也,不知确否。奎侄失此佳偶,想堂上闻之又增烦虑,如何如何!作寄恽杏云函,述及今冬欲办喜事,嘱其早寄衣服尺寸,此信由阜康寄,伊现驻海宁州督办塘工也。得杨思赞函并寄叔父墨二斤,即复之,交正甫寄。

十二日(3月26日) 晴,风。初晤杨调甫。午后至万福居,应沈益甫之招,坐有绂臣、古香、颂田、子英,申刻散归。正甫来还《宝慈话旧图》,茂如、调甫亦来。日来妖术、剪辫之事屡见叠出,索符者踵门。

十三日(3月27日) 晴。赵寅臣来谈。缮寄安字四号禀,交卢得胜带去。申刻伯衡邀饮,坐有文卿、王子鹄、玉卿,亥刻归。

十四日(3月28日) 阴寒。入署复校三件,正月注销廿三件。复看十五件。午正饭,至阿哥所前东院内请龄堂阅折,又到馆闻换页已发总校处矣,遂过头条胡同看屋。孙子受眷属已于初十出京,吾家派人看守,尚待构抹也。旋至城寓,晚饭乃出。孙莱山、张之洞到京,均请安。

十五日(3月29日) 阴寒甚。署中递捡举折。供事姜汝诚递,中书严维骧告假乃元年三月二十日事,两年来竟无知之者,余于官单中见其名,如查出乃办捡举,缘其人已于元年四月丁忧,无从补呈告假也,令以漏未行文为词。卯初到署,并带方勉甫、恭钊。陈松如、学彭。刘晓山镛。见堂。卯正事下奉旨依议,钦此。欲开职名而未定,余直任之耳。复校十四件,复看十九件。未初饭散,至城寓小坐即归。寿侄赴贡院覆试,江苏进西门,按乡试名次点共一千△百余人。题为"多闻阙疑"三句,"春风起棹歌",得"春"字。酉刻出场。户部奏议禁川复淮各折,请饬两江川楚各疆臣再行妥议,奉旨依议。

十六日(3月30日) 晴暖。慧官昨发热,夜卧不安,呕吐数次,天明后略定。午刻唁柳惺庵世兄丁外艰。过会馆拜二顾一金,不值,遂至谢公祠,应子和之招,坐有徐楠士、王子范、小树、子彭,暮散归。得杨振甫方伯炭敬十二两。刑部奏绍浙案杨乃武斥革无庸议。葛毕氏递籍省释,承审官失入处分,请旨,奉上谕刘锡彤发黑龙江,杨昌浚、胡瑞澜、陈鲁、边葆诚等均革职,并通谕各省士吏慎重刑狱。折差刘得胜来,得二月初三日函,父亲已于是日交卸署印,足尚未和,兼有感冒,此次据交代请假一月调理,折稿抄来。面询来弁云,面貌较前为瘦,近来不多见客,余均如前。而四哥信云廿八、初二夜间均发热,饮食大减,阅之极悬悬。领春俸廿四两。实领七两〇八分,其余十六两九钱二分,代扣何介甫家房租,而鲍印庭处亦将一年应还三十四两,合数交来矣,又领米折十七千。

十七日(3月31日) 晴。辰刻到馆,校黄绫卷九十二,程禄生初校。又校恭阅卷一百九十三。顾俊叔初校。申刻散,到城寓晚饭,乃归。以梅启照为浙抚,郭嵩焘补兵左,灵桂住工,皂保署礼尚,广寿署户尚,童华署兵左,徐桐署礼左。

十八日(4月1日) 晴,风。午后拜客,至且园应倪俞轩、惟钦。李瘦泉清华。之招,坐有星岑、少薇、守吾、润生,暮归。夜过广和居,应方勉甫之约,亥刻归。命卫荣光帮署浙抚,调孙衣言为江宁布政使,潘霨为湖北布政使。余揩珊寻至广和居,托时丰钱店事,店系揩珊家产,为周有泉诳提三千余金,货本亏累,无力缴督销盐局公款,恳饬属调停缓办。

十九日(4月2日) 晴。寄安字五号禀交刘得胜,外又致四哥一函述余揩珊语。带小口蘑一包。拜杨子和太守、王紫澜,贺刘永诗,晤之。午归,至才盛馆吊李李村,少坐即行,到阜康取现银。子和来,萧夔生从归化来,已捐同知,捐分山西,来办引见也。得诇甫函并寿幛一个,从周万青祖选。委员处交来。得徐沅青函并仙舫帖一函、画扇一柄、徽墨、湖笔各一匣、《文章正艺》四册,从杨定敷处交来。志和升阁学。昨日事。作谢诇甫函,仍交子和。得陆绅甫函,嘱谋馆事。寿侄覆试二等。一百八十名。

二十日(4月3日) 晴,风。入署复校七件,复看十四件。晤星岑,知宝、沈两堂之意,皆欲开送刘哲泉职名,亦不便再回改易也。午刻饭散,到城寓少坐,叔父赴局收铜,余遂出城,至同兴楼,应杨定甫、晨。黄古腴儒荃。之招,坐有万莲初、瑨因。孙仲容、琴西之子。叶子英,浚。申正散。过义成购木钟五两。归。王可庄来为林岵翁带信,恐伊子少明寿照。丁忧后无力回闽也。王佐泉给谏道源。来。杨调甫送火腿一、笋尖一篓。李瘦泉送羊肚菌一包、普洱茶两块。湖北周委员万青送到菘云同年信一函、寿幛一、汤画花卉横披。一、火腿四只、银耳两匣。景隆放湖州府。

廿一日(4月4日) 晴。检衣服。午后余揩珊来,访正甫昆仲谈。暮过宴宾斋小饮,与君表、佑莱、茂如、蔚卿、朵先、研菜同坐,亥初归。曹升出城,滚鞍马逸,人畜俱伤。昨在署见父亲奏请暂缓检阅营伍,秋间举办,允之。

廿二日(4月5日) 晴。先妣杨夫人忌辰,午刻设奠。是日清明节,叔父未刻出城祀先。徐翰臣来。

廿三日(4月6日) 晴。辰入署复校十四件,复看贰件。知开送刘哲泉职名已行文吏部矣。午正饭散,至城寓小坐,出城拜周万青、祖选。萧夔生、璜。潘伟如方伯，均未晤，归。得四哥十二日函，从信局来，甚速，述父亲自正月廿八以后常作寒热，便闭手战加剧，医云阴阳皆虚，【卫】表不固，中气亦弱，请假一月，且看调理如何，颇动归思，阅之焦灼，恨不即刻飞至膝下，以遂定省，道远殊可恨。又得奎侄十二日函，述其失偶事，考荫贡秋间来，待陆云生伴也。萧夔生送茶一瓶、口蘑一包。五哥同。

廿四日(4月7日)　阴雨竟日。祝士周母夫人寿，送烛、酒、桃、面。在彼吃面，冒雨归。借对丝纶旧式，满票签。惜已不全。闻次山选江西建昌同知，张房农道员过班缺也。昨保和殿补殿试者三百五十余人，此后不准再补矣。

廿五日(4月8日)　阴。入署复校十一件，复看十六件，午正饭散，至城寓，暮归。得梅小岩抚军别敬十六两。得哲泉冬月△日函，颇有告养之意。

廿六日(4月9日)　晴。缮寄安字六号信，交全泰盛轮船局递去。恽辛农选湖北粮道。慧官感冒发烧，多睡。李明墀到京请安。午后王拾珊琼泽。来晤，伊捐阁中，将于廿八验看。南通州人，王叔原太年伯之子。访茂如，以仆人高升求两淮运台欧阳崇如信交之。高升曾跟吉卿兄，今在柳门处。夜雨卿邀饮宴宾斋，坐俱熟人。陈蓉舫上部本，王璞卿上通本。

廿七日(4月10日)　晴，风。慧官稍愈。晨至会馆，但晤仲卿禾、金琢之。尔相。金系杨氏族婿，故以姨丈呼之。拜黄绎之、逢辰。唐仁卿、泰。蒋世兄，体梅，朴山先生之子。均不值。黄沛川来。未刻叔父出城，仍拜客。进城作谢沅青函交正田处寄。得价人二月初四函，仲卿禾处来。王家璧调奉天府丞，杨书香病故缺也。访小树，邀往聚奎斋夜饭。

廿八日(4月11日)　晴。晨吊柳惺庵丁外艰。入署复校二十件，注销廿三件。复看十六件。午刻出午门，送恽辛农、钟次山、萧夔生验看。初晤盛杏生观察，宣怀。将到直隶省也。回署饭，到馆校黄续一百十三,王仲玉初校。匆匆审阅一通,申刻散。拜盛杏生,谒李玉阶廉访,明塀。不值,归。同邑又到公车七人,潘斯濂放顺天府丞。俞松屏、杨正甫来。

廿九日(4月12日) 晴。作安字不列号信并帽合一个,珠绒、薄貂各一顶。本色丽参一斤,张送。交火牌差带回。作答价人函,托幼莱处转寄。得士吉函,汇项已到,即办咨文。茂如来,同幼莱过会馆,看新到诸君,适镜仁来,遂约宴宾斋夜饭,坐有浦玉圃、薛君敏,亥正散归。得张哲卿函,已就杨西园军门幕,现回保定矣。叶茂如送火腿一、信笺四匣,周万青祖选。送水烟筒一、茶叶四小瓶、鱼面两匣、粟米两匣。

三十日(4月13日) 晴暖。公车又到五人,此后无续来者矣。午刻赴余庆堂徐绍圃之约,坐有魏赓臣、纲。恽辛农两观察、杨秋帆、潘谱梁,暮散归,多饮不适。得四哥十九日函,云父亲步履大健,外感已愈,惟手战仍不能握管,因检寻扇面、册页不见,发怒未已,故专函来问耳。即日作复四哥信,由张升家信中递鄂,仍交全泰盛,庶期速达也。庞云槎送火腿一、蜜饯一匣。送五哥同。陈△△汉章。新从浙来,送火腿二、冬笋一包、于术二匣、衣线洋线各一包、洋皂二匣。此次常昭应会试者二十七人:曾金章、印若。曾之撰、君表。杨闫棰、正甫。叶寿松、茂如。管辰㚇、近仁。邵震亨、曼如。潘文熊、幼楠。邵松年、伯英。庞钟湖、云槎。叶如金、敏斋。陆米泰、懋修。仲良树、卿和。张祖仁、念修。曹庆恩、咏笙。归寅、君朗。徐元霖、文卿。宗延辅、月锄。管高福、少溪。浦炳勋、玉圃。薛培树、君敏。周锷廉、士益。殷树森、芝阶。归羲、旭如。金尔相、琢之。顾炳寰、应芝。顾钟瑞、舜琴。翁斌孙。